临海市第三次全国文物普查成果

瓜瓞延绵山海间

——临海传统宗祠研究

滕雪慧 著

图书在版编目（CIP）数据

瓜瓞绵延山海间：临海传统宗祠研究 / 滕雪慧著. —北京：文物出版社，
2015.9

ISBN 978-7-5010-4250-0

Ⅰ.①瓜⋯　Ⅱ.①滕⋯　Ⅲ.①祠堂—研究—浙江省　Ⅳ.①K928.75

中国版本图书馆CIP数据核字（2015）第065430号

瓜瓞延绵山海间

——临海传统宗祠研究

著　　者　滕雪慧

责任编辑　王　戈

封面设计　周小玮

责任印制　张　丽

出版发行　文物出版社

地　　址　北京市东直门内北小街2号楼

　　　　　邮政编码　100007

　　　　　http://www.wenwu.com

　　　　　E-mail: web@wenwu.com

印　　刷　北京鹏润伟业印刷有限公司

经　　销　新华书店

开　　本　787×1092　1/16　印张：22

版　　次　2015年9月第1版

印　　次　2015年9月第1次印刷

书　　号　ISBN 978-7-5010-4250-0

定　　价　168.00元

目　录

序　一

临海市博物馆馆长　徐三见

　　宗祠，是中国明清社会维系国家与百姓关系的重要纽带。在临海，几乎每一个村落都建有宗祠，异姓聚居之处，或有数个宗祠。从第三次全国文物普查掌握的情况来看，临海各地保存有大量的传统宗祠，惜以破败者居多。至于现存传统宗祠之功能，情况不一，有恢复宗族祭祀活动者，亦有成为纪念本村、本族亡故人士者。经济条件较好的村庄，宗祠大多修缮后作为老年活动场所或文化俱乐部。这些传统宗祠是临海最为显著的公共性乡土建筑，联系着临海乡村社会的过去和未来。毫无疑问，对于传统宗祠的深入研究必将在临海传统文化的传承与发展过程中发挥重要作用。

　　"临海传统宗祠研究"是临海市博物馆在进行第三次全国文物普查资料的整理工作中所拟定的第二个研究课题，由我馆滕雪慧同志负责完成并撰文成书。以往在文博系统内对不可移动文物的研究，大多侧重于个案，而对于一些综合性、群体性的研究，大部分采取展示性或推介性的形式，深入系统的专门研究成果并不多见。滕雪慧同志不满足于个案的探讨或现状的呈现，更注重研究的系统化。她在文物普查资料的基础上，梳理归纳出临海传统宗祠的特点，并将其置于临海历史发展的视野中，研究宗祠与临海历史的深层关联，并就宗祠在历史时期所发挥的社会功能予以深入全面分析。其研究成果的专业性与创新性值得肯定。

　　滕雪慧同志于2011年来我馆工作，一直勤奋好学，专注临海地方史的研究。短短三年时间里，相继完成了"临海古桥研究"与"临海传统宗祠研究"两个课题，成果斐然，其背后的艰辛与付出亦可想而知。作为同事和老文物工作者，对于她的成长与成绩亦颇感欣慰。我以前作过一副对联："学问必坚勤苦志，论文须读古今书"，平日以之自勉。我在文博部门工作已三十五年，虽写了不少文章，然学无系统，得亦芜杂，而对于临海文物更加全面、更加深入地发掘与研究亦唯冀之于滕雪慧等后起诸秀勉力为之！

　　是为序。

2014 年 1 月

序　二

南京师范大学社会发展学院教授　汤惠生

　　经过将近两年的调查和整理，滕雪慧完成了《瓜瓞延绵山海间——临海传统宗祠研究》一书，在付梓之前，嘱我写序。我不懂古建筑，没有资格写序，仅视其为一个新的学习机会。与此同时，该书其他相关方面的讨论以及整本书的系统性深深吸引了我，故权此做个代言人式的推介。

　　宗祠建筑是传统中国宗法制度的物质体现，不仅是为了"尊祖"，更重要的为了"收族"，"是故以奉先则幽者歆，以序族则涣者萃，以建宗则统者一"（严嵩语）。一方面，包含在宗祠中"怀抱祖德"、"慎终追远"，所谓"萃子孙于一堂序昭序穆，享祖宗以万稷报德报功"的崇祖思想，反映出中国古代以祖先崇拜为核心信仰观念；另一方面，"天子坐明堂，以临长百官；祖宗安祠宇，以福庇子孙"的宗族制度，通过血缘纽带将亲族家庭联系在一起，通过祖先观念将一个族群的人们加以身份认同。宗祠建筑和宗祠文化在社会中所扮演的伦理道德之教化和娱乐庆典之功能，同样也是这个古老的东方民族文化的特色。无论从古建筑角度还是文化、社会乃至民俗的角度，对宗祠研究的出版物可谓多矣，但能对一个地区的宗祠进行全方位的系统和深入研究，正是这本书的用心之处。

　　建筑本身首先是宗祠研究的核心，滕雪慧在这方面所花费的时间与精力相应的要多一些。临海宗祠建筑梁架中的梁托、垫斗、抬梁、插梁、直木斜撑、牛腿以及檐柱柱头等，都有着极为浓郁的地方特色。在对这些建筑特色进行研究时，除了使用传统的古建方法之外，本书还采用了更为客观的数据统计和分析。书中把临海的宗祠建筑按地区分成东、中、西三个部分，然后从建筑结构与装饰等方面进行数据比较和表格量化分析，从而带给我们一个三地宗祠建筑之间异同和区别的客观呈现和数据结果，这无疑是一种更为科学的态度。

　　一如地名，临海是沿海地区，其建筑文化特色理应与海相关。比如东部滨海宗祠建筑中的梁架结构和檐柱装饰非常有地方特色，体现在这两者上的海洋文化因素尤为引人注目，如前廊单步梁为鱼形、上金檩与脊檩之间梁托呈鱼龙形、檐柱与挑檐枋之间的牛腿刻成卷曲鱼龙形、檐檩和挑檐枋之间亦设鱼形托木，以及装饰中有关"鱼"的因素等。作者不仅从古建角度对其进行总结归纳，对其形成原因也进行了探讨：清初有迁海之灾，一时户口星散，居民流离失所，但康熙二十二年展界后，特别是为了恢复沿海地区经济，实施奖励开垦政策，大批沿海百姓重返家园，沿海经济不但得以迅速恢复发展，而且很快达到一个繁荣阶段。滨海宗祠用材的讲究、装饰的华丽正是以这种繁荣经济为支撑的。此外，尚有环境方面的因素。临海东部地区气候受海洋主体调节，是典型的海洋性气候，八九月间经常有台风侵袭。为了减小台风和季风的影响，屋面举架一般较矮，坡度平缓。这带来了梁架间距离较近，装饰空间局促的问题。正因如此，可以增加梁间装饰空间的插梁架被普遍使用。西部的丘陵多山地区，无论在梁架结构和檐柱装饰方面，都较为朴素，没有过多的装饰，在线条上以刚直有力为主，从而与东部地区形成对照，而中部地区正是二者的结合和过渡。从历史和环境两方面原因的探讨，使我们对整个临海宗祠建筑面貌、背景以及形成的原因，不仅知其然，同时也知其所以然，有了一个较为立体的体系认识。

除了空间分析外，时间上的分析则反映出滕雪慧在读博期间所接受的考古学训练。"建筑构件的时代风格分析"和"檐柱柱头装饰及柱础"等章节中，滕雪慧为我们提供了一份风格递变清晰的建筑构件分期表，这不仅有助于读者对于宗祠古建年代与风格的认识，同时也为其他古建年代的判断提供了参照。

当然，宗祠所反映的不仅是建筑和制度，同时也是道德信仰和文化精神。中国人没有宗教，尽管韦伯、任继愈等人认为儒教是宗教，但即便儒教是宗教，那也更多的是文人的宗教，而对于一般老百姓，特别是农民以及引车卖浆者流而言，真正的宗教应该就是以宗祠为中心的归根溯源的崇祖信仰和"序昭序穆"的等级和秩序观念。以朱熹为代表的儒家士大夫将血缘宗法文化提升到前所未有的理论高度，创造了理学理论体系，并以自己的行为实践向社会示范。朱熹多次来台州，淳熙年间为左宣教郎，主管台州崇道观，至各地讲学，宣扬其政治哲学和学术思想。朱熹的理学精神尤其为宗祠发达的江浙地区提供了一种文化的核心力量，正如基督教新伦理中的理性为资本主义提供了精神气质（ethos）一样（韦伯语）。临海宋时有胡氏宗祠，其《石鼓胡氏宗谱》云："后唐明宗天成二年追太尉为武略公，于所寓之地建祠以祀，兄弟配享，称之曰伯翁叔守贤宫，讲为二世祖，子孙实出于是。宋太平则恭铨、世将、文显辈率皆置身廊庙，驰名环宇。诗礼之传，功德之显，各雄其业。惟铨仕宋高宗朝为大学士，号澹庵。

世将亦仕高宗朝资政殿大学士、四川置制使，谥忠献，建炎间复谪于台，题名巾子山，值回禄乃建府治于石鼓。凡节序则会于祠，行祭奠礼，排行立第，条目灿然，名曰会祭堂。"这里我们可以清楚看到宗祠文化所发挥的社会功能，宗祠中"恭铨、世将、文显辈率皆置身廊庙"，其目的在于"驰名环宇"，而做到这一点的途径便是"诗礼之传，功德之显，各雄其业"这样一种理学精神实践。

宗祠楹联匾额中各种说法，如"望重枢衡"、"功存史胄"、"名著古今"、"世德流芳"、"经纶济美"、"志奠社稷"、"瀛洲杰士"等，核心就是通过"光宗耀祖"实现个人的社会价值，这是中国传统文化的一个特质。不仅在封建社会，即便在现代社会，这个特质同样存在，而且同样有着积极意义。有人在韦伯的语境中探讨浙江经济模式，正是基于此，将中国传统文化模式称为"祠堂模式"，而将西方文化模式归纳为"教堂模式"，并以祠堂模式为背景，对浙江模式的形成和发展、浙商精神的特质进行了学理化的阐述（张炎兴《祠堂与教堂：韦伯命题下的浙江模式研究》），这是宗祠文化研究中的一个新领域，是对宗祠文化所扮演的社会角色的新表述。

将宏大叙事和鞭辟入里的微观分析结合在一起的分析方法，同样也见诸宗祠发展史等其他章节的考察中。作者将临海宗祠的发展与整个中国宗祠发展以及社会的发展联系起来叙述，使其融为整体，为读者在阅读和观照临海宗祠时，提供了一个更为广阔的背景和纵向拓展的景深。

宗祠所承担的文化教育与社会教化等职能，同样也是举足轻重的，书中对此也进行了恰如其分的分析与归纳。"守本岔耕读第一"，"步云云有路，好从诗礼问前程"，通过立塾学、置学田、颁酬胙、设牌位等一系列方式来劝学和奖学，通过教育来获得权力，从而"光宗耀祖"，这也正是宗祠文化的主旨之一。同时，这也是中国封建社会几千年科举取士中将教育同权力相捆绑这一政治制度的民间折射。临海素有"小邹鲁"和"文化之邦"的美誉。自唐广文博士郑虔来台州开办学馆、启蒙教化之后，民重耕读，教育发达，名人辈出，历史上曾留下了文武五状元、同朝五宰辅、兄弟四进士、父子三巡抚等千古佳话。一个蕞尔临海，就拥有如此辉煌的教育名人录，这与该地宗祠文化的发达是密切相关的。

《瓜瓞延绵山海间——临海传统宗祠研究》所涉及的宗祠其他方面如管理活动、祭祀活动、匾额与楹联等等，毋需我一一介绍，相信读者看过之后，不仅对临海地区的宗祠文化会有一个整体的概观，同时在对江浙地区的传统文化的认识上，也会产生一些新启示。

　　　　　　　　　2014 年 1 月 11 日

导　论

一　地理与人文

临海是浙江东部一个负山面海的美丽城市，陆地总面积 2145.14 平方公里，丘陵占 78%。地势西高东低，西南、西、北部为高山丘陵，山脉均由西北部的仙居、天台入境，大体分三列，西列为大雷山脉，主峰海拔 1229.4 米，是临海、天台、仙居的界山；中列为括苍山及其余脉，括苍原为"栝苍"，以"山多栝木，郁郁苍苍"得名，主峰米筛浪海拔 1380 多米，为浙东第一高峰；东南列为湫水山余脉，海拔不高，多在 500～700 米，绵延向东，纵贯东部滨海平原之间。临海境内最大水系灵江为浙江第三大河，自西北向东南横贯境内。其上游有南北二源，南源永安溪发源于缙云、仙居两县交界的天堂尖和水湖岗之间的石长坑，北源始丰溪发源于东阳县大盘山主峰东麓。双溪在丛山峡谷中穿行，至三江口汇合为灵江，东流入海[1]。

临海"山水之胜实兼而有之"[2]，为世人所咏叹。唐代大诗人李白写下了"严光桐庐溪，谢客临海峤"（《翰林读书言怀呈集贤诸学士》）的诗句，推崇临海山水。南宋文天祥有"海山仙子国，邂逅寄孤蓬。万象画图里，千崖玉界中"（《乱礁洋》）的诗句感叹临海山水形胜之美。在这钟灵毓秀的山海之间，临海先民从荒渺的远古时代走来，"猎山渔海，耕农自食"[3]，历尽沧桑，创造了辉煌灿烂的山海文明。

临海古属瓯越之地，汉以前一直是越族部落的自治区域。汉人谓"秦常举天下之力以事胡、越"[4]，在称述武帝对边地用兵时往往也是胡越并

---

〔1〕　参见临海市志编纂委员会编：《临海县志·山脉水系》，浙江人民出版社，1989年。

〔2〕　喻长霖、柯骅威等纂修：《民国台州府志·山水略》，上海书店，1993年。

〔3〕　（明）王士性：《王士性地理书三种·广志绎》，上海古籍出版社，1993年，第323页。

〔4〕　（汉）桓宽：《盐铁论·复古》，中华书局，1985年。

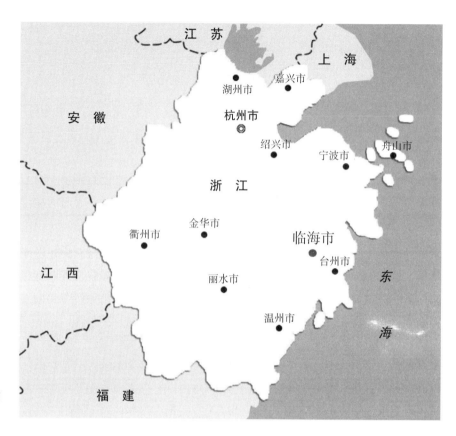

图 1　临海位置图
（张珊制图）

称，"孝武皇帝攘九夷，平百越"[5]，可见越人给秦汉东南边境带来了很
大的威胁。汉武帝曾连续派兵介入越人内部纷争，造成包括临海在内的越
族人口的两次大迁徙。第一次是武帝建元三年（前138），东瓯王望为避
闽粤威胁，经汉廷批准，率四万余人迁居至江淮间之庐江郡，后闽越国占
东越故地。第二次在元鼎六年（前111），武帝派人镇压了闽越贵族反抗，
下诏将原东越、闽越两国百姓徙处江淮间。但仍有不少遗民遁于山谷林间，
后与部分汉人融合，号称"山越"。为加强对南方山越的统治，西汉朝廷
在东越故地设置回浦乡，属会稽郡鄞县，并在鄞县设置东部都尉。昭帝始
元二年（前85）以回浦乡置回浦县，县治回浦（今章安），属会稽郡，此
是台州设县之始。东汉章帝元和四年（87）七月将回浦县改名为章安县。
吴大帝黄武、黄龙年间（222～231）分章安县西部境域置临海县，此为临
海单独设县之始。单独设县是临海这一时期社会发展的表现。吴会稽王太
平二年（257）二月分会稽郡东部设临海郡。自晋至六朝，临海郡治均在

8　　　　〔5〕　（汉）桓宽：《盐铁论·复古》，中华书局，1985年。

章安。隋开皇十一年（591），在临海的大固山（今城关）设立军事机构临海镇，兼管临海县的行政事务，临海县治从章安迁至今临海城关[6]。这是临海发展史上的里程碑，此后其一直占据台州的行政、文化、经济中心地位。

与春秋、战国以及之后的六朝相比，秦汉时期东南越族地区在国家生活中的地位是极低的，经济发展缓慢。六朝时期，由于全国政治重心南移，地方政权积极开发江南经济，临海社会经济得到了一定的发展[7]。北宋后期，北方战乱不断，导致人口南移。至南宋定都临安，临海与之毗邻，中原人口大量迁入，奠定了此后临海居民的基础。人口的充实以及政治地缘的优势，使得临海的经济、文化在南宋时期获得长足发展，影响力倍增，落后局面被迅速改变，临海历史发展进入最辉煌的时期。这一时期，人才辈出，群星璀璨。谢廓然、陈骙、谢深甫、钱象祖、谢堂都曾入宰朝堂，谢深甫的孙女理宗皇后谢道清对南宋末年政局起到举足轻重的作用。其他，如陈公甫、陈良翰、陈耆卿、王卿月、商飞卿、周泊等皆为一代名臣；朱玠、左誉、王象祖、吴子良等均为文苑俊彦；徐中行、徐庭筠父子儒学成就斐然，朱熹称赞"道学传千古，东瓯说二徐"。百余年间，临海人文荟萃，理学昌盛，名儒辈出，号称东南"小邹鲁"。

南宋灭亡后，临海的政治区位优势不复存在，由政治因素带来的社会发展动力也随之消失。又因临海是谢太后的家乡，被元朝廷严格防范和打压，社会发展跌入低谷。明代以后，汉文化传统复兴，临海也迎来了发展的转机。有明一代，临海不断受到倭寇侵扰，社会经济遭到较为严重的破坏。但临海仍涌现出不少杰出人才，其中多有父子、兄弟皆中进士者。如王宗沐及其曾祖父王稳、子士崧、士琦、士昌及侄士性，一门六人先后考中进士。何宽及其兄何宠、孙舜龄、舜韶、舜岳，曾孙懿先后登进士，声望盛极一时。另外，陶凯、陈璲、陈员韬、陈选、秦礼及其子鸣夏、鸣雷、金贲亨及其子立爱、立敬、立相等也是为人称道的名臣。

相比较而言，清代临海社会的发展显得寂寥许多。明末清初的政权更迭，战争使当地社会陷入混乱，经济停滞，民不聊生。清朝建立后，朝廷的迁海令再次给当地社会带来严重破坏。直到康熙二十二年（1683）台湾平定以后，临海才得以展界解禁，社会经济有所恢复和发展。但嘉庆以后，

〔6〕 有关临海历史沿革参见徐三见：《默墨斋续集·台州沿革史杂考》，中国社会科学出版社，
    2006年；卢如平：《台州行政建置沿革考略》，《台州学院学报》2009年第2期。
〔7〕 参见徐三见：《默墨斋集·六朝时期台州经济状况考述》，中国社会科学出版社，2004年。

图2 台州府城全景（褚学军绘）

社会发展好转的趋势出现逆转，频繁的自然灾害及海寇侵扰，加上朝廷的横征暴敛，使得临海经济文化发展滞缓。这一时期人才以金鹗、洪若皋及洪氏三兄弟（颐煊、坤煊、震煊）为代表。进入到风起云涌的民国时期，临海在社会转型的不屈抗争中，涌现出王文庆、屈映光、周琮、王萼、陆翰文等一大批有影响的革命志士，凸显了临海文化的"硬气"，在历史上留下浓墨重彩的一笔。

千余年的府城历史，赋予临海深厚的文化底蕴，留下了丰富的历史文化遗存。它们连接着城市的过去与现在，延续着地方文化的血脉。其中以台州府城墙最为显著，成为城市的象征和标志。宋陈耆卿在《嘉定赤城志》中描述府城形势："以今城垒，骋目而望，据大固山，界天台、括苍间，巾峰对峙，如入几席；仙居、天台二水别流至三江口而合；紫纡演迤，环拱其郛，岩光川容，吞吐掩映于烟云缥缈之际，真足以奠城社，表宅里，聚廛市，以雄跨一方矣。"城内散落众多文物古迹，是城市历史的记忆。商铺鳞次栉比的紫阳街折射了昔日繁荣的城市生活；台州府文庙、乡贤祠彰显了临海文教曾经的兴盛；三抚基（因明代王宗沐曾任凤阳巡抚、次子王士琦为大同巡抚、三子王士昌为福建巡抚得名）、三台坊（因巷内曾有为明代举人侯聘、侯汾、布政使侯臣所立的牌坊"三台坊"得名）、三大夫巷（因明代进士陈员韬、陈选和举人陈英居此，并建有"三大夫坊"得名）、丹桂巷（因明代陈垣中举人，其子陈子直又中进士，巷内建有"丹桂连枝坊"得名）、明末忠节尚书陈函辉故居、清代著名学者洪颐煊故居、著名书画家傅濂故居等存留着名儒士人的生活踪迹，他们的文化精神涵养着城市儒雅的性格。

遍布临海乡村的古老宗祠群，是临海悠久历史的珍贵馈赠。在21世纪初的全国第三次文物普查中，临海市调查统计现存传统宗祠80余座，绝大多数分布在乡村。事实上，历史时期的宗祠数量远不止此，几乎每个村落、每个族姓都拥有自己的宗祠。这些宗祠散落于山间海滨，在乡村区域空间中占据了显著而突出的位置。它们或坐落于村落的中心，俨然是社区的文化心脏；或矗立在开阔而高敞的地段，俯视照应着整个村庄，所占区位皆是背山面水的风水宝地。这些宗祠建筑汇聚了当时当地最考究的工艺，最华美的装饰，代表了历史时期乡里公共建筑的最高水平。同时，宗祠建筑群也承载着深厚的宗法文化传统，凝聚了临海宗族社会的道德秩序和人文精神，折射着宗族社会的跌宕兴衰，成为临海乡土建筑文化和宗族文化的典型遗产。

山川形胜孕育了临海古城淳朴质拙的个性，文化精神滋养了城市温文儒雅的气质。这座江南小城延续了千年历史的文脉，在地理与人文、历史与现实的交相辉映中书写着新的历史。

二　相关研究成果述略

宗族对共同祖先的祭祀，可以追溯到先秦时期的宗庙祭祀。其后，随着时代的演替，宗族祭祀场所经历了一个由官方而逐渐民间化的过程，其名称和内涵也都有所变化。宗祠是宋以后才出现的宗族祭祖空间的名称。学术界通常讨论的宗祠，也是指宋代以后随着平民宗族兴起而出现的独立于住宅的宗族祭祖场所。为了反映临海宗祠的衍变脉络，本书的研究上溯到宋以前的贵族宗庙以及品官家庙。不过，宋以后的平民宗祠仍然是本书的研究重点，因此对研究成果的回顾，主要针对宋以后的近世平民宗祠而言。

本书拟从建筑史与社会史的双重视角，对临海传统宗祠进行系统研究。一方面，深入探讨临海宗祠建筑的样式、风格、特征及文化内涵；另一方面，充分发掘方志和宗谱等原始史料，复原宗祠所反映的宗族社会全景。因此，这里不一一列举宗祠研究的所有成果，而是就建筑史和社会史两方面的代表性成果加以介绍和分析，以反映研究概貌和趋势[8]。需要说明的是，建筑史与社会史虽是相对独立却也是相互关联的学术领域，这里将两个领域

---

〔8〕　有关宗祠研究成果的全面介绍参见《中国祠堂通论·附录二·中国祠堂研究论文目录》、《浙中地区传统宗祠研究·绪言·学术史回顾》。

的研究成果加以区分只是就研究的侧重点而言，实际上大部分的研究成果都会不同程度地涉及两个领域。

1. 建筑史

传统宗祠建筑是乡土建筑文化的代表，对传统宗祠建筑本体的研究是建筑史研究的重要内容。建筑史的传统研究方法强调忠实记录建筑形制、结构等建筑因素，分析辨别其中存在的细微差异。这方面的代表性研究成果，以有建筑专业背景的学者著述为主。潘谷西、孙大章分别主编的《中国古代建筑史》[9]第四、五卷中，对元明清时期民间宗祠发展背景及建筑形制进行了总括性的研究。陈志华、李秋香等所撰《宗祠》[10]开篇概述了宗祠发展历程、宗祠功能、宗祠与村落布局的关系以及建筑的一般形制和仪式等，为进一步阅读提供知识背景。该书的重要价值在于清华大学建筑学院师生们实地绘制的山西、浙江、江西、福建、广东等省的宗祠，包括村落总平面、单体建筑、大木构件、小木装修等科学测绘图，为保存各地乡土建筑留下可靠、准确的记录，也为研究宗祠建筑艺术提供了珍贵资料。罗德胤《中国古戏台建筑》[11]研究了包括宗祠戏台在内的各类戏台建筑。书中对中国古戏台的形制、形式、组分、架构、装饰等的沿革与金元明清历代的发展进行了梳理，探讨了该类建筑发展的社会因素和戏曲因素，并提供了6个省35个实例的测绘图，为今后的研究提供了丰富的资料。赖瑛《珠江三角洲广府民系祠堂研究》[12]揭示了广府祠堂建筑发展的政治、经济、宗族制度、文化氛围等社会背景，分析祠堂建造高峰迭起、技艺推陈出新的历史原因，对珠江三角洲广府民系祠堂发展概况进行了宏观描述，并从建筑学的研究角度对各历史阶段祠堂建筑的平面形制、构成元素、梁架形式、建筑装饰、建筑材质等进行细致剖析。同时，作者归纳总结了广府祠堂建筑的地域特征，认为地域特征体现在自成一体的建筑形制上，并集中反映于风格突出的建筑装饰中。

建筑空间理论是建筑学的重要理论，其特点是关注建筑空间的视知觉属性，强调建筑的整体空间意向。一些学者对宗祠的建筑空间进行了探讨。张惠贻《广东乡村祠堂与人居环境关系研究》[13]采用系统分层研究，分

---

〔9〕 潘谷西、孙大章等：《中国古代建筑史》，中国建筑工业出版社，2009年。

〔10〕 陈志华、李秋香等：《宗祠》，北京三联书店，2006年。

〔11〕 罗德胤：《中国古戏台建筑》，东南大学出版社，2009年。

〔12〕 赖瑛：《珠江三角洲广府民系祠堂研究》，华南理工大学2010年博士论文。

〔13〕 张惠贻：《广东乡村祠堂与人居环境关系研究》，湖南大学2010年硕士论文。

图 3　台州府城墙

析祠堂与人居环境中居住系统的相互关系，包括乡村祠堂与村落空间的组织关系、祠堂与街巷空间的关系、祠堂与村落景观的关系、祠堂空间与民居空间的关系。沈超《徽州祠堂建筑空间研究》[14]一文认为除了自然环境的影响外，徽州祠堂建筑空间形成与发展的主要社会文化背景是风水理念和程朱理学主导下的宗族观念。作者认为，徽州村落的整体布局体现了古代天人合一的朴素自然观念；祠堂空间的组合关系，各功能空间的相对关系、前后、主次等空间逻辑无不体现了宗族权力逻辑。

---

〔14〕　沈超：《徽州祠堂建筑空间研究》，合肥工业大学 2009 年硕士论文。

图4 东部桃渚
镇·桃江十三渚(花
琳萍摄)

此外，研究中国建筑艺术的著作也会给古代宗祠以一定的篇幅，如巫
纪光、柳肃主编《中国建筑艺术全集·会馆建筑·祠堂建筑》[15]从建筑
的性质和种类、发展演变历史、平面形式、使用功能及建筑形式、装饰艺
术和地方特点等方面探讨了宗祠的建筑艺术，并以精美图片展示了广东、
安徽的典型宗祠。萧默主编《中国建筑艺术史》[16]在明清建筑章节设有
民间祠祭部分，介绍了徽州、江西、湖南、广东等地典型祠堂建筑的艺术
特色。韩欣主编《中国古代建筑艺术》[17]在古代礼制建筑艺术部分对绩
溪胡氏大宗祠、宜黄董氏大宗祠等典型宗祠从建筑角度进行了鉴赏。

从上述研究成果中可以看出，除了传统的建筑实证研究外，学者们还
关注到宗祠建筑背景、空间维度的思考，为建筑类型研究走向社会文化分
析作出了有益探讨。

2. 社会史

宗祠是宗法社会的物态遗存和文化象征，具有丰富的社会文化内涵。
有关宗祠在社会文化史领域的价值为学者所关注，研究成果颇为可观。其
中有一大批以介绍全国或区域典型祠堂为主要内容的论著，如吴英才、郭

---

〔15〕 巫纪光、柳肃主编：《中国古代建筑艺术全集·会馆建筑·祠堂建筑》，中国建筑工
     业出版社，2003年。

〔16〕 萧默：《中国建筑艺术史》，文物出版社，1999年。

〔17〕 韩欣：《中国古代建筑艺术》，研究出版社，2009年。

隽杰主编《中国的祠堂与故居》[18]、罗哲文等编著《中国名祠》[19]、孙建华《漫步祖祠》[20]、福建省文化厅编《八闽祠堂大全》[21]、俞劭平《东阳祠堂》[22]、徐文平《遂昌祠堂》[23]、王发志和阎煜编著《岭南祠堂》[24]、韩振远《山西古祠堂：矗立在人神之间》[25]等。此类著作以介绍宗祠建筑及历史沿革等概况为主，未涉及具体学术问题的研究，价值在于帮助人们直观地了解宗祠的历史面貌。

宗祠是宗族制度的重要组成部分。因而，在有关宗族的整体研究中往往会涉及宗祠，如常建华《宗族志》[26]第二章"祖先祭祀与家庙、祠堂"考述了祭祖礼制与宗祠的发展演变，墓祭与墓祠的演变，功德寺、坟庵与寺观立祠情况，佛道对宗族祭祖的影响。冯尔康等著《中国宗族史》[27]在对各个历史时期的宗族讨论中，述及各阶段的祭祀制度，包括上古的宗庙祭祀制度、中古庙祭体系的恢复和宋元以降的家庙、祠堂、墓祠以及与之密切相关的族田、族学等。钱杭《中国宗族史研究入门》[28]第六部分简要梳理了宗庙、祠堂发展的历史，并研究了宗庙、祠堂的象征意义。冯尔康《中国古代的宗族与祠堂》[29]第三章探讨宗族祠堂祭祖的历史，旁及宗庙与祠堂关系、祠堂发生与演化史、祭祖观念与等级制度等。在上述有关宗族研究的代表性成果中，宗祠建筑并不是研究的主体对象，而只是宗族研究的一个观察角度和切入点，内容多集中在宗祠的总体发展演变过程及特性上，是为一般综合性研究。

以宗祠作为考察主体的综合性研究著作则注重展示宗祠的整体面貌，内容涉及宗祠的各个方面。如王静《祠堂中的宗亲神主》[30]研究了祠堂的变迁、功能、谱牒编修、祠堂建筑与风水、文化艺术，最后论及近现代祠堂的演变趋势。王鹤鸣、王澄《中国祠堂通论》[31]是近年来祠堂研究

〔18〕 吴英才、郭隽杰：《中国的祠堂与故居》，天津人民出版社，1997年。
〔19〕 罗哲文等：《中国名祠》，百花文艺出版社，2002年。
〔20〕 孙建华：《漫步祖祠》，中国社会科学出版社，2008年。
〔21〕 福建省文化厅：《八闽祠堂大全》，海潮摄影艺术出版社，2002年。
〔22〕 俞劭平：《东阳祠堂》，中国美术学院出版社，2011年。
〔23〕 徐文平：《遂昌祠堂》，西泠印社出版社，2011年。
〔24〕 王发志、阎煜：《岭南祠堂》，华南理工大学出版社，2011年。
〔25〕 韩振远：《山西古祠堂：矗立在人神之间》，辽宁人民出版社，2004年。
〔26〕 常建华：《宗族志》，上海人民出版社，1998年。
〔27〕 冯尔康等：《中国宗族史》，上海人民出版社，2009年。
〔28〕 钱杭：《中国宗族史研究入门》，复旦大学出版社，2009年。
〔29〕 冯尔康：《中国古代的宗族与祠堂》，商务印书馆，2013年。
〔30〕 王静：《祠堂中的宗亲神主》，重庆出版社，2008年。
〔31〕 王鹤鸣、王澄：《中国祠堂通论》，上海古籍出版社，2013年。

的总结性成果，资料丰富，研究全面对中国祠堂作了全面系统的分析和总结。

随着平民宗祠的不断发展和普及，宗祠与地域社会发展的关系日益密切，形成了鲜明的地方特色。地域文化的巨大差异性使得全国范围内的综合性研究越来越难以涵盖宗祠文化的内涵。上述有关宗祠社会史的综合性研究，或限于论题侧重点不同，或限于论题主旨的宏大，无法对具有物质特性的空间系统进行深入研究。另一方面，宗祠与地域文化的结合却为宗祠研究的深化、细化提供了更开阔的学术空间。因而，地域宗祠研究越来越受到学者的关注。

地域宗祠研究倾向于结合当地的历史文化传统，介绍宗祠建筑形制、活动，剖析宗祠建筑的社会文化意义。如郑建新编著的《解读徽州祠堂：徽州祠堂的历史和建筑》[32]详细介绍了徽州祠堂的外部结构、内部装修以及各部分的功能，并系统解读了徽州祠堂所包含的历史文化内涵和建筑特色。赵华富发表了多篇徽州宗祠研究论文，成果集中体现在《徽州宗族研究》[33]一书中。该书第三章"徽州宗族祠堂和祖墓"，对徽州宗族祠堂兴起的时代背景、建设、规制、祭祖活动以及宗族祠堂对宗族统治的作用等课题进行了全面探讨。陈凌广《浙西祠堂文化艺术浅探》[34]以图文结合的形式"原生态"地展现该地区二十多座具有代表性的祠堂、花厅和名人庙，系统阐述了浙西祠堂的历史发展、结构特点、材质类型、装饰手法、艺术特点和文化内涵等。凌建《顺德祠堂文化初探》[35]探讨了促进顺德祠堂兴盛的两大因素，即沙田开发与商业贸易，并从选址、材质、装饰等方面考察顺德祠堂的地方特色。上述地域宗祠研究涉及建筑史部分，但一般为比较简单的介绍，并未对建筑元素作进一步的辨别与分析。同时，研究关注了地域社会发展的文化背景，但并不涉及宗祠建筑在社会制度、结构层面的探讨。

宗祠作为乡村公共生活的中心空间，是国家、社会、宗族各种力量相互较量、相互渗透的舞台，是研究社会各阶层关系的颇佳切入点。越来越多的学者在地域宗祠研究中关注宗祠与国家、社会、宗族之间的关系，通过系统和结构等方法来寻找其深层的动因。常建华《明代宗族组织化研

〔32〕 郑建新：《解读徽州祠堂：徽州祠堂的历史和建筑》，当代中国出版社，2009年。
〔33〕 赵华富：《徽州宗族研究》，安徽大学出版社，2004年。
〔34〕 陈凌广：《浙西祠堂文化艺术浅探》，中国美术学院2010年硕士论文。
〔35〕 凌建：《顺德祠堂文化初探》，科学出版社，2008年。

图5 中部涌泉镇·兰田梯田（朱建初摄）

究》[36]是断代综合研究与地域个案研究的结合。第一编以明代祠庙祭祖礼制为核心，从制度与社会关系的角度全面探讨宗族祠庙祭祖的礼俗，对明代家庙、墓祠的祭祖问题进行了讨论，并以资料丰富的安徽徽州、江西吉安、福建兴化三府作为个案进行深入研究。这种将宗族祠庙祭祖置于不同地域探讨，并加以比较的方法，较之不分地区的断代综合研究方法更为合理，而且也拓展了研究的深度。罗艳春《祠堂、宗族与地域社会——以十六世纪以来的江西万载为中心》[37]重构了16世纪以来万载宗族祠堂的发展图景，将祠堂置放于地域社会的发展轨迹中，揭示祠堂与宗族的地域化发展，以及其中所反映的国家、社会与宗族之间的多维关系。邵建东《浙中地区传统宗祠研究》[38]、杨国安《空间与秩序：明清以来鄂东南地区的村落、祠堂与家族社会》[39]等研究也注重透过宗祠探讨区域中各种社会力量之间的关系。

有的学者注重借鉴人类学方法，进行田野调查和个案研究，以期研究

---

〔36〕 常建华：《明代宗族组织化研究》，故宫出版社，2012年。

〔37〕 罗艳春：《祠堂、宗族与地域社会——以十六世纪以来的江西万载为中心》，南开大学2007年博士论文。

〔38〕 邵建东：《浙中地区传统宗祠研究》，浙江大学出版社，2011年。

〔39〕 杨国安：《空间与秩序：明清以来鄂东南地区的村落、祠堂与家族社会》，《中国社会历史评论》第九卷，2008年。

图 6　西部括苍镇·括苍云海(徐维斌摄)

"小地方中的大社会"。如唐力行《徽州宗族社会》[40]第三章运用近代资料和田野考察所得资料,重构了抗战前后(1933～1947)徽州绩溪宅坦古村落以宗祠为中心的宗族生活,讲述了宅坦古村落的生存系统通过宗族、商业和文化三者间的互动而与外部世界产生密切联系的情形。冯江《祖先之翼:明清广州府的开垦、聚族而居与宗族祠堂的演变》[41]借鉴了历史人类学的观念、视角和研究方法,以翔实的田野调查为基础进行深度的案例研究;以区域开发进程为线索,通过对祠堂建筑纪念碑性的讨论,来对广州府祠堂建筑的衍变进行动态和多维度的考察,阐释相关历史现象。杨天厚《金门宗祠祭礼研究——以陈、蔡、许三姓家族为例》[42]是近年来

〔40〕　唐力行:《徽州宗族社会》,安徽人民出版社,2005年。

〔41〕　冯江:《祖先之翼:明清广州府的开垦、聚族而居与宗族祠堂的演变》,中国建筑工业出版社,2010年。

〔42〕　杨天厚:《金门宗祠祭礼研究——以陈、蔡、许三姓家族为例》,花木兰文化出版社,2011年。

有关台湾宗祠祭礼研究的力作。作者通过田野调查,保存和呈现了深具闽南古风的礼文,考察了金门宗祠祭典与儒家的关系及礼生团体的运作模式,同时考辨金门地区宗祠礼仪标准化的情况。此外,张奉珠《诏安客家庙祭祖研究:以云林县崇远堂为例》[43]、郑珊珊《村庙、祠堂与祭祀仪式——广东开平泮村三王祭祀文化空间个案研究》[44]、齐琨《徽州乡村祠堂礼俗音乐——古筑村和彭龙村的个案调查与研究》[45]等在研究中也都较多地采用了人类学的理论和方法。

可以看出,人类学色彩浓厚的宗祠研究本质上也是以探讨宗祠与宗族社会的文化内涵为目的,研究中运用了历史学、社会学的理论与方法,与纯粹的人类学研究有所区别。有学者强调"新社会史"的概念,认为新社会史"并非一种范式转换的概念,而应该是与本土语境相结合的中层理论的建构范畴;其次,所谓的'新社会史'就是要在由传统经济史出发而建构的整体论式的架构笼罩外,寻求以更微观的单位深描诠释基层社会文化的可能"[46]。在"新社会史"的视野观下,人类学方法成为社会史研究的中层理论,为宗祠社会史横断面研究领域的拓展提供了更多的可能。

综上所述,在多学科交叉研究的背景下,尝试引入更多理论方法,在更开阔的视野和观念下,对宗祠建筑史及社会史进行研究已经成为学术研究的新趋向。社会学、人类学方法的介入,使宗祠研究从静态的建筑观察与描述转向发展过程的动态考察,从综合性研究转向区域社会下社会系统与结构的探讨以及个案的深度分析。

有鉴于此,笔者在充分吸收前人研究成果的基础上,借鉴建筑类型学理论、建筑空间理论、统计学方法、考古类型学方法等多学科理论方法,对建筑本体及其空间形态进行分析。同时,在"新社会史"的视野下,将社会学、人类学的理论方法作为指导研究宗祠与宗族社会的中层理论,探讨宗祠这种"社会空间"存在的历史过程,揭示宗祠建筑所蕴含的社会文化内涵。

〔43〕 张奉珠:《诏安客家庙祭祖研究:以云林县崇远堂为例》,花木兰文化出版社,2013年。

〔44〕 郑珊珊:《村庙、祠堂与祭祀仪式——广东开平泮村三王祭祀文化空间个案研究》,中央美术学院2007年硕士论文。

〔45〕 齐琨:《徽州乡村祠堂礼俗音乐——古筑村和彭龙村的个案调查与研究》,中国艺术研究院2001年硕士论文。

〔46〕 复旦大学文史研究院:《"民间"何在,谁之"信仰"》,中华书局,2009年,第131页。

壹

村落的中心：宗祠建筑巡览

宗祠即宗族祠堂，是宗法社会的产物。《礼记·大传》曰："别子为祖，继别为宗，继祢者为小宗。"这种严格的大宗之法只存在于先秦时期。"一般来说，秦汉以后出现的王室分封，无论在政治还是经济上性质都与先秦不同，大致上属于一种特殊的（仅限于王室成员）、有限的（仅限于第一代或第二代）奖励制度，而不是治理国家的基本政治制度，根本不可能形成'百世不迁之宗'所需的外部条件。"[1]

明清为平民宗族社会，更不存在严格意义上的大宗。平民宗族以能追溯之始迁祖为大宗，"后世宗法既废，则以始迁之祖为大宗，而立为祠堂以祀之，亦百世不迁"[2]。随着始迁宗族的日益扩大，原有村落的生存空间日渐狭促，出现了族人向外迁徙的情况。外迁族人日渐繁衍，形成新的宗族，建立自己的祠堂。一些外迁较近的宗族与始迁宗族保持着较多的联系，仍以小宗自居，而称其宗祠为小宗祠[3]。如白水洋镇黄坛李氏，以上宅为其发祥地，其祠为大宗祠，供奉始祖、始迁祖。附近的下宅、三份等分迁地小宗祠供奉分迁以来祖先神主。也有一些外迁宗族，随着时间的推移，与始迁地宗族的关系日渐疏远，根据"别子为祖"原则，自认为分迁地之大宗，而称其祠堂为大宗祠。如东塍镇庙西金氏分迁自东塍镇金坑金氏，随着血缘隆替，服尽而迁，关系日渐疏远，自称其祠为大宗祠。可见，大小宗族及宗祠的观念不是一成不变的，既受到地缘的影响，也随血缘关系的推移产生变化。分迁地大小宗祠性质的认定应以当时人对宗族关系的认同为准。始迁地与分迁地宗族以各自村落的祠堂为祭祀与社会活动的中心，宗祠之间的联系并不紧密。大小宗祠性质的认定意义在于昭示宗族认同的范围以及联宗活动的规模。

在一些较大宗族中，有些房分发展壮大，人丁兴旺，建立起独立的祠堂，此即为房祠，供奉的是本房祖先。如穿山金氏五房小宗祠位于汇头村上，为杜桥穿山七年金氏之房祠。此外，还有家祠，即宗族中出现有能力、有地位的人物。他们另立家祠，祭祀其高曾祖祢，如东塍镇上街凉棚屈映光家祠。房祠、家祠是宗族村落小范围区域内的族人建立的祠堂，与所属大小宗祠之间的关系较为密切，在祭祀、祠田轮值、塾学教育等方面都有

---

〔1〕 钱杭：《中国宗族史研究入门》，复旦大学出版社，2009 年，第 95 页。

〔2〕 《临海大石殿前朱氏本支谱·康熙庚午赐进士兵科都给事中新昌吕沧重建大宗祠序》。

〔3〕 在临海，除了祭祀始祖、始迁祖的大宗祠外，其他宗祠被称为小宗祠。"今俗世所称惟以始祖为大宗，后之有功德而子孙宗之。立祠者均称小宗而已。"（《临海涌泉冯氏族谱·西岑敬七公祠堂记》）为了进一步明确宗祠的宗族属性，本书的小宗祠特指由始迁地外迁，已经形成独立生产、生活单位的宗族实体所建立的宗祠，概念上与宗族内房支所建立的房祠及个人所建立的家祠有所区分。

着诸多联系。

临海传统宗祠的建立情况可以河头镇（大石）叶氏宗祠为代表。《临海大石緱山叶氏宗谱》"营造"条对叶氏宗祠家庙的建立进行了集中统计：

时思堂　乾隆谱云祀祖之所。案：吾族旧祠在方升街神童坊，后自上、下二宅自立宗祠，而总祠遂废。今遗址已渐沦入子孙住宅矣。

顺亲公派宗祠　在上叶，有图见前。

顺族公派宗祠　在下叶，有图见前。

尚文公派宗祠　在口坑塆，光绪间建，坐坤向艮。

弇公派宗祠　在黄溪枫坑，光绪间建。

省梅公家庙　在上叶面前塘，坐戌向辰间乾巽。

迎山公家庙　在下叶樟树后，同治间建，向立坐亥向巳兼壬丙。

继山公家庙　在下叶宗祠前，同治间建，有图。

承尧公家庙　在上叶宗祠前，同治间建，向立坐壬向丙兼亥巳。

拱南公家庙　在上叶东张，向立坐壬向丙兼子午。

归厚堂　梅溪公建，以祀其考牧斋公者。向立坐亥向巳兼壬丙。……夫合族固有总祠矣。余欲别建专祠以奉本支各祖，补总祠所未及。……岁道光十一年，爰卜基于村居之前，鸠工庀材，迄六年始落成焉。丁酉春，诹吉奉高曾祖主入祠，而以牧斋公配焉。

顺裳公家庙　在上叶第三分，同治间建，向立坐丑向未兼艮坤。

上叶顺亲公派宗祠、下叶顺族公派宗祠、口坑塆尚文公派宗祠、黄溪枫坑弇公派宗祠均为大石緱山叶氏先后分迁之宗祠。上叶宗祠供奉始迁以来及上叶祖顺亲公派各祖栗主，为大宗祠。顺族公为下叶始祖，供奉分迁以来各祖栗主。口坑塆、黄溪枫坑宗祠情况相同，均供奉各分派祖先神主，为小宗祠。上叶宗祠下又有省梅公家庙、承尧公家庙、拱南公家庙、顺裳公家庙等，下叶有迎山公家庙、继山公家庙等。根据其谱先德传，可知迎山公为二十一世下叶二分祖。据此，其他家庙诸祖应也是房分祖，家庙即为房祠。梅溪公为二十八世，属下叶二分，所建归厚堂专祠祭其高曾祖祢，是为家祠。可见大石叶氏宗族所建宗祠体系完备，大宗祠、小宗祠、房祠、家祠俱有。这是当时临海宗祠分布情况的缩影。

由于各宗族的实际情况不同，宗祠建筑繁简有别，装修也精简各异，规模大小差异比较大，较小的仅50余平方米，如白水洋镇黄坦前庄村章氏小宗祠，大的也有逾千平方米的，如白水洋镇埠头朱氏宗祠。但总体来说，临海宗祠规模普遍不大，极少有牌坊、仪门等附属建筑。从纵向进深来说，规模最小的是一进式宗祠，仅有一进主体建筑，围以垣墙，用于议事与祭祀。

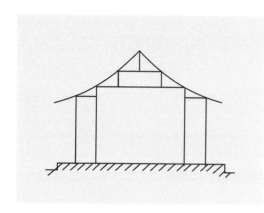

图7　抬梁结构示意图

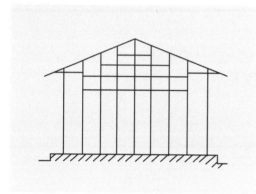

图8　穿斗结构示意图

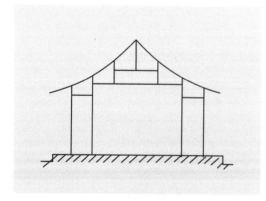

图9　插梁结构示意图

通常是人丁稀少、经济不富裕的弱小宗族所建。二进式宗祠是在主体建筑前方再建一进门房，有的在门房明间内直接设有简易戏台，也有的在门房明间后檐接建戏台。这种后接戏台在平面上与门房是相连的，一般不视为一个独立的单元。门房两侧大多建有厢房，既可作为宗族活动场所，亦可当成宗族聚会时远地族人的临时住所。厢房前面一般有走廊，可供通行或观戏。中间天井用于宗族集体活动。这种二进式宗祠在临海是最为普遍的。三进式宗祠在临海仅见一例，即白水洋镇黄坦上宅李氏宗祠，其之所以形成三进格局是由于先建有二进式上祠堂，后又扩建增加一进下祠堂，建造理念本质上仍是二进式，与进深建筑之间具有意义关系的建筑组群是不同的。

开间是决定宗祠规模与级别的另一个重要的因素。《大清通礼》载："亲王、郡王庙制为七间，中央五间为堂，左右二间为夹室，堂内分五室，供养五世祖，左右夹室供养祧迁的神主，东西两庑各三间，南为中门及庙门，三出陛，丹陛绿瓦，门绘五色花草；贝勒、贝子家庙为五间，中三间为堂；一至三品官员家庙为五间，中央三间为堂；四至七品官员家庙为三间，一堂二夹；八九品官员亦为三间，但明开阔，两夹窄。"可见宗庙正厅开间是等级的重要标志。对于普通百姓而言，只能选择等级最低的三开间形式。清代临海所出一至三品高官极少，但五开间宗祠却比较常见。祖上出过高官或族大势大的宗族纷纷建立五开间宗祠，这说明清代宗庙建筑等级制度在偏远的临海地区并没有得到严格的贯彻执行。

以上介绍了临海传统宗祠在宗族属性

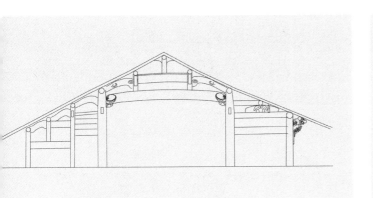
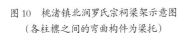
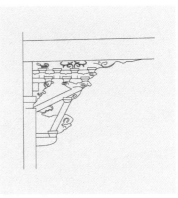

图 10　桃渚镇北涧罗氏宗祠梁架示意图
（各柱檩之间的弯曲构件为梁托）

图 11　临海城关更铺巷蒋氏民居前廊檐下斜撑

及建筑形制两方面的基本情况。本章主要根据建筑形制的不同类别对临海传统宗祠进行具体介绍，并根据宗谱材料考察其宗族属性及历史发展情况[4]。

临海传统宗祠均为木构建筑，由于对宗祠建筑的介绍涉及众多古建筑名词，为了便于读者阅读，这里先对主要的梁架类型及临海特殊的古建筑结构作简要说明。

抬梁结构　在柱子上放梁、梁上放短柱、短柱上放短梁，层层叠至屋脊，各个梁头上再架檩条以承托屋椽的形式。抬梁结构结实牢固，经久耐用，内部使用空间较大。缺点在于结构比较复杂，对木料的要求较高。

穿斗结构　在每根檩条下均有柱子支撑，柱与柱之间以横木固定连接，形成一个整体。这种方式可以用较小的材料建筑较大的房屋，但因柱枋较多，室内无法形成连通的大空间。

插梁结构　是东南沿海地区经常使用的梁架结构。其结构特色是檩条直接由柱来承托，承重梁枋两端插入柱身。"插梁架兼有抬梁与穿斗的特点：它以梁承重传递应力，是抬梁的原则；而檩条直接压在檐柱、金柱或瓜柱的柱头，而瓜柱骑在下部梁上，部分梁枋仅有拉接的作用，这些都具有穿斗架的特色。"[5] "插梁架可以在屋面坡度降缓的条件下，均匀地、舒展地布置各层梁枋，增加梁架装饰处理的空间。"[6]

---

〔4〕　受限于材料搜集情况以及宗谱的保留情况，有些宗祠未有相应的宗谱材料可资利用，使得对宗祠历史的考察出现不均衡状况，有待于进一步补充完善。

〔5〕　孙大章：《民居建筑的插梁架浅论》，《小城镇建设》2001 年第 9 期。

〔6〕　孙大章：《中国民居之美》，中国建筑工业出版社，2011 年，第 261 页。

图 12　水岙王氏宗祠正厅梁架

图 13　水岙王氏宗祠正厅前廊

图 14　水岙王氏宗祠正厅前廊檐柱装饰

梁托　在临海古建筑梁架中，檩条之间以及檩条与瓜柱之间或弯或直的构件是唐宋时叉手、托脚的变体，起到联系各檩条下木柱之作用。也有人称为劄牵。本书将这一叉手、托脚的变体构件称为梁托。

直木斜撑　临海目前发现的最早的直木斜撑构件出现在明代古建筑更铺巷蒋氏民居中。该民居正房檐柱两侧承托檐檩的斜撑由三部分组成，最下面一层为丁字栱，其上分别有 60 度和 30 度的直木斜撑，中间有荷叶墩形板子连接以增加拉结力量。直木斜撑上为平叠的一斗二升，与从檐柱柱头平叠的斗栱相连承托檩下长雀替。这种斜撑结构可以称之为双直斜撑。檐柱与挑檐枋之间的斜撑结构类似，区别之处在于仅有一根直木撑，可以称为单直斜撑。以直木斜出支撑屋檐是中国木构建筑最原始的做法，具有最直接的功能性。在临海，这种直木斜撑随着时代的推移，装饰性不断增强，以至于完全取消直木，仅是保留了原有三个部分的结构形式。一般来讲，这种直木斜撑具有早期结构的特征。

一　一进三开间形制

1. 水岙王氏宗祠[7]

位于东塍镇水岙村西南村口。三合院，东向偏北，占地面积 375 平方米，两厢各三间。正厅硬山顶，三开间，明间为五架叠斗插梁结构，三架梁两侧及上金檩与脊檩之间设有弯曲梁托，既起到扶持檩木的作用，也发挥一

─────────────

〔7〕　由于宗祠介绍中已经说明具体地址，故本章宗祠名称不再标识所在乡镇，统一采用"村庄名称＋姓氏＋宗祠"的表述方式。

图15 新楼金氏宗祠正厅梁架

图16 新楼金氏宗祠正厅前廊檐柱装饰

定的承重功能。上下垫斗的出拱相连成斜撑承檩木，还存有直木斜撑结构的痕迹。次间梁架施中柱，穿斗结构，上部依然保持叠斗插梁外观。下金檩枋之间饰以平叠升斗隔架科。

前廊为卷棚顶，亦为叠斗插梁结构。四架梁为粗壮月梁，插入檐柱与金柱，下端两侧施丁字栱式小雀替。顶梁插入叠斗之中，雕饰菱形斜线，两侧设弯曲龙形梁托，上方设随椽弯匾。檐柱两头收分，梭形，雕饰繁复。下为罐式柱础，石楯上下阴刻两圈细线。上端刻圆盘托坐斗。檐柱前为龙凤牛腿，线条流畅华丽，饰以富丽花草纹。两侧雀替面积较大，由三部分组成，下为透雕草叶承一斗，是丁字栱的变形；中间部分为卷曲花纹；上部则是变形为花形的一斗二升的平叠。后廊双步架，单步梁为曲梁托形式。

据脊枋墨书，该祠为清道光十八年（1838）建造。整个正厅保存完好，基本未见修缮痕迹。这得益于村落四围皆山，地理环境较为闭塞。加之全村皆为王姓，对于祖宗祠堂有着一致的情感，使得宗祠在"文革"时免遭破坏。该祠为道光时期典型祠堂，具有断代意义。

据《临海岭根王氏宗谱》，知水岙王氏由东塍岭根王氏分支而来，为小宗祠。

2. 新楼金氏宗祠

位于杜桥镇新楼村三官堂，为穿山八年金氏宗祠。正厅坐北朝南，硬山顶，三开间。明间五架插梁结构，五架梁插入金柱中，三架梁插入上金檩下方瓜柱。檩木之间设有弯曲梁托，上金檩与脊檩之间梁托呈鱼龙形，穿插于垫斗之间。次间穿斗结构。带前后单步廊。前廊单步梁为鱼形，下有穿插枋。明间穿插枋上雕饰博古框线和如意璧钱纹。檐柱与挑檐枋之间的牛腿雕成卷曲鱼龙形，鱼龙上站一人物。其上以斗栱承托挑檐枋。檐柱两侧雀替下面的丁字栱已缺失，中间为透雕卷曲鱼龙，上部叠以变形一斗二升和长雀替。檐檩和挑檐枋之间亦设鱼形托木。21世纪初重修时，前廊构件局部刷饰黄、白、蓝色彩绘。该宗祠装饰中鱼的因素运用突出，展现出临海沿海地区人民与海洋的密切关系。

大殿中悬"惇笃本源"匾额及"械朴菁莪沾化雨，仁山丽泽仰宗风"楹联，为金仁济邀南通前清状元张謇于1917年题写，匾宽0.77米，长2.5米，楹联宽0.38米，高2.27米。

据梁间墨书，该祠建于清道光二十九年（1849）。《穿山七年金氏宗谱》亦载："穿山八年金氏宗祠，大清道光二十九年岁次己酉阳月金氏八年五房合族人等重建。"乾隆年《重建金氏家庙碑记》的存在表明，八年即新楼金氏宗祠于乾隆以前曾遭毁坏，而乾隆年所建宗祠道光以前亦被毁，才有道光建祠之举。《金氏宗谱序》谓："金氏处以海乡，鼎革以来，兵燹仍频，风灾海飓。清顺治十八年实行迁海，沿江骚扰上下，迁徙靡定。"乾隆以前宗祠之毁很可能即缘于清初迁海事件[8]。乾隆以后宗祠之毁应是风灾海飓的结果。

南宋咸淳二年（1266），朝双、朝俸兄弟因"卖盐商事"自临海白塔桥迁居今地，金朝双为八年祖，即新楼金氏祖，朝俸为穿山七年祖。《重修穿山八年金氏宗谱序》载："宗祠在山之阳，族庙在山之东北，且八年子孙居左，七年居右，是大兄小弟别宅居之长。"宗祠当指新楼金氏宗祠，族庙指七年金氏宗祠，名称之分应起于大小宗之别。

3. 方家岙何氏宗祠

位于永丰镇方家岙村堪头自然村南村口，坐西朝东，占地面积108平方米。宗祠原为三合院，现仅存正厅，硬山顶，三开间，明间为抬梁、插梁混合结构。五架梁插入金柱，下有镂空小雀替，上以圆瓜柱承托三架梁。金柱与瓜柱之间穿插微弯龙首梁托。次间中柱落地，脊檩与上金檩之间设梁托。前后单步廊皆施直梁与穿插枋。前檐柱上以变形丁字栱支撑挑檐枋。檐檩与挑檐枋间以及挑檐枋外有托木支撑。明间檐柱两侧雀替中间部分缺失，次间檐柱尚存S形斜撑雀替。

祠内悬"钦点小京官"匾额一块，署款"光绪十二年岁次丙戌秋月吉旦"，

---

〔8〕 清初有"迁海"事件，曾将沿海三十里之内的居民全部迁到内地，临海滨海地区大部分宗祠遭到毁坏（详见第四章第三节临海传统宗祠的历史演变之"清前中期"）。

"裔孙奏筵敬立"。结合建筑风貌，宗祠应建于光绪年间。

方家岙堪头村为何姓血缘村落。据《台临何氏宗谱》记载，堪头何氏始祖为显纯，约在元代自界岭（今属白水洋镇）迁方家岙，为老三房下大房。其祠为小宗祠。

图17　方家岙何氏宗祠

图18　方家岙何氏宗祠正厅梁架

4. 下叶国公专祠图

《大石猴山叶氏宗谱》载有祠墓图，谓"宗祠者，历世灵爽之所凭。茔墓者，先人体魄之所依也。自浮屠氏之宫盛而享室仅为燕雀之居，自墓大夫之职废而丘垄难免侵削之弊，祚之衰有由来矣。今摹其规制，定其界址，锲之于梓，春秋拜扫之余，按图稽核，庶永永年代保守勿替焉"。其后摹有上叶顺亲公宗祠图、下叶顺族公宗祠图、下叶国公专祠图。第一幅上叶顺亲公宗祠图上写有"光绪己亥秋裔孙书敬摹"字样。后两幅未署名，但根据叙述顺序，以及摹写手法、文字描述风格，摹写时间当为同时，皆为光绪己亥年（1899）。国公专祠从风格上看为清晚期，具体修建时间早于光绪己亥年。

从图可以看出，下叶国公专祠正厅享堂三间，硬山顶，有鸱吻，屋脊中间有装饰。祠内后墙设案，供奉祖先神主。祠前围以院墙，一侧开门。其文谓：

> （国公专祠）在下叶宗祠之前，向坐亥向兼壬丙，享堂三间，深三丈六尺八寸，广三丈六尺四寸，连三间为一龛，奉本房分支以来各祖栗主，天井纵一丈三尺五寸，横随堂制。门从天井之左侧出。门外余基五尺，与派下孙万守共之。右边及屋后余基已载于图。

可知规模很小，计算总占地面积不过百余平方米。据其宗谱，国公为下叶

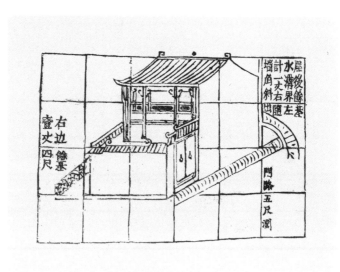

图19　宗谱所绘下叶国公专祠图

三分祖，"奉本房分支以来各祖栗主"，可见该专祠实为下叶叶氏之房祠。

5. 龙里杨氏宗祠

位于白水洋镇龙里村，西南向，占地面积120.8平方米。宗祠背靠高台，台上为村民住房，前临深涧，地势狭促。今宗祠前院落虽已破败不全，亦无法证明时间与祠堂同时，但地势表明，宗祠正厅前已不可能再有一进房屋。故而，此祠只能是一进正厅加小院落的格局。

正厅硬山顶，三开间，明间五架抬梁，垫斗承托。次间设中柱，穿斗式。下金檩枋之间装饰以如意璧钱纹隔架科。前檐廊单步架，直梁上刻圆形方孔钱文，梁下设卷回纹骑马雀替。檐柱与檐檩之间设弧形回纹雀替。檐柱前施圆雕牛腿。明间檐柱牛腿为狮子造型，其下丁字栱内刻戏曲人物。次间檐柱牛腿分别为透雕骑牛老者与撑扇童子，骑象老者与执幢童子。挑檐枋与檐檩之间有弯曲梁托，而挑檐枋和封檐板之间有象鼻托木。后檐单步廊以简单直枋穿插固定，内设石案，供奉弘农杨氏祖先牌位。据脊枋墨书"大清光绪乙巳年荷月造"，该祠建于光绪乙巳年（1905）。

龙里村为杨姓小村落，属天台南山支派。其族以弘农杨氏之后自居。据《台宗杨氏族史》记载，其始祖为杨枝柱，生于光绪七年（1881）。从时间上看，龙里杨氏当为杨枝柱的儿子辈分迁而来，宗祠为分迁不久后建造。由于地处山间，交通闭塞，保存情况较好，除部分椽子与檩条为新修外，大部分为光绪年间旧物。

6. 下吴吴氏宗祠

位于永丰镇下吴村东村口，坐北朝南，三合院式，占地面积320平方米。正厅保存完好，修缮痕迹较少，西侧有小附屋一间。2003年新修大门及围墙，并对正厅重新油漆。据参与修建祠堂的吴雪岩儿子介绍，祠堂原无厢房、戏台，是一进式小祠堂。

正厅硬山顶，三开间，明间为五架抬梁，圆瓜柱支承。次间施中柱，穿斗式。檩枋间无饰。带前后单步，设直梁与穿插枋。前檐廊穿插枋饰博古框线，中或刻蝙蝠，或刻四环相交，或刻菱形纹相交。檐柱上下收分，梭形。上部原有牛腿，中间部分已缺失。下部柱础为灯笼状。

据脊枋墨书，"大清龙飞宣统元年岁在屠维作噩小春月谷旦"，"首事裔孙名俊率男雪岩协同名府暨领阖族人等同造"可知，正厅于清宣统元

图 20　龙里杨氏宗祠正厅梁架

图 21　龙里杨氏宗祠正厅前廊梁架

图 22　龙里杨氏宗祠正厅次间牛腿

图 23　龙里杨氏宗祠正厅次间牛腿檐廊

| 20 | 21 |
| 22 | 23 |

图 24　下吴吴氏
宗祠正厅

图 25　下吴吴氏
宗祠正厅梁架

图 26　下吴吴氏
宗祠正厅前廊梁
架

图 27　下吴吴氏
宗祠正厅前廊柱
础

24	25
26	27

年（1909）由族人吴俊及其子雪岩等建造。脊檩上墨绘龙纹清晰可见。

《台州临海吴氏宗谱·后记》载："自台临吴氏大宗祖讳全智字子高号诘士五季之乱避地东瓯，迁居括苍，至今有千余年。一经公字夸行，外避伊颜之乱，内避奸权变祸，隐居台郡，迁居浦下（即今下吴村），亦有七百多年历史。"可见下吴吴氏宗族以全智为迁临始祖，一经公为下吴始迁祖。今下吴吴氏仍参加仙居吴氏大宗举行的祭祀全智公的祭祖活动。相对于仙居吴氏大宗祠，该祠为小宗祠。

7. 洋高山李氏宗祠

位于白水洋镇洋高山村，背临外茶山，前临山坡，两侧为民居。宗祠东北向，占地面积133.1平方米。前有后建台门，距正厅1米许。殿西北端有附屋平房三小间，东南端后建附屋小平房一间，整体较破旧。由于祠堂位于半山腰，台门虽为后建，但正厅前已无建造门房或戏台的空间，故而仍是一进式祠堂。

正厅硬山顶，三开间，明间五架抬梁，圆瓜柱承托，脊枋有墨书"民

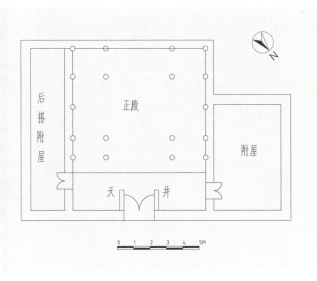

图 28　洋高山李氏宗祠平面图　　　　　　　　　　图 29　洋高山李氏宗祠正厅前廊檐柱装饰

国戊寅孟春重修"等字样。次间中柱落地。下金檩枋间设有彩绘宝相花隔架科，带前后单步。前檐柱上牛腿已缺失，两侧雀替下方丁字栱内刻姿态各异的奔马，上有透雕龙凤撑承檐檩。雀替局部存有白、绿、蓝等彩绘。洋高山李氏宗祠规模较小，但雕饰及彩绘较精致，具有一定的艺术价值。

　　洋高山村绝大多数为李姓，至今已七代。据《黄坛李氏族谱》记载，上宅、下宅、三份三个大村是黄坛李氏中心集居地。洋高山始祖为黄坛李氏第十七世，迁于明末清初。该祠为黄坛李氏小宗祠。

8. 黄坦洋倪氏宗祠

　　位于白水洋镇黄坦洋村西端，东向偏北，占地面积 317 平方米。正厅主体构架基本保持原状，两厢、台门、围墙均为 2008 年下半年修缮时所建。据当地人讲，祠堂原来无戏台、门房，当为一进式结构。

　　正厅硬山顶，三开间，明间五架抬梁，垫斗、圆瓜柱支撑。两山为砖墙，檩条直接架于山墙之上。下金檩枋间设有一斗三升隔架科。带前后双步。前檐廊设有直梁枋，单步梁则以兽纹梁托代替。穿插枋上刻满纹饰，一侧为寿字纹，穿插以花纹；另一侧为蝙蝠钱文，穿插以花纹。其下还装饰刻有人物的小雀替。檐柱上设圆雕戏曲人物牛腿，牛腿上方有形象可喜的猪首垫木承托挑檐枋。两侧雀替下部的丁字栱内刻奔鹿等吉祥动物，中部为弯曲斜撑，上以莲花斗支撑二重华栱与雀替。檐檩与挑檐枋之间设梁托，挑檐枋外出象首托。整个檐廊雕刻装饰丰富，情趣盎然。

33

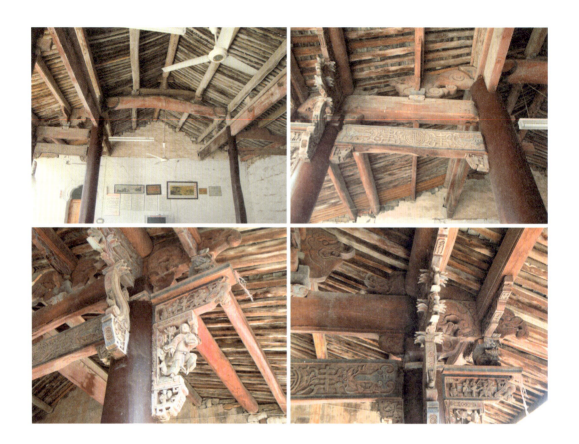

图30 黄坦洋倪
氏宗祠正厅梁架

图31 黄坦洋倪
氏宗祠正厅前廊
梁架

图32 黄坦洋倪
氏宗祠正厅前廊
檐柱装饰

图33 黄坦洋倪
氏宗祠正厅前廊
檐柱牛腿上方装
饰

30	31
32	33

据《临天倪氏宗谱》，倪氏于明末清初之乱世从山阴梅林迁临海黄坦。谱中载有咏甲戌年宗祠落成诗三首。考清之甲戌年有四，即康熙三十三年（1694）、乾隆十九年（1754）、嘉庆十九年（1814）、同治十三年（1874）。该祠从建筑风格上看，为清晚期，始建时间当是 1874 年。

9. 洞桥陈氏宗祠

位于东塍镇洞桥村，现仅存正厅，东南向，占地面积 139 平方米。洞桥陈氏所藏 1936 年《临海陈氏宗谱》载有桐桥（即洞桥）村图，图中绘有宗祠形貌，可以看出宗祠为正厅前围以院墙的小型祠堂。

正厅硬山顶，三开间，明间为插梁结构，五架梁插入金柱，三架梁插入上金檩下方瓜柱。下金檩与瓜柱间穿插弯曲梁托。三架梁上两段梁托穿插在叠斗之间。次间设中柱，上部呈叠斗插梁外观。下金檩枋间饰栱子雀替隔架科。带前后单步。前廊平顶下设直梁，上以两垫斗托三段弯曲托木支撑平顶，垫斗同时斜出卷草斜撑承平顶。檐柱上部以莲花圆盘托坐斗。檐檩与挑檐枋之间托木扇形开光内刻人物图案，挑檐枋外出阴刻卷草纹的

三角形托木。檐柱前设牛腿，中间圆形开光
内刻人物或博古宝物，两侧设S形卷草雀替。
后廊施平顶。

宗谱未载祠堂修建时间，从建筑风格上
看应属清晚期。谱载，陈氏始祖自河南汴梁
迁临海，至南宋陈良翰生有三子，长君承亮
公居碛村，次君承豪公居桐桥，三君承高公
居轻钱。桐桥即洞桥。据宗谱图，碛村、蟠
湖、洞桥等村各有宗祠，可知洞桥陈氏宗祠
为小宗祠。

10. 下高高氏宗祠

位于大田街道下高村，坐北朝南，三合
院式，由正厅、两厢、台门组成，占地面积
约569平方米。两厢各五间，二层。正厅硬
山顶，三开间，明间为抬梁、插梁混合式结
构，五架梁插入金柱，上以圆瓜柱支撑。下
金檩与瓜柱之间穿插龙形托木。上金檩之间
以两段曲形梁托承脊檩，取代三架梁起到承
重作用。脊檩下悬短柱，装饰性极强。次间
穿斗式，中柱落地。下金檩枋间设菱形隔架
科。带前后双步，无饰。

根据脊枋墨书"中华民国陆年岁次丁巳
小春月上浣吉旦合族重建"题记，祠堂的建
造时间为1917年。《临海高氏宗谱》载："我
高氏自良才公之三子鼎公避黄巢之乱来台，
始居康谷，以后子孙繁盛，分居各处，遍满
台州。"故而下高高氏当以康谷高氏为大宗。
其祠为小宗祠。

11. 陈婆岙王氏宗祠

位于永丰镇陈婆岙村东村口，坐南朝北，
前临山涧。两厢已毁，现存台门与正厅。台
门大体完整。正厅硬山顶，三开间，明间五

图34　宗谱所绘洞桥陈氏宗祠

图35　洞桥陈氏
宗祠正厅梁架

图36　洞桥陈氏
宗祠正厅前廊梁
架

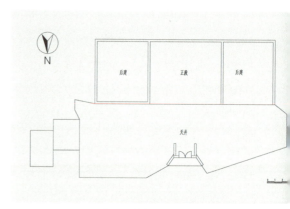

图 39 陈婆岙王氏宗祠平面图

图 40 陈婆岙王氏宗祠正厅梁架

图 37 下高高氏
宗祠正厅

图 38 下高高氏
宗祠正厅梁架

架抬梁，圆瓜柱支撑，次间设中柱。下金檩枋间无装饰。带前后单步。前檐廊设直梁枋，无雕饰。檐柱两侧为弧形回纹雀替，檐柱前以丁字栱及菱形短柱支撑挑檐枋。明间脊枋墨书"中华民国拾壹年春岁次乙酉……"该祠建于 1922 年。

12. 黄支罗陈氏宗祠

位于汇溪镇黄支罗村东南村口，民国建筑风貌。宗祠东向偏南，四合院式，占地面积 520 平方米。大门前设披廊，两厢及正厅两端附屋均为 1949 年以后加建。

正厅硬山顶，三开间，明间为抬梁、插梁混合结构。五架梁插入金柱，其上瓜柱抬三架梁。金柱与瓜柱以及瓜柱之间穿插辅助托木。次间施中柱，穿斗结构。带前后单步，设有直梁枋。前廊檐柱间拉结横枋，无牛腿、雀替等装饰。宗祠旧称"劲正堂"，现正厅明间枋间悬挂 1995 年重刻之"劲正堂"匾。

图 41　黄支罗陈氏宗祠正厅

图 42　黄支罗陈氏宗祠正厅梁架

二　两进三开间形制

1. 外叶叶氏宗祠

位于河头镇外叶村，坐西向东，占地355平方米，四合院式，前后二进，左右设二层厢房。

第一进门房五开间，明间后檐设戏台。戏台四柱式，歇山顶，砌上明造，山墙矮小，以小青瓦层覆为鱼鳞状，檐枋上以垫板支撑檐檩，整体结构简单。

第二进正厅三开间。明间五架抬梁，以圆瓜柱支撑，梁架用材粗硕，无雕饰。次间施中柱，穿斗结构。下金檩枋之间饰钱纹卷云束腰花板隔架科。前廊为单步架，设曲梁和穿插枋，无雕饰。檐柱浑圆，上下收分，梭形，有早期特征，其下覆盆础上落鼓形碨。檐柱上无牛腿、雀替装饰。檐柱之间穿插横枋。后廊单步架，设供奉祖先台案。

正厅比门房的水平要高，显示出正厅庄严崇高的地位。宗祠大门前有旗杆石一对，刻有"乾隆"字样。门房左墙嵌有明崇祯七年（1634）吴执御撰《重修闾丘叶氏宗祠记》碑，字迹多漫漶不清。祠堂前侧有水塘，为祠堂常见的风水布局。

外叶叶氏宗族所藏《临海闾丘叶氏宗谱·祠堂记》载："旧有宗祠在门山之侧，供列祖遗像，倾圮有年，榛莽荒秽而基犹存。乾隆初，其族台阶、署若诸先生因其地颇远，另卜筑于宅居之右，坐西北面东南，建正室三间，采椽蔽日，华栋凌云，旁有两庑，清净幽旷，门第整好，巍然肃然。古柏森其左，翠蔚盘回，塘绕于前，清波漾于。以设俎豆而奉几筵，诚足妥侑先灵矣。"可见，乾隆以前宗祠已荒芜废弃，现存宗祠当不早于乾隆。明代碑刻应是闾丘叶氏将所保存的旧碑重嵌于门房。结合祠堂梁架粗壮、

37

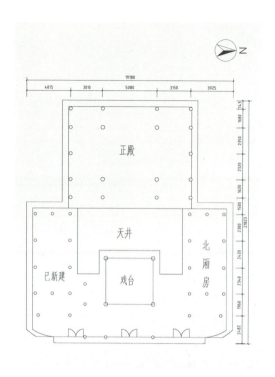

图43 外叶叶氏宗祠平面图

图44 外叶叶氏
宗祠戏台

图45 外叶叶氏
宗祠戏台屋顶

图46 外叶叶氏
宗祠正厅梁架

43	45
44	46

构件简朴、装饰较少的建筑特点,当始建于乾隆早期,后经数次修缮。据谱载,闾丘叶氏以周代迪功郎传礼公入赘闾丘家而来。因年代久远,其真实性已不可考。但由此可知,近世以来闾丘叶氏与临海其他叶氏没有关系,为单独支派。

2. 后田金氏宗祠

位于河头镇后田村西村口,东北向,四合院式,占地面积526平方米,由门房、正厅、戏台及两厢组成。门房三开间,二层,硬山顶,明间后檐接戏台。戏台已用水泥改建。两厢各七间,二层。

正厅三开间,马头山墙四叠。明间五架抬梁,梁间以垫斗支撑。次间中柱落地,穿斗结构,上部设垫斗与梁托。下金檩枋间饰栱子雀替隔架科。前廊单步架,设曲梁。檐

图47　后田金氏
宗祠正厅梁架

图48　后田金氏
宗祠正厅前廊

柱前有单直斜撑支撑挑檐枋，两侧施单直斜撑栱子雀替。直撑无红黑彩绘，
与其他构件不同，可能为后来更换。后廊单步架，设曲梁与穿插枋。

《台临厚田金氏宗谱·重建宗祠记》载："恭族宗祠自国颂诸公于天
启癸亥重建以来，岁月既深，摧圮堪伤。若不新之，岂独堂宇之废，礼亦
从之而废。将使祖宗之灵爽无所凭依，子孙之孝思无所自申，同宗之伯叔
兄弟失其亲爱，其可痛心者为何如哉！恭于是与叔匡亭公议于族之衿耆。
而重建之时岁在乾隆丁未，窒玄之月乃告成焉。"由此可见，后田金氏明
代所修宗祠已废毁，乾隆丁未年（1787）又加以重建。现存宗祠从檐柱上
单直斜撑的运用可以看出其修造年代相对较早。结合宗谱，推测该祠主体
建筑始建于乾隆丁未年。

3. 牌门朱氏宗祠

位于杜桥镇杜前村，坐北朝南，原为四合院，现仅存门房与正厅。据《杜
桥志》记，牌门朱氏宗祠创自明代，清嘉庆二十二年（1817）重建，1920
年秋毁于疾风暴雨，朱淦泉等筹资修葺。

门房三开间，观音兜山墙，东书"禄"，西书"福"。明间三架插梁，
以圆瓜柱支撑脊檩，金檩与瓜柱间穿插弯曲兽纹梁托。前廊为平板卷棚轩，
四架梁刻博古方框纹、寿字纹、蝙蝠纹等，脊梁两侧出象首托。后廊单步架，
直梁，无雕饰。

正厅硬山顶，屋顶次间、梢间分隔处饰有山脊。梢间被砖墙隔为附
屋，为民国间加建，不属于正厅空间。明间为五架插梁，梁上以方形瓜
柱承托檩木。上下金檩与瓜柱之间穿插弯曲梁托。梁间墨书"大清嘉庆

图 49　牌门朱氏
宗祠门房

图 50　牌门朱氏
宗祠门房梁架

图 51　牌门朱氏
宗祠正厅

图 52　牌门朱氏
宗祠正厅梁架

图 53　牌门朱氏
宗祠正厅前廊檐
柱牛腿

二十二年岁次丁丑阳月谷旦……人等建造"。次间施中柱，穿斗结构。下金檩枋间饰束腰花板隔架科。前廊单步架，设直梁、插枋，雕饰博古方框纹。明间檐柱施狮子牛腿，两侧为回纹雀替，下方刻有站立戏曲人物。檩条底面刻凤鸟牡丹图案。次间牛腿雕刻戏曲人物，旁侧亦设弧形回纹雀替。后廊封闭为橱窗。

4. 坦头吕氏宗祠

位于东塍镇坦头村西村口，南向，四合院式，占地面积448平方米。门房已改为水泥建筑，正厅、两厢仍保持原有风貌。两厢各三间，两层。

正厅三开间，硬山顶。明间为五架插梁，五架梁两端插入金柱，下方有龙首小雀替，上以方瓜柱承上金檩，三架梁插入瓜柱间。下金檩与瓜柱间设弯曲梁托，上金檩与脊檩之间的弯曲梁托穿插在三架梁上叠斗间。次间施中柱，上部呈插梁外观。下金檩枋间饰束腰卷草隔架科，下金枋下饰拐子龙纹。前廊单步架，明间设月梁，上以垫斗承托两段梁托，上有直板框角；次间直梁上亦以垫斗承托两段直木，说明原设有平顶。檐柱装饰较繁，

前施狮子滚球及奔鹿牛腿，侧为华丽的龙凤纹雀替，上部的栱子雀替中，出栱上刻直线。后廊双步架，明间部分施平顶，供奉祖先神主。两侧设有兵器架，将后廊隔为三部分。

根据明间脊檩墨书"大清道光叁年岁次癸未月建吕太中浣谷旦鼎建"，参之以建筑风格，该祠始建于道光三年（1823），后经数次修缮。据《台临吕氏宗谱》，两宋之际，吕颐浩扈跸南渡，为台州吕氏始迁祖。由于当时江淮陷失，子孙遂不可归，子五人，孙十余，成聚成邑，勃然而兴，数传之后，子孙繁衍，散居各乡。吕颐浩葬于临海白茅山，旁建有忠穆公祠，同时也是临海吕氏之总祠。与之相较，坦头吕氏宗祠为小宗祠。

5. 岭下刘氏宗祠

位于大田街道岭下村东村口，坐北朝南，占地面积654平方米。由门厅、戏台、两厢、正厅组成。戏台于"文革"前重修，已非旧貌。两厢于2006年重建，为水泥结构。门厅虽为原构，但简陋破损，唯正厅基本保持原貌，构件宏大精良。

图54　坦头吕氏宗祠正厅

图55　坦头吕氏宗祠正厅梁架

图56　坦头吕氏宗祠正厅下金檩枋间装饰

图57　坦头吕氏宗祠正厅前廊檐柱装饰

54	55
56	57

正厅硬山顶，三开间。明间为插梁、抬梁混合结构，大部分为新构件，上部为五架抬梁，下方又增加了一重梁插入金柱。其上瓜柱较细，已非原构。次间施中柱，穿斗式。檩枋之间饰束腰板隔架科。前廊为曲椽卷棚顶，梁柱大部分为原构。四架梁插入檐柱与金柱，顶梁插入叠斗之间，两侧设梁托，上设随椽弯圙。檐柱上部以丁字栱承瓶柱托挑檐枋，两侧施龙纹栱子雀替，其间饰有大朵牡丹花。后廊双步架，设直梁枋，平顶。

根据正厅明间檩枋墨书"时大清道光五年岁次乙酉相月谷旦"，参考建筑风貌，该祠始建年代为道光五年（1825）。

6. 下湾叶氏宗祠

位于河头镇下湾村中心，东向偏北，四合院式，占地面积619平方米。前后二进，东西厢房为后修。

第一进为门房，后檐设亭式戏台，歇山顶，正脊、垂脊及戗脊上皆装饰有博古纹样，角梁上装饰有龙头雕刻，其内施方形藻井，顶饰四瓣花纹。檩枋间以栱子雀替装饰，檐枋与挑檐枋之间以斗栱斜出支承。藻井及檐枋上可见白地彩绘，惜已无法辨识。戏台以四石柱支撑，前台两柱刻楹联"月在寒潭花在镜，元中幻想色中空"。舞台前沿两短石柱上刻"鹤鹿同春"纹。

正厅三开间，马头山墙五叠。明间五架抬梁，以垫斗支撑。次间设中柱，穿斗式。前有双步架廊，梁枋间装饰简单，仅在双步梁下施小雀替。檐檩下饰以回纹框，檐柱两侧有栱子雀替与之相接。无挑檐枋，檐柱柱头以小托木直接承于檐椽上。后为单步架廊，梁架简单无装饰，为供奉祖先神主之处。

两山墙靠檐口各有圆形山水壁画一幅，南山墙壁画款题"乙巳仲夏之

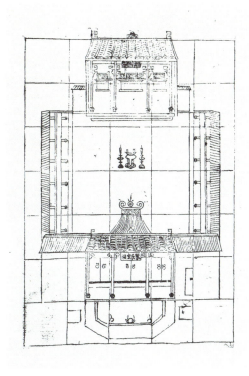

图 60　宗谱所绘下湾叶氏宗祠

图 61　下湾叶氏
宗祠戏台

图 62　下湾叶氏
宗祠正厅

月摹白阳山人法，冰道人拙笔"，北山墙壁画款题"时在乙巳仲夏之月仿笔，
冰道人戏笔"，钤有"壶冰"、"壶冰之印"方印。

《临海大石猴山叶氏宗谱》载下叶顺族公宗祠图：

在下湾村之右，午位向立，坐申向寅兼庚甲，享堂三间，深三丈三尺
六寸，广三丈九尺五寸，中左右设三龛，奉始迁以来各祖栗主，以各房分
派始祖附焉。天井纵四丈七尺，横五丈六尺，三门五间深二丈五尺三寸，
中三间广如堂制，每边截一间以为厨屋。天井之前戏台一座，纵横各一丈
五尺五寸，两厢各五间，深一丈三尺五寸，广五丈七尺八寸。山门外至照
墙一丈另八寸，合计深十一丈六尺七寸，广八丈四尺，两厢外门路四尺。

下湾叶氏宗祠即为下叶顺族公宗祠。从形制上看，现存宗祠基本保存
了清晚期的原貌。据谱载，现存宗祠为清道光十七年（1837）建造。该祠
供奉下叶始祖顺族公以来各祖栗主，为小宗祠。

下湾村与上湾村相邻，二村均为叶姓血缘村落。下湾叶氏经由上湾叶
氏分支而来，祠堂建筑与上湾叶氏宗祠有承继关系，同时又体现了相对较
晚的时代特征。

图 63　马宅马氏
宗祠门房檐廊梁
架

图 64　马宅马氏
宗祠戏台

图 65　马宅马氏
宗祠戏台藻井

图 66　马宅马氏
宗祠戏台柱头斗
栱

63	64
65	66

7. 马宅马氏宗祠

位于杜桥镇马宅村，原为四合院，正厅、两厢"文革"时被拆，后重建，仅戏台与门房为原构。20世纪五六十年代改为马宅会场。

门房檐廊为曲椽卷棚顶，四架梁插入柱中，顶梁镂空回纹，穿插于叠斗之间，上下垫斗出栱成撑托脊檩。顶梁两侧施弯曲鱼形托木，脊檩之间设随椽弯圃。大门上装饰花纹门当。檐柱上设狮子牛腿，两侧施回纹雀替。檐檩与挑檐枋之间施弯曲梁托，挑檐枋外三角形托木嵌饰绿松石。

亭式戏台歇山顶，正脊及垂脊、戗脊有博古纹装饰，两侧山花灰雕人物。八角藻井，彩绘已剥落。四石柱支撑，前台石柱刻楹联"念祖不忘是用春祈秋报；以古为鉴亦能立懦廉顽"，后台石柱刻联"选舞征歌如在其上；服畴食德永观厥成"。柱头斗栱花俏，檐枋与挑檐枋之间置斜板，檐枋上以垫斗斜出叠升丁字栱支撑挑檐枋。

从建筑风貌判断，时代应在清晚期。马宅马氏所存《临海溪口马氏族谱·族政》载："我马氏宗祠创于宋，有'崇本'、'睦顺'诸堂以奉祖训，

后圮。今惟大宗、小宗二祠，当每年修葺，于祭祀日集子孙以序昭穆，虔
恭祀事，庶以伸报本睦族之义也。"马宅马氏即溪口马氏，可见马宅马氏
原有大宗、小宗二祠。该祠无法确定属于大宗还是小宗。谱谓马氏宗祠创
于宋，可能是当时建有某个高官族人的家庙，与明清的平民宗祠有性质的
区别。

8. 岭下金氏宗祠

位于河头镇岭下村，东向偏北，四合院式，占地面积754平方米。由门房、
戏台、两厢、正厅及附屋组成。门房七间，为新修。正厅、戏台曾于1966
年、2006年二度重修。

现戏台保存了部分老构件。歇山顶，施八角藻井，彩画为新绘。檐柱
斜出牛腿支撑角梁，前方檐枋与挑檐枋之间以人物斜撑承托。

正厅三开间，明间为抬梁、插梁混合结构，垫斗支承，上金檩与脊檩
之间设弯曲梁托，取代三架梁承重。次间施中柱，上部保持插梁外观。下
金檩枋间饰束腰花纹隔架科。前廊四架插梁，不设顶梁及弯匾。明间檐柱
粗大，卷杀浑圆，展现出早期风格。檐柱前施曲木斜撑，应为后换。两侧
有卷曲花草纹小雀替。后廊单步架，直梁。

1931年重修《台临岭下金氏宗谱》载有二十六世孙汤百于雍正辛亥年
（1731）撰《重恢祠堂记》。据其可知，岭下金氏自唐僖宗中和二年（882）
黄巢乱由兰溪徙临海大石，初建宗祠于下塘仓间，后移建于上宅路下。雍
正庚戌年（1730）遭飓风摧折，墙壁毁坏，于是趁机将祖庙向后移数十步，
加以扩建。至少在民国时期，岭下金氏对于雍正年间修建祠堂的记载还很
清楚。宗谱中没有关于雍正以后重建或修缮宗祠的记载，表明民国时期的

图 67　岭下金氏
宗祠正厅

图 68　岭下金氏
宗祠正厅梁架

图 69　大泛汤氏宗祠戏台藻井

图 70　大泛汤氏宗祠正厅

图 71　大泛汤氏宗祠正厅前廊梁架

图 72　大泛汤氏宗祠正厅前廊牛腿

69	70
71	72

46

宗祠依然为雍正时始建。该祠从建筑风貌看，总体上为清代晚期。但有些构件如明间檐柱的形制带有清早期的特征，可能是雍正始建时构件。

9. 大泛汤氏宗祠

位于白水洋镇大泛村，原为四合院，现仅存戏台和正厅。门房大部分已坍塌，戏台接于门房后檐。戏台四柱式，歇山顶，砌上明造。山面方向设有梁架结构，梁两端扣在面宽方向的檐檩上，上以垫斗支撑上金檩与脊檩，中间垫斗斜出直撑承脊檩下长雀替。斜撑较细，边线卷曲，富有装饰性。上金檩与脊檩下叠斗之间穿插弯曲梁托。这种梁架结构在临海戏台中极为少见。柱头以斗栱支撑。檐枋下施花牙子雀替。戏台前方有两根短木柱，柱头雕刻莲花。

正厅硬山顶，三开间。明间五架抬梁，以垫斗承托，次间砖砌山墙，带前后单步廊，后廊已经改建。前廊设直梁，刻博古花卉，下有骑马雀替，雕饰人物。檐柱前原有狮子牛腿，雕刻精细，为防被盗，被取下保存。檐

图73　仙人褚氏宗祠正厅

图74　仙人褚氏宗祠正厅前廊梁架

柱两侧有回纹格子雀替。檐檩与挑檐枋外设象首托木。

祠堂前为山涧，涧上有回龙桥，根据村内所存建桥碑记知，桥建于咸丰九年（1859）。据当地老人讲，祠堂的建造时间比回龙桥晚十五年。参考建筑风貌，该祠建于清晚期。大泛汤氏从天台迁来，所存宗谱亦为《天台汤氏宗谱》，可见大泛汤氏以天台汤氏为大宗，其祠为小宗祠。

10. 仙人褚氏宗祠

位于河头镇仙人村，坐北朝南，四合院式，占地面积467平方米，由门房、戏台、两厢、正厅组成。门房三开间，为新修。明间后檐接戏台，歇山顶，石柱及前方檐枋、柱头铺作年代相对较早，余为新修。两厢各六间，两层，2003年进行较大规模维修，风格与原风貌较为协调。

正厅硬山顶，三开间。明间为五架抬梁，以圆瓜柱承托。次间设中柱，穿斗式。下金檩枋间饰束腰花纹隔架科。檐柱前有牛腿，但仅次间一松木牛腿为旧物。两侧戏曲人物斜撑式雀替亦为新换。前廊单步架，设直梁，中有扇形开光，其下骑马雀替为新换。后廊设台案供奉，其上施平顶，有刻花门罩，下饰小垂花柱。

《临海仙人褚氏古今谱志·仙人宗祠记》载："我族自当立一小宗，为报本追远之情。第村落草创，作庙未遑，其势然也……讵意延及明季，横遭兵燹，毁我宗祠，祀事之不明者几二百年。我考儒溪公探本溯源，殚思竭虑，承先祖东山公命，首倡大义，十日作鸠工庀材……不仍旧址，择里之至中而建立焉。经始于乾隆庚寅年之春，告成于乾隆甲午年之冬景。"仙人褚氏明代所修宗祠已毁于兵燹，乾隆三十五至三十九年重修宗祠，为小宗祠。现存宗祠构件多已在修缮时更换，整体建筑风貌倾向于清代晚期。

11. 金坑金氏宗祠

位于东塍镇金坑村西北村口，南向偏东，四合院式。现尚存西端一半门房、戏台、西厢及正厅，占地面积304平方米。

第一进为门房，原五间（东二间已毁），无檐廊，后檐接戏台。戏台四柱式，歇山顶，柱头设卷曲斜撑式牛腿支撑挑檐枋及角梁，檐檩枋间施垫斗、团花板承托檩条及挑檐枋，檐枋下有花牙子雀替。特别之处在于戏台后部影壁部分装饰了梁式结构，影壁中间部分插直枋，其上以垫斗承托横木，两侧还有类似弯曲梁托的构件，相较于一般戏台的影壁，装饰性更强。部分构件上还残存白、红色彩绘。

第二进正厅硬山顶，三开间。明间为五架抬梁，垫斗承托。次间中柱落地，上部设有弯曲梁托。下金檩枋间饰栱子雀替隔架科。带前后双步。前廊为曲椽卷棚顶，四架插梁结构，四架梁为月梁，插入柱中，顶梁则插入叠斗之间。上下垫斗之间出栱连成斜撑托脊檩。顶梁两侧设有弯曲梁托，

脊檩间设随椽弯圖。檐柱上有圆盘托坐斗承檐檩。檐檩与挑檐枋之间设梁托，挑檐枋外出三角形托木。檐柱前有回纹斜撑式牛腿，装饰花朵，鸟雀。两侧为繁复的卷草纹雀替。檐廊梁枋、斜撑及雀替等构件上的红、白、墨绿色彩绘以及下金枋上的黑白彩绘均为1949年后重修时新绘。

其建造年代，从建筑风格上看应属清代晚期。据所存《临海金坑金氏谱志》，金坑金氏本刘姓，唐末刘汉宏与董昌据浙东，被钱越王所败，始改刘为金。二十一世祖群库公迁温州，至二十五世祖奉常公由温州永嘉徙于金坑，为金坑始迁祖，临海庙西、开井等地金氏皆为其小宗。金坑金氏宗祠当为大宗祠。

12. 姚宅姚氏宗祠

位于河头镇姚宅村，东南向，四合院式，占地面积775平方米，由门房、戏台、两厢、正厅组成。门房较破旧，戏台、两厢为后修。

正厅三开间，马头山墙四叠，屋顶为新修，明间抬梁及次间部分檩条于1958年重修时更换。明间五架抬梁，以圆瓜柱支撑，无雕饰。次间设中柱，

图79　姚宅姚氏宗祠正厅

图80　姚宅姚氏宗祠正厅次间梁架

图81　姚宅姚氏宗祠正厅前廊

<table>
<tr><td>79</td><td rowspan="2">81</td></tr>
<tr><td>80</td></tr>
</table>

49

图 82 江根郑氏
宗祠戏台

图 83 江根郑氏
宗祠正厅

图 84 江根郑氏
宗祠正厅梁架

图 85 江根郑氏
宗祠正厅前廊檐
柱装饰

穿斗式。前廊单步架，设直梁，下饰曲折回纹。檐柱前牛腿仅存有明间东侧一个，为狮子踩球造型。其他已由曲木斜撑代替。檐柱两侧为曲回纹雀替，装饰莲花斗。后廊单步架，直梁枋。

值得注意的是，次间山墙的穿斗梁架及部分老檩条上满绘黄色团花图案，推测原姚氏宗祠大殿很可能通体绘饰团花图案。这种彩绘风格与北方官式彩画截然不同，显示出随意、灵活的特点。

从整体建筑装饰风格看，宗祠应始建于清代晚期。据族人介绍，姚宅姚氏从天台分迁而来，本村宗谱毁于"文革"时期，现天台还有保存。可见姚宅姚氏为天台分支，其祠为小宗祠。

13．江根郑氏宗祠

82	83
84	85

位于汇溪镇江根村西南，东南向，四合院式，占地面积397平方米。由门房、戏台、两厢、正厅组成。从建筑风貌上看属于清晚期建筑。

第一进门房三开间，二层，下设檐廊，檐柱两侧雕饰龙纹雀替。明间后檐接四柱亭式戏台，歇山顶，砌上明造。柱头施斗栱支撑挑檐枋和角梁。

檩枋间施垫斗、雀替承托，垫斗出栱支撑挑檐枋。檐枋上依稀可见数个圆形、扇形、树叶形等不规则的白色开光，内应绘制各种图案，惜图案已难以辨识。

正厅三开间，马头山墙五叠。明间五架抬梁，垫斗支承。次间两根里金柱落地，穿斗式。前廊单步架，设曲梁、直枋。檐柱前牛腿已缺失，两侧施盘龙形雀替，斗为莲花式。后廊单步架，设直梁枋。

14. 山河金氏宗祠

位于汇溪镇山河村南村口，西向偏南，四合院式，占地面积 677 平方米。由门房、正厅、戏台及两厢组成。整体较破败，正厅曾于 1983 年重修，部分构件已换。从建筑风貌上看属于清晚期。

门房七开间，二层，戏台即附于明间内，顶部天花中间部分已缺，四柱式，围以矮木护栏，前方两短木柱头雕刻莲花。厢房三间，二层。正厅硬山顶，三开间。明间五架抬梁，以垫斗承托。次间设中柱，穿斗式。带前后单步。前廊设曲梁、直枋。檐柱牛腿已缺失，两侧施回纹雀替，装饰如意、花草，下部丁字栱内雕刻人物。后廊设直梁，无雕饰。

图 86　山河金氏宗祠戏台

图 87　山河金氏宗祠正厅

图 88　炉头邱氏宗祠

图 89　炉头邱氏宗祠正厅

86	87
88	89

51

图90 潘岙朱氏
宗祠戏台

图91 潘岙朱氏
宗祠正厅

图92 潘岙朱氏
宗祠正厅前廊梁
架

15. 炉头邱氏宗祠

位于涌泉镇炉头村，西南向，占地548.3平方米。前临村溪，背靠红岩山。

门房三间，两层。明间门顶饰有花瓣门当，上悬戊辰款"邱氏宗祠"匾额。檐廊单步架，设曲梁。门房两侧厢房两层，马头山墙三叠，山花雕博古图案。正厅三间，两侧各附别室二间。明间五架抬梁，次间穿斗结构，带前后单步，无雕饰。前廊设曲梁，檐柱上以垫斗承檐檩。

梁间有"道光辛丑"纪年墨书，但从保存现状看，很多构件已经更换，整体风貌偏晚。

16. 潘岙朱氏宗祠

位于永丰镇潘岙村西部，坐北朝南，占地面积536平方米。由门房、戏台、两厢、正厅组成。

第一进门房三开间，二层。明间后檐接戏台。戏台歇山顶已改换为琉璃瓦，余基本完好。施方形藻井，檐枋上以垫板托檩木，以弯曲撑木承挑檐枋。柱头设牛腿支撑挑檐枋与角梁，挑檐枋相交处饰垂花柱。藻井及檐垫板上存有白地彩绘。藻井顶心依稀可见黄色龙纹及红色蝙蝠图案。檐垫板上的彩绘分为五段，内容已无法辨析。

正厅三开间，马头山墙四叠。明间为五架抬梁，以垫斗支撑。次间设中柱，穿斗结构，上部设梁托。下金檩枋间饰栱子雀替隔架科。带前后单步，设直梁。前廊梁下设回纹骑马雀替。檐柱前施盘曲龙形牛腿支撑挑檐枋，两侧无雀替。挑檐枋外出象首托木。

《台临潘岙朱氏宗谱》没有宗祠记载。

从其建筑风貌看，约为清代晚期。据其谱所载宗族源流，潘岙朱氏可以上溯到唐朝永公以官定居永嘉，五世祖仁滔迁居临海庙同，为临海始迁祖，十世祖伯晋公携子熙述公由庙同迁黄沙埠头，熙述公有三子分别为埠头祖、潘岙祖、仙居东门祖，可知潘岙宗祠为小宗祠。

17. 百步梁氏宗祠

位于河头镇百步村，北向偏东，四合院式，占地面积386平方米。由门房、戏台、厢房、正厅组成。戏台、两厢为近年重修。大门东向侧开，门墙呈西式风格，当为民国初年建造。

正厅三间，马头山墙四叠。明间五架抬梁，以垫斗承托。次间设中柱，穿斗结构。下金檩枋间施栱子雀替隔架科。前廊单步架，曲梁，下设小雀替。明间檐柱上以莲花圆盘承托斗栱。檐柱前有狮子滚球牛腿承莲花斗栱托挑檐枋。次间为站立人物牛腿。檐柱两侧有透雕人物栱子雀替承托檐檩。檐檩与挑檐枋之间施弯曲梁托，挑檐枋外出象首托木。下金枋上悬"追远堂"匾额。后廊单步，设供奉香案。殿内柱础下为覆盆础，上落罐式石櫍，肩

图93　百步梁氏宗祠正厅

图94　百步梁氏宗祠正厅梁架

图95　百步梁氏宗祠正厅前廊牛腿

图96　百步梁氏宗祠正厅前廊柱础

93	94
95	96

图 97　娄村李氏宗祠正厅

图 98　娄村李氏宗祠正厅梁架

部及底部刻圈线，中间部分素面，上下刻莲瓣、回纹、吉祥动物等。

百步梁氏宗祠始建年代不详，从其风貌看，正厅为晚清建筑，后又加以修葺。据《临海百步梁氏宗谱》，梁氏西晋时有万公南渡居剡，越十四世山宝公迁新昌之查林，越二十世文资公徙居白步，为百步始祖。文资公八世孙佰章生有宗美、宗益二子，而有上、下宅之别。宗益公乃上宅房始祖，生有八子，即今日所谓上宅八房。宗美公亦生八子，支分派衍，可见百步梁氏为临海梁氏大宗。其祠亦为大宗祠堂。

18. 娄村李氏宗祠

位于东塍镇娄村，现仅存正厅，占地面积 140 平方米。《临海康谷李氏宗谱》载娄村李氏宗祠原有格局甚详："建初的祠堂为六百左右平方米的四合院，二双大门紧靠着戏台，门楼上是矮小漆黑的化妆间，戏台对面是三间正堂，堂壁供奉着列祖的灵位，每年族人在此祭祀，拜祖。南北相对各是两间矮小的楼房，中间的小天井不到五十平方米。"

现存正厅三开间，硬山顶。明间为抬梁、插梁混合结构，上金檩与脊檩之间施弯曲梁托，插入叠斗之间，取代三架梁承重。次间设中柱，穿斗结构。下金檩枋间无饰。带前单步后双步廊。前廊设曲梁、直枋，无雕饰。次间檐柱间穿插横枋，檩枋之间以直木隔为两层，饰栱子雀替隔架科。明间檐柱一侧设双直斜撑，直撑上阴刻细线。后廊设曲、直梁及插枋。

明间脊枋有墨书"时大清岁次同治甲子仲冬腊月谷旦"。宗谱谓建于清同治甲午仲冬，但同治无甲午年。根据脊枋墨书，应是甲子之误。据宗谱，两宋之际，哲生公随驾南行为迁台始祖，十世孙遁翁于元至正间卜居康谷，此后子孙繁衍，娄村李氏则由老二房下的四房派之三根派

分出。其祠为小宗祠。

19. 北涧罗氏宗祠

位于桃渚镇涧四村，西北向，现存门房、正厅，一侧厢房为后修。根据当地老人讲，祠堂原本无戏台和两厢。

门房三开间，中间开门，上书"罗氏宗祠"。正厅硬山顶，三开间。明间五架插梁，以垫斗承托，三架梁两侧及上部均设鱼龙形梁托。次间施中柱，穿斗式，上部施有弯曲梁托。下金檩枋间无装饰。带前双步后单步双步。前廊设直梁枋，双步梁上以弧形曲木承托檩条，较为特别。檐柱装饰也较繁复。明间檐柱前设S形卷草人物牛腿，两侧有盘曲龙形雀替。檐枋底面雕刻凤鸟、牡丹图案。次间檐柱前设夔龙纹寿桃牛腿。檐檩与挑檐枋之间施弯曲托木，挑檐枋外出兽首托木。后廊设直梁，檩木之间皆设梁托。

祠内存丁卯年所撰《北涧罗氏祠堂重修碑记》谓："吾族宗祠初建于溥公石坊之侧。兵燹后庙宇无存，悉为瓦砾废墟。至乾隆甲辰吾族铁峰先生偕诸当事……妙觉庵之南。讵道光季年洪水频仍，奕奕侵庙，倏忽间为

图 99 北涧罗氏宗祠正厅

图 100 北涧罗氏宗祠正厅前廊雀替

图 101 北涧罗氏宗祠正厅前廊牛腿

龙风所倾坏，庙主无依者十余年……阅二寒暑而宗庙告成。"可知罗氏宗祠
为乾隆以前之兵燹所坏，后又被道光末年洪水龙风所毁，屡遭灾难。十余年
后重建宗祠，时在同治年间。其谱载宗祠为同治三年所建，时间正相符合。

罗氏先世居江西，大才公于宋元符二年任越州录事参军，遂居上虞，
今推为始祖。至六世祖叔玉退隐台临之杜浃，遂著籍。后世祖雷度公挈其
子偕来定居于北涧。故而该祠为小宗祠。

20. 山头何何氏宗祠

位于括苍镇山头何村，坐北朝南，仅存正厅三开间。明间为插梁、抬
梁混合结构。五架梁插入金柱，上以圆瓜柱抬三架梁，下金檩与瓜柱之间
穿插辅助龙首托木。次间施中柱，穿斗结构。前廊单步架，直梁下设回纹
骑马雀替。明间檐柱前为狮子牛腿，次间檐柱施鹿牛腿。檐柱旁侧施回纹
雀替。其下柱础为罐式。后廊双步架，设直梁枋。

山头何何氏所存《临海覃溪何氏宗谱》载，覃溪贯穿山头何村而入始
丰溪，故而覃溪何氏即山头何何氏。其中载光绪九年（1883）《祠堂记》：

咸丰季，我父继韶公立意创造，因商兰干公，议将二房派下老四房用
庵太祖祀产积贮有年，买砖置瓦，择料选材，期于克就。不意土木未兴，
遂遭兵燹，且并其素所积者，亦几费若干已。同治初年间，我父与兰干公
另邀族内兰暄、乾占、万春、钜占诸公公议账目，对众算明。除现存公款外，
祀租仍令积贮，其各房悉照贫富多寡酌捐。诸公以为然。于是遂卜祠于覃
溪之下手，北枕道堂山，南临舜岳，东狮峰，西人家烟火，一水湾环，两
砂齐拱。询诸地理家，曰："善"。乃选吉平基起造，建中大堂三间。今
祀租悉贮兰暄公手，故神厨、廊下檐阶以及道地皆兰暄公董其成焉。若夫

其左楼屋四间，第三房之所建也。其右横楼四间，第四房之所造也。至于南坐楼五间、戏室一座，谁为之？系辉谷、月秋与余奉先父命之所经营也。

可以看出该祠始建于同治初年，建成于光绪九年前不久。而祠内建筑是由三房、四房等共同建造。宗祠最初的布局包括正厅三间、左右厢房各四间、南坐楼（门房）五间、戏台一座，为二进式建筑。

据万历元年（1573）《重订山头何旧日宗序》："万四府君自始迁以迄递衍而子孙相承十有二叶"可知，万历时距万四府君始迁已数百年，而至光绪时，其宗族服制早已超过小宗范围，该祠为大宗祠无疑。

21. 下八年项氏宗祠

位于杜桥镇下八年村，西南向，占地面积891平方米。由门房、戏台、厢房及大殿组成。大殿后接"澄演堂"佛堂。

台门外竖"光绪八年岁次壬午葭月，钦点御前侍卫裔孙项维扬立"甲午石。门房三开间，檐廊为卷棚顶，四架梁上以垫斗斜出撑承脊檩。顶梁两侧施鱼形梁托，脊檩之间设弯匾，中间有扇形开光。梁架满刻蝙蝠、如意、人物等图案。戏台设在门房之后，歇山顶，四柱式。檐枋与挑檐枋之间以斜板支撑，中间设半栱叠升组成的斜撑，柱头牛腿承角梁及挑檐枋。藻井呈八角形，边角相交处设半栱叠升至顶。顶心墨绘龙纹，周围各框内绘有花鸟虫鱼、人物诗词。檐枋白地彩绘已剥落。戏台正檐前有"寿为先"竖匾。左右厢房各五间，二层。

正厅三开间，两侧附屋各二间。正厅明间为插梁结构，五架梁插入金柱，上以莲叶托垫斗支承檩木，三架梁穿插于叠斗之间。檩木之间设有弯曲梁托。次间施中柱，用板或窗棂隔开附屋。前带双步单步。外檐廊双步架，四架叠斗插梁，上下垫斗之间连成斜撑支撑脊檩，设有鱼形梁托和弯匾，可见原应设卷棚顶。整个梁架满刻戏文人物、花鸟及"福"、"寿"等。外檐柱无牛腿，两侧卷曲花纹雀替及上部挑檐托木刷饰墨绿彩绘。内檐廊单步架，设曲梁、直枋。后廊为单步接双步，设曲梁、直枋。殿内有项维扬于光绪三年所立"钦点御前侍卫"竖匾。

下八年为涂川项氏始祖之故里，初为家祠。乾隆四十七年（1782）改大宗祠，道光十八年（1838）族内议修宗祠，道光二十二年夏，项文福等重建。1930年，项庆石、项式邦、项桂笙、项道中等12人筹集银圆326.3圆重修。1936年建戏台、屏风墙。1983年7月23日重葺[9]。

---

〔9〕 《杜桥志》编纂委员会：《杜桥志》，浙江人民出版社，2009年，第443页。

据《临海涂川项氏宗谱》，台之项氏始自唐丹徒尉斯迁居临海与仙居交界，传至七世端立公自朝阳移居桃溪，其子佑居兵山，至十四世道东以兵山为洪水所冲，迁居于涂川，后子孙繁衍居于各处。下八年项氏宗祠为涂川项氏之总祠。

22. 石佛洋徐氏宗祠

位于永丰镇石佛洋村西段，坐东朝西，占地面积1242平方米。由门房、戏台、厢房、正厅组成。两厢于20世纪80年代改建为石佛洋小学教室。

第一进门房七间，二层，明间后檐设戏台，歇山顶，八角藻井遍施彩绘。顶心为朱红、黑色彩绘云龙纹。八边梯形框内为开光人物故事，具体内容已很难辨识。井底周围天花亦墨绘开光山水人物。檩枋间置垫板，柱头斜出牛腿支撑角梁和挑檐枋。挑檐枋下

图104 下八年项氏宗祠门房檐廊梁架　　图106 下八年项氏宗祠正厅梁架

图105 下八年项氏宗祠戏台藻井　　图107 下八年项氏宗祠正厅外檐廊梁架

饰小垂花柱。檐枋彩绘开光文字、故事等。

正厅三开间,观音兜山墙。明间为插梁、抬梁混合结构,五架梁插入金柱,上以方瓜柱抬三架梁。金柱、瓜柱之间穿插横木。次间施中柱,穿斗结构。前廊单步架,直梁枋,无雕饰。檐柱前牛腿已缺失,两侧为回纹雀替,其下丁字棋内刻戏曲人物。后廊单步架,设直梁枋。据脊枋墨书纪年,为清光绪二十二年(1896)所建。

23. 西垟庄朱氏宗祠

位于白水洋镇西垟庄村东南角,坐东朝西,四合院式,占地面积700平方米。

门房九间,大门内凹,偏向一侧。门外设单步架檐廊,其上又设披檐,叠成重檐。檐廊插枋下饰博古纹框,有扇形开光,透雕花朵、宝物。戏台设于明间内,以明间四柱为戏台四柱,结构简单。两侧厢房各五间,二层,双檐。南厢房东山墙外解放后搭建附屋二间,正厅南次间后搭建附屋一间。

正厅硬山顶,三开间。明间为五架抬梁,圆瓜柱支承。次间中柱落地,穿斗结构。带前后双步。前廊单步梁为鱼形,双步架直梁两端下方饰小雀替,上用斗状小柱托檩木。檐柱柱头装饰半瓦当纹。檐柱上牛腿已缺失。后廊双步架,梁枋均为直木。

明间脊枋有朱墨书"时龙飞大清同治七年岁次戊辰葭月谷旦"诸字,明确了宗祠的修建时间。根据《临海店前(垫垄)朱氏宗谱》,店前朱氏先世居永嘉,自仁涛公来居临海庙同,后仲集公因山水之慕,卜筑店前。后支派繁衍,分为"南山派、赤缪派、天台洋岙里翁派、天台王浪派、前塘派、下张里派、老大房派、西洋庄派、下洋庄派、西庄派"。

图108　石佛洋徐氏宗祠戏台

图109　石佛洋徐氏宗祠戏台藻井

图110　石佛洋徐氏宗祠正厅

图111　西垟庄朱
氏宗祠

图112　西垟庄朱
氏宗祠戏台

图113　西垟庄朱
氏宗祠正厅梁架

西洋庄即西垟庄，可见西垟庄朱氏以店前为大宗，其祠为小宗祠。

24. 下垟庄朱氏宗祠

位于白水洋镇下垟庄村，四合院式，东北向。戏台为1980年重建。厢房被拆后约在1950年代改建为下垟庄小学校舍。正厅曾于1998年重修，两端边房系1949年后搭建。

正厅硬山顶，三开间。明间为插梁、抬梁混合结构，五架梁插入金柱靠顶端位置，下金檩与支承上金檩的瓜柱之间穿插龙形梁托，上金檩与脊檩之间设弯曲梁托，代替三架梁起承重作用，脊檩下装饰悬斗短柱。次间梁架已改建。檩枋间无隔架科装饰。带前双步后单步。前廊单步梁为弯曲梁托式，双步直梁上以斗状小柱承托檩木，下有莲花托，上垫小方木承圆盘。檐檩与挑檐枋之间设弯曲梁托，挑檐枋外出象首托木。檐柱前有人物牛腿，两侧有弧形格子纹雀替。

从现存风貌看，主体为清末民初建筑。下垟庄朱氏亦以店前朱氏为大宗，其祠为小宗祠。

25. 前塘朱氏宗祠

位于白水洋镇前塘村西南村口，坐西朝东，四合院式，占地面积689平方米。第一进门房三开间，檐廊另披檐，叠成重檐。戏台即在明间之内，与西垟庄朱氏宗祠戏台结构相似。两厢各六间，二层。第二进正厅亦三开间。明间五架抬梁，以圆瓜柱支撑。次间中柱落地，穿斗结构。带前后双步。前廊双步直梁上以斗状小柱支撑檩条，单步梁为弯曲梁托式。檐柱内侧饰半瓦当纹。檐檩与

挑檐枋之间设弯曲梁托，挑檐枋外出象首托木。檐柱前施狮子牛腿，两侧无雀替。后廊双步架，梁枋均直。

根据正厅、门房明间脊枋的纪年墨书，正厅建于1932年，门房两厢建于1935年。前塘朱氏亦以店前朱氏为大宗，其祠为小宗祠。

26. 坊前沈氏宗祠

位于永丰镇坊前村，东南向，四合院式，占地面积471平方米。两厢、门房、戏台为2000年新修，大部分构件已更换，仅正厅部分构件为旧物。

正厅三开间，明间为插梁、抬梁混合结构。上部为五架抬梁，其下又有一重梁插入金柱，上以垫斗承托五架梁。次间穿斗结构，梁枋均无雕饰。带前后单步，均设直梁枋。

脊枋虽有墨书"时大清乾隆肆拾壹年岁次丙申桂月谷旦重建"，但很显然，建筑的整体风貌已不是乾隆时期，而要晚至清末民国。

27. 牌前郑氏宗祠

位于汇溪镇牌前村，坐北朝南，四合院式，占地面积493平方米。

第一进门房三开间，两层，重檐。檐柱前设有戏曲人物牛腿。东侧厢房马头山墙三叠，脊端卷曲翘起，为建筑增添了灵动华美。西侧厢房硬山顶，但仍保留了一段马头山墙脊翘，推测西侧厢房山墙原来应与东厢房马头山墙形式相同。门房明间后檐接亭式戏台，歇山顶，施方藻井，围以矮木栏。檩枋之间以垫斗支撑，垫斗出栱承托挑檐枋。其间彩画为新绘。檐枋上悬"旷观古今"匾额。

第二进正厅三开间，明间为插梁、抬梁混合结构，五架梁插入金柱，

图114 下垟庄朱氏宗祠正厅前廊梁架

图115 下垟庄朱氏宗祠正厅梁架

图116 下垟庄朱氏宗祠正厅前廊牛腿

上以圆瓜柱垫斗支撑上金檩，下金檩与瓜柱之间穿插辅助的弯曲龙形梁托。脊檩下悬垂花短柱装饰，两侧设弯曲梁托承重。次间施中柱，穿斗式。檩枋间无装饰。带前后单步。前檐廊设微弯梁托，下为穿插枋。明间檐柱前为长角兽形牛腿，其下柱础罐式，石质粗糙，上下刻圈线，肩线以上刻花纹带，中部浮雕双龙戏珠。次间檐柱牛腿雕刻骑牛人物。

牌前村绝大部分为郑姓村民。据《临海牌前郑氏宗谱》记载，明天启三年（1623）郑彦弹迁居牌前，为牌前始迁祖。据当地口碑传述，郑氏宗祠旧为章氏宗祠，后章氏衰微，宗祠渐圮，无力修缮，转由郑氏修葺使用，时间在咸丰末年。

《临海牌前郑氏宗谱》同治五年所撰《牌

图 117　前塘朱氏宗祠戏台　　图 119　前塘朱氏宗祠正厅前廊

图 118　前塘朱氏宗祠正厅梁架　　图 120　前塘朱氏宗祠正厅前廊牛腿

117	118
119	120

图121　坊前沈氏
宗祠正厅

图122　坊前沈氏
宗祠正厅梁架

前郑氏家庙记》载：

　　诸先辈爰聚族而谋曰："我郑氏始祖
讳虔，字若齐。公，唐广文馆博士，谪宦
于台。时台在五代以前，荒服之地。则台
人始而嫌，继而化，终而祀，故作庙于大
固山之阳，崇德报功。并荷圣朝盛典，春
秋赐祭，命郡伯躬奠祠下，礼亦宜之。而
况我子姓者乎？"于是闻拓基址，大启宏
规，门辟以三庑，建以两崇台鹊起，正室
翚飞，涧水潆洄于其前，角山挺峙于其侧，
增饰崇丽，轩敞辉煌。

图123　牌前郑氏
宗祠

图124　牌前郑氏
宗祠戏台

图125　牌前郑氏
宗祠正厅梁架

图126 龙泉陈氏
宗祠正厅

图127 龙泉陈氏
宗祠正厅前廊梁
架

可见，牌前郑氏曾于同治年间为祭祀始祖郑虔建造宗祠，为三合院式建筑，没有戏台。一般而言，一个村庄没有必要在始祖祠外另建宗祠。由始祖祠进而发展为宗祠是顺理成章的事情。但口传却有一段由章氏宗祠转为郑氏宗祠的历史，且时间与郑氏家庙所建之同治五年（1866）相差无几。推测郑氏家庙当是在章氏宗祠的基础上扩大修建的。

根据正厅明间脊枋墨书"中华民国捌年岁次己未□英重建"，今宗祠应建于1919年，2004年局部修葺。可见，在同治五年（1866）至1919年大约半个世纪的时间里，郑氏宗祠曾完全被废弃。

28. 龙泉陈氏宗祠

位于白水洋镇龙泉村东南角，西南向，原为四合院。现存正厅及门房、西北厢房，占地面积629平方米。门房五间，已基本倾圮，厢房三间，破损亦较严重，唯正厅保存较好。

正厅硬山顶，三开间，前有较高石阶。明间五架抬梁，上以莲花托垫斗承托檩木，下饰两小龙头。次间设中柱，穿斗结构。檩枋之间无隔架科。带前后双步。前廊为平板卷棚顶，饰以山水、花卉、人物、器物等白地墨绘。四架梁插入檐柱与金柱中，中间有长方形、扇形开光，雕饰人物，上以莲花垫斗支撑弯匾。檐柱牛腿已缺失，仅余牛腿上横木垫斗支撑挑檐枋。明间檐柱及金柱向内一侧尚刻有"天台褚传诰撰同邑宗巨西书"诸字。后廊单步和双步梁均为直梁，以瓜柱承托，下有穿插枋。

所存《务园陈氏宗谱》载有族人所撰《龙泉宗祠记》谓："光绪三十四年集合老幼商议建造宗祠。先贮楚白公祀产为本，次向各户照田筹捐。……际宣统元年派下裔孙来趋事，作庙奕奕，十余年相继，始告落成。

于民国十二年二月恭迎列祖入祠。"可知此祠于1923年二月前不久建成。龙泉陈氏以天台陈氏为大宗，该祠为小宗祠。

29．岭里钱氏宗祠

位于大田街道岭里村西南村口，坐东向西，四合院式，占地面积478平方米。由门房、戏台、厢房、正厅组成。

第一进门房三开间，二层，砖墙，开三门，其上题"钱氏宗祠"灰塑横额。两侧接厢房。明间后檐设戏台，四柱式，歇山顶，施八角藻井，八角折边处无装饰，彩绘戏文已不清晰。檐枋下有花牙子雀替，枋上以棋子雀替支撑檐檩，另出棋承挑檐枋。檐柱柱头设狮子、鹿牛腿，另斜出人首兽身牛腿承角梁。角梁上悬莲花柱装饰。戏台围以格子木栏。厢房各四间，二层。

第二进正厅三开间，马头山墙四叠。明间五架抬梁，以瓜柱承托。次间用中柱，穿斗结构。檩枋间无装饰。带前后单步。前廊单步架，设曲梁与插枋，无雕饰。檐柱之间施横枋，次间横枋下置二立柱，似是隔立门板之用。檐柱柱头无牛腿，两侧施回纹雀替。其下柱础呈灯笼状。

图128 岭里钱氏宗祠戏台

图129 岭里钱氏宗祠戏台柱头斗棋

图130 岭里钱氏宗祠正厅

图131 岭外钱氏
宗祠戏台

图132 岭外钱氏
宗祠正厅

图133 岭外钱氏
宗祠正厅前廊梁
架

正厅明间脊枋墨书"时大清光绪八年岁次壬午谷旦建造"诸字，表明正厅系清光绪八年（1882）建造。另《台临钱氏宗谱·岭里建立戏台记》为宗邑庠生选青于1917年宗谱修成时所撰，可见岭里戏台之建相去1917年不远，但应晚于正厅。

据《台临钱氏宗谱》载："忱公际靖康之乱避地徙台，七载后高宗就台赐第，此台之所以有钱氏也。惟演十一子而暄为嫡，景臻四子而忱为兄，此台所以为大宗也"，则岭里钱氏为小宗，其祠为小宗祠。

30. 岭外钱氏宗祠

位于大田街道岭外村，东南向，四合院式，占地面积426平方米。由门房、戏台、厢房、正厅组成。

第一进门房五开间，中设三门，上有"钱氏宗祠"灰塑匾额。明间后檐设后修戏台。戏台用四柱，歇山顶，砌上明造，檩枋无雕饰，围以直棂木栏。厢房各四间，两层。

第二进正厅三开间，明间为五架抬梁，以圆瓜柱支撑。其内檐枋上悬"三世五王"匾额。次间中柱落地，穿斗式。前廊为平板卷棚顶，四架梁中间有扇形开光，刻饰花卉，以垫斗承托脊檩间弯匾。檐柱前雕有兽纹牛腿，两侧为回纹雀替。檐柱下柱础形式较为特别，长领折肩弧腹。后廊为双步架，梁下设枋。

据《台临钱氏宗谱·岭外建造宗祠记》载："本族迁居岭外，历有数百年。向无宗祠供奉祖宗，尊敬有亏。合族人等有鉴于斯，于民国八年间乃合力营谋，建造宗祠，供奉三世五王之龙位及列祖列宗之禄位，以便后人有所尊崇，永垂不朽。"可见，该祠建于

1919 年，与岭里钱氏宗祠一样为小宗祠。

31. 东山陈陈氏宗祠

位于东塍镇东山陈村东村口，坐西向东，四合院式，占地面积 415 平方米。第一进为门房三间，无檐廊。明间后接戏台。戏台歇山顶，砌上明造，四柱头施斗栱承托挑檐枋及角梁，檩枋之间设垫斗承托，围以矮木栏。厢房二层，北四间，南三间。

正厅三开间，马头山墙四叠。明间为五架抬梁，瓜柱支撑，无雕饰。次间施中柱、穿斗结构。前廊单步架，设直梁，无雕饰。檐柱无牛腿、雀替装饰。后廊单步架，设曲梁、直枋，无雕饰。

从建筑风貌看，戏台四柱、柱头及补间铺作的时代应在清晚期，而正厅及厢房的建造时间不早于民国。

32. 前园王氏祠

位于白水洋镇前园村东村口，西北向，四合院式，占地面积 320 平方米。西南厢房已毁，整体破损较严重。门房五间，设有双步檐廊，檩间有斜向梁托。正厅三开间，硬山顶。明间为插梁、抬梁混合结构。五架梁插入金柱，上以圆瓜柱抬三架梁。金柱与瓜柱之间穿插横木。次间中柱落地，穿斗结构。带前后双步。明间檐廊直梁枋，无装饰。东次间檐廊构件较早，月梁上以垫斗支撑脊檩，设有单步鱼形梁托。檐柱前残有博古牛腿，檐檩与挑檐枋之间亦设鱼形梁托。据正厅明间大梁与脊枋墨书，知其重建于 1936 年，1952 年修缮。

据其所存《柳溪王氏宗谱·世系源流考》，柳溪王氏源自黄岩宁溪王氏，其后分

图 134　东山陈陈氏宗祠戏台

图 135　东山陈陈氏宗祠正厅梁架

67

图136 前园王氏
宗祠门房檐廊梁
架

图138 前园王氏
宗祠正厅前廊梁
架

图137 前园王氏
宗祠正厅梁架

下尤、后坑、石道地、花园、卫前王、东湖、前园诸派。可知，前园王氏宗祠为小宗祠。

33. 大左金氏宗祠

《台临南乡金氏宗谱·义城金氏大宗祠记》载："金氏大宗祠旧在西金庐舍之侧，向属西金、大左、滥田、佑溪五房合建，废于明末。"明代，南乡金氏合族祭祀于西金之大宗祠。康熙年间，恢复宗祠时"在大左则以旧祠差远，为别建小祠之议勿获如请"。由此可见，此时大左尚无单独祠堂。

现存大左金氏宗祠位于尤溪镇大左村，坐北朝南，仅存正厅三开间，五架抬梁结构。宗祠原格局不清，但所藏宗谱系图部分有三幅绘有宗祠图，可以让我们知悉清晚期大左金氏宗祠情况。

第一幅中"金氏宗祠"靠近"如埔公父子合葬坟"、"敬环公子煦合葬"坟，旁有路廊。其形制为三开间硬山顶正厅，围有垣墙，前有披檐台门。

第二幅中"金氏宗祠"位于山前，单座硬山建筑，临后街，不远处有始祖墓。

第三幅中"宗祠"位于大左住宅旁，靠近后里坦"元英公坟"、"怡亭公坟"，旁有风水堂、关帝庙、路廊。形制为二进四合院式，正厅三开间，两侧有厢房，厢房一侧有水塘，前有戏台。戏台应是附于三开间门房之内。

系图所绘三处金氏宗祠，形制、位置各不相同，以第三幅中大左住宅旁的二进三开间宗祠规模形制上更为讲究。第二幅中位于坟山前的单座宗祠建筑为墓祠，应是金氏族人上坟聚会祭祀之所。第一幅中的一进式宗祠应是另一支南乡金氏之祠。

图139　宗谱所绘
金氏宗祠

图140　宗谱所绘
金氏宗祠

图141　宗谱所绘
金氏宗祠

三　三进三开间形制

上宅李氏宗祠

位于白水洋镇上宅村，坐西南朝东北，占地面积782平方米。由门房、戏台、天井、两厢、前厅、后天井、后厅组成，是临海唯一一座三进祠堂。

门房四开间，内设戏台。左右厢房各六间，二层。戏台、厢房均为后修，天井已浇筑水泥。前厅三开间，明间五架抬梁，圆瓜柱支撑。两山为砖墙，檩条直接架于山墙之上。下金檩枋间饰菱形花纹隔架科。带前后单步。前廊设直梁，无雕饰。檐柱前施狮子牛腿，两侧施回纹雀替，局部可见蓝色彩绘。屋顶及大部分梁架檩枋都已换为新构件。后厅结构基本同前厅，三开间，明间五架抬梁，圆瓜柱支撑，次间砖墙。下金枋上用垫板支撑金檩，并饰束腰花纹隔架科。前廊单步架，设直梁，无雕饰。明间檐柱牛腿已缺失，两侧仅剩上部回纹小雀替。后廊单步架，直梁。

当地人称后厅为上祠堂，前厅为下祠堂。上祠堂修建较早，下祠堂则为后来扩建而成。从建筑风貌判断，前厅应为清末始建，而后厅的时间要早些，当在清晚期。

据《黄坛李氏族谱》记载，上宅、下宅、三份三个大村形如小盆地，是黄坛李氏中心集居地。其中上宅是黄坛李氏之发祥地，其祠为大宗祠。

四　一进五开间形制

1. 穿山七年金氏宗祠

位于杜桥镇穿山村东南。大门上题"金氏宗祠"、"金满纪念馆"。

69

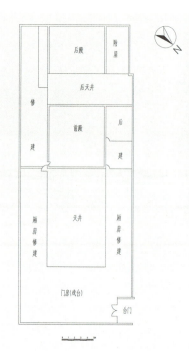

图142 上宅李氏宗祠平面图

图143 上宅李氏
宗祠前厅

图144 上宅李氏
宗祠前厅前廊牛
腿

图145 上宅李氏
宗祠后厅

	143
144	145

根据《临海穿山七年金氏宗谱》记载："宗祠五间，建于穿山西边山麓，坐东朝西，前有围墙大门"，可见祠内无厢房、戏台等附属建筑。现正厅前金满纪念碑与塑像及正厅对面的两层楼房为后修。

正厅五开间，西向，硬山顶。明间为插梁结构，五架梁插入金柱，三架梁插入上金檩下方瓜柱。脊檩下弯曲鱼形梁托穿插于三架梁上叠斗之间。下金檩与瓜柱间亦穿插弯曲鱼形梁托。次间、梢间穿斗式。明间檐廊减柱造，无内檐柱。外檐柱上斗栱承檐檩，无挑檐枋，两侧设弯曲龙形雀替。内外檐廊梁枋之间装饰束腰花纹，中有圆形开光，或刻人物，或刻寿字纹。其间白、蓝、黄色彩

70

图 146 穿山七年 金氏宗祠

图 147 穿山七年 金氏宗祠正厅梁 架

图 148 穿山七年 金氏宗祠正厅前 廊檐柱装饰

图 149 殿前陈氏 宗祠

图 150 殿前陈氏 宗祠正厅前廊檐 柱雀替

图 151 殿前陈氏 宗祠正厅前廊牛 腿

绘为新制。后为单步、双步，双步廊下设祖先牌位供案。

| 146 | 147 | 148 |
| 149 | 150 | 151 |

梁间有纪年墨书"大清同治甲子"，可知宗祠的始建时间是同治三年（1864）。据《临海穿山七年金氏宗谱》载，穿山七年金氏宗祠"在穿山洞孔鹫岭之西麓首。大清同治三年岁次甲子吉旦合族建"，进一步证实了该祠的建造时间。

2. 殿前陈陈氏宗祠

位于白水洋镇殿前陈村东段，西向偏北，原为三合院，现仅存正厅及台门。从台门一侧的三叠马头山墙看，原应有厢房。台门青砖砌筑，石框门。

正厅硬山顶，五开间。明间五架抬梁，以圆瓜柱承托，无雕饰，次间、梢间设中柱，穿斗结构。前后廊均为单步架，设直梁。前廊雕饰较多。檐柱前施狮子牛腿，以垫斗承托挑檐枋。檐柱两侧雀替下部为变形丁字棋，斗为莲花式，中部为S形斜撑，上叠回纹雀替托檐檩。雀替结构较繁，但雕刻细弱。明间脊枋有墨书"光绪拾年岁次……修造"，明确了宗祠的建造年代为光绪十年（1884）。

殿前陈村绝大多数为陈姓。据《黄梁陈氏宗谱》记载，殿前陈陈氏第一世为陈彦通，生于明天启七年（1627），卒于清康熙三十九年（1700），自仙居黄梁迁此。据谱，殿前陈陈氏以黄梁陈氏为大宗，该祠应是小宗祠。

五　两进五开间形制

1. 张岙蔡氏宗祠

位于小芝镇张岙村，坐西朝东，三合院式，两厢及大门均为后建。根据宗谱中人宗祠图，原格局为四合院，有门房及两厢。

正厅硬山顶，五开间。明间为叠斗插梁结构，下垫斗斜出双直斜撑承长雀替托檩。三架梁两侧及上部设弯曲梁托。下金檩枋间饰以一斗三升及棋子雀替隔架科。前廊为曲椽卷棚顶，四架梁上以垫斗承托顶梁。垫斗与脊檩之间亦以双直斜撑支撑。顶梁穿插于叠斗之间，两侧设弯曲梁托，上部设随椽弯扁。檐柱上下收分，梭形，前有双直斜撑，最下为丁字棋，中间部分为倾斜60度的短直撑及倾斜45度的长直撑。长斜撑以斗直接承挑檐枋。两撑之间夹木板，短撑外侧雕刻卷花纹。檐柱上坐斗又出两叠丁字棋承挑檐托木。檐柱两侧是结构类似的双直斜撑。后廊为双步架，设曲、直梁，带枋。

从宗祠建筑结构看，年代相对较早的双直斜撑的运用比较多。正厅梁柱木构粗大，柱础形式多样，其中一些柱础腹部偏下，与清中晚期大量存在的腹部偏上罐式柱础有很大不同，也说明其年代较早[10]。族内所藏《临海蔡氏宗谱·重修祠堂序》谓："族内积贮公银，至康熙五十四年较数约金三百零。我从祖三兼公克振先志，偕族内老成能干事者，度地鸠工，创立宗祠，焕然聿新。"综合建筑风格与宗谱材料，该祠始建于康熙五十四年（1715），现存建筑整体上保存了清前中期风貌。

张岙蔡氏出自南洋，第一世孟盛自闽浦始迁临海蔡岭，又居十四都乌

〔10〕　详见第二章第三节"建筑构件的时代风格分析"之"柱础"部分。

梅坑口，二世从寿自蔡岭迁居南洋杏下。张岙村规模较小，其祠堂规模却相当可观，包括南洋在内的周边蔡姓村落皆来此祭祖。祠内供奉远祖和始迁祖神主，故而该祠为大宗祠。

2. 上湾叶氏宗祠

位于河头镇上湾村东村口，坐南朝北，四合院式，占地面积699平方米。

第一进为门房，三开间，檐廊施平顶，檐柱柱头牛腿已缺失，檐枋与挑檐枋之间以卷草斜撑支承。檐柱两侧设有回纹雀替。两侧厢房与门房平齐。门房明间后檐设亭式戏台，以四石柱支撑，歇山顶，角梁上墨书"一九六五年春重修"字样。其内施八角藻井，相邻两边交接处装饰以卷花板和小垂花柱，极具特色。檐枋与檩之间装饰栱子雀替。挑檐枋下装饰雀替和悬柱，无实用功能，却给挑檐枋增加很大压力，以致挑檐枋有下陷情况。戏台前方支承平台的两根较短石柱上方刻"鹤鹿同春"图案，刻工较粗。

第二进正厅五开间，歇山顶。明间五架抬梁，五架梁上以垫斗支撑上金檩，三架梁上则以圆瓜柱支撑脊檩。次间施中柱，穿斗式。下金檩枋之间无装饰。前后檐廊均为单步架。前廊采取了减柱造，次间、梢间之间减去了檐柱，这种情况在临海比较少见。梢间与明间檐柱之间穿插横枋增加拉结作用。明间檐柱无牛腿，一侧以单直斜撑支承檐檩。大部分柱子上下微有收分，柱础相对偏平，腹部偏下，素面无饰。

现存上湾叶氏宗祠与《临海大石猴山叶氏宗谱》所载清代祠堂布局、尺寸完全吻合。据谱载，上湾叶氏宗祠始建于明嘉靖二年

图152　宗谱所绘张岙蔡氏宗祠

图153　张岙蔡氏宗祠正厅

图154　张岙蔡氏宗祠正厅梁架

73

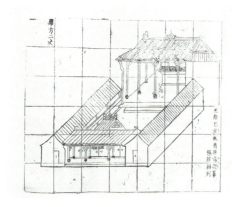

图155 宗谱所绘上湾叶氏宗祠

图156 上湾叶氏宗祠

图157 上湾叶氏　　图159 上湾叶氏
宗祠戏台藻井　　宗祠正厅梁架

图158 上湾叶氏　　图160 上湾叶氏
宗祠正厅　　　　宗祠正厅柱础

（1523）。从建筑风貌看，现存正厅建造年代为清中前期，门房、戏台的年代相对较晚，应系清代后期修建。

据谱载，叶氏于唐长庆二年由松阳迁宁海之潢水，为迁台始祖，至第七世名进希者徙居临海猴山，为猴山叶氏一世祖。至第十六世以后逐渐分为上叶、下叶、口坑岙、

黄溪枫坑等派。猴山叶氏原建有总祠，废毁后，各派分别建有宗祠。上叶为始迁大宗所在地，该祠祭祀始迁以来各祖栗主，为大宗祠。

3. 下周周氏宗祠

位于杜桥镇下周村，由门房、戏台、厢房、正厅组成，占地面积361平方米。

门房三开间，门前有刻卷草花纹的旗杆夹石。明间后檐原有民国八年所建戏台，现已塌坏，四柱尚存。两侧厢房四开间、两层。天井由鹅卵石铺墁。

正厅硬山顶，五开间。明间为抬梁、插梁混合结构。五架梁上以垫斗承托檩木。上金檩与脊檩下叠斗之间穿插弯曲梁托取代三架梁承重。次间施中柱，横穿之间以板封实以隔开梢间边房。下金檩枋间饰栱子雀替隔架科。明间下金檩枋间悬东塍房裔孙、国民党空军总司令周至柔1948年所题"绳武敦宗"木匾。前廊为曲椽卷棚顶，四架叠斗插梁结构，顶梁雕饰菱形纹、花叶纹，两侧设有弯曲托木，脊檩间设随椽弯匾。檐柱粗壮浑圆，

图 161　下周周氏宗祠

图 162　下周周氏宗祠正厅

图 163　下周周氏宗祠正厅梁架

图 164　下周周氏宗祠正厅前廊梁架

161	162
163	164

75

图165 隔溪吴氏
宗祠戏台

图166 隔溪吴氏
宗祠戏台藻井

图167 隔溪吴氏
宗祠正厅

图168 隔溪吴氏
宗祠正厅梁架

上下弧曲收分。明间檐柱一侧施双直斜撑，上承斗栱、雀替，支撑檐檩，下为罐式柱础。明、次间檐柱穿插横枋，下有丁字栱、雀替，檩枋间隔为两层，施栱子雀替隔架科。后廊单步架，设直梁、枋。

根据脊檩题记，该祠始建于乾隆二十七年（1762），1932年重修。

4. 隔溪吴氏宗祠

位于东塍镇隔溪村，坐北朝南，四合院式，占地519平方米。

第一进门房七间，明间后檐设戏台。戏台用四石柱支撑，歇山顶，施八角藻井，边角相交处以斜挑出栱装饰，层层上升至顶。前台石柱刻楹联"曲调宫商入耳如闻韶乐；贞谣休咎着眼胜读毛诗"，据当地老人讲为前清才子侯嘉繙撰写。柱头在檐枋出头处设兽纹牛腿承挑檐枋与角梁，其丁字栱部分刻饰戏曲人物。檐枋上垫板中设斗栱补间铺作承檐檩与挑檐枋。前方檐枋下设龙纹雀替，两侧檐枋下设松鹤纹雀替。影壁两侧门装饰格子纹骑马雀替。戏台藻井及檩枋间饰以蓝、白彩绘，具体图案无法辨识。

第二进正厅五开间，硬山顶。明间为抬梁、插梁混合结构，五架梁上

165 | 166
167 | 168

以垫斗支撑檩木，上金檩与脊枋下叠斗之间穿插弯曲梁托，取代三架梁承重。次、梢间用中柱，穿斗结构，次间上部设梁托。前廊单步架，较宽，设有直梁枋，无装饰。明、次间檐柱设横枋拉结。檐柱前无牛腿。明间檐柱一侧设卷曲龙形雀替，最下方的丁字栱变形为短斜撑，中间部分刻卷草花纹，上部是栱子雀替。后廊双步架，前后挡板为后修。

《台临琅溪吴氏宗谱》载有万历二十二年所撰《重建祠堂记》："嘉靖四十五年辛酉四月朔，倭奴侵疆，寇荡纷扰；四散纵横，老幼惊审；毁我宫室，焚我祠堂；神主祭器，罄无一存；惟遗基址，满目棘榛；殷荐无由，怵惕伤心。荒废至今三十年矣……翼日拆卸，并买树料。请匠先竖中三间，东西凑成五间与门楼。于二十年十二月初四起工，越明年二月庆落成矣。祠宇既立，祖宗之灵爽得所凭依，而岁时祭享，子孙之孝思庶几克尽矣。"据此，隔溪吴氏宗祠明嘉靖年间毁于倭患，万历二十至二十二年间曾重建。根据建筑风貌及正厅所悬清礼部侍郎齐召南嘉庆二年所题"龙章凤采"匾与赵金简嘉庆九年所题"世德作求"匾，该祠应建于清嘉庆年间。

宗谱述其宗族源流，"唐中宗时刺史进公徙居处之遂昌，传十世至梁银青公徙居台之仙居县，又十二世之宋居岐公，号藏山，临安吴山作院，后宦游临海，入赘东乡梅氏，遂居琅溪，乃鱼山始迁祖也。历今数百年，子孙相继济济乎盛焉"。鱼山是位于隔溪村西北角琅坑溪畔的一座小山包，鱼山始迁祖即隔溪始迁祖，该祠为临海琅溪吴氏大宗祠。

5．殿前朱氏宗祠

位于河头镇殿前村，坐西南朝东北，四合院式，前后两进，左右设厢房，占地面积 570 平方米。

第一进为门房三开间，前施檐廊以遮风雨，梁下有小雀替，穿插枋下饰以拐子龙纹骑马雀替。门房西侧为边房，东侧为钟楼，五层，四坡顶，第三、四层四面披檐。

门房明间后檐设亭式戏台，以四木柱支承，歇山顶，飞檐翘角，椽子上绘满红色曲线花纹，前方角梁上饰有凤尾，内施八角藻井。檐枋与柱交接处有花牙子雀替。檐垫板上的红、白彩绘隔为三段，每段分两层，图案基本相同，中间部分上为四瓣花纹，下为半瓦当，两侧为卷草纹。前方柱头设牛腿支撑挑檐枋。挑檐枋下装饰有莲花和斗状悬柱。

第二进正厅三开间，马头山墙三叠。明间为插梁、抬梁混合结构。上部为五架抬梁，其下又施以一重粗梁，上以垫斗承托五架梁。次间设中柱，穿斗式。下金檩枋间以栱子雀替装饰。带前后单步，设曲梁、直枋。前檐

图 169 殿前朱氏
宗祠戏台

图 170 殿前朱氏
宗祠戏台局部

图 171 殿前朱氏
宗祠正厅

图 172 殿前朱氏
宗祠正厅梁架

169	170
171	172

廊檐柱上下有收分，呈梭形，上无牛腿、雀替装饰。明间金柱下石柱础体积最大，覆盆础上落圆鼓状柎，其上雕刻分三层，上下刻莲花纹带，中间浅浮雕盛开的牡丹和花蕾，极为精美。

朱氏宗祠格局完整，构件古朴，雕饰精美，戏台装饰尤其富丽堂皇，具有较高的文物价值。钟楼建于 1954 年，与宗祠风貌协调，颇具地方特色。

《临海大石殿前朱氏本支谱·宗祠略》载：

我朱氏宗祠自明彦贞公创造于殿前大道地，坐坤向艮，以妥先灵。是谓本族有宗祠之始。迨清康熙丙寅，瑞宇、皋生诸公惑于堪舆家言，谓："宅居坦平，东南回抱尽美。所嫌西北低陷，护沙不洁。若得神坛祖座镇补其缺，三十年后必有大昌。"乃移建大宗祠于联珠地之洋，傍鹳溪殿右侧。光统公撰文记之，手定配享祠位，甘冒不韪。非鬼而祭，识者羞焉。嗣以祠基势散，克应不灵。时有若荣、茂球公议迁其祠，而玉衡、允略、茂云、锡匡诸公率族人而赞成之。遂拆旧祠而徙今地焉……至民国己未春，裔孙大联等会族人将戏台廊而新之，落成有日矣。

可知朱氏宗祠为大宗祠，始建于明代，康熙年间移建鹳溪殿右侧，后再次移建于今所，民国时期又新修戏台。现存宗祠为清中晚期建筑风格。明间金柱存道光二十三年木刻旧联一副，下联缺。宗谱录其全联为："金袋振家声俨守夏商彝鼎；铜人饰世泽如传房序球刀。"据此推测，宗祠建造时间距道光二十三年（1843）不远。

6. 王山头王氏宗祠

位于白水洋镇王山头村，仅存门房与正厅。门房单层三开间，破损较甚。正厅五开间，西南向，硬山顶。明间五架抬梁，以圆瓜柱承托。梁上有蓝、白彩绘。五架梁两端为卷花图案，中间为三个不规则开光图案。三架梁于白地上绘蓝色卷草纹。这种彩绘形式打破了常见梁枋彩画的严整、规则，完全依照工匠心意而定。次间、梢间施中柱，穿斗结构，下金檩枋间无装饰。前廊双步月梁上以瓜柱承檩，单步梁微弯。檐柱前设卷曲龙形牛腿，两侧施弧形格子纹雀替。后廊亦双步架，结构同前廊。檐廊梁架彩绘形式和风格与主梁架相同。

明间柱联署有道光二十五年款，结合建筑风貌，该祠建造年代距道光二十五年（1845）不远。根据《岠溪王氏宗谱》，岠溪王氏以五世元吉公为上、下宅始祖，第七世王卿月迁王山头为岠溪王氏始祖。可知王山头王氏为岠溪王氏本支，其祠为大宗祠。

7. 罗渡罗氏宗祠

位于白水洋镇罗渡村东村口，东北向，四合院式，占地面积 863 平方米，前置大照壁墙。

第一进为门房，三开间，二层，两侧各有边房二间。檐廊为曲椽卷棚顶，内设中柱，

图 173　王山头王氏宗祠正厅

图 174　王山头王氏宗祠正厅梁架

图 175　王山头王氏宗祠正厅前廊梁架

承廊顶。以直板梁托脊檩，下有穿插枋，中柱之间亦设插枋以拉结联系。檐柱上托圆斗，四均分处刻曲线，显示出其形态受到方斗的影响。檐柱前牛腿已缺失，两侧为龙凤纹雀替，挑檐枋外出兽首托木。明间檐枋底面贴饰花鸟纹、凤纹。次间檐枋分别贴饰双龙和双凤。

明间后檐接建戏台，歇山顶为 2011 年重修，内施圆形藻井，装饰蓝、白彩绘。圆井下有回纹花板，以小垂柱相间隔。井外天花上以横木条隔出四角，余分八份，贴饰婴戏、花卉等木雕。圆井内从下到上以五层刻花纹圈板纵升，横向隔分为八份，八条交边上饰兔、鸡等动物，顶心饰木质扁球，雕刻人物，下有垂柱。前方檐枋有蓝、白彩绘，两侧为龙首图案。其下饰透雕双龙、双凤及人物。檐枋上为透雕戏曲人物垫板，其上有斜垫板承托挑檐枋。檐枋和挑檐枋之间用龙形斜撑承托。外封檐板四角还雕刻有花纹。角梁上贴饰凤凰、灯笼、龙头。前台石柱牛腿之上原有精雕木塔，已被盗，现以灰雕宝塔装饰。戏台前台石柱刻楹联"布文修武宛然经济，嬉笑怒骂俱是文章"；后台石柱刻"顷刻时演出千年事业，半宵中走尽万里山河"。舞台前沿设两短石柱，柱头两石狮相对望。

第二进为正厅，硬山顶，五开间。明间五架抬梁，以垫斗承托。次梢间设中柱，为穿斗结构，上部设梁托。下金檩枋间隔为两层，饰栱子雀替隔架科。前廊双步架，单步梁为弯曲鱼形，双步梁两端刻卷草纹，下饰刻花小雀替。檐柱上坐斗为圆形，分四瓣。明间檐柱前设戏曲人物牛腿，次间檐柱施鹿牛腿，梢间檐柱施方格纹牛腿。檐柱侧有 S 形斜撑，饰莲花斗。后廊双步架，以圆瓜柱承托檩木，单步梁为弯曲托木式。明间后廊龛内供奉罗渡始迁祖神主。

《罗姓台州罗渡宗家谱》载光绪二年《罗渡宗宗祀序》谓："我族宗祠被毛匪毁坏，一无所资。甲子年七月间，置酒会众首事，酌议照丁捐收，以成其事。"可见，至光绪二年，罗渡罗氏宗祠仍处于荒废状态。现罗氏宗祠的修建年代至少在光绪二年以后。

据谱载其源流："我外纪一世祖大才公德五世孙开公出任台州府学教授，而迁住临海的棋盘街……开公长孙仲茂公迁峥塘，次仲浩公迁黄岩洋峤，三仲舒公迁临海东乡北涧，四仲童公迁依山傍水的仙居东乡罗渡，即我宗之祖，五仲礼公仍居上虞。我罗渡宗、宁海横杜宗、三门桥头宗、天台东溪宗、临海北涧宗、黄岩洋峤宗及峥塘宗皆兄弟，而上虞长塘为发祥地。"明确罗渡罗氏由开公第四房仙居罗渡分支而来，其祠为小宗祠。

8. 埠头朱氏宗祠

位于白水洋镇埠头村，仅存正厅与戏台，推测原应有门房。占地面积1649 平方米，规模在临海宗祠中为最大。

戏台歇山顶，施圆藻井，斗栱由井缘斜升至顶，顶心为圆形装饰。井外天花风景彩绘为新制。六棱形石质四柱支撑，柱侧有牛腿承托挑檐枋和角梁。檐枋两端下方施博古框花纹雀替，檐枋与挑檐枋之间有曲形板连接，形式较为少见。檐枋上另设曲形斜撑支承挑檐枋。影壁两侧门装饰曲回纹花罩。

正厅硬山顶，五开间。明间五架抬梁，以垫斗支承。次间、梢间设中柱，穿斗式，次上部设梁托。下金檩枋之间隔为两层，饰栱子雀替隔架科。明间后檐下金枋下饰曲格子纹花罩。前廊为四架梁，原应设有卷棚顶。四架梁上以圆斗承弯圌及檩木。次间与梢间檐檩下设横枋拉结，中间装饰栱子雀替隔架科。檐柱上坐斗为圆形，承雕花雀替托檐檩，下为鼓形柱础，凿有缺口，为装木隔板之用。明间檐柱牛腿雕狮子，次间牛腿为鹿形，梢间牛腿为博古架形式，内刻花瓶。前廊构件于重修时局部刷饰白、黄、墨绿彩绘。后廊为双步，单步梁为弯曲梁托形式。

图180 埠头朱氏
宗祠戏台藻井

图181 埠头朱氏
宗祠正厅前廊梁
架

图182 埠头朱氏
宗祠正厅前廊柱
础

该祠从建筑风貌看，为清晚期所建。《临海埠头朱氏宗谱·景山公派下串合辈分序》载："我始祖系唐永公，东瓯永嘉乃其原籍。自公五世孙仁滔公徙居临海庙同，越十世孙宋景山公与其子伯晋、伯临公尚居梓里，莫有迁者。及伯晋公子希述公始迁黄沙埠头，出有三子，讳濂、淮、江。惟濂公世居埠头，为本派。淮公子仲弼公则迁殿前，为殿前派。仲权公迁蝉山，为蝉山派。江公子仲养公则迁仙邑河桥，为乐安派。而硃溪同厥派伯临公元孙希参公孙系野公子仲集公始迁垫㙊，为垫㙊派……"可见埠头朱氏由临海庙同迁来，实为白水洋朱氏之大宗，殿前诸朱皆由其分支，其祠为大宗祠。

9. 象坎胡氏宗祠

位于白水洋镇象坎西村，仅存戏台与正厅。戏台歇山顶，砌上明造，檩枋间无装饰。四石柱支撑，前台石柱镌刻楹联"自西自东闻弦歌少长咸集；象忧象喜描面目啼笑毕真"。后台石柱镌刻楹联"到此间应有几分豪气；看究竟终输一点良心"。

正厅东北向，五开间，硬山顶。明间五架抬梁，垫斗承托。次间、梢间设中柱，穿斗结构，次间梁架上部设梁托。下金檩枋间饰栱子雀替隔架科。前廊双步架，双步梁上以叠斗支承檩木，上下垫斗斜出连成斜撑，单步梁为弯曲梁托形式。在檐檩与梁上垫斗之间穿插弯曲托木。檐檩与挑檐枋之间施弯曲梁托。檐柱柱头或雕刻狮子牛腿，或龙形牛腿，侧为弯曲斜撑雀替。前廊彩绘以红、白、黑色为主调。后廊双步架，单步曲梁，双步直梁。

《临海胡氏宗谱》载："据旧谱序，黄

82

沙胡氏先祖是从太祖康瑞公三子新之公自东阳迁至山下、田洋胡。其后，康瑞公长子信之公后裔伯淳、兆祖暨龛山三公再自处州迁至象龛东、西两村。"可知，象坎胡氏为继康瑞公长子一脉，为黄沙胡氏之大宗，其祠为大宗祠。宗谱未有宗祠修建情况的记载，根据建筑风貌，建造时间应为清晚期。

10. 丁公园李氏宗祠（上祠堂）

位于白水洋镇丁公园村，西南向，四合院式。门房五间，戏台附于明间之内。戏台木栏、柱等皆为后换，两侧亦为解放后所修。两厢各四间，除门壁墙保留砖墙外，余三面均已改用长方形条石砌筑。

正厅原三开间，现往后迁移，水平抬高，并扩建两端梢间。明间五架抬梁，以圆瓜柱承托。次间设中柱，穿斗结构。下金檩枋间饰以四方山间人物、六方花卉纹、寿字纹隔架科。前廊单步架，直梁上刻各种动物。明间檐柱前方雕刻有骑象、骑狮人物，头顶有圆形华盖，应为文殊、普贤菩萨。

图183 象坎胡氏宗祠

图184 象坎胡氏宗祠正厅前廊

图185 丁公园李氏宗祠上祠堂正厅

图186 丁公园李氏宗祠上祠堂正厅前廊梁架

图187 丁公园李氏宗祠上祠堂正厅前廊牛腿

图188 五峰金氏
宗祠戏台藻井

图189 五峰金氏
宗祠正厅

这种牛腿造型极为少见。檐柱两侧为回纹雀替。次间檐柱前方刻有人物牛腿。檐柱柱头直接承檐檩，挑檐枋外出象首托。后廊双步架，直梁，上以凹口垫木支承檩木。

丁公园李氏以黄坦上宅李氏为大宗，该祠为小宗祠。其年代晚于上宅大宗祠，从风格看应为清代晚期。

11. 五峰金氏宗祠

位于大洋街道五峰村，当地人亦称宗祠为老爷殿。三合院，西向稍偏南，占地面积377平方米。

正门旧开于南厢房西次间，现正厅两梢间均开门。戏台设于正厅前方，歇山顶，施四方藻井，局部存红、白彩绘。井缘饰花板、垂柱。井内四角雕蝙蝠，逐层倾斜挑出半栱上升至顶心。前台石柱镌刻楹联"双港潮音恍同湘灵鼓瑟；五峰木韵疑比缑岭吹笙"，后署"龙飞甲寅季秋望后"。戏台旧匾年款为乾隆六十年。参之以建筑风格，推测戏台建造时间为乾隆甲寅年（1794）。

正厅五间，二层，硬山顶。明间五架抬梁，次、梢间设中柱，结构简单无饰。两厢各三间。正厅与两厢均为民国间建筑。

五峰村以金姓为主，也有王姓。五峰金氏旧谱无存，1949年后未曾编修宗谱，宗族迁徙历史无从考证。

12. 白筑于氏宗祠

位于大田街道白筑村，坐西北朝东南，四合院式，占地面积592平方米。前后二进，左右设厢房。第一进门房五开间（靠西南一间已毁），明间后檐设戏台。戏台用四石柱，歇山顶，砌上明造，大部分构件已更换。柱头

84

上斜出斗栱支撑角梁和挑檐枋。檐枋下饰卷草小雀替，檩枋间以斗栱支撑。

第二进正厅亦五开间，硬山顶。明间为插梁结构，圆瓜柱支承，三架梁两侧及上部设有微弯梁托。次间、梢间施中柱，穿斗式。前廊单步架，设曲梁、直枋。下金枋上悬"临东古族"匾额。檐柱无雕饰。后廊亦单步架，直梁枋，下金枋前方上悬1996年2月新制"周氏宗祠"匾额。现宗祠为于、周两姓共用。这种情况较为少见，可以说明两个问题：其一两姓关系甚好；其二1949年以后宗族观念日益淡化。

明间檩枋墨书"大清乾隆五十九年岁次甲寅孟春中浣吉旦建造"诸字，但整个建筑结构比较简单，没有雕饰，看不出清中期特征。推测该祠始建于乾隆五十九年，后经多次维修，现存主要建筑构件年代当在民国时期。

《白筑于氏宗谱·重修于氏谱序》载："于氏之族自隋唐间祖讳恒先公录事海州，次子良善因家焉。生三子，长钊。钊生三子，长松。传至十二世祖讳铨公宋淳熙间为台州承事，居白塔桥。继起者闻人达士不可殚述。厥后生齿日繁，氏族益盛，爰分瓜陵、白筑、西墅、梅浦之区。""二十一世仁一公观白筑地局之宽平，山水之环抱，遂卜筑于斯，知异日有发祥之

图190　白筑于氏戏台

图191　白筑于氏宗祠戏台柱头斗栱

图192　白筑于氏宗祠正厅

图193　白筑于氏宗祠正厅梁架

190	191
192	193

图194 彭山彭氏
宗祠戏台

图195 彭山彭氏
宗祠正厅

基。"白筑于氏以任一公为始迁祖,虽其源流追溯到宋代十二世祖铨公,但此后具体族属不明。其祠以白筑于氏大宗祠视之较为合适。

13. 彭山彭氏宗祠

位于永丰镇彭山村,西向,四合院式,占地面积396平方米。由门房、戏台、两厢、正厅组成。第一进为门房,两层,五开间。明间后檐设戏台,歇山顶,施方井,檩枋间饰格子纹。第二进正厅亦五开间,明间为五架抬梁,次、梢间设中柱,穿斗结构,带前单步后双步,无雕饰。

宗谱没有相关宗祠建造的记载。从建筑风貌看,其建造时间应在民国时期。据《台临彭氏宗谱》,台临彭氏以唐太宗时显明为始祖,金辽扰乱中原时迁彭山崔家岙入赘,明太祖洪武年间再迁于宁海之大峰坑。彭山彭氏为临海彭氏之大宗,其祠亦为大宗祠。

14. 东溪单单氏宗祠

位于东塍镇东溪单村,坐西朝东,占地面积623平方米。由门房、戏台、两厢、正厅组成。门房五间,因道路建设已被拆毁。戏台、两厢均为新修。

正厅硬山顶,五开间。明间为抬梁、插梁混合结构,五架抬梁上以垫斗支撑檩木,上金檩与脊檩下叠斗之间穿插弯曲托木,取代三架梁承重。次、梢间设中柱,穿斗结构。次间梁架上部设梁托。下金檩枋之间饰栱子雀替隔架科。前廊为新修曲椽卷棚顶,明间南侧梁架与北侧梁架形式不同,应为不同时期修造。南侧四架梁上以叠斗支撑脊檩,上下垫斗之间连成单直斜撑承托。檐柱、金柱分别与脊檩下叠斗间穿插辅助弯曲梁托,于中间相接,取代脊梁承重。脊檩之间设新修随椽弯圙。北侧为四架叠斗插梁,顶梁两侧设弯曲梁托,脊檩之间设随椽弯圙。檐柱粗壮浑圆,上下收分,梭形。

柱前牛腿已缺失。明间檐柱一侧有单直斜撑托檐檩。次间檐柱间设有横枋拉结，檩枋之间施栱子雀替隔架科。后廊双步架，直梁。

明间脊枋间有墨书"民国拾壹年岁次壬戌合族重修"诸字，可知大部分的修缮当在此时。此外尚有一些构件显示早期特征，如粗大浑圆的前廊檐柱，金柱下扁袋状柱础。

《临海东溪单氏宗谱·条例》载其宗祠原本为向南三间，嫌其狭窄，进行扩建。乾隆三十九年所作《宗祠记》详细载其扩建过程："时首事茂衢、茂宾、正昭等又每丁议出钱一百五十文，竭力督工。期年而作庙五间，台门七间，两庑以十计，周围墙壁焕然一新。"可见这次扩建时间距乾隆三十九年（1774）不远。根据宗祠建筑情况，该祠应始建于乾隆年间，祠中一些较早构件当属于那个年代。

宗谱记载其宗族源流，谓五世祖因直谏贬居台临西溪，至十二世祖松友公迁居东溪。东溪单氏为嫡长大宗，其祠应为大宗祠。

15. 庙西金氏宗祠

位于东塍镇庙西村，坐西向东，四合院式，占地 684 平方米。前后两进，左右设厢房。1981 年正厅向后移 6.2 米落架大修，扩大了天井院。两厢各五间，二层，北厢房为硬山顶，山墙上嵌有清嘉庆二十年（1815）所立禁碑一通，部分字迹模糊不清。南厢房东首为观音兜山墙。

第一进门房三开间，设有檐廊，明间后接四柱亭式戏台，歇山顶，施方形藻井，山面方向设梁架结构。梁置于面宽方向的檐枋补间斗栱上，其上垫斗分别支撑顶心及井底四角，垫斗之间设弯曲梁托。柱头施狮子牛

图196 东溪单单氏宗祠正厅梁架

图197 东溪单单氏宗祠正厅前廊明间南侧梁架

图198 东溪单单氏宗祠正厅前廊明间北侧梁架

图199　庙西金氏
宗祠戏台藻井

图200　庙西金氏
宗祠戏台柱头斗
栱

图201　庙西金氏
宗祠正厅

腿，上接华丽凤尾承角梁。檩枋间设镂空花纹板支撑，中间间隔以补间铺作。檐枋两端下方设人物花草雀替。

第二进正厅五开间，歇山顶。明间为抬梁、插梁混合结构，圆瓜柱支撑，金柱与瓜柱之间穿插弯曲龙首梁托，脊檩下梁托取代三架梁承重，之间悬垂花柱装饰。次间、梢间施中柱，穿斗结构。前廊双步架，双步直梁刻满花草纹饰，单步梁位置设弯曲梁托。次间与梢间檐柱间设横枋拉结。后廊双步架，设直梁枋。

南厢房脊檩有嘉庆己未年（1799）墨书，明间脊枋有民国二十九年（1940）墨书。其主体梁架结构风格则是清末光绪时期。可见庙西金氏宗祠嘉庆以后有过大修，致使主体风格改变，1930年又进行较小规模的修缮。庙西金氏为金坑金氏分支，但其谱称祠为庙西金氏大宗祠，可见其与金坑金氏的宗族联系已经淡化。

16. 东山徐氏宗祠

位于汛桥镇东山村，为民国时期建筑。东南向，占地面积300平方米。门房五开间，内设四坡顶戏台，檐口设挂落，山墙灰塑"福"、"禄"。两厢各五间，二层，单檐。大殿五开间，硬山顶，明间五架抬梁，无雕饰。檐柱前置挂板，前以曲斜撑承挑檐枋。

17. 小芝何氏宗祠

位于小芝镇罗上宅村，西南向，四合院式，占地面积663平方米。由门房、戏台、两厢、正厅组成。厢房七间，二层，两端马头山墙三叠。

门房五开间，门顶装饰花卉门当，上置

图 202　东山徐氏
宗祠

图 203　东山徐氏
宗祠正厅

"何氏宗祠"匾额。檐廊为平板卷棚顶，四架叠斗插梁结构，上下垫斗之间连成卷草斜撑承脊檩。顶梁两侧设有花坯，脊檩之间设兽首弯匾。梁架上满刻戏文人物、动物、花草。明间檐柱前设狮子牛腿，次间檐柱施奔鹿牛腿，柱侧施卷草雀替。门后为双步架廊形式。门房明间之后设戏台，歇山顶，四石柱支撑。石柱上以牛腿承接角梁。檐垫板镂空花纹，上以坐斗叠升半栱支撑挑檐枋。内施圆藻井，绘白地墨线人物、花草、器物等。

正厅硬山顶，五开间。明间为抬梁、插梁混合结构，方瓜柱支承，金柱与瓜柱之间穿插鱼龙形梁托，脊檩下梁托取代三架梁承重，中间悬垂花柱。梁架满刻动物、花卉。次间、梢间设中柱，穿斗式，次间上部设梁托，刻卷草纹。前廊为双步接单步形式。檐柱粗壮浑圆，上下收分，顶部承托刻花瓣的圆斗，前方施狮子、鹿牛腿。檐柱两侧雀替雕刻极为繁复，分三部分，最下为站立人物，中间部分为奔走的动物，上部为卷草人物雀替。挑檐枋外出象首托木。外檐廊为曲板卷棚顶，梁架结构与门房卷棚顶类似，四架梁上以荷叶托垫斗支撑顶梁，设有花坯及弯匾，梁架刻满花草、动物、人物。内檐廊单步架，设曲梁和穿插枋。后为两个单步廊，设曲梁、穿插枋。檩枋之间悬"先祖是皇"匾额，下有供奉先祖的台案。

宗祠用材讲究，雕工富丽精美，艺术价值较高。"文革"时由全村保护，基本未被破坏。

《台临小芝何氏宗谱》载有 1946 年所撰《重修大宗祠记》：

元明以前，宗祠之有无，史缺左证。至三十世华火公、三十一世君奇公，始顾土建祠于芝川之麓。自此禋祀得所，举族为欣然。乾隆间，宗祠曾由南溪、轶凡、梅圃诸公建议重修。同治间，定景公等复治补茸。谱虽不述，然其劳绩称道人口，至今不衰。谟少时见祠宇日就倾圮，心窃忧之。民国十六年，谟弟式探以旧宇不堪瞻依，创议就原址重建新厦。一族闻之，

图 204 小芝何氏宗祠门房檐廊梁架

图 205 小芝何氏宗祠戏台藻井

图 206 小芝何氏宗祠正厅梁架

图 207 小芝何氏宗祠正厅外檐廊梁架

204	205
206	207

皆交口称誉，愿供驱策。鸠工则一呼百诺，畚锄云集；庀材则古木乔松，乐输不吝。而林松、掌金、泮文、经德、玉坤、灿洪、继鹤诸公尤赞襄不遗余力。不一年而堂庑落成，规范宏大，垫款甚巨。乃式琛忽罹病殁，工程坐是停辍者已十余年。族辈中都责谟继成其事。惟是时适当国难，经费支绌。仰屋思维，以吾族宗谱修纂已四十年，惟有藉修谱机会以所得丁钱移作完成宗祠之用，而谟自尽义务，不支薪给。爰集族众会议，悉皆赞成，并得学进、昌读、昌苏、少云、玉池、灿洪、成学诸公之协助，或监工，或募材。学进、昌读二公更劳心力，始末不渝。而宗祠卒于民国三十四年冬竣工告成。

三十世华火公、三十一世君奇公始建祠于芝川之麓，根据脊檩墨书，当在顺治年间。后曾于乾隆、同治间重修。1927 年加以重建，1945 年完工。

宗谱载其族世居括苍丽水，五代晋太祖时六府君迁居台州宁邑之璜渡，至元十七世缺公卜筑于芝山之白岩，衍为六支。该祠为小芝何氏大宗祠。

18. 屈映光家祠

位于东塍镇上街村，1917 年由屈父亲自督工建成。家祠立于屈映光

图 208 屈映光家祠正厅梁架

图 209 屈映光家祠正厅前廊梁架

宅第西侧，坐西朝东，四合院式，占地 643 平方米。台门东向，门额题"屈氏宗祠"四个楷体大字。两厢各七间，现仅存南厢。第一进门房五开间，二层，硬山顶；第二进正厅五开间，歇山顶，明间为插梁、抬梁混合结构，金柱与瓜柱之间穿插弯曲托木，脊檩下梁托取代三架梁承重，中间悬垂花柱。带前后双步。前廊檩间设鱼龙梁托，檐柱人物牛腿和卷草透雕小雀替雕工精美。

祠内原悬挂北洋政府总统黎元洪、徐世昌及国务总理段祺瑞等人题匾。1957 年后散失。该祠正厅用材讲究，做工精细，为临海民国宗祠代表。

临海还有一部分宗祠仅存正厅，无法得知原有格局形式。但正厅是宗祠建筑最重要的部分，反映了宗祠的规格、宗族的经济实力等情况。以上各节对临海地区布局明确的传统宗祠进行了介绍。此外，为了全面展示临海传统宗祠的情况，以下对仅存正厅的宗祠进行列表统计：

表 1　　　　　　　　　　　临海仅存正厅的宗祠统计表

地点	宗祠名称	主梁架及装饰	前廊梁架及装饰	宗祠历史考证
白水洋镇	后禄叶氏宗祠	三开间。明间插梁、抬梁混合结构，五架梁插入金柱上部，其上以圆瓜柱坐斗承托上金檩。下金檩与瓜柱间穿插龙首梁托。上金檩与脊檩之间施梁托，取代三架梁起承重作用，中间装饰垂花柱。次间设中柱，上部设菱形垫木及梁托。檩枋间饰工字形隔架科	曲椽卷棚顶，四架梁插入柱中，上以莲叶托棱柱承弯匾。檐柱前无牛腿，侧有雀替，多缺失，其下柱础罐式	明间脊枋有墨书"大清道光十三年岁次癸巳葭月"等字，表明该祠始建年代为道光十三年（1833）

地点	宗祠名称	主梁架及装饰	前廊梁架及装饰	宗祠历史考证
白水洋镇	曹山杨氏宗祠	三开间。明间五架抬梁，以莲花托垫斗承托。次间两里金柱落地，不设中柱，上部设有梁托。檩枋之间设栱子雀替隔架科	单步架，直枋上设刻有四不像兽纹的梁托。挑檐枋外出象首托木。檐柱柱头雕刻盘曲龙形牛腿，上以莲花斗雀替承挑檐枋。檐檩与檐柱之间设曲卷龙纹雀替	清代晚期建筑风格
	上庄章氏宗祠	三开间。明间五架抬梁，以瓜柱承托。次间设中柱，穿斗式。下金檩枋间无装饰	双步架插梁，瓜柱承单步直梁。檐柱前设戏曲人物牛腿，上以莲花托斗承挑檐枋，柱侧无雀替	清代晚期建筑风格
	祥里张氏宗祠	三开间。明间五架抬梁，以瓜柱承托。次间设中柱，穿斗结构	双步架插梁，莲叶托垫斗承单步曲梁。明间檐柱前设牛腿，中部为圆形图案雕刻人物。檐柱两侧施回纹雀替。次间牛腿为盘曲龙形	据其谱《张氏新建祠堂记》，白水洋张氏宗族于道光七年建有祠堂，不知是否即为祥里张氏宗祠。今祠为清代晚期风格
	广明安钱氏宗祠	三开间。明间五架抬梁，圆瓜柱支撑。次间施中柱，穿斗结构。檩枋间无雕饰	前廊单步架，直梁，檐柱无装饰。次间檐柱间穿插横枋	脊檩墨书"中华民国叁拾贰年元旦谷旦"诸字，知该祠建于 1943 年
	丁公园李氏宗祠（下祠堂）	三开间。明间五架抬梁，梁较扁，以垫斗承托。次间两里金柱落地，不设中柱，穿斗结构，上部设梁托。下金檩枋间饰花草纹隔架科。柱、枋间饰卷草纹雀替	双步架插梁，梁上以莲花柱支撑檩木，柱两侧设有两段对称的弯曲熊状梁托。次间檐柱间穿插横枋，檩枋之间施扇框、瓶框人物隔架科。檐柱前设透雕人物牛腿，两侧有卷草花纹雀替	民国建筑风格

地点	宗祠名称	主梁架及装饰	前廊梁架及装饰	宗祠历史考证
括苍镇	下洋顾顾氏宗祠	三开间。明间五架抬梁,五架梁上以垫斗承托上金檩,三架梁上以矮方柱坐斗支撑脊檩。五架梁中间部分存有白地蓝色云龙纹彩绘。次间中柱、里金柱均落地,穿斗结构,上部设梁托。下金檩枋间饰栱子雀替隔架科	双步架插梁,双步月梁上存蓝白相间兽纹彩绘,其上以莲花托垫斗承檩条,单步梁为弯曲梁托形式。次间檐柱之间拉结横枋,檩枋之间施栱子雀替隔架科。檐柱柱头牛腿已缺失,无雀替	明间脊枋所题墨书有"己卯冬十有二月"及"乙巳"诸字,推测宗祠为清嘉道间修建(己卯为嘉庆二十四年,乙巳为道光十六年)
永丰镇	石鼓胡氏宗祠	三开间。明间五架抬梁,以莲花托垫斗支承。次间施中柱,穿斗结构。下金檩枋之间施瓶形隔架科。其下又施重枋,之间饰寿字纹	平板卷棚顶,四架梁下饰回纹框,两端下方设小雀替。其上以莲花托垫斗支撑脊檩。上部设有鱼形托、弯匾。挑檐枋外出象首托木。明间檐柱施狮子牛腿,次间檐柱为盘曲龙形牛腿,柱侧无雀替	明间脊枋有光绪二十四年(1898)墨书纪年,标明宗祠建造时间
邵家渡	大路章氏宗祠	三开间。明间为插梁、抬梁混合结构。五架梁插入柱中,上以圆瓜柱坐斗抬三架梁。三架梁为弯曲梁托形式,中间悬垂花柱。下金柱与瓜柱之间穿插龙首梁托。次间施中柱,穿斗结构,上部设梁托。檩枋间施束腰花板隔架科	单步架,直梁枋,装饰博古花纹。次间檐柱穿插横枋,檩枋间饰扇纹隔架科。明间檐柱设狮子牛腿,次间檐柱施人物牛腿,柱侧设回纹雀替	梁底墨书"光绪乙巳"纪年,据此该祠建于光绪三十一年(1905)
汛桥镇	蒋家山蒋氏宗祠	五开间。明间五架抬梁,以垫斗承托。次间穿斗结构,上半部横穿之间以板封实,檩之间施弯曲梁托。梢间亦为穿斗结构。下金檩枋间设栱子雀替隔架科	单步架,设曲梁。次间、梢间檐柱间均穿插横枋。次间檐檩枋间隔为两层,施栱子雀替隔架科,梢间檐檩枋间无饰。明间檐柱上下收分,梭形。柱头一侧设双直斜撑承檐檩。其下丁字栱已缺失,两直撑之间的木板雕刻方框花纹	据其谱《国学兰庵公传》,蒋氏大宗祠由兰庵公于乾隆年间移建今地,参之以建筑风格,宗祠主体应建于乾隆年间

地点	宗祠名称	主梁架及装饰	前廊梁架及装饰	宗祠历史考证
东塍镇	后杨杨氏宗祠	三开间。明间为插梁、抬梁混合结构，五架梁插入金柱，上以圆瓜柱支撑上金檩，下金檩与瓜柱之间穿插龙首梁托。三架梁微弯，中间饰垂花悬柱。次间设中柱，穿斗式	单步架，设曲梁、直枋。次间檐柱之间穿插横枋，下有小雀替，檩枋之间饰暗八仙隔架科。明间檐柱柱头设狮子滚球牛腿，一侧设回纹雀替。次间檐柱设鹿形牛腿，侧无雀替	明间脊枋墨书"时大清咸丰陆年岁次丙辰桂月中浣合族鼎建"，表明宗祠建造于咸丰六年（1856）。据其谱《杨氏创建祠堂记》，厢房建于同治乙丑年（1865）
	上洋娄氏宗祠	二开间。明间五架抬梁，圆瓜柱支撑。次间施中柱，穿斗结构。檩枋间无雕饰	单步架，直梁枋，梁分两段，一段雕饰方形鹿、鹤图案，另一段为弯曲梁托形式。檐廊原可能施有平顶。明间檐柱前施展翅凤凰牛腿，一侧雀替为 S 形龙纹雀替，另一侧为凤纹雀替。檐檩与挑檐枋之间设弯曲梁托。挑檐枋外出龙首托木。次间檐柱前施夔龙牛腿，一侧施 S 形龙纹雀替。檐檩与挑檐枋之间施扇形托木，挑檐枋外出刻卷草纹象首托木	明间脊枋墨书"清宣统元年"等字，知祠建于 1909 年。据调查，宗祠原在现址前 10 余米处，宣统元年迁建
	六房卢氏宗祠	三开间。明间五架抬梁，以垫斗承托。次间设中柱，穿斗结构，上部设梁托。檩枋间无饰	四架插梁，瓜柱两侧及上部设有弯曲托木，原应设卷棚顶。檐柱已换为方石柱，无牛腿、雀替装饰。金柱梭形，栌斗粗大简朴，其上坐斗所出华栱折角生硬，上刻直线	清代晚期建筑风格
	娄村龚氏宗祠	三开间。明间五架抬梁，垫斗支撑。次间施中柱，穿斗式。无雕饰	单步架，设曲梁、直枋。次间檐柱间穿插横枋，檩枋之间以刻花曲木隔为两层，施栱子雀替隔架科。明间檐柱一侧设单直斜撑，刻满卷草纹	脊枋墨书"中华民国二十九年岁次庚辰"诸字，表明该祠建于 1940 年

地点	宗祠名称	主梁架及装饰	前廊梁架及装饰	宗祠历史考证
东塍镇	屈家屈氏宗祠	五开间。明间为抬梁、插梁混合结构，五架抬梁上两侧以垫斗承上金檩，中间以叠斗承脊檩。上金檩与叠斗之间穿插弯曲梁托。次间施中柱，上部设梁托。梢间收山，斜坡。下金檩枋间无装饰	内外檐廊均为单步架，外檐廊设曲梁，内檐廊设曲梁、直枋。次间、梢间檐柱间穿插横枋，檩枋间施双叠栱子雀替隔架科。檐柱粗壮浑圆，梭形，无牛腿。明间檐柱一侧施单直斜撑雀替，下部丁字栱部分成斜撑状，阴刻直线，上部栱子形态正常	清代晚期建筑风格
桃渚镇	芙蓉黄氏宗祠	三开间。明间为插梁结构，五架梁上以叠斗承托上金檩。三架梁上以方瓜柱垫斗承托脊檩。下金檩与叠斗之间、上金檩与瓜柱之间穿插弯曲梁托。次间中柱落地，上金檩下以瓜柱支撑，设有穿插梁托，有插梁特征。檩枋之间饰栱子雀替隔架科	双步架叠斗插梁，檩间设弯曲梁托。檐柱前设夔龙纹牛腿，两侧雀替亦为夔龙形。檐檩与挑檐枋之间设弯曲梁托，挑檐枋外出三角形托木	据宗谱《祠堂记》，芙蓉黄氏先人曾于田洋园界建宗祠五间，乾隆三十一年（1766）间被龙风毁坏，族人重建祠宇三楹。《重建大宗祠记》载，宗祠于道光壬午六月间再次被大风摧折，道光壬辰年（1832）重建
	北涧王氏宗祠	三开间。明间叠斗插梁结构，上下垫斗之间连成双直斜撑支撑檩条。三架梁两侧及上部穿插弯曲托木。下金檩枋间饰栱子雀替隔架科	月梁插入柱中，上以垫斗承托两段弯曲梁托，梁托上部有平齐木茬，推测原应施平顶。次间檐柱间穿插横枋。檩枋间饰栱子雀替隔架科。檐柱前方设有卷草牛腿。明间檐柱旁侧设有双直斜撑，直撑上阴刻直线，上部栱子已变形为镂空花纹形式	据其宗谱《祠堂记》、《祠堂碑记》，该祠建于道光五年（1825）

地点	宗祠名称	主梁架及装饰	前廊梁架及装饰	宗祠历史考证
桃渚镇	包山包氏宗祠	五开间。明间为插梁、抬梁混合结构，五架梁插入柱中，上以方瓜柱抬三架梁。三架梁为弯曲梁托形式，中间装饰垂花柱。下金檩与瓜柱间穿插鱼龙形梁托。次间、梢间设中柱，穿斗结构，次间上部设梁托。下金檩枋之间装饰花朵隔架科	双步架插梁，双步梁上以方瓜柱支撑檩木，瓜柱两侧穿插横木，单步梁为弯曲梁托形式，出象首托。梁间刻满动植物、戏曲人物。次间与梢间檐柱间穿插直枋，檩枋之间装饰双叠花朵隔架科。檐柱前不设牛腿，两侧施牡丹回纹雀替。檐檩与挑檐枋之间施象首托木	梁间有"民国三十八年"纪年墨书，该祠应建于1949年
杜桥镇	大汾李氏宗祠	三开间。明间插梁结构，五架梁上两侧设荷叶托垫斗支撑上金檩，中间设叠斗支撑脊檩，上下垫斗之间连成单直斜撑承脊檩。上金檩与叠斗之间穿插鱼形梁托。次间施中柱，穿斗式，上部设垫斗、梁托。下金檩枋间施栱子雀替隔架科。金柱与横枋之间皆施回纹雀替，下方雕刻戏曲人物	曲椽卷棚顶，四架叠斗插梁结构，上下垫斗之间连成花草纹斜撑托檩。顶梁弯曲，两侧施弯曲梁托，脊檩间设随椽弯圌。明间檐柱前设狮子牛腿，两侧为S形龙纹雀替，饰有花朵、佛手等。其下柱础为袋状瓜棱式。次间檐柱牛腿雕麂，一侧设S形龙纹雀替。明间檐檩底面刻满凤鸟花卉图案。前廊构件在红地上局部刷饰白、黄、墨绿彩绘	梁间有道光二十六年（1846）纪年，明确了宗祠建造年代。据宗谱《整修大宗祠碑记》、《李氏宗祠碑记》，大汾李氏宗祠于康熙十四年（1675）始建；嘉庆二十年（1815）、咸丰六年（1856）重修
	楼下郑氏宗祠	三开间。明间叠斗插梁结构。三架梁两侧以及上金檩与叠斗之间穿插弯曲梁托。次间施中柱，穿斗结构。檩枋间无隔架科	平板卷棚顶，四架叠斗插梁，上下垫斗之间连成斜撑支撑脊檩。顶梁两侧穿插弯曲梁托，脊檩之间设弯圌。明间檐柱前设狮子牛腿，次间为龙纹牛腿。柱侧雀替最下为丁字栱，饰佛手式或莲花式斗，中间为狮子，形象与牛腿相似，上部为栱子雀替	其宗谱有《祠堂记》，载万历年间曾建祠堂。现存宗祠为清代中晚期风格。根据梁间墨书，该祠建于嘉庆二十年（1815）

地点	宗祠名称	主梁架及装饰	前廊梁架及装饰	宗祠历史考证
杜桥镇	嵩浦李氏宗祠	三开间。明间插梁结构，五架梁上两侧设龙纹垫木托垫斗承上金檩，中间设花纹垫木托叠斗支撑脊檩，上下垫斗连成卷草斜撑承脊檩。上金檩与叠斗之间穿插鱼形托木。次间设中柱，上部设梁托。下金檩枋间饰栱子雀替隔架科	平顶，明间檐柱柱头以垫斗托檐檩，前雀替已缺失，仅以丁字栱托莲花垫斗承托挑檐枋。檐檩与挑檐枋之间为弯曲梁托。柱础瓜棱状	明间脊枋墨书"大清咸丰三年岁次癸丑重建"。参之以建筑风格，该祠建于咸丰三年（1853）。据其宗谱《大宗祠记》，宗祠始建，乾隆四十年（1775）
	横路董氏宗祠	三开间。明间为插梁、抬梁混合结构，五架梁插入柱中，上以圆瓜柱抬三架梁。下金檩与瓜柱之间穿插龙首托木。次间施中柱，穿斗结构。檩枋间无雕饰	单步架，直梁枋。其上雕刻博古寿字纹、扇纹、蝙蝠纹等。檐柱前有丁字栱支撑挑檐枋，两侧施S形龙纹雀替	据其谱乾隆五十八年《董氏祠堂记》，乾隆年间董氏曾建宗祠。据梁间"光绪癸卯"墨书，参之以整体建筑风格，宗祠当建于光绪二十九年（1903）
	湖田许氏宗祠	三开间。明间为插梁、抬梁混合结构。五架梁插入金柱，上以圆瓜柱抬三架梁，下金檩、瓜柱之间穿插横木。次间穿斗结构，之间以木板封实	四架插梁，上以圆瓜柱承双首龙形弯圙，原应施卷棚顶。檐柱无牛腿、雀替装饰	其谱载有康熙年间宗祠楹联，可见湖田许氏在清初即建有祠堂。今祠建筑风格为清晚期
	开井金氏宗祠	五开间。明间为叠斗插梁结构，上下垫斗出栱连成斜撑支撑檩条。上、下金檩与叠斗之间穿插鱼形梁托。次间穿斗结构，被木板封实。梢间已改为砖墙。下金檩枋之间施栱子雀替、束腰葫芦纹隔架科	单步架，设直梁、插枋，枋上刻博古花卉，两端下方饰人物、回纹花卉雀替。檐柱牛腿已缺失，两侧施卷曲龙纹雀替。挑檐枋外出象首托	据明间脊枋墨书纪年，宗祠建于咸丰七年（1857）

贰

梁檩间的匠心：
宗祠建筑形制研究

一 梁架类型及特征

抬梁、穿斗及插梁是临海传统宗祠的主要梁架结构形式。每种梁架各有优缺点，不同的位置会根据需要选择不同的梁架，以达到最佳的效果。宗祠明间梁架一般采用以柱承梁的抬梁结构或者柱梁直接结合的插梁结构，次间及梢间往往采用中柱落地的穿斗结构，也有少数里金柱落地的穿斗形式。前后廊步的梁架则为插梁结构。各种梁架结构的合理选择，使室内形成较大使用空间，又不必全部使用大型木料。同时，随需要而采用的插梁架也增加了梁架之间的装饰空间。由于穿斗结构较为简单，这里主要讨论抬梁和插梁结构。

（一）抬梁结构

临海传统宗祠中的抬梁结构以五架抬梁为主。根据承檩构件的不同，可以分为瓜柱式和垫斗式抬梁。瓜柱式是最简单的抬梁结构，大梁上置瓜柱承托次梁，没有过多的装饰。前塘朱氏宗祠、三份李氏宗祠、上宅李氏宗祠、外叶叶氏宗祠等明间梁架均为这种类型。

垫斗式抬梁是在瓜柱位置设垫斗承托短梁，垫斗一般为十字栱形，随梁方向为花叶栱，随檩方向为月梁式栱。百步梁氏宗祠、下湾叶氏宗祠等明间梁架都属于这种类型。

（二）插梁结构

根据梁上承托构件的不同，也可分为瓜柱式与垫斗式。

1. 瓜柱式插梁架

这种梁架是在大梁上以圆瓜柱或方瓜柱（其他形式的短柱也归在此类）支承檩木，而梁则插入金柱或瓜柱中。如牌门朱氏宗祠门房明间为三架插梁结构，三架梁插在金柱上。其上以圆瓜柱支撑脊檩。金檩与瓜柱之间穿插两段弯曲梁托。牌门朱氏宗祠正厅明间亦为插梁结构，五架梁插在金柱上，三架梁为板式，插在方瓜柱中。三架梁两侧及上部均设有弯曲梁托。

在檐廊梁架中，由于檐柱矮于金柱，之间的梁枋至少有一端是插入金柱的，形成插梁结构。下垟庄朱氏宗祠檐廊双步架直梁插入檐柱与金柱中，其上荷叶托短柱支承，檩条间设弯曲鱼形梁托。包山包氏宗祠檐廊以方瓜

图 210　前塘朱氏　　图 213　下湾叶氏
宗祠正厅梁架　　　宗祠正厅梁架

图 211　外叶叶氏　　图 214　牌门朱氏
宗祠正厅梁架　　　宗祠门房梁架

210	211
212	213
214	215

图 212　百步梁梁　　图 215　牌门朱氏
氏宗祠正厅梁架　　宗祠正厅梁架

图 216　下垟庄朱
氏宗祠正厅檐廊
梁架

图 217　包山包氏
宗祠正厅檐廊梁
架

图 218　丁公园李
氏下祠堂正厅檐廊
梁架

图 219　后禄叶氏
宗祠正厅檐廊梁
架

216	217
218	219

柱承檩，双步直梁插入檐柱与金柱中，单步曲梁一端置于瓜柱上，另一端插入金柱中。丁公园李氏下祠堂的前廊梁架比较特殊，以直梁托莲花柱承檩，柱两侧设有两段对称的弯曲熊形梁托。

不少檐廊设卷棚顶，基本梁架结构为四架插梁，以瓜柱支承者，一般不设顶梁，而是在脊檩之间设弯匾以承重。如后禄叶氏宗祠檐廊四架梁插入柱中，其上以荷叶托瓜棱柱承脊檩，脊檩之间设随椽弯匾。由于弯匾置于柱上，发挥承重功能，又具有一定的抬梁特征。

2. 垫斗式插梁

不少明间主梁架的瓜柱位置做成两层十字斗栱的叠加，次梁插入其间，也称为"叠斗造"。开井金氏宗祠、张岙蔡氏宗祠明间五架梁上均采用双垫斗，上下垫斗之间连成斜撑随檩方向支撑檩木，三架梁插入叠斗之间。三架梁两侧及上部均设有弯曲梁托。

在不施顶的檐廊中，双步架梁上以垫斗承托单步梁，其上再以垫斗承檩，形成"叠斗造"。如芙蓉黄氏宗祠檐廊双步架，单步直梁插入金柱与

图 220　开井金氏
宗祠正厅梁架

图 223　象坎胡氏
宗祠正厅檐廊梁
架

图 221　张吞蔡
氏宗祠正厅梁架

图 222　芙蓉黄氏
宗祠正厅檐廊梁
架

图 224　龙泉陈氏
宗祠正厅檐廊梁
架

220	221
222	223
224	225

图 225　埠头朱氏
宗祠正厅檐廊梁
架

图 226 张岙蔡
氏宗祠正厅檐廊
梁架

图 227 马宅马氏
宗祠门房檐廊梁
架

图 228 东溪单氏
宗祠正厅檐廊梁
架

图 229 小芝何氏
宗祠正厅檐廊梁
架

226 227
228 229

104

叠斗间，两个步架檩间都设有弯曲梁托。象坎胡氏宗祠檐廊与芙蓉黄氏宗祠相比，形式上缺少了单步梁部分，双步梁上仅有两段弯曲梁托。由于梁托也具有一定的承重功能，故而这种结构实际也是叠斗插梁，是民间匠师根据自己的喜好对梁的形式所做出的创意性处理。

在卷棚顶檐廊梁架中，使用垫斗式插梁分为两种情况，一种是插梁上仅使用单层垫斗承托檩木，如龙泉陈氏宗祠檐廊为平板卷棚顶，四架直梁插在金柱上，其上以莲花托垫斗承脊檩，脊檩之间设有弯圙承顶。埠头朱氏宗祠檐廊四架梁插入金柱，上以圆垫斗支承檩木，脊檩之间设有弯圙。另一种是"叠斗造"，设有顶梁，两侧设梁托或花坯，同时在脊檩之间设弯圙。如张岙蔡氏宗祠檐廊四架梁为月梁，插入檐柱与金柱中，顶梁插入叠斗之间。脊檩之间设有随椽弯圙，两侧亦同时设有弯曲梁托。马宅马氏宗祠檐廊与此稍有不同，顶梁两侧虽是弯曲梁托形式，但上部又与顶梁平齐。东溪单氏宗祠檐廊明间南侧四架梁结构较为特殊，四架梁上以叠斗承托脊檩，两侧的弯曲梁托穿过叠斗向内延伸于中间相接，形式上省略了顶梁。这种四架梁结构同样也属于叠斗式插梁。小芝何氏宗祠檐廊顶梁两侧

则完全是水平放置的花坯。顶梁两侧穿插的无论是梁托，还是花坯，作用上都是相通的。

3. 瓜柱、垫斗混合式插梁

垫斗式与瓜柱式梁架只是承重构件形式的不同，本质功能则是相同的。在插梁架中，瓜柱与垫斗也经常混合使用。如新楼金氏宗祠正厅明间梁架五架梁插入金柱，三架梁插入檩下方瓜柱，而三架梁上则有弯曲梁托穿插在叠斗之间。芙蓉黄氏宗祠正厅明间梁架五架梁插入柱中，三架梁插在上金檩下的叠斗之间，而三架梁上两段弯曲梁托插在方瓜柱中。

（三）抬梁、插梁混合结构

抬梁、插梁混合结构在临海也屡有出现。混合的方式各有不同。一种是五架梁为插梁，三架梁为抬梁。如山头何何氏宗祠正厅明间五架梁插在金柱上，梁上瓜柱较高，三架梁以瓜柱支撑，下金檩与瓜柱之间设有龙首托木。方家岙何氏宗祠的情况与此相似，三架梁呈现两段稍弯的状态，外

图 230　新楼金氏宗祠正厅梁架

图 231　芙蓉黄氏宗祠正厅梁架

图 232　山头何何氏宗祠正厅梁架

图 233　方家岙何氏宗祠正厅梁架

230	231
232	233

图234 石佛洋徐
氏宗祠正厅梁架

图235 殿前朱氏
宗祠正厅梁架

图236 包山包氏
宗祠正厅梁架

图237 牌前郑氏
宗祠正厅梁架

234	235
236	237

106

形与梁托有相似之处。石佛洋徐氏宗祠正厅明间梁架最下方为五架梁，插入金柱，其上瓜柱抬三架梁，金柱与瓜柱之间的三段横木可视为托木。需要注意的是，殿前朱氏宗祠正厅明间梁架虽然在外观上与石佛洋徐氏宗祠相似，但本质不同。其上部为垫斗式五架抬梁，下方又施一重梁插入金柱中，上以垫斗承托五架梁。五架梁看似插入重梁上的叠斗之间，但却是可以独立发挥承重作用的构件，与石佛洋徐氏宗祠梁架中金柱与瓜柱之间以及瓜柱之间的托木功能大不相同。

还有一种梁架与此既有联系，又有区别。五架梁依然插入金柱，关键在于脊檩两侧的梁托取代三架梁承重，而本来三架梁上的瓜柱则成为悬柱，下方饰花朵、覆斗等装饰。如包山包氏宗祠正厅明间五架梁上瓜柱较高，金柱与瓜柱之间穿插鱼龙梁托，脊檩下悬柱头雕花朵。牌前郑氏宗祠、下垟庄朱氏宗祠、后禄叶氏宗祠、小芝何氏宗祠情况相似，悬柱头装饰或覆斗，或钱纹圆球，或花球，或莲花。这种情况下，脊檩下瓜柱变成悬柱，与五架梁不相连接，就使得这种梁架与插梁式梁架有根本的不同，而与抬梁结构更为接近，从而使整个梁架成为较为特殊的插梁与抬梁的结合。

图 238　下垟庄朱氏宗祠正厅梁架

图 239　后禄叶氏宗祠正厅梁架

图 240　小芝何氏宗祠正厅梁架

图 241　屈家屈氏宗祠正厅梁架

图 242　娄村李氏宗祠正厅梁架

238	239
240	241
242	

　　另一种梁架混合方式是五架梁为抬梁，三架梁为插梁。屈家屈氏宗祠正厅明间五架梁架于金柱上，而其上只有两段弯曲梁托穿插在叠斗之间。娄村李氏宗祠正厅五架梁结构与之相同，其上亦是两段弯曲梁托插入叠斗之间。此时，梁托在扶持檩木的同时，取代三架梁承重，可视为插梁结构。

　　在使用插梁架或插梁、抬梁混合式梁架的宗祠中，檩木之间以及檩木与瓜柱之间经常使用或弯或直的托木，使得梁架外形变化多样。临海古建筑中这种构件的功能起源要从唐宋时期的叉手与托脚谈起。叉手是宋式建筑构件名称。在抬梁式构架中，从最上一层短梁到脊"槫"（即脊檩）之间斜置的木件叫做叉手。叉手的主要作用就是扶持脊"槫"。在唐代及唐代之前，抬梁式木构架中只有叉手而不用蜀柱，宋代时则将叉手与蜀柱并用，而明清时则不再用叉手。托脚也是宋式建筑构件名称，托脚和叉手的作用相类，区别在于叉手是置于最上层短梁至脊"槫"间的斜置木件，而托脚则是置于除最上层梁之外的梁至其上面的"槫"之间的斜置木件。"元代对托脚的使用还较普遍，明代则少见，在清式建筑中，已不见托脚。"[1]

临海宗祠中，檩条之间以及檩条与瓜柱之间的辅助托木应是唐宋时檩间连系构件叉手、托脚这一古制的变体，起到联系檩下各柱的作用，托固檩条的同时，也发挥承重功能，可称为梁托。由于梁托的多重作用，梁架中梁托与梁经常互相有无，位置形式上也多有变化，使得梁架外形多样，差别极大，形成了丰富多彩的插梁架外观。

二　外观形制地域特征分析

近世以来，人们开始重视自然环境对社会文化的作用，遂有地理决定论者认为不同的自然环境是造就不同社会文化的根源。人类自身的需要、愿望和能力在区域文化形成过程中，发挥着作用，使得地域文化的形成具有更复杂的社会成因。而一些特殊历史事件也会改变区域文化的发展轨迹，为其注入偶然性因素。这表明地理决定论有其偏颇之处。尽管如此，地理环境对人类的生产生活起着重要的作用是不言而喻的。

早在明代，临海人文地理学家王士性已经充分认识到自然环境对于其间居民行为方式的影响。他曾以浙江为例加以说明："杭、嘉、湖平原水乡，是为泽国之民；金、衢、严、处丘陵险阻，是为山谷之民；宁、绍、台、温连山大海，是为海滨之民。三民各自为俗：泽国之民，舟楫为居，百货所聚，闾阎易于富贵，俗尚奢侈，缙绅气势大而众庶小；山谷之民，石气所钟，猛烈鸷愎，轻犯刑法，喜习俭素，然豪民颇负气，聚党羽而傲缙绅；海滨之民，餐风宿水，百死一生，以有海利为生不甚穷，以不通商贩不甚富，闾阎与缙绅相安，官民得贵贱之中，俗尚居奢俭之半。"[2]其实，不仅在

〔1〕　北京市文物研究所：《中国古代建筑辞典》，中国书店，1992年。
〔2〕　（明）王士性：《王士性地理书三种·广志绎》，上海古籍出版社，1993年，第324页。

浙江省范围内如此，缩小到临海区域范围内，同样也可以看到不同地理环境对包括建筑文化在内的社会文化的显著影响。

根据自然地理环境的不同，临海可以分为三个大的区域，即西南、西、北部的山地丘陵地区、中部河谷地带以及东部滨海平原。不同的地理环境对三个区域宗祠建筑各自风格的形成具有重要意义。下面主要从梁架结构、檐柱装饰两个方面来归纳各区域宗祠形制风格的不同，分析其与地理环境的关系。

（一）东部滨海地区（主要包括桃渚、小芝、杜桥三镇）

该地区解放以前宗祠共17座（见表2，少数主梁架已经改造，不予统计，如乌岩虞氏宗祠。马宅马氏宗祠正厅改建，门房为原构，可以体现其风格，此处作为参照案例列出，不计入总数）。以下对宗祠的各建筑元素进行统计分析。

从明间梁上支承构件看，3例使用了方瓜柱，3例使用了方瓜柱与垫斗的混合，9例采用了垫斗支承，2例使用了圆瓜柱。垫斗总的使用率超过了70%，具有普遍性。此外，方瓜柱的使用多于圆瓜柱。方瓜柱外形与垫斗风格一致，这可能是方瓜柱更多地与垫斗混合使用的原因。垫斗与瓜柱的区别体现在做工的考究与难易上。相比较，垫斗的成本更大，也具有相对更强的装饰性。作为基本的梁上支承构件，其使用情况反映的是建筑的质量要求与工程本身的投入。东部滨海地区梁上构件普遍选择垫斗，反映出该地区整体经济水平较高，在宗祠建筑上投入了较大的财力、物力。

从明间梁架看，插梁式12例，占70.5%。抬梁、插梁混合式5例，占29.5%，其中包山包氏宗祠、罗上宅何氏宗祠是因为使用弯曲梁托方才形成特殊的抬梁结构。可以看出，这一地区的抬梁结构是极少的。

在脊檩下及（或）金柱与瓜柱之间设有鱼龙形或弯曲梁托的有15例，比例超过88%。另外2例为横路董氏宗祠与湖田许氏宗祠，这两座宗祠中虽然未使用鱼龙形或弯曲梁托，但在金柱与瓜柱之间的位置穿插微弯龙首托木或横木，这种结构与梁托仍有一定联系。

檐廊梁架（由于正厅前部的檐廊是最能体现宗祠梁架及装饰特点的部分，故本节檐廊梁架特指每座宗祠的外檐廊，总数依然为17例）中，卷棚顶7例，约占41%，其中6例为叠斗插梁，设有鱼龙形梁托及弯匾，1例为瓜柱插梁，缺少顶梁，设有弯匾，但两侧不设梁托。单步架插梁枋5例，梁枋上无支承结构，约占30%。双步架插梁3例，约占18%，其中叠斗式1例，瓜柱式1例，弧形曲木支承的变异结构1例。平顶插梁2例，约占12%。

109

表 2 　　　　　　　　　　東部滨海地区宗祠梁架及装饰统计表

地区	宗祠名称	明间梁架	檐廊梁架	檐柱装饰
杜桥镇	下周周氏祠堂	抬梁、插梁混合式，垫斗支承，脊檩下梁托取代三架梁承重	卷棚顶，四架插梁，垫斗支承，设有弯曲梁托及弯圖	双直斜撑
	楼下郑氏宗祠	插梁式，垫斗支承，三架梁两侧及上部均设鱼龙形梁托	卷棚顶，四架插梁，垫斗支承，设有鱼龙形梁托及弯圖	狮子、龙纹牛腿；柱侧雀替中间雕刻S形狮子，饰以佛手或莲花斗
	牌门朱氏宗祠	插梁式，方瓜柱支承，三架梁两侧及上部均设弯曲梁托	单步架直梁、插枋，刻博古方框	狮子、戏曲人物牛腿；弧形回纹雀替；檩条底面刻凤鸟牡丹图案
	汾川李氏宗祠	插梁式，垫斗支承，脊檩下鱼龙形梁托取代三架梁承重	卷棚顶，四架插梁，垫斗支承，设有鱼龙形梁托及弯圖	狮子、鹿牛腿；S形龙纹雀替，饰有花朵、佛手等；明间檐檩底面亦刻满凤鸟花卉图案
	新楼金氏宗祠	插梁式，方瓜柱、垫斗支承，三架梁两侧及上部均设鱼龙形梁托	单步架鱼形梁托，直枋	卷曲龙形牛腿，S形龙纹雀替，檐檩和挑檐枋之间设鱼形托木
	嵩浦李氏宗祠	插梁式，垫斗支承，脊檩下鱼龙形梁托取代三架梁承重	平顶，插梁，垫斗支承	无牛腿、雀替，仅以丁字栱托莲花垫斗承挑檐枋
	开井金氏宗祠	插梁式，垫斗支承，三架梁两侧及上部均设鱼龙形梁托	单步架直梁、插枋，饰博古	牛腿已缺失；S形龙纹雀替；挑檐枋外出象首托
	穿山七年金氏宗祠	插梁式，方瓜柱、垫斗支承，三架梁两侧及上部均设鱼龙形梁托	单步架直梁、插枋，饰博古	无牛腿，S形龙纹雀替
	下八年项氏宗祠	插梁式，垫斗支承，三架梁两侧及上部均设弯曲梁托	卷棚顶，四架插梁，垫斗支承，设有鱼龙形梁托及弯圖	无牛腿，S形花纹雀替

地区	宗祠名称	明间梁架	檐廊梁架	檐柱装饰
杜桥镇	湖田许氏宗祠	抬梁、插梁混合式，圆瓜柱支承，金柱与瓜柱之间穿插横木	卷棚顶，四架插梁，瓜柱支承，缺顶梁，设双首龙弯圁	无牛腿，无雀替
	横路董氏宗祠	抬梁、插梁混合式，圆瓜柱支承，金柱与瓜柱之间穿插龙首梁托	单步架直梁、插枋，饰博古	无牛腿，S形龙纹雀替
	马宅马氏宗祠（门房）	抬梁式，瓜柱支承	卷棚顶，四架插梁，垫斗支承，设有鱼龙形梁托及弯圁	狮子牛腿，弧形回纹雀替
桃渚镇	芙蓉黄氏宗祠	插梁式，垫斗、方瓜柱支承，三架梁两侧及上部均设鱼龙形梁托	双步架插梁，垫斗支承，设有弯曲梁托	夔龙牛腿，S形夔龙雀替，檐檩和挑檐枋之间设鱼形托木
	北涧王氏宗祠	插梁式，垫斗支承，三架梁两侧及上部均设弯曲梁托	平顶，插梁，垫斗支承，设两段弯曲托木	S形卷草纹牛腿，双直斜撑雀替，上部栱子变形为镂空花纹。
	北涧罗氏宗祠	插梁式，垫斗支承，三架梁两侧及上部均设鱼龙形梁托	双步架直梁、枋，上以弧形曲木承托檩条	S形卷草人物牛腿、夔龙纹寿桃牛腿，S形龙纹雀替。檐枋底面雕刻凤鸟、牡丹图案，檐檩和挑檐枋之间设鱼形托木
小芝镇	张岙蔡氏宗祠	插梁式，垫斗支承，三架梁两侧及上部均设弯曲梁托	卷棚顶，四架插梁，垫斗支承，设有弯曲梁托及弯圁	双直斜撑
	罗上宅何氏宗祠	抬梁、插梁混合式，方瓜柱支承，金柱与瓜柱之间穿插鱼龙形梁托，脊檩下梁托取代三架梁承重，中间悬垂花柱	外檐廊卷棚顶，四架插梁，垫斗支承，设有花坯及弯圁；内檐廊单步曲梁直枋	狮子、鹿牛腿，雀替雕刻极为繁复，下为站立人物，中间部分为奔走的动物，上部为卷草人物雀替。挑檐枋外出象首托木。
	包山包氏宗祠	抬梁、插梁混合式，方瓜柱支承，金柱与瓜柱之间穿插鱼龙形梁托，脊檩下梁托取代三架梁承重，中间悬垂花柱	双步架插梁，方瓜柱支撑，设有象首梁托	无牛腿，牡丹回纹雀替，檐檩与挑檐枋之间施象首托木

综合正厅明间及檐廊梁架，可以看出，插梁架是该地区最常使用的梁架结构。鱼龙形梁托及弯曲梁托使用普遍，显示出该地区宗祠建筑工艺的传统。由于梁托的多重功能，在实际使用上，出现多种组合方式，或者梁托与梁同设，或者在不同的位置设有不同形状的梁托，或者梁托取代梁承重，使得宗祠建筑呈现活泼个性。

檐柱装饰上，9例存有牛腿，其中狮子、鹿造型较为常见。柱侧雀替以S形卷曲纹雀替最为常见，中间的S形卷曲纹为盘曲龙、鱼龙、夔龙、卷草、缠枝花等。这种雀替一般面积较大，曲线流畅华丽，具有极强的装饰性。此外有一部分面积相对较小的回纹雀替以及个别双直斜撑结构。

上述梁架与檐柱装饰风格与环境密不可分。

首先，海洋馈赠给"滨海之民"丰富的渔盐资源，为滨海地区经济的发展提供了优越的条件。滨海宗祠用材的讲究，装饰的华丽正是以海洋经济为支撑的。其次，该地区处台州湾北岸，气候受海洋主体调节，是典型的海洋性气候，八九月间经常有台风侵袭。为了减小台风和季风的影响，屋面举架一般较矮，坡度平缓。这带来了梁架间距离较近，装饰空间局促的问题。正因如此，可以增加梁间装饰空间的插梁架被普遍使用。再次，滨海宗祠梁架间普遍采用鱼龙形梁托及弯曲梁托。弯曲梁托虽然只有简单的刻画，但位置的相同、形象的类似，赋予了其鱼龙梁托的意向，可以看成是鱼龙梁托的简化。鱼龙，海族之属。鱼龙装饰元素的运用是海洋文化的直接体现。除此外，海洋文化还给宗祠建筑带来更深层的影响。该地宗祠梁架间的梁托呈现出多种多样的组合方式，这种灵活的创意性实际上折射的是海洋文化的兼容、开放与开创性。檐柱装饰题材以各种动植物、装饰图案为主，很少有人物形象。这表明，在面对浩瀚的大海时，滨海之民的精神世界给环境以更多的关注。而檐柱装饰中曲线的极度运用，华丽风格的形成实根源于壮阔而波涛诡谲的大海带来的审美倾向。

（二）西北、西南山地丘陵地区（包括河头、白水洋、括苍、尤溪四镇）

该地区解放以前宗祠共36座（见表3，少数主梁架已经改造，不予统计，如赵家赵氏宗祠）。

正厅明间梁架中29例使用了抬梁式结构，约占81%。抬梁、插梁混合式7例，约占19%。从明间梁上支承构件看，19例采用了圆瓜柱，约占53%，12例采用了垫斗，约占33%，4例采用了圆瓜柱与垫斗混合，约占11%，1例采用了方瓜柱与垫斗混合，约占3%。仅有5例使用了梁托结构，约占14%。可以看出，在这一地区，抬梁是占绝对数量的结构，圆瓜柱使

表 3 西北部山地丘陵地区宗祠梁架及装饰统计表

地区	宗祠名称	明间梁架	檐廊梁架	梁柱装饰
河头镇	后田金氏宗祠	抬梁式，垫斗支承	单步架弯曲梁	单直斜撑
	下湾叶氏宗祠	抬梁式，垫斗支承	双步架插梁，瓜柱支承	无牛腿，斗栱雀替
	殿前朱氏宗祠	抬梁、插梁混合式，垫斗支承	单步架直梁	无牛腿，无雀替
	上湾叶氏宗祠	抬梁式，垫斗、圆瓜柱支承	单步架直梁	无牛腿，单直斜撑
	岭下金氏宗祠	抬梁、插梁混合式，垫斗支承，檩下梁托取代三架梁承重	卷棚顶，四架插梁，瓜柱支承，不设顶梁及弯圏	牛腿阙失，卷曲花草纹小雀替
	姚宅姚氏宗祠	抬梁式，圆瓜柱支承，为后换构件	单步架直梁	狮子牛腿，回纹雀替
	仙人褚氏宗祠	抬梁式，圆瓜柱、垫斗支承	单步架直梁	松木牛腿，戏曲人物雀替为新换
	百步梁氏宗祠	抬梁式，垫斗支承	单步架弯曲梁	狮子、人物牛腿，人物斗栱雀替，挑檐枋外出象首托木
	外叶叶氏宗祠	抬梁式，圆瓜柱支承	单步架弯曲梁、直枋	无牛腿，无雀替
	西陈陈氏宗祠	抬梁、插梁混合式，垫斗、圆瓜柱支承，檩下梁托取代三架梁承重	双步架插梁，垫斗支承	无牛腿，圆形花草雀替
白水洋镇	后禄叶氏宗祠	抬梁、插梁混合式，圆瓜柱支承，金柱与瓜柱之间穿插龙首梁托，脊檩下梁托取代三架梁承重，中间悬垂花柱	卷棚顶，四架插梁，荷叶托棱柱支承，设弯圏	无牛腿，雀替缺失
	王山头王氏宗祠	抬梁式，圆瓜柱支承	双步架插梁，圆瓜柱支承，设单步微弯梁托	S形龙纹牛腿，弧形回纹雀替

地区	宗祠名称	明间梁架	檐廊梁架	梁柱装饰
白水洋镇	西垟庄朱氏宗祠	抬梁式，圆瓜柱支承	双步架插梁，斗柱支承，设单步弯曲鱼形梁托	牛腿缺失，无雀替
	殿前陈陈氏宗祠	抬梁式，圆瓜柱支承	单步架直梁	狮子牛腿，弯曲斜撑式雀替，斗为莲花式
	罗渡罗氏宗祠	抬梁式，垫斗支承	双步架插梁，垫斗支承，设单步弯曲鱼形梁托	戏曲人物、鹿、方格纹牛腿，弯曲斜撑雀替，斗为莲花式
	象坎胡氏宗祠	抬梁式，垫斗支承	双步架插梁，垫斗支承，设两段弯曲鱼形梁托	狮子、S形龙纹牛腿，弯曲斜撑式雀替
	祥里张氏宗祠	抬梁式，圆瓜柱支承	双步架插梁，荷叶托垫斗支承，设单步弯曲梁托	圆形人物图案、S形龙纹牛腿，弧形回纹雀替
	埠头朱氏宗祠	抬梁式，垫斗支承	卷棚顶，四架插梁，垫斗支承，设弯圌	狮子、鹿、博古架牛腿，花卉小雀替
	丁公园李氏宗祠（上）	抬梁式，圆瓜柱支承	单步架直梁	文殊、普贤、人物牛腿，无雀替，挑檐枋外出象首托
	丁公园李氏宗祠（下）	抬梁式，垫斗支承	双步架插梁，莲花短柱支承，设有两段熊首弯曲梁托	戏曲人物牛腿，卷草花纹雀替
	下曹杨氏宗祠	抬梁式，垫斗支承	单步架弯曲梁，直枋	盘曲龙形牛腿，盘曲龙纹雀替。挑檐枋外出象首托木
	黄坦洋倪氏宗祠	抬梁式，垫斗、圆瓜柱支承	双步架插梁，垫斗支承，设单步弯曲梁托	戏曲人物牛腿，弯曲斜撑式雀替。挑檐枋外出象首托
	高庄田李氏宗祠	抬梁式，圆瓜柱支承	单步架直梁	狮子、人物牛腿，弧形回纹人物雀替
	三份李氏宗祠	抬梁式，圆瓜柱支承	单步架直梁	狮子牛腿，弧形回纹雀替

地区	宗祠名称	明间梁架	檐廊梁架	梁柱装饰
白水洋镇	黄坦上宅李氏宗祠	抬梁式，圆瓜柱支承	单步架直梁	狮子牛腿，弧形回纹雀替
	龙泉陈氏宗祠	抬梁式，垫斗支承	卷棚顶，四架插梁，荷叶托垫斗支承，设弯匾	牛腿缺失，无雀替
	上庄章氏宗祠	抬梁式，圆瓜柱支承	双步架插梁，圆瓜柱支承	戏曲人物牛腿，无雀替
	洋高山李氏宗祠	抬梁式，圆瓜柱支承	单步架直梁	牛腿缺失，龙凤撑式雀替
	下杨岙杨氏宗祠	抬梁式，圆瓜柱支承	单步架直梁	无牛腿，无雀替
	下垟庄朱氏宗祠	抬梁、插梁混合式，圆瓜柱支承，金柱与瓜柱之间穿插龙首梁托，脊檩下梁托取代三架梁承重，中间悬斗状柱	双步架插梁，荷叶托短柱支承，设单步弯曲鱼形梁托	人物牛腿，弧形回纹雀替。挑檐枋外出象首托木
	前塘朱氏宗祠	抬梁式，圆瓜柱支承	双步架插梁，斗状短柱支承，设单步梁托	狮子牛腿，无雀替。挑檐枋外出象首托木
	前园王氏宗祠	抬梁、插梁混合式，圆瓜柱支承，金柱与瓜柱间设微弯梁托	双步架插梁，垫斗承托，设单步弯曲梁托	博古牛腿，无雀替
	广明安钱氏宗祠	抬梁式，圆瓜柱支承	单步架直梁	无牛腿，无雀替
	龙里杨氏宗祠	抬梁式，垫斗支承	单步架直梁	狮子、人物牛腿，回纹小雀替。挑檐枋外出象首托木
括苍镇	下洋顾顾氏宗祠	抬梁式，垫斗、方瓜柱支承	双步架插梁，垫斗支承，设单步弯曲梁托	牛腿已缺失，无雀替
	山头何何氏宗祠	插梁、抬梁混合式，圆瓜柱支承，下金檩与瓜柱间穿插横木	单步架直梁	狮子、鹿牛腿，回纹雀替

用的比例较大。明间梁托的使用较少，而且没有上下垫斗连成斜撑支撑脊檩的情况。相比较东部滨海地区，结构明显简单粗陋。

檐廊梁架中，单步架插梁 18 例，占 50%，其中 14 例为直梁，4 例为曲梁，梁上无支承结构；双步架插梁 14 例，约占 39%，其中以瓜柱及其他短柱支承的 7 例，单只垫斗支承的 5 例，叠斗式 2 例。卷棚顶仅 4 例，约占 11%，均为四架插梁，缺少顶梁，其中 3 例设弯匾。可以看出，简单的单步架插梁占半数比例。双步架插梁中，以单只短柱或垫斗支承的简单插梁架占绝对数量，使用叠斗式的较少，且双步梁中的梁托均处在单步梁位置，不见形式上的多样变化。卷棚顶数量少，且均为缺少顶梁的简单插梁架。这些情况表明，檐廊梁架与正厅明间梁架同样具有简单粗陋的特点。

檐柱装饰上，无牛腿、无雀替的宗祠数量较多，反映出装饰上的简陋。牛腿造型以狮子最多，有少量的龙纹牛腿。需要注意的是，各式戏曲人物、菩萨等人物造型的牛腿占有一定比例。相比较，东部滨海地区的牛腿显示出单纯的装饰性，而本地区牛腿的故事情节性更强。另外，出现了造型方整稳重的博古架牛腿。柱侧雀替部分，面积相对较小的弧形回纹雀替较为常见，虽然也有一些曲形雀替，但多以撑式出现，与装饰性强的大面积 S 形卷曲纹雀替有很大不同。这些都显示出装饰性的弱化、简化。

总的来看，该地区宗祠结构相对简单、朴素，没有过多的装饰，在线条上以刚直有力为主，装饰性较弱。这些特征的形成与山地环境息息相关。土壤贫瘠，农业生产条件差，经济发展较为落后，使得该地区缺乏建造富丽堂皇宗祠的经济基础。这是宗祠结构粗陋简单的根本原因。而宗祠装饰的简单、朴素则根源于山地文化多个层面的特性。肃穆的高山塑造了山民厚重沉稳的个性，贫乏的物质生活造就了山民不尚奢华、崇尚朴素的性格。这些都是造成山地宗祠装饰简朴的原因。环境闭塞导致山地文化的保守，缺乏开创性和创新性。宗祠在结构和装饰形式上的简陋，也与山地文化的这一特性有内在联系。人物牛腿是该地宗祠装饰的一大特征，显示出山地之民的精神世界更侧重于人与人的关系。这与滨海地区人们更注重与环境的关系有极大不同。

（三）中部河谷地带（包括东塍、永丰、汇溪、邵家渡、汛桥、涌泉、沿江、大田、大洋、古城、江南等镇及街道）

该地区解放以前宗祠共 36 座（见表 4。少数主梁架已经改造，不予统计，如五峰金氏宗祠、东山徐氏宗祠）。

表 4 　　　　　　　　　中部河谷地区宗祠梁架及装饰统计表

地区	宗祠名称	明间梁架	檐廊梁架	梁柱装饰
东塍镇	娄村龚氏宗祠	抬梁式，垫斗支承	单步架插梁，设弯曲梁托	无牛腿，变形双直斜撑
	庙西金氏宗祠	抬梁、插梁混合式，圆瓜柱支撑，金柱与瓜柱之间穿插弯曲龙首梁托，脊檩下梁托取代三架梁承重，之间悬垂花柱装饰	双步架插梁，垫斗支承，设单步弯曲梁托	无牛腿，无雀替
	康谷郑氏宗祠	抬梁式，圆瓜柱支承	单步架插梁	无牛腿，无雀替
	隔溪吴氏宗祠	抬梁、插梁混合式，垫斗支承，脊檩下梁托取代三架梁承重	单步架插梁	无牛腿，卷草花纹雀替
	坦头吕氏宗祠	插梁式，方瓜柱、垫斗支承，三架梁两侧及上部均设弯曲梁托	平顶，插梁，垫斗承托花坯	狮子、奔鹿牛腿，S形龙凤纹雀替
	水岙王氏宗祠	插梁式，垫斗支承，三架梁两侧及上部均设弯曲梁托	卷棚顶，四架插梁，垫斗支承，设弯曲龙形梁托及弯圈	S形龙凤牛腿，S形卷草花纹雀替
	后杨杨氏宗祠	抬梁、插梁混合式，圆瓜柱支承，金柱与瓜柱之间穿插龙首梁托，脊檩下梁托取代三架梁承重，中间悬垂花柱	单步架插梁，仅一重弯曲梁托	狮子、鹿牛腿，回纹小雀替
	娄村李氏宗祠	抬梁、插梁混合式，垫斗支承，脊檩下梁托取代三架梁承重	单步架插梁，设弯曲梁托	无牛腿，双直斜撑
	六房卢氏宗祠	抬梁式，垫斗支承	四架插梁，方瓜柱支承，两侧及上部有弯曲托木构件，原应是卷棚顶	无牛腿、无雀替
	洞桥陈氏宗祠	插梁式，方瓜柱、垫斗支承，三架梁两侧及上部均设弯曲梁托	平顶，插梁，垫斗支承花坯	圆形人物、博古图案牛腿，S形卷草纹雀替

地区	宗祠名称	明间梁架	檐廊梁架	梁柱装饰
东塍镇	屈家屈氏宗祠	抬梁、插梁混合式，垫斗支承，脊檩下梁托取代三架梁承重	单步架插梁，仅一重弯曲梁托	无牛腿，单直斜撑
	东山陈陈氏宗祠	抬梁式，圆瓜柱支承	单步架插梁	无牛腿，无雀替
	东溪单单氏宗祠	抬梁、插梁混合式，垫斗支承，脊檩下梁托取代三架梁承重	卷棚顶，四架插梁，垫斗支承，设梁托及弯圙	单直斜撑
	金坑金氏宗祠	抬梁式，垫斗支承	卷棚顶，四架插梁，垫斗支承，设梁托及弯圙	回纹牛腿，S形卷草纹雀替
	上洋娄氏宗祠	抬梁式，圆瓜柱支承	单步架插梁	S形凤凰、夔龙牛腿，S形龙、凤纹雀替
	坊前沈氏宗祠	抬梁、插梁混合式，垫斗支承	单步架插梁	无牛腿，无雀替
	石佛洋徐氏宗祠	抬梁、插梁混合式，方瓜柱支承	单步架插梁	牛腿缺失，S形回纹撑式雀替
	石鼓胡氏宗祠	抬梁式，垫斗支承	卷棚顶，四架抬梁，垫斗支承，设梁托及弯圙	狮子、盘曲龙纹牛腿，无雀替。挑檐枋外出象首托木
	潘岙朱氏宗祠	抬梁式，垫斗支承	单步架插梁	盘曲龙纹撑式牛腿，无雀替。挑檐枋外出象首托木
永丰镇	方家岙何氏宗祠	抬梁、插梁混合式，圆瓜柱支承，金柱与瓜柱之间设龙首梁托，三架梁微弯，形似梁托	单步架插梁	无牛腿，以变形丁字栱支撑挑檐枋，卷草纹雀替
	下吴吴氏宗祠	抬梁式，圆瓜柱支承	单步架插梁	牛腿缺失，无雀替
	陈婆岙王氏宗祠	抬梁式，圆瓜柱支承	单步架插梁	牛腿位置设丁字栱撑，回纹雀替
	彭山彭氏宗祠	抬梁式，圆瓜柱支承	单步架插梁	无牛腿，无雀替
大田街道	白筑于氏宗祠	插梁式，圆瓜柱支承，三架梁两侧及上部设有微弯梁托	单步架插梁，设有弯曲梁托	无牛腿，无雀替

地区	宗祠名称	明间梁架	檐廊梁架	梁柱装饰
大田街道	岭下刘氏宗祠	抬梁、插梁混合式，圆瓜柱支承	卷棚顶，四架插梁，垫斗支承，设梁托及弯圌	牛腿位置设丁字栱撑，龙纹栱子雀替
	岭里钱氏宗祠	抬梁式，圆瓜柱支承	单步架插梁，设有弯曲梁托	无牛腿，回纹雀替
	岭外钱氏宗祠	抬梁式，圆瓜柱支承	卷棚顶，四架抬梁，垫斗支承，设梁托及弯圌	兽纹牛腿，回纹雀替
	下高高氏宗祠	抬梁、插梁混合式，圆瓜柱支承，金柱与瓜柱之间穿插龙首梁托，脊檩下梁托取代三架梁承重，中间悬垂花柱	双步架插梁，圆瓜柱支承	无牛腿，无雀替
涌泉镇	炉头邱氏宗祠	抬梁式，圆瓜柱支承	单步架插梁，仅设一重弯曲梁托	弯曲斜撑，无雀替
汛桥	蒋家山蒋氏宗祠	抬梁式，垫斗支承	单步架插梁，设有弯曲梁托	无牛腿，双直斜撑
邵家渡	大路章章氏宗祠	抬梁、插梁混合式，圆瓜柱支承，金柱与瓜柱之间穿插龙首梁托，脊檩下梁托取代三架梁承重，中间悬垂花柱	单步架插梁，中间连以花朵图案	狮子、人物牛腿，回纹雀替
沿江镇	桩头许氏宗祠	抬梁式，圆瓜柱支承	单步架插梁，设有弯曲梁托	弯曲斜撑，无雀替
汇溪镇	江根郑氏宗祠	抬梁式，垫斗支承	单步架插梁，设有弯曲梁托	牛腿缺失，S 形卷曲龙纹雀替
	山河金氏宗祠	抬梁式，垫斗支承	单步架插梁，设有弯曲梁托	牛腿缺失，回纹雀替
	牌前郑氏宗祠	抬梁、插梁混合式，圆瓜柱支承，金柱与瓜柱之间穿插龙首梁托，脊檩下梁托取代三架梁承重，中间悬垂花柱	单步架插梁，设有微弯梁托	狮子牛腿，无雀替
	黄支罗陈氏宗祠	抬梁、插梁混合式，圆瓜柱支承，金柱与瓜柱间穿插微弯托木	单步架插梁	无牛腿，无雀替

从正厅明间梁架看，抬梁结构 18 例，占 50%；抬梁、插梁混合结构 14 例，约占 39%；插梁式 4 例，约占 11%。从梁上支承构件看，19 例采用了圆瓜柱，约占 53%；14 例采用了垫斗，约占 39%；2 例采用了方瓜柱与垫斗混合，约占 5%；1 例采用了方瓜柱，约占 3%。12 例檩下及（或）金柱与瓜柱之间设有弯曲梁托，3 例金柱与瓜柱之间的梁托弯度较小。设有梁托的比例约 42%。

　　该地区正厅明间单独使用插梁架的数量较少，但如果考虑到混合式梁架，将其分别纳入抬梁、插梁计算（即抬梁以 32 例计，插梁以 18 例计），则插梁使用的总比例为 36%。可见，该地区对抬梁、插梁的选择稍偏向于抬梁，但插梁的使用也占有一定比例。约 40% 的抬梁、插梁混合式梁架也直观地体现出该地区在梁架选择上偏向性不大的特点。梁上支承构件中垫斗与圆瓜柱的使用数量差别也不大。梁托设置比例亦接近半数。

　　檐廊梁架中，单步架插梁 25 例，约占 70%，梁枋上无支承结构，有的为直梁，其上或设弯曲梁托，或不设，有的仅设一重弯曲梁托，形式上为曲梁。卷棚顶 7 例，约占 19%，其中 4 例为叠斗式，2 例为单层垫斗式，1 例为穿瓜柱式。平顶插梁 2 例，以单垫斗支承平直花坯托顶，约占 5.5%。双步架插梁 2 例，1 例为单只垫斗支承，1 例为瓜柱支承，均设有单步弯曲梁托，约占 5.5%。可以看出，檐廊梁架较为简单，单步架插梁占绝大多数，卷棚顶占有一定数量，设有弯曲梁托的比例介于东部与西南、西北部之间。相较于东部滨海地区与西南、西北地区，该地区无论在明间还是檐廊梁架上均具有显著的综合性与过渡性。

　　檐柱装饰上，无牛腿、无雀替的情况占有一定比例。牛腿造型以狮子、鹿、龙纹较为常见，也有人物、博古、回纹、丁字栱撑等样式。此外，有的牛腿位置使用了弯曲斜撑。各种牛腿样式在数量上没有特别突出的。柱侧雀替装饰部分，S 形卷曲纹雀替与回纹雀替数量基本相当，所占比例都不是很大，也有采用双直或单直斜撑的。可见，各种类型的牛腿及雀替在数量上比较分散，不存在占绝对数量的种类，显示出混合的特点。

　　总的来看，中部河谷地带无论在梁架类型，还是在装饰构件上都具有明显的过渡性。这显然与该地综合的地形地貌和过渡的地理位置有关。该地既有山地丘陵，也有河谷平原，使其间居民的生活方式及经济发展的趋势介于两者之间。同时，这里处于西部山地与滨海平原之间，受到东、西两种不同文化的影响。其宗祠结构与装饰体现出综合与过渡的特点也是理所当然。

三 建筑构件的时代风格分析

明清两代作为我国古代建筑发展的最后一个阶段，在建筑形式、工艺技术等方面趋于定型。清雍正年间颁行工部《工程做法则例》，固定了官式建筑各方面的标准，是这个时期建筑技术的总结。而民间建筑则不受"法式"、"则例"等条框的约束，拥有更多的发展空间。就临海明清古建筑来看，根本的建筑形式、技术特征是相同的，但数百年的历史兴衰却使这些古建筑打下了时代精神变迁的烙印，集中体现在装饰风格审美特征的变化上。以下即从梁架与檐柱装饰两个方面分析临海传统宗祠时代风格的递嬗演变。

（一）梁架及梁端刻饰

1. 梁架

临海传统宗祠梁架包括抬梁、插梁以及抬梁、插梁混合等多种结构。梁托使用的多样性也带来多种插梁架形式。但若以各式梁架的承重原理论，并没有随时间而发生本质变化。故而，考察其历时性变化，只能从各时期梁架数量流行趋势的角度切入。临海清早中期宗祠即嘉庆以前的宗祠数量总的来说并不多。张岙蔡氏宗祠是临海现存最早的宗祠，约在康熙五十四年（1715），采用叠斗插梁结构，檩间设梁托。乾隆时期的下周周氏宗祠明间为五架梁结构，采用抬梁、插梁结合方式，脊檩下梁托取代三架梁承重。后田金氏与蒋家山蒋氏宗祠采取的是垫斗式五架抬梁。坊前沈氏宗祠与白筑于氏宗祠虽然有乾隆时期墨书题记，但其整体建筑风格已明显偏晚。从清早中期所存为数不多的宗祠可以看出，其梁架各不相同，没有明显类型倾向。实际上，各种不同抬梁、插梁结构出现在清前期一直到晚期的宗祠建筑中，看不出有特别的数量或形制偏向。这是传统木构建筑梁架稳定性的体现。但至清末民国，情况发生了变化。宗祠梁架显示出两种发展趋势。一是最简单的圆瓜柱式五架抬梁大量出现。一是金柱与瓜柱之间设弯曲梁托，脊檩下梁托取代三架梁，中间悬垂花柱的插梁架得到了较大的发展。这种梁架雕梁画栋，极尽装饰之能，各式悬柱的采用凸显了对装饰性的极度追求。这两种看似相反的趋势实质上都是传统木构建筑衰颓的表现，后者近于回光返照，前者则以结构的简陋直接昭示了这种趋势。

2. 梁端刻饰

在檐廊梁架与明间梁架的梁端经常刻有相似的装饰图案。这些梁端刻饰以五架梁两端的刻饰位置最为重要，形态也更有代表性，具有系统考察时代特征的价值。

五架梁梁端通常处理成圆弧形，美观庄重。其梁端刻饰最基本的元素是两叶向下卷草的外侧草叶沿梁端圆弧延伸构成的圆形图案。

清代前中期，五架梁梁端加以刻饰的宗祠较少。张呇蔡氏宗祠五架梁端刻饰的卷草纹下部伸展出两片子叶，顶端刻画一个小圆，形似豆芽。

嘉庆、道光时期临海宗祠五架梁梁端加以刻饰的比例大大增加。从形态上来讲，大部分的梁端卷草呈豆芽形，少数梁端卷草出现一些变化。下八年项氏宗祠梁端圆形卷草装饰整体上较扁，草叶散开卷曲的幅度较大，两叶卷草之间增加了一叶，外侧草叶独立刻画卷叶，不再是简单顺沿梁端弧圆。新楼金氏宗祠五架梁端亦为较扁的圆形装饰图案，卷草三叶，外侧卷草呈花瓣状，卷草几近首尾相连。

下八年项氏宗祠与新楼金氏宗祠梁端卷草的发展趋势在咸丰、同治时期得到了进一步的深入。卷草内侧草叶散开的方式多样化，中间增加草叶，外侧花瓣式草叶向上延伸，与弯曲的卷草根部呼应。这种装饰图案可以称为三叶花瓣式卷草纹。能够确定为这一时期的宗祠中，绝大部分的五架梁端刻饰为这种图案，如嵩浦李氏宗祠、后杨杨氏宗祠、开井金氏宗祠、穿山七年金氏宗祠、北涧罗氏宗祠、西垟庄朱氏宗祠等。

光绪时期除了一小部分三叶花瓣式卷草外，出现了倒卷草，草叶由下向上延伸，如方家呇何氏宗祠，这也许是刻画时没有注意方向造成的。这一时期，卷草形态最重要的变化是内侧增加了更多的细弱草叶，以石佛洋徐氏宗祠、龙里杨氏宗祠最具代表性，可以称为卷须花瓣式草叶纹。

进入民国后，宗祠梁端刻饰多样化，除少量三叶花瓣式卷草外，卷草纹形态出现各种变化，有的已经超出了两叶卷草的基本形态，这些梁端刻饰可以称为花样卷草纹。如下高高氏宗祠梁端上方卷草根部卷曲成圆，与外侧花瓣草叶相对称；陈婆呇王氏宗祠梁端卷草根部卷曲，与外侧草叶形成同心圆形态；龙泉陈氏宗祠梁端卷草根部在下方，草叶肥厚，外侧草叶呈花瓣式，外端还刻饰蝙蝠图案；小芝何氏宗祠梁端卷草被压缩到一角，卷草根部在下方，外侧草叶顺时针方向卷曲成同心圆；前塘朱氏宗祠两端刻饰是两束不同形态卷草的结合，完全脱离了两叶卷草的形态；庙西金氏宗祠梁端卷草根部卷曲呈同心圆，内侧增添了更多细弱草叶；包山包氏宗祠五架梁端处理成鱼嘴形，整体装饰图案形态已发生质的变化，卷草根部卷曲为同心圆，内侧草叶增多，一部分卷曲成同心圆，亦可视为两束卷草的结合。

从清前中期较为简单的豆芽式卷草纹，到咸丰、同治时期三叶花瓣式卷草的发展，再到光绪时期卷须花瓣式草叶纹的出现，可以看出五架梁端刻饰存在一个花化、细化的趋势。这种趋势在民国时期发展到极致，出现了各式花样卷草纹。梁端刻饰的变化反映了宗祠建筑精神的弱化，也间接反映了作为宗祠基础的清代宗族社会不断发展，最后趋于衰落的过程。

（二）檐柱柱头装饰及柱础

1. 柱头装饰

檐廊是宗祠的门面，檐柱柱头是宗祠建筑装饰的重点位置。由于存在大量无法确定明确年代的清代晚期宗祠，同时也由于柱头装饰的延续性，我们无法得知柱头装饰风格转变的具体年代。不过，我们仍可以依据年代比较确切的宗祠，考察其中大的变化趋势。

临海传统宗祠的檐柱前经常设有牛腿支撑挑檐枋，两侧设有雀替连接檐柱与檐檩。牛腿最常见的造型是狮子、鹿，其他还有戏曲人物、龙纹、博古等形式。除了较早时期的直木斜撑牛腿，其他牛腿形制在各时期均有，且变化较小，这里主要讨论雀替。

从统计看，清代前中期，檐柱柱侧全部采用双直或单直斜撑。康熙末年的张岙蔡氏宗祠，雀替位置施双直斜撑，直撑无刻画，其下丁字栱为正常曲栱，直撑之间的插板仅端头刻较小卷曲纹。檐柱前牛腿位置亦施双直斜撑，结构与雀替位置的双直斜撑相似，只是直撑上部不再承托平行的栱子雀替，而是直接承托固定挑檐枋的托木。乾隆时期宗祠数量不多。这一时期不少檐柱雀替位置设有双直斜撑，但形式上有些变化。如下周周氏宗祠明间檐柱与檐檩之间的双直斜撑，下面的丁字栱外观上变得直而斜，直撑上刻平行直线。直撑之间的插板刻饰较深。后田金氏宗祠檐柱两侧为单直斜撑，下部丁字栱上承二升，直撑上又承栱子雀替。檐柱前为单直斜撑支撑挑檐枋，形制与檐柱两侧斜撑基本相同。汛桥蒋家山蒋氏宗祠明间檐柱一侧施双直斜撑，直撑间插板外侧刻卷回纹，内刻花朵，其下丁字栱已缺失。

结合民居看，临海康熙及以前的民居有更铺巷蒋氏民居和傅濂故居两处。更铺巷蒋氏民居年代至明，是临海现存最早的民居。其檐柱柱头两侧雀替位置施双直斜撑，直木斜撑上承平叠的一斗二升与长雀替，檐柱与挑檐枋之间则以单直木斜撑相承托。康熙时期的傅濂故居檐柱柱头设单直斜撑，直木插板外侧雕刻卷草纹，丁字栱下部弧线呈波浪形。可以看出乾隆以前，直木斜撑应是包括宗祠、民居在内的临海木构古建筑比较普遍的檐柱支撑形式。

嘉庆时期的隔溪吴氏宗祠明间檐柱雀替与之前的直木斜撑有了很大的不同，下部丁字栱斜直，上为卷曲花草纹承栱子雀替。楼下郑氏宗祠檐柱雀替丁字栱上以莲花托粗大 S 形兽纹，上再承雀替。牌门朱氏宗祠明间檐柱两侧为方折回纹雀替，下部雕刻站立人物。

道光时期，坦头吕氏宗祠明间两侧为 S 形雀替，面积较大，中间部分或是盘曲夔龙，或是盘曲龙，或是卷曲枝叶，上部的栱子边线斜直，刻划平行直线。水岙王氏宗祠、下八年项氏宗祠檐柱两侧为大面积的 S 形卷曲花纹雀替。岭下刘氏宗祠檐柱设龙纹斜撑雀替，下面部分为三重龙头斗栱，其上有大朵牡丹花托栱子雀替。汾川李氏与杜桥新楼金氏宗祠檐柱两侧为 S 形卷曲龙纹雀替。芙蓉黄氏宗祠檐柱设有夔龙雀替。

这一时期也有少量其他形式的雀替。下湾叶氏宗祠檐柱两侧雀替为两重栱子，上承卷云纹、方折回纹雀替，缺少了一般雀替的中间部分。土山头王氏宗祠设弧形回纹雀替。北涧王氏宗祠明间檐柱设双直斜撑，直撑上刻平行直线。

从嘉庆、道光两朝宗祠柱头装饰可以看出，直木斜撑逐渐减少，占主要地位的是面积较大的各式 S 形卷曲纹雀替，并开始出现一些小面积的回纹雀替。

咸丰、同治时期的檐柱雀替发生了变化。此时依然有一定数量的 S 形卷曲纹雀替，如开井金氏宗祠、穿山七年金氏宗祠、北涧罗氏宗祠明间檐柱两侧依然为 S 形卷曲龙纹雀替。另一方面，体量较小的雀替逐渐增多。大泛汤氏宗祠檐柱设有曲回纹雀替。后杨杨氏宗祠雀替为卷花小雀替。西垟庄朱氏宗祠檐柱两侧仅施曲折回纹横长小雀替。偶尔还会有直木斜撑雀替出现，如娄村李氏宗祠明间檐柱设双直斜撑雀替，但与清早中期的直木斜撑风格差异较大，装饰性极强，体现在下部丁字栱以及上部栱子雀替中的栱子发生变形，中部插板的刻饰细而花巧。

光绪时期承袭了咸丰、同治的发展趋势，S 形卷曲雀替仍占有一席之地，如殿前陈氏宗祠、方家岙何氏宗祠、横路董氏宗祠、石鼓胡氏宗祠。弧形回纹雀替继续增加，如岭里钱氏宗祠、山头何氏宗祠、大路章氏宗祠。此外，石佛洋徐氏宗祠檐柱两侧为斜撑式曲回纹雀替，龙里杨氏宗祠檐柱两侧为较小的曲回纹雀替。

进入民国，宗祠檐柱不设雀替的情况大量增加，简化的斜撑式雀替依然存在，如洋高山李氏宗祠。S形卷曲纹雀替数量大减，但依然有少量宗祠采用极为复杂华丽的三层结构雀替，如小芝何氏宗祠檐柱雀替下部为站立人物，中部为S形卷曲龙纹，上部则是流畅的卷草纹。这一时期雀替形制以小型回纹雀替为主，如高庄田李氏宗祠、三份李氏宗祠、上宅李氏宗祠、上庄章章氏宗祠、龙泉陈氏宗祠、前塘朱氏宗祠、陈婆岙王氏宗祠、包山包氏宗祠、下垟庄朱氏宗祠等。

从以上对不同时期柱头装饰的考察，可以看出直木斜撑的使用主要在清早中期，以后呈现减少的趋势，嘉庆、道光时期的柱头雀替以S形卷曲纹雀替为主，装饰上呈现出繁复、华丽的审美特征。咸丰、同治时期出现了曲折回纹雀替，这种面积相对较小、结构简单的雀替形式在光绪至民国初年被大量采用，S形卷曲纹雀替已较为少见。至民国晚期出现了一缕S形卷曲纹雀替的回潮，不过已是最后的回响。

2．柱础

除了雀替，柱础也是檐柱装饰的重要部分。柱础即柱下的基础，其主要功用在于将柱身所承荷载扩散于地面。柱础一般为石质，可以阻隔地面潮气，保护木质檐柱。"柱础大约可分两部：其上直接承柱压地者为础；在柱与础之间所加之板状圆盘为櫍。其用法有二，有有础无櫍者，有两者并用者。"〔3〕

临海宗祠柱础均为石质，有的在覆盆状石础上落石墩櫍承柱，也有的没有扁平础，而是直接以石墩承柱接地。不过，由于石墩底部面积较小，仅略大于柱，直接触地难以将柱身承受的重量扩散到地面，会造成柱下地面承受压力过大而下陷的问题。因此推测这些直接触地的石墩其下原应也是有扁平础的。由于石墩的形状可以体现柱础的整体形态，所以这里以石墩形状来描述柱础的类型。石墩可以分为方形与圆形，方形石墩一般承托较为次要的边柱，不少为后来换置，故而不予讨论。这里仅分析圆形石墩柱础的情况。根据石墩不同的形态，可以分为四种类型：① 腹部偏下，上小下大，状如口袋，可称为袋式；② 腹部在中间，上下无颈，其状如鼓，可称为鼓式；③ 腹部在中间，上下有颈，状如灯笼，可称为灯笼式；④ 腹部偏上，上部有颈，可称为罐式。在这几种柱础中，罐式是使用最普遍的，每个时期都有，而其他几种柱础出现的频率则有一定的规律可寻。

对于柱础的统计表明，清代前中期，除了罐式以外，也会见到袋式、

---

〔3〕　梁思成：《中国建筑艺术图集》，百花文艺出版社，2007 年，第 245 页。

鼓式柱础。如张岙蔡氏宗祠、蒋家山蒋氏宗祠均既有袋式也有鼓式柱础。隔溪吴氏宗祠有鼓式、罐式柱础。结合临海较早时期的民居看，明代更铺巷蒋氏民居、太平天国台门内民居以及清康熙时期的傅濂故居柱础均为腹部居中的鼓式。此后无论是宗祠，还是民居，基本不再有袋式柱础出现，鼓式柱础也较少。据此推测，袋式、鼓式为相对较早的柱础形制。

从嘉庆至同治时期，绝大部分柱础为罐式，出现两例灯笼式柱础，即道光五年大田岭下刘氏宗祠、咸丰六年后杨杨氏宗祠柱础，其腹部上下向内直收，呈灯笼状。光绪至民国，出现了六例灯笼式柱础，两例鼓式柱础，其他均为罐式，表明光绪以后灯笼式柱础数量有一定增加。

综上可知，袋式、鼓式柱础是较早期的柱础形式，而灯笼式柱础则是清末民国时期的柱础形式。这为临海宗祠断代提供了一个参照标准。

表 5   年代明确宗祠建筑构件统计表

宗祠名称	时代	明间梁架	明间大梁梁端刻饰	檐柱柱头装饰	柱础
张岙蔡氏宗祠	约康熙五十四年（1715）	叠斗插梁，三架梁两侧及上部均设弯曲梁托	豆芽式卷草纹	双直斜撑	袋式、鼓式、罐式
下周周氏宗祠	乾隆年间	抬梁、插梁混合式，垫斗支承，脊檩下梁托取代三架梁承重	无	双直斜撑	罐式
后田金氏宗祠	乾隆年间	五架抬梁，垫斗支承	无	单直斜撑	罐式
蒋家山蒋氏宗祠	乾隆年间	五架抬梁，垫斗支承	无	双直斜撑	袋式、鼓式、罐式
隔溪吴氏宗祠	嘉庆二年（1797）前后	抬梁、插梁混合式，垫斗支承，脊檩下梁托取代三架梁承重	无	卷草纹雀替	鼓式、罐式
楼下郑氏宗祠	嘉庆二十年（1815）	叠斗插梁，三架梁两侧及上部均设鱼龙形梁托	无	卷曲狮纹雀替	罐式
牌门朱氏宗祠	嘉庆二十二年（1817）	插梁式，方瓜柱支承，三架梁两侧及上部均设弯曲梁托	豆芽式卷草纹	弧形回纹人物雀替	罐式

宗祠名称	时代	明间梁架	明间大梁梁端刻饰	檐柱柱头装饰	柱础
坦头吕氏宗祠	道光三年（1823）	插梁式，方瓜柱、垫斗支承，三架梁两侧及上部均设弯曲梁托	无	夔龙、凤纹雀替	罐式
岭下刘氏宗祠	道光五年（1825）	抬梁、插梁混合式，圆瓜柱支承	无	龙纹雀替，饰大朵牡丹花	罐式、灯笼式
后禄叶氏宗祠	道光十三年（1833）	抬梁、插梁混合式，金柱与瓜柱之间穿插龙首梁托，脊檩下梁托取代三架梁承重，中间悬垂花柱	无	缺失	罐式
下湾叶氏宗祠	道光十七年（1837）	五架抬梁，垫斗支承	无	花栱式雀替	罐式
水岙王氏宗祠	道光十八年(1838)	叠斗插梁，三架梁两侧及上部均设弯曲梁托	无	卷曲花纹雀替	罐式
下八年项氏宗祠	道光二十二（1842）	叠斗插梁，三架梁两侧及上部均设弯曲梁托	三叶花瓣式卷草纹	卷曲花纹雀替	罐式
殿前朱氏宗祠	约道光二十三年（1843）	抬梁、插梁混合式，五架梁下设重梁	变形豆芽式卷草纹	檐檩为卷曲龙纹雀替	鼓式
芙蓉黄氏宗祠	道光二十四年（1844）	插梁式，垫斗、方瓜柱支承，三架梁两侧及上部均设鱼龙形梁托	豆芽式卷草纹	夔龙雀替	罐式
王山头王氏宗祠	约道光二十五年（1845）	五架抬梁，圆瓜柱支承	无	弧形回纹雀替	罐式
汾川李氏宗祠	道光二十六年（1846）	叠斗插梁，脊檩下鱼龙形梁托取代三架梁承重	豆芽式卷草纹	卷曲龙纹雀替	罐式、瓜棱式

宗祠名称	时代	明间梁架	明间大梁梁端刻饰	檐柱柱头装饰	柱础
北涧王氏宗祠	道光二十八年（1848）	叠斗插梁，三架梁两侧及上部均设弯曲梁托	无	双直斜撑	罐式
新楼金氏宗祠	道光二十九年（1849）	插梁式，方瓜柱、垫斗支承，三架梁两侧及上部均设鱼龙形梁托	三叶花瓣式卷草纹	鱼龙纹雀替	罐式
嵩浦李氏宗祠	咸丰三年（1853）	叠斗插梁，脊檩下鱼龙形梁托取代三架梁承重	三叶花瓣式卷草纹	无	罐式
后杨杨氏宗祠	咸丰六年（1856）	抬梁、插梁混合式，金柱与瓜柱之间穿插龙首梁托，脊檩下梁托取代三架梁承重，中间悬垂花柱	三叶花瓣式卷草纹	卷花小雀替	灯笼式
开井金氏宗祠	咸丰七年（1857）	叠斗插梁，三架梁两侧及上部均设鱼龙形梁托	三叶花瓣式卷草纹	卷草纹雀替	罐式
大泛汤氏宗祠	咸丰年间	五架抬梁，垫斗支承	三叶花瓣式卷草纹	弧形回纹雀替	罐式
穿山七年金氏宗祠	同治三年（1864）	插梁式，方瓜柱、垫斗支承，三架梁两侧及上部均设鱼龙形梁托	三叶花瓣式卷草纹	卷曲龙纹雀替	罐式
北涧罗氏宗祠	同治三年（1864）	叠斗插梁，三架梁两侧及上部均设鱼龙形梁托	三叶花瓣式卷草纹	盘曲龙形雀替	罐式
娄村李氏宗祠	同治三年（1864）	抬梁、插梁混合式，垫斗支承，脊檩下梁托取代三架梁承重	无	双直斜撑	罐式

宗祠名称	时代	明间梁架	明间大梁梁端刻饰	檐柱柱头装饰	柱础
西垟庄朱氏宗祠	同治七年（1868）	五架抬梁，圆瓜柱支承	三叶花瓣式卷草纹	回纹小雀替	罐式
岭里钱氏宗祠	光绪八年（1882）	五架抬梁，圆瓜柱支承	无	弧形回纹雀替	灯笼式
山头何何氏宗祠	同治初年至光绪九年	抬梁、插梁混合式，瓜柱支承，金柱与瓜柱之间设龙首梁托	无	弧形回纹雀替	罐式
殿前陈氏宗祠	光绪十年（1884）	五架抬梁，圆瓜柱支承	无	S 形斜撑式雀替	罐式
方家岙何氏宗祠	光绪十二年（1886）	抬梁、插梁混合式，圆瓜柱支承，金柱与瓜柱之间设龙首梁托，三架梁微弯，形似梁托	卷须花瓣式倒卷草纹	S 形斜撑式雀替	罐式
石佛洋徐氏宗祠	光绪二十二年（1896）	抬梁、插梁混合式，方瓜柱支承	卷须花瓣式卷草纹	卷曲斜撑式雀替	罐式
石鼓胡氏宗祠	光绪二十四年（1898）	五架抬梁，垫斗支承	三叶花瓣式卷草纹	盘曲龙形雀替	灯笼式
横路董氏宗祠	光绪二十九年（1903）	抬梁、插梁混合式，圆瓜柱支承，金柱与瓜柱之间穿插龙首梁托	三叶花瓣式卷草纹	S 龙形雀替	罐式
大路章氏宗祠	光绪三十一年（1905）	抬梁、插梁混合式，金柱与瓜柱之间穿插龙首梁托，脊檩下梁托取代三架梁承重，中间悬垂花柱	三叶花瓣式卷草纹	回纹雀替	鼓式、灯笼式
龙里杨氏宗祠	光绪三十一年（1905）	五架抬梁，垫斗支承	卷须花瓣式卷草纹	卷草纹小雀替	罐式

宗祠名称	时代	明间梁架	明间大梁梁端刻饰	檐柱柱头装饰	柱础
上洋娄氏宗祠	宣统元年（1909）	五架抬梁，圆瓜柱支承	无	龙凤纹雀替	罐式
下吴吴氏宗祠	宣统元年（1909）	五架抬梁，圆瓜柱支承	三叶花瓣式卷草纹	无	灯笼式
下高高氏宗祠	1917	抬梁、插梁混合式，金柱与瓜柱之间穿插龙首梁托，脊檩下梁托取代三架梁承重，中间悬垂花柱	花样卷草纹	无	鼓式、灯笼式
岭外钱氏宗祠	1919	五架抬梁，圆瓜柱支承	无	回纹雀替	袋式、扁罐式
牌前郑氏宗祠	1919	抬梁、插梁混合式，金柱与瓜柱之间穿插龙首梁托，脊檩下梁托取代三架梁承重，中间悬垂花柱	三叶花瓣式卷草纹	无	扁罐式
陈婆岙王氏宗祠	1922	五架抬梁，圆瓜柱支承	花样卷草纹	回纹雀替	灯笼式
龙泉陈氏宗祠	1923	五架抬梁，垫斗支承	花样卷草纹	弧形回纹雀替	罐式
小芝何氏宗祠	1927～1935	抬梁、插梁混合式，金柱与瓜柱之间穿插鱼龙形梁托，脊檩下梁托取代三架梁承重，中间悬垂花柱	花样卷草纹	卷草人物雀替	罐式
前塘朱氏宗祠	1932～1935	五架抬梁，圆瓜柱支承	花样卷草纹	回纹雀替	罐式

宗祠名称	时代	明间梁架	明间大梁梁端刻饰	檐柱柱头装饰	柱础
前园王氏宗祠	1936	抬梁、插梁混合式，金柱与瓜柱间设微弯梁托	三叶花瓣式卷草纹	无	罐式
庙西金氏宗祠	1940	抬梁、插梁混合式，金柱与瓜柱之间穿插弯曲龙首梁托，脊檩下梁托取代三架梁承重，之间悬垂花柱装饰	花样卷草纹	无	灯笼式
娄村龚氏宗祠	1940	五架抬梁，圆瓜柱支承	无	变形单直斜撑	罐式
广明安钱氏宗祠	1943	五架抬梁，圆瓜柱支承	无	无	罐式
包山包氏宗祠	1949	抬梁、插梁混合式，金柱与瓜柱之间穿插鱼龙形梁托，脊檩下梁托取代三架梁承重，中间悬垂花柱	花样卷草纹	无	罐式、灯笼式

叁

人神共栖的精神空间：

宗祠建筑原型分析

一　宗祠建筑原型的总结

宗祠建筑原型（Architectural archetype）是从大量宗祠建筑中抽象出来的具有普遍共性的范例，蕴含了宗祠建筑的普遍社会文化意义。以下从平面布局、院落空间、立面特点三个方面对临海宗祠"原型"进行总结，并分析其社会意义。

（一）平面布局

临海宗祠包括一进式、二进式两种。一进式宗祠平面布局呈长方形，正厅是唯一的进深建筑，一般为三开间，明间面阔宽于次间，前方围以垣墙，形成或大或小的院落，正前方或一侧开有大门，如上湾叶氏国公专祠。在二进式宗祠中，大门扩建为门房，形成一个进深，正厅、门房两侧一般设有厢房。门房、厢房、正厅向内一侧设有檐廊，使整个建筑内部可以环绕通行。门房后檐往往接戏台。正厅前方开敞，后墙设有供奉祖先神主的案台。

临海一进式或二进式宗祠平面布局均较为简单，具有独立、闭合性。宗族是由血缘联系而成的团体，而血缘关系是具有排他性的。宗祠作为祭祀宗族祖先的场所，封闭是其内在的要求。这是临海宗祠平面闭合的社会根源。

临海宗祠平面布局的另一个共同点是，正厅在建筑中具有突出地位。在一进式宗祠中，正厅是唯一进深建筑，其地位不言而喻。在二进式宗祠中，影响正厅地位的因素包括厢房、边房，需要进行具体分析。厢房前方一般与大门平齐，后端却有所不同，或在正厅前方与正厅相接，如下湾叶氏宗祠；或延伸至正厅建筑的不同位置，如牌前朱氏宗祠。厢房位置的不同带来建筑文化意义的差异。当厢房在正厅前方时，正厅作为单独的建筑，地位是唯一的、突出的。而当厢房延伸到正厅中间或者与正厅平齐时，正厅的独立性、突出性会减弱。从功能上说，厢房或供众人观戏，或储物，或宿客，功能是世俗的，而正厅是安放祖先神主的处所，空间具有神圣性。厢房与正厅相接一定程度减弱了正厅的神圣性。

部分正厅两侧建有边房，体量较小，低于正厅，如湖田许氏宗祠三开间正厅两侧各建一间二层重檐的边房。朱子《家礼》中所载一间祠堂，"东西壁下置立两柜，西藏遗书衣物，东藏祭器亦可"。边房的作用很可能是用来收藏祖先遗物和祭品的。倘若如此，相对于厢房的延伸，边房对正厅

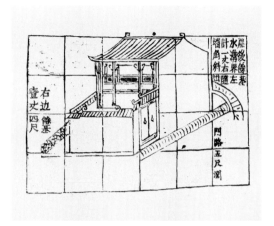

图243　上湾叶氏国公专祠

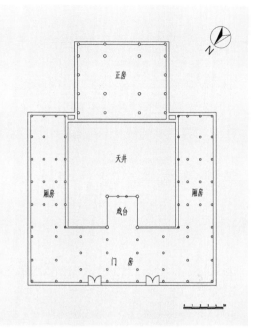

图244　下湾叶氏宗祠平面图

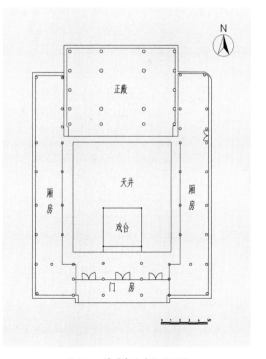

图245　牌前朱氏宗祠平面图

神圣性的影响相对较小。不过，毕竟不如单独的正厅地位更显突出。

　　从保存较完整的宗祠看，厢房在正厅前方的情况占大多数。厢房延伸到正厅的情况只是少数。正厅两侧设有边房的例子也比较少，不是主流。这些都说明，临海宗祠在建造过程中，给予了作为祭祀空间的正厅以突出地位。

　　上文所提朱子《家礼》是中国第一部私家礼仪经典，对后世祠堂的发展影响很大。《家礼》中对祠堂形制有明确的记载：

　　　　君子将营宫室，先立祠堂于正寝之东。祠堂之制，三间外为中门，中门外为两阶，皆三级。东曰阼阶，西曰西阶，阶下随地广狭以屋覆之，令可容家众叙立。又为遗书衣物祭器库及神厨于其东缭。以周垣别为外门，常加扃闭。若家贫地狭则止为一间，不立厨库，而东西壁下置立两柜，西藏遗书衣物，东藏祭器亦可。正寝谓前堂也，地狭则于厅事之东亦可。凡祠堂所在之宅，宗子世守之不得分析。凡屋之制，不问何向背，但以前为南，后为北，左为

135

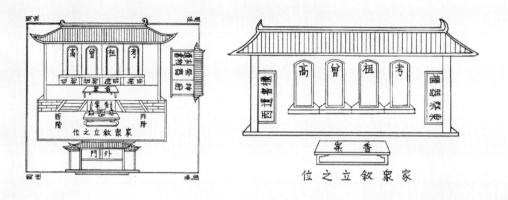

图246　朱熹《家礼》载"祠堂三间图"与"祠堂一间图"（引自《中国古代建筑史》第四卷，第166页）

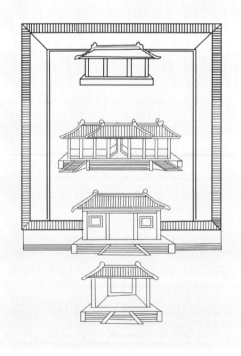

图247　《大明会典》载家庙图
（引自《中国古代建筑史》第四卷，第167页）

东，右为西。后皆放此。

宋代家祭仅祭祖父两代，朱子提倡将祭祀对象扩展到高曾祖祢四代，所设想的祠堂模式是在正寝之东建屋三间，中设门，寝堂高于庭院，有阼阶、西阶相连。在祠堂东侧建房屋储藏遗书、衣物、祭器，用作神厨。家境贫寒的只造一间祠堂，东西壁下置柜藏祖宗遗物、祭器。

《家礼》中所载祠堂为同堂异室之制，享堂与寝堂合二为一，祭祀仪式基本上都在堂内举行。随着明朝皇室宗庙恢复前堂后寝之制，祠堂也就有了享堂和寝堂之分。明清民间宗祠平面布局也随之发生变化，中轴线前方出现了越来越多的牌坊、仪门等附属建筑，中轴线上的纵深越来越长。如安徽歙县潜口金紫祠轴线上依次为牌楼、水池石桥、栅门、头门、碑亭、二门、享堂、寝堂[1]。广东东莞厚街镇河田村的方氏宗祠是一座四进祠堂，主体建筑自前向后依次为：前堂、天井、牌坊、天井、二堂、天井、三

---

〔1〕　潘谷西主编：《中国古代建筑史》第四卷，中国建筑工业出版社，2009年，第169页。

堂、天井、四堂、天井[2]。而临海宗祠平面进深较浅，依然采用同堂异室之制，堂寝合一，没有出现前堂后寝格局，也没有在中轴线上增加更多的附属建筑。这在形式上与《家礼》祠堂相似，但其根源却是不同的。《家礼》中的祠堂是在平民祠堂出现之始，根据当时的祭祀需要所设想的祠堂形制，而临海明清宗祠堂寝合一格局的出现则是因为受限于临海较弱的地方经济，宗族无力建造更多的房屋及附属建筑。

图 248　上湾叶氏宗祠院落鸟瞰

（二）院落空间

一进式宗祠不设厢房，天井面宽即等于三开间或五开间正厅的宽度，进深一般小于面宽，形成面积不大的院落。

二进三开间的宗祠中，厢房平面在正厅外侧，天井院落的面宽约等于三开间正厅的宽度，一般在 10 米左右。进深等于或略小于厢房的长度。厢房一般不小于三开间，故而天井院落平面大多接近方正或竖长方形，很少有横长方形的。

临海宗祠正厅大多数高于一般的居室，前檐柱高度平均在 3.5 米左右，整体高度约 5 米。而围合院落的厢房多为二层，略矮于正厅，在 4.5 ~ 5 米左右。以厢房作为参考高度，天井横向剖面的高宽比接近 1 : 2（如上湾叶氏宗祠）。天井院落较为开阔疏朗，加上内部通廊檐柱的规律分布，

〔2〕　赖瑛：《珠江三角洲广府民系祠堂研究》，华南理工大学 2010 年博士论文，第 126 页。

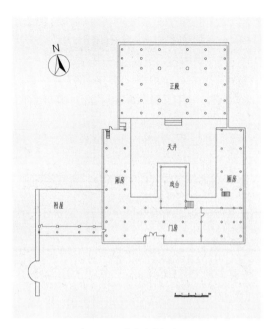

图 249　隔溪吴氏宗祠平面图

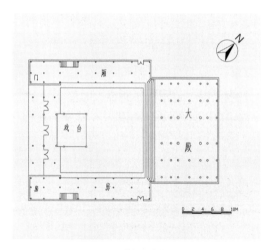

图 250　小芝何氏宗祠平面图

使整个院落具有规整的秩序感。

二进五开间宗祠中，厢房相对于正厅的位置不同，多数厢房在正厅前方，与正厅梢间相接，天井面宽约等于正厅中间三开间的宽度，院落空间类似于二进三开间的宗祠。也有的宗祠厢房仅与部分正厅梢间相接，如隔溪吴氏宗祠；或者完全在正厅外侧，如小芝何氏宗祠。此时天井面宽大于三开间，院落更显宽敞。

《家礼》中所载三间祠堂，"阶下随地广狭以屋覆之，令可容家众叙立"。但由于当时祠堂仅祭四代祖先，家众也较少，祭祀仪式大多是在堂内举行的。享堂前庭并非祭祀时族众主要活动场所，故其庭院较为狭小。明中叶以后由于祭祀范围的不断扩大，族众人口急剧增加，早期狭小的庭院已不能容纳众多的祭祀者，导致前庭的进深不断加大，甚至于达到早期祠堂的四五倍。这是平民宗祠发展的大趋势。临海宗祠虽然没有出现中轴线纵向延伸的情况，但大多数宗祠拥有开阔的天井院落，这同样是出于满足祭祀族众日益增多的需求。

（三）立面特点

临海一进式宗祠，仅有大门，无门房，主立面较单一。这里仅论二进式宗祠情况。二进式宗祠的主立面建筑主要有两种形式。一种是一排门房，中间设三开间大门，前廊或单檐，如上湾叶氏宗祠；或重檐，如罗渡罗氏宗祠。其主立面风格较为朴实。殿前朱氏宗祠原亦为一排门房，不过门房一侧于1954年被改建为四坡顶五层钟楼，形成不对称的主立面。另一种是厢房延伸与门房平齐，高出门房屋脊的厢房或人字形山墙，如

图 251　罗渡罗氏
宗祠主立面

图 254　小芝何氏
宗祠主立面

图 252　殿前朱氏
宗祠主立面

图 255　牌前郑氏
宗祠主立面

251	252
253	254
255	256

图 253　岭里钱氏
宗祠主立面

图 256　庙西金氏
宗祠主立面

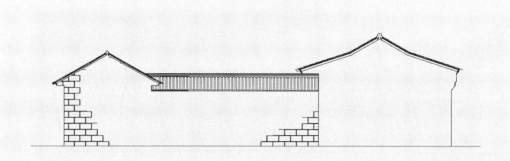

图 257　隔溪吴氏宗祠侧立面示意图

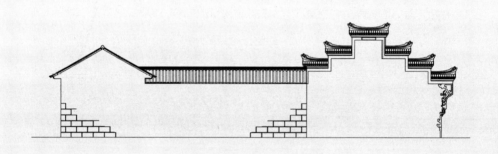

图 258　下湾叶氏宗祠侧立面示意图

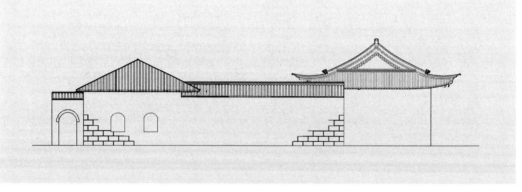

图 259　上湾叶氏宗祠侧立面示意图

140

杜桥下周周氏宗祠、岭里钱氏宗祠；或马头山墙（一般在五叠以内），如炉头邱氏宗祠，小芝何氏宗祠。后一种主立面，厢房与山墙有一定落差，对称的马头山墙使得立面轮廓错落有致，其风格规整庄严，而不失变化。少数宗祠主立面两侧厢房山墙不完全对称，一侧为人字形山墙，另一侧或为马头山墙，如牌前郑氏宗祠；或观音兜山墙，如庙西金氏宗祠。

二进式宗祠的侧立面也分为两种情况，当主立面为一排门房的时候，侧立面由门房山墙、厢房侧立面与正厅山墙组成；当厢房与门房平齐时，侧立面由厢房立面与正厅山墙组成。后一种立面比较前一种立面少了门房山墙部分，更显简单，这里只论及前一种情况。此时，门房的山墙一般是人字形，立面变化主要体现在由正厅屋顶的不同而带来的不同山墙立面上。临海宗祠正厅山墙一般为人字形或者马头山墙两种，如隔溪吴氏宗祠、下湾叶氏宗祠，也有个别为歇山顶的，形成三角形加梯形的立面，如上湾叶氏宗祠。

二　宗祠与民居、保界庙、佛寺建筑的比较

（一）宗祠与民居的比较

宗祠与民居使用功能不同，其平面布局、院落空间及立面形式也有差别。

1. 平面布局

临海民居的基本构成单元是由厢房、正房围合天井组成的三合院。这是最基本也最常见的民居形式。在此基础上进行各种组合扩展，方式多种多样：

（1）纵的扩展模式

① 在三合院的后方再续接厢房、正房的围合，如括苍镇张家渡村西楼清代民居[3]是三个三合院的纵向组合。

② 在纵向扩展的情况下，两个院落之间的房屋留有可供穿行的通道，成为穿堂的形式，如白水洋镇胡头宋村宋仁焕兄弟民居、东塍镇岭根村2-92号民居。

---

〔3〕　由于民居没有具体介绍，所属地不清，故本文民居命名详于宗祠，采取"所属镇 + 所属村 + 民居名"格式。

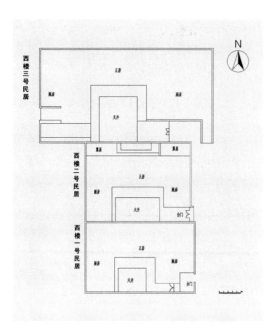

图 260　括苍镇张家渡村西楼清代民居平面图

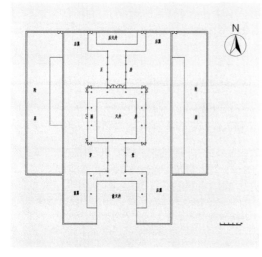

图 261　白水洋镇胡头宋村宋仁焕兄弟民居平面图

（2）横的扩展模式

① 在三合院的旁侧接续厢房、正房的围合，如千洋双透屋两个三合院并列开门，其中一个院落仅有一侧厢房。

② 在三合院旁侧接续侧天井、附屋，如仁美楼两侧各有天井及为了满足各种需要而建造的附屋。

（3）纵横结合的扩展模式

由于受到土地现状、居住生活需要的种种制约，不少的古民居呈现多样的组合布局。如下田洋古民居平面布局复杂，比较充分展示了临海民居随地形、随需要的扩展模式。中间为纵向的小天井、厅堂、大天井、正房及厢房的组合，左侧为两个天井、附屋院落的组合，右侧的天井、附屋呈不规则布局。可以看出房屋附以天井是扩展的主要方式，这是因为天井可以满足采光、活动的需求，加上房屋即可形成一个相对独立的生活空间。此外，各式较小附屋的建造往往因地、因需制宜，形式多样，没有定式。

通过对临海古民居的分析，可以看出临海民居与宗祠在平面布局上有一定联系，同时也存在着极大的不同。

（1）联系

① 民居的主体建筑布局是厢房、正房围合的院落形式。宗祠的基本格局也是厢房、正厅围合的院落。二者在形式上是相似的。这种传统院落形式总体上是内敛的、封闭的。

民居是家庭甚至家族聚居的场所，家庭或家族是由血缘联系起来的团体，内部联系紧密，对外具有排他性。而宗族也是由血缘关系联系的团体，只不过其范围比家庭或家族更大。宗祠作为祭祀本宗族祖先的场所，自然也具有排他性需求。而也正是血缘关系

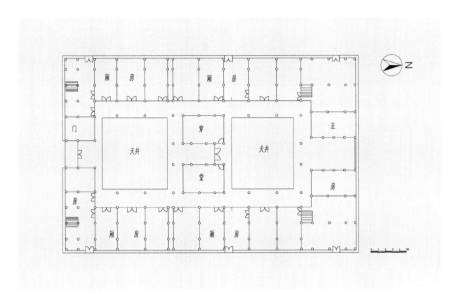

图262 东塍镇岭根村 2-92 号民居平面图

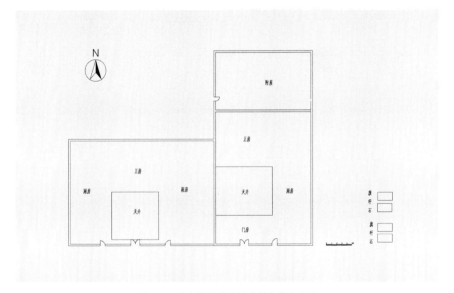

图263 白水洋镇蒋岙村千洋民居平面图

带来的排他性，使宗祠和民居均具有建筑格局上的封闭性。

②民居也具有一定的祭祀功能。正房堂屋是民居建筑中最里面，也最重要的位置。这里通常作为供奉祖、父神主的地方，家庭成员须依时拜祭，是小型的家庭祭祀空间。这里也是家长执行家法以及举行婚丧礼仪等活动的场所。同样，在宗祠中，作为祭祀空间的正厅也是处于最里面、最重要的位置。这里也是族长处理宗族事务以及宗族内婚丧活动的场所。可以说，

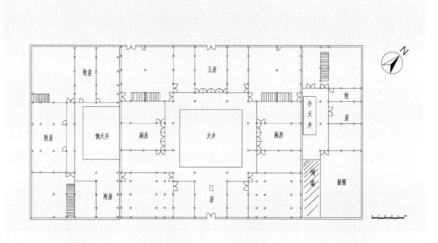

图264　河头镇前山村仁美楼平面图

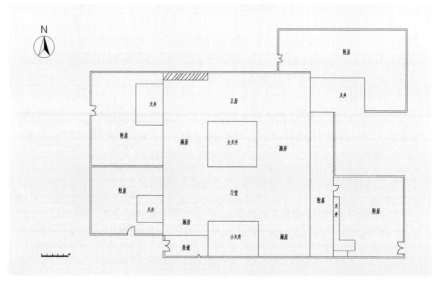

图265　白水洋镇三份村下田洋古民居平面图

宗祠是民居中祭祀空间的独立化与扩大化。

（2）差异

①宗祠的正厅以独立为主，民居正房与厢房的外立面一般是平齐的。

宗祠作为祭祀场所，其核心建筑是正厅。正厅具有唯一性、神圣性，其他所有建筑都围绕它展开。作为居住生活的场所，民居中的正房和厢房却不存在这样的绝对地位差异，因而经常并列建造，形成平齐的外立面。

② 宗祠中不存在横向的扩展，纵向的扩展也极少；民居的纵横扩展较为随意，组合方式灵活，可以根据地形添加、删减。

横向的扩展无法区分主次，是一种并列关系。由于宗祠是祭祀场所，正厅作为祭祀空间具有独立性、唯一性，是整个建筑组群的主体与核心，因此不可能在横向上再扩展出一组相同的建筑格局。纵向的扩展是可以区分主次的，但临海宗祠纵向的扩展很少见，主要是由于经济、传统等原因。

民居需要满足的是居住、生活功能，不存在宗祠中对正厅唯一地位的功能性需求，因而纵横的扩展都是可以的。

③ 大部分宗祠设有戏台，民居中无戏台。

宗祠是宗族祭祀、集体活动的场所。中国古代一直都有演戏酬神、娱神的传统。在宗祠内演戏既可供奉祖先，也可娱乐族众。同时，宗族也具有担负巨大演戏支出的能力。这使得多数宗祠设有供演戏之用的戏台。而民居是家庭（族）生活的场所，既无能力也无需要设置戏台。

④ 宗祠一般只通过门房与外连通，也有少数通过在厢房外侧开门来实现与外界的联系。

其门房、厢房、正厅向内一侧一般都设有檐廊，形成连通。民居则经常在附屋或正厅外侧开设数个门洞与外界连通，其内部房屋通过开设较多的门来达到相互联系目的。总体上讲，宗祠对外封闭，对内连通，而民居的对外封闭性小于宗祠，对内连通性却较弱。

宗祠是祭祀祖先的场所，族众在这里通过虔诚的祭拜，与祖先神灵沟通，达到对血缘身份的自我认同和强化。这个自我认同的过程其实也就是排他、确立自我的过程。这要求宗祠对外是封闭的。同时，宗祠作为族人公共活动的空间，族众在这里聚会沟通，增加宗族的团结与凝聚力。这种功能要求内部以开敞、连通的公共空间为主。此外，宗祠的封闭性也与宗教思想有关。

巫鸿曾对周代宗庙空间进行过经典的分析：

> 廊庑的主要作用是创造"闭合空间"。由于廊庑的设立，庭院相对独立于外界，而殿堂遂形成这一"闭合空间"之焦点。美国现代艺术心理学家鲁道夫·阿恩海姆称这种空间概念为"人为空间体系"，其作用是"控制客体间的相互关系及提供视觉以尺度和标准"。[4]
>
> 位于城内的宫庙进而由一道道墙壁围廊环绕，而祖庙之中又是层垣重

---

〔4〕 （美）巫鸿：《从"庙"至"墓"：中国古代宗教美术发展中的一个关键问题》，《礼仪中的美术》，生活·读书·新知三联书店，2005年，第553页。

门，造成数个"闭合空间"，越深入就越接近位于宗庙近端的太祖庙。当朝拜者穿越层层门墙，视野逐渐缩小，与外界愈益隔膜。由视觉至心理上的反应自然而然地是"闭也"、"静也"、"神也"。

进而言之，这种宗庙朝拜本身即象征了"反古复始"的旅程。朝拜者所经的空间观念的转换实际上代表了时间观念的推移。当朝拜者最后进入层层"闭合空间"的中心，在宗教意义上也就是归返至宗族的本原。[5]

虽然临海的宗祠一般只是二进式的，规模不可与皇家宗庙同日而语，但本质精神是相通的。由通廊连接的闭合院落突出了作为祭祀空间的正厅，祭拜是与祖先交通的过程，也是"返古复始"的过程。

民居作为家庭（族）生活场所，与作为类宗教场所的宗祠在功能上是截然不同的，它不要求创造向内的宗教心理氛围，而是要求个人生活的方便性与私密性。对生活方便的需求使得民居对外封闭性相对较弱，而私密性需求则是造成民居内房屋多而不连通的原因。

2. 院落空间与外观立面

为了满足生活的需要，民居院落一般较为宽敞，采光条件好。中间多有通道，两侧栽植花木，使得院落富有生活情趣。如更铺巷蒋氏民居院落中间有方形石块小径可通行，两侧有花坛和水井，靠近厢房处还铺设雕刻游鱼和钱纹的观赏石。而宗祠院落主要供族众祭祀及其他集体活动之用，一般没有其他设置。

宗祠与民居外观立面形象的不同主要体现在厢房与正厅的山墙上。宗祠的厢房或马头山墙，或人字形山墙，也有少数观音兜山墙。相对于宗祠，民居厢房山墙的样式更加活泼多样。一般人家多采用人字形山墙。也有采用马头山墙的，如古城街道的傅濂故居、骑尉第、大龙须 23 号民居、紫阳街蒋氏民居以及汛桥镇蒋家山村新屋里民居等。古城街道邓巷洪家民居则同时采用了两种形式的马头山墙。其正屋为规则的马头山墙，直线条层层跌落，错落有致的同时，展现出规整庄严的气质；厢房山墙则为变形的马头山墙，弧形曲线在对称中充满变化，形似飞鸟展翅，更显活泼可爱。观音兜山墙也较为常见，如东塍镇的岭根村王文庆故居、上岭村 2-12、2-152 号民居以及上盘镇新塘岸村王氏民居、山根村王氏凤凰翼等。此外，还有形似波浪的山墙，如大田街道下沙屠村马氏庄园。造成宗祠与民居主立面

---

〔5〕 （美）巫鸿：《从"庙"至"墓"：中国古代宗教美术发展中的一个关键问题》，《礼仪中的美术》，生活·读书·新知三联书店，2005 年，第 556 页。

图 266　古城街道南门社区大龙须 23 号民居马头山墙

图 267　汛桥镇蒋家山村新屋里民居马头山墙

图 268　古城街道邓巷洪家民居变形马头山墙

图 269　东塍镇上岭村 2-152 号民居观音兜山墙

图 270　上盘镇新塘岸村王氏民居观音兜山墙

图 271　大田街道下沙屠村马氏庄园波浪式山墙

266	269
---	270
267	271
268	

147

风格差异的原因在于，作为生活场所的民居可以体现个人审美爱好，展现浓厚生活气息，而作为礼制建筑的宗祠却必须肃穆庄严。

宗祠正厅大部分采用层层跌落的马头山墙，也有一小部分为人字形山墙，如娄村李氏宗祠、隔溪吴氏宗祠。个别宗祠正厅采用观音兜山墙，如开井金氏宗祠、石佛洋杨氏宗祠。而民居正房多采用人字形山墙，也有一部分马头山墙。此外，民居没有因为使用歇山顶带来的特殊立面形式。相比较，民居正房山墙立面形式较为简单。这是由民居建筑的低等级性带来的。

（二）宗祠与保界庙的比较

临海民间宗教信仰氛围浓郁，几乎每个村庄都有自己的庙宇，这就是保界庙。保界庙"保"而有"界"，只供地界内的民众拜祭，也只护佑地界内的信众。保界庙佑护的地界通常是一个村庄。如果村庄很大，亦可依地缘（某种自然的地形地貌）划分为若干小的区间，也就是若干"保"（意为拥有各自保界神庙的区间）。同样的，也存在几个较小的村庄共同拥有一座保界庙的情况。至于同一个小的自然地理区间供奉两座或以上保界庙则是特殊情况，一般和村庄特殊的发展历史有关。

临海不少的保界庙名为"本保殿"，意谓保护本地区的庙宇，如东塍镇娄村本保殿[6]、东塍镇呈岐村本保殿、汛桥镇章后洋村本保殿、桃渚镇高谗村本保殿。这些名称是保界庙地缘性质的直接反映。白水洋镇高庄田村赤峰山顶有护国庙，是这个居于山上的小村落的保界庙。其柱、梁、顶皆用石材，穿斗式，前枋间刻"护国庙"三字，后枋刻"保惠方隅"，也明确了保界庙的地缘性质。

临海地区将所有的神祇都称为"老爷"。保界庙也被称为"老爷殿"，所供奉的老爷种类多样。其中，供奉最多的是白鹤大帝与土地神。白鹤大帝的原型为东汉赵炳。据《后汉书·方术列传·徐登传（附赵炳传）》载：赵炳，字公阿，东阳（今金华）人，善越方（禁咒）。曾入会稽章安（今台州市椒江区章安街道）传道，章安令华表"恶其惑众而杀之"。相传其遗体自章安溯流至临海桃渚白鹤山，临海民众于白鹤山建"灵康庙"祭祀，颇为"灵验"。白鹤大帝可以治病救人，呼风唤雨，无所不能，显示出全能神格。而土地神则属于民间信仰中的地方保护神。土地神因地界而存在，

---

〔6〕 保界庙没有具体介绍，所属地不清，故本文保界庙命名方式与民居相似，采取"所属镇＋所属村＋保界庙名"格式。

其地缘性是不言而喻的。土地神起源于人类对大地的敬畏与感恩。无论对于至尊天子，还是升斗小民，祭祀土地都是重大的事情。民间对土地神的祭祀以"社"为单位。《左传·通俗篇》有云："凡有社里，必有土地神，土地神为守护社里之主，谓之上公。"《汉书·五行志》又称："旧制，二十五家为一社。"可见东周时期，对土地神的祭祀就有着明确的地缘性。此后，土地神的职权有变小的趋势，至明清，演变成为只能管理本乡本土的最低级的小神，不过其地缘性特征愈发强烈。

此外，保界庙还供奉龙王、财神、泗州佛、郭子仪、杨元帅、罗元帅、周元帅、关圣大帝、平水尊王、陈公大帝、玄天上帝、九州神主、五显灵官大帝、圣后夫人等各种神灵。这些神灵有的与本地有着特殊的联系，有的没有。

需要特别提到的是城隍庙。临海有府、县二城隍庙。府城隍庙在大固山东北，唐武德四年建，宋嘉定十五年，郡守齐硕又新之，迁正殿，增祢殿、寝殿。元明无考[7]。供奉的城隍神是三国吴时临海太守屈坦。他为地方驱除毒蛇猛兽，惠政甚多，有大功于百姓，唐武德间封为城隍神。县城隍庙在县东一百步，宋端拱元年，邑令王子舆重建。供奉的是赵炳的兄弟赵煜。世传东阳人赵煜与兄赵炳遇异人授秘术能驱役鬼神，东汉时隐章安丹邱山言祸福皆验。既殁，民立祠祀之。旱涝祈祷即应。吴越时改郡为县遂迁祠今地为城隍，封建国侯[8]。城隍本指护城河，班固《两都赋序》有言："京师修宫室，浚城隍"，后演化成城市保护神。作为冥界的地方官，其职权相当于阳界城市的最高长官。可见，城隍庙本质上是一种特殊的保界庙，其佑护范围是整个城市，比一般保界庙要大得多。

有学者指出，"保界庙最清楚地体现出民间自然生成的一种有异于行政区划的精神空间的特征，它依附于地理空间但却从心理层面上获得它的意义。而与这类心理空间相关的活动，就成为维系这个空间的存在并且不断强化这一空间内在完整性的重要途径"，"我们更应该将它们看成是精神空间或曰文化空间而非地理空间"[9]。这是很有见地的观点。确实，保界庙归属于特定的区间，具有排他性。由于保界庙的地缘性，地界内民众因保界庙的存在而形成一种精神联系。但认为保界庙"和这个区间的所有民众之间，建立了一种特殊的精神联系。这种精神上的联系，比起地理上

〔7〕 何奏簧纂，丁伋点校：《民国临海县志》（上），中国文史出版社，2006年，第332页。
〔8〕 喻长霖、柯骅威等纂修：《台州府志·祠祀略》，上海书店，1993年。
〔9〕 傅谨：《祠堂与庙宇：民间演剧的空间阐释》，《艺术探索》2006年第2期。

的区隔更有效地维系着一个特定区域内的民众的精神世界"〔10〕则夸大了保界庙对地界内民众精神联系的意义。

从临海的情况看，很多村庄的老爷殿都供奉白鹤大帝，称为白鹤殿或白鹤大帝行宫。这些村庄供奉各自老爷殿内的白鹤大帝，而白鹤大帝佑护的却是所有供奉的村庄。供奉龙王、财神、关圣等神灵的保界庙也不止一处。可见，保界神与村庄并不存在严格的一一对应关系。实际上，在一般民众的朴素心理，神灵是万能的，只要供奉便可以得到保佑，并非一定得有特殊的联系。故而，保界庙对民众精神联系的整合是松散的，有限的，而非紧密的，强烈的。

保界庙与宗祠拥有各自特定的性质，也决定了这两类建筑的平面布局、院落空间与外观立面既有相似之处，也有差异分别。

1. 平面布局

保界庙也有一进、二进之分。一进式保界庙数量较多，结构简单，多数不置垣墙，仅一进房屋，如永丰镇彭山村镇静庙、河头镇马家湾村南山庙、河头镇姚宅村上双溪庙、东塍镇绚珠村关帝庙。也有围以垣墙或厢房形成院落的，如永丰镇坊前村翔龙庙、东塍镇山根村西卢庙。有的在院内建有附屋储物，其位置较为随意，或在正殿旁侧，如东塍镇竹岙村西山庙；或天井、正殿旁侧兼有，如白水洋镇黄坦洋村双涧庙；或与天井、正殿皆相连，如东塍镇屈家村七圣殿；或在正殿、天井以外，如东塍镇呈岐村本保殿。

一进式保界庙与一进式宗祠相比，多无院落，具有更大的开放性。其附屋的设置较为随意，与布局严谨内敛的宗祠相比，也显示出一定程度的开放性。

二进式保界庙设有门房，其后往往接建戏台，两侧一般设有厢房，或在正殿之前，或延伸到正殿。典型的如永丰镇下塘园村关圣庙、东塍镇稻蓬坑村广口庙、尤溪镇大左村大左庙、永丰镇下吴村白鹤大帝行宫、永丰镇石鼓村白鹤大帝行宫、汇溪镇两头门村下街头殿。大田街道下沙屠村中沙宫稍有不同，其戏台设在天井靠近正殿一侧。

大田街道城隍庙是临海唯一的三进式保界庙，其格局是在二进式保界庙的基础上向后再扩延出一个天井与大殿，反映的是城隍庙作为一城之保界庙，其规格较其他保界庙更高。

二进式与三进式保界庙与宗祠布局基本相似，大多设有戏台、厢房。

〔10〕 傅谨：《祠堂与庙宇：民间演剧的空间阐释》，《艺术探索》2006 年第 2 期。

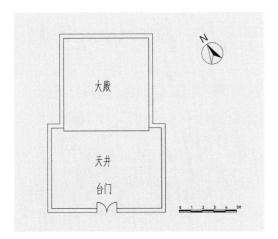

图 272　永丰镇坊前村翔龙庙平面图

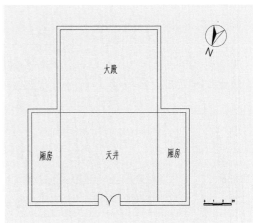

图 273　东塍镇山根村西卢庙平面图

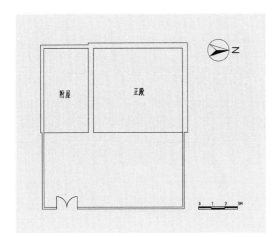

图 274　东塍镇竹岙村西山庙平面图

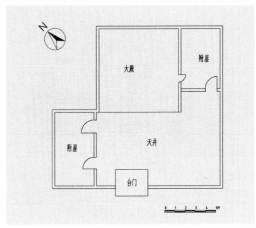

图 275　白水洋镇黄坦洋村双涧庙平面图

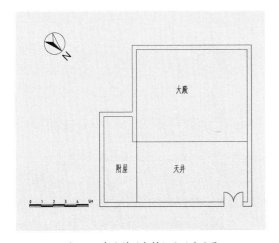

图 276　东塍镇屈家村七圣殿平面图

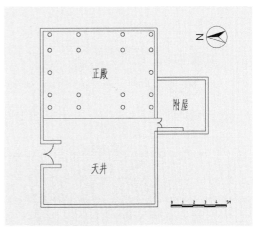

图 277　东塍镇呈岐村本保殿平面图

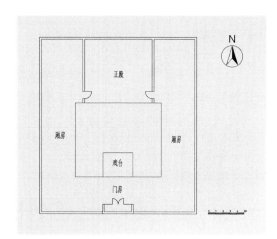

图278　永丰镇下塘园村关圣庙平面图

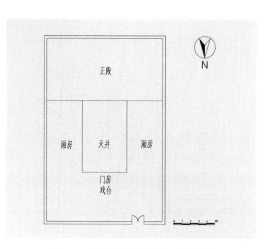

图279　东塍镇稻蓬坑村广口庙平面图

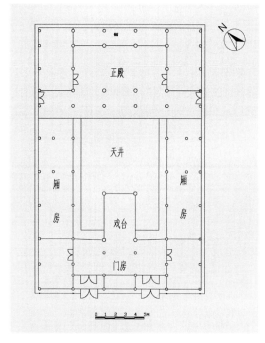

图280　永丰镇石鼓村白鹤大帝行宫平面图

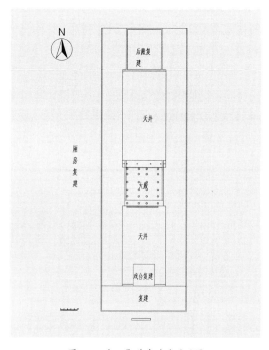

图281　大田街道城隍庙平面图

　　这种相似性根源于保界神信仰与宗族祖先信仰有相似之处。在这两种信仰中，人与神都是供奉与被供奉、被保护与保护的关系，人都需要通过奉献来获得神灵或祖先的庇佑。保界庙最重要的酬神活动就是每年为庆祝老爷寿诞而举行的演剧。而在宗祠内，除了宗族聚集拜祭外，演戏也是十分重要的祭祀内容。保界庙与宗祠中同时出现戏台及可供观戏的厢房，呈现出相似的布局也就不足为奇了。

　　总的来说，保界庙的平面布局比宗祠显示出更多的开放性。其原因在于，保界庙属于一个小的自然地理区间，有一定的排他性，但它同时又具有一定的开放性，对区域内的每一个人（无论是否有血缘关系）都是开放的。在社会生活方面，保界神使得区间内的民众在精神上具有一定的联系。不过其间个体之间的关联是松散的，不存在严整的秩序关系。个体对群体的依存程度较小。这造成了保界庙平面布局松散、开放的特点。而宗祠属于具有共同血缘联系的宗族，具有强烈的排他性。同时，宗族还是一个生活、经济组织。在明清时期，宗族对于个人的生存具有重要的意义。个人可以在宗族内获得生活的依赖和保障，同时也对宗族有着强制性的责任与义务。可以说，在那个时代，个人被逐出宗族，就意味着被社会所遗弃，无论在现实生活还是精神的层面。这种紧密的利益联系使得宗族的排他性及内部的秩序性更为突出。宗祠是宗族的物化，在其布局上便也相应地呈现出内敛、秩序的格局。

2. 院落空间与外观立面

　　绝大部分的宗祠设有垣墙围合成封闭院落。而相当一部分保界庙是没

图 282　东塍镇山根村西卢庙

图 283　邵家渡街道石年村向北庙

图 284　桃渚镇沙门村白鹤殿

图 285　永丰镇彭山村镇静庙

282	283
284	285

153

有垣墙院落的。原因是保界庙比宗祠具有开放性。这在上文已经提及，不再赘述。就院落空间本身特点来看，两者是相似的，都较为开敞，应是源于两者都需要较大的空间容纳祭祀或观戏的民众。

在外观立面方面，宗祠厢房大部分采用马头山墙，使主立面达到富丽堂皇的审美效果，同时又可以彰显庄严肃穆的建筑氛围。而保界庙的厢房以人字形山墙为主，如东塍镇山根村西卢庙，马头山墙较少，主立面形式较宗祠简单。

保界庙正殿山墙与宗祠差别较大。宗祠正厅多采用硬山顶，马头山墙，仅有少数的采用歇山顶。而保界庙中采用歇山顶的数量较多，尤其是不设垣墙的单座小型保界庙，如邵家渡街道石年村向北庙、桃渚镇沙门村白鹤殿、永丰镇彭山村镇静庙，形成三角形山花及覆盖正脊两端屋顶的梯形屋面结合的立面形式。屋顶的式样有等级高低之分。歇山顶是较高等级的屋顶样式，一般用于达官贵人的府邸和佛寺等重要的建筑物。保界庙祭祀的对象是神灵，采用较高等级的歇山顶是没有问题的。而宗祠祭拜的是各宗族的祖先，在级别上还是低于神的，这应当是宗祠较少采用歇山顶的原因。

（三）宗祠与佛寺（堂）的比较

临海佛教有史可考始于西晋。建于晋太康中（280～289）的涌泉寺和建于永康中（300～301）的灵穆寺是临海最早的佛寺。东晋南朝是临海佛教发展的重要阶段。佛寺有所增加，著名的法轮寺、证道寺、延庆寺、云岩寺等都创于此时。隋唐五代是临海佛教鼎盛时期。智顗、智越、灌顶、智璪、怀玉、思托、幼璋等著名僧人都曾于此时在临海弘扬佛法。这时也兴建了大批寺院，总计隋唐三十三座，五代三十五座，主要有龙兴寺、宝城寺、祈圣寺、净信寺、崇福寺、广福寺、资瑞寺、真如寺、楞伽寺等[11]。其中龙兴寺是台州寺院官署的所在地，也是台临佛教的中心。宋元时期，临海佛教继续发展，新建了一批寺院，据不完全统计，有六十六座之多[12]。至明清，临海佛教已处于衰落阶段，寺院"大部分年久失修，渐至废圮。但新建的也不少，计有明代十一座，清代五十三座。只是这些均为民间的兰若和堂院，已无复往日的气象"[13]。民国时，临海佛教更趋衰微。20世纪80年代以来，旧存寺院庵堂才逐渐恢复生气，得到不同

---

〔11〕 马曙明、徐三见主编：《临海宗教志》，宗教文化出版社，2001年，第13页。
〔12〕 马曙明、徐三见主编：《临海宗教志》，宗教文化出版社，2001年，第15页。
〔13〕 马曙明、徐三见主编：《临海宗教志》，宗教文化出版社，2001年，第17页。

程度的修复。临海现存民国及以前佛寺近百座，其中较大的龙兴寺（天宁寺）、延恩寺、法轮寺、三峰寺、弘法寺、庆国寺、延庆寺、弥陀寺、锦云寺、小固岭堂等被列为临海市佛教活动场所，并有所扩建。

1. 平面布局

现存布局较为完整的佛寺（堂）较少，不过却能说明不少问题。河头镇下湾村松若庵[14]是一座小型的佛堂，南侧进门过天井到观音殿，北侧是永宁寺，两者都通向中间的厨房。除此外，没有其他的附属设施。当时应该有数量不少的这种小型佛堂，或无人居住，或有几个僧尼在此生活修行。小型佛堂修建和信奉的主体是个人或小范围的人群，他们借助奉佛安顿身心。对他们来讲，只要有供奉佛像的房屋即可作为佛堂，过多的附属建筑是不必要也负担不起的。这种类型的小型佛堂在如今的临海乡村依然常见。

东塍镇东溪单村水阁堂的情况比较特殊，是两个院落的组合，面积相对较大。前院由门房、戏台、厢房、前殿组成。后院由厢房、附屋、大雄宝殿组成。前院与后院基本上是隔离的，仅通过一扇门连通。从其平面布局看，虽然水阁堂形式上是两个院落的组合，但之间没有意义关系，是两组独立建筑。后院本质仍是小型佛堂。前院设有戏台，显示出佛堂建筑受到本地宗祠、保界庙一定的影响。

除了小型佛堂，临海还有供僧团修行生

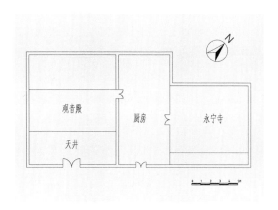

图286　河头镇下湾村松若庵平面图

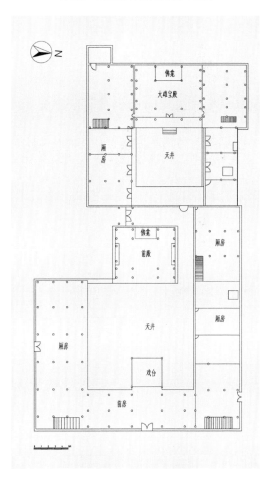

图287　东塍镇东溪单村水阁堂平面图

---

[14]　佛寺（堂）没有具体介绍，所属地不清，故本文佛寺（堂）命名方式与民居相似，采取"所属镇＋所属村＋寺（堂）名"格式。

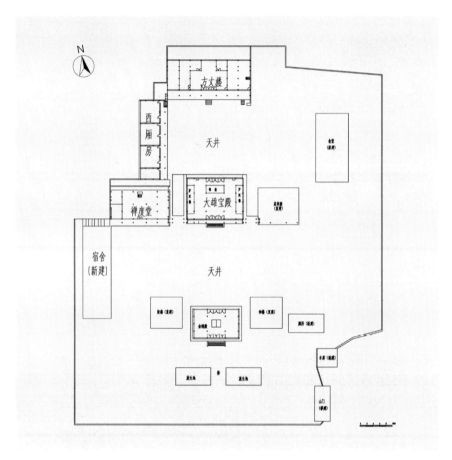

图 288 广福寺平面图

活的有一定规模的佛寺，有一部分能够探知其大概的建筑组成，如：

证道寺　清顺治中（1644～1661），僧寂光募捐重修。光绪二十二年（1896），重修藏经阁。民国九年又重修。寺原有大殿、地藏殿、佛堂、藏经阁、方丈室、僧寮、客堂等。[15]

法轮寺　康熙十六年（1677）僧圆延重建。光绪二年（1876），住持成泰重修。十五年（1889），住持林祥再修。寺原有大雄宝殿、金刚殿、山门及寺西两厢等建筑。现尚存大雄宝殿五间。[16]

普安寺　清康熙十七年（1678），僧觉际建法堂、饭僧堂、禅堂、钟楼及东西两庑等。[17]

---

〔15〕　马曙明、徐三见主编：《临海宗教志》，宗教文化出版社，2001年，第20页。

〔16〕　马曙明、徐三见主编：《临海宗教志》，宗教文化出版社，2001年，第20页。

〔17〕　马曙明、徐三见主编：《临海宗教志》，宗教文化出版社，2001年，第21页。

大安寺　清康熙七年僧妙果重建大殿、法堂、饭僧堂、东西廊房等。[18]

保寿寺　清康熙中僧道琦、照心等重新，建大殿、方丈、东西楼等。[19]

由上可知，清代佛寺以大殿为核心建筑，另有僧人修行的法堂、禅堂以及生活寮房。以上佛寺毁坏较甚，无法得知具体布局。临海佛寺中，仅广福寺留存老旧建筑较多。据《临海宗教志》，广福寺在康岭乡康谷村，始建于唐元和六年（811），为僧重济所创，旧名"资瑞"。宋景德元年（1004）增建。大中祥符九年（1016）塑像；景祐元年（1034）造浴室；二年（1035）立忏堂；庆历八年（1048）建僧堂、山门、罗汉堂，并立僧舍七十间[20]。现存建筑主体建于康熙年间，可以分为四组纵向的组群，第一组是山门内的两个放生池，中间有桥梁通向金刚殿。第二组是金刚殿及两侧钟楼、鼓楼。第三组是大雄宝殿及两侧的药师殿、禅度堂（供奉观音）。第四组是方丈楼与旁侧的西厢房。广福寺的格局已不完整，但仍可以看出总体上是一种"中轴纵深式"布局模式，中轴线上依次分布着金刚殿、大雄宝殿、方丈楼。可见，清代广福寺与唐宋广福寺格局相差甚远。

中国传统汉传佛寺格局有一个发展演变的过程。在佛教中国化时期，"马祖创丛林，百丈立清规"，中国禅宗创立"丛林"寺院，禅寺中不设佛殿，仅建法堂，体现出禅宗对

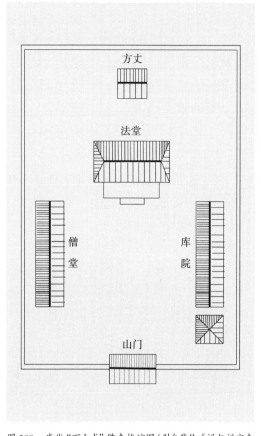

图289　唐代"百丈式"佛寺推演图（引自戴俭《禅与禅宗寺院建筑布局研究》，《华中建筑》1996年第3期）

〔18〕　马曙明、徐三见主编：《临海宗教志》，宗教文化出版社，2001年，第34页。

〔19〕　马曙明、徐三见主编：《临海宗教志》，宗教文化出版社，2001年，第41页。

〔20〕　马曙明、徐三见主编：《临海宗教志》，宗教文化出版社，2001年，第23页。

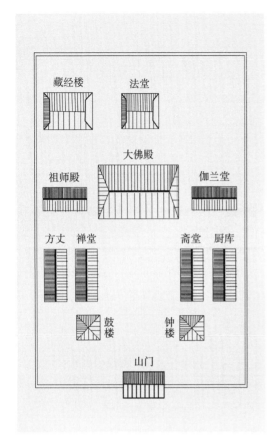

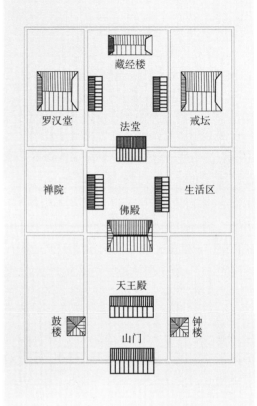

图290 明代禅寺基本布局推演（引自戴俭《禅与禅宗寺院
建筑布局研究》，《华中建筑》1996 年第 3 期）

图291 清代禅寺基本布局推演（引自戴俭《禅与禅宗寺院
建筑布局研究》，《华中建筑》1996 年第 3 期）

于神性的大胆破除。其布局为纵横十字轴线模式："由南至北沿中轴线依
次布置山门（多为层阁）、法堂（演法传法之堂）、方丈（长老住持之居
所）；法堂西侧为大僧堂（僧众集体禅修、起居、饮食、议事之所）、经
藏；法堂东侧设厨库（厨房、库房及职事堂等）、钟楼。在这些主要建筑
的外围，附建相应配套功能。"[21] "方丈"处于中轴线后端的正中位置，
而这一位置原本只属于佛神，凸显出人本精神。

封建社会后期传统汉传佛寺布局演变为"中轴纵深式"：沿佛寺的纵
深方向依次排布山门、钟鼓楼、天王殿、大雄宝殿、自宗所尊的佛殿、其
他佛或菩萨殿、法堂、藏经阁等主要建筑，形成中路佛殿区；在中路东西
两侧附设寺院内部生活区及后勤服务区。禅堂、法堂与体现以人为尊的方

---

〔21〕 漆山：《学修体系思想下的中国汉传佛寺空间格局研究——由三个古代佛寺平面所引
起的思考》，《法音》2012 年第 3 期。

丈楼变得可有可无。这种"中轴纵深模式"与百丈丛林有本质的不同，反映了寺院的礼仪、崇拜、宗教服务和经济功能日益强化。"佛教最终蜕变为一种世俗性、民俗性且精神内涵模糊的庶民信仰。"[22]

临海佛寺自然也脱离不了传统汉传佛寺建筑发展的大背景，其明清佛寺亦是以佛殿崇拜为中心。但是，我们从中仍可以看到注重人本、具有开放精神的"百丈式"佛寺的影子，如普安寺、大安寺中设有法堂，证道寺、保寿寺、广福寺中则设有方丈。从广福寺的现存布局中，可以看到方丈楼处在中轴线终点位置。在中国传统建筑格局中，纵深建筑最后的中心位置是最重要的。方丈楼的位置显示了方丈的重要地位。这些都是"百丈式佛寺"的遗绪。

综上可以看出，佛寺与宗祠的平面布局相比有以下不同：

第一，基本没有戏台。佛学传入中国，演而为禅宗。禅宗大德创建了不立佛殿、不崇神佛的佛寺形制。禅寺初始于僧人对生死的修行实践，而非宗教信仰，自是无演戏酬神之说。及至后来，佛学发展为宗教，释迦牟尼被推上教主之位，佛殿崇拜日盛，演戏仍不是供佛的范围。其时中国人不用演剧奉佛的原因主要有三点。首先，佛教崇拜的是外来神，种族文化的不同，使得中国普通民众在心理上避免用本土演剧贡献外来神佛。其次，佛教传统中，提倡香花鲜果供佛有功德，但无演戏奉佛之说。这依然是不同文化带来的差异。其三，佛教中的人神关系不同于中国民间宗教。佛学虽已成宗教，中国普通民众也有拿自己对待本土神的心态来理解外来佛的取向，但佛教在本质上提倡众生平等，皆有佛性，普通人可以通过自己努力修行，或布施，或参禅，或念佛，脱离现世的痛苦，往生西方极乐世界，甚至成佛。这使得人神之间具有可转换性。而中国民间酬神演剧内含的是中国民间宗教相互对立的人神关系。在这种关系中，神的地位是绝对的，而人是卑微的，不存在普通人可以成为所信仰的对象的可能性。这些都与佛教的精神诉求是冲突的。

第二，格局上的开放性。小型佛堂、佛寺等不同佛教建筑随情况而建，反映了佛教所面对的社会群体具有广泛性和普遍性。这本身就是佛教开放性的一种反映。其建筑格局上的开放性则具体体现在三个方面：（1）包括供奉主佛的大雄宝殿在内的佛殿都是前后开门可通达的；（2）平面布局不规整，厢房等配套设施随形就势；（3）建筑中体现出"百丈式佛寺"的遗绪，

---

〔22〕　漆山：《学修体系思想下的中国汉传佛寺空间格局研究——由三个古代佛寺平面所引起的思考》，《法音》2012 年第 3 期。

图 292　江南街道
茶辽林场证道寺

图 293　大田街道
青田村法轮寺主
立面

反映了佛学的开放探索精神。

　　与之相比，宗祠是规整的，其建筑精神、空间氛围是内敛的，封闭的，强调内聚性。这种不同是由两者开放性不同造成的。佛教以普渡众生为宗旨，面对的是整个人类，对每一个人开放。明清时期，佛寺经济功能日益强化。为了吸引更多信众，佛教向世俗民众许下了大量通往西方极乐世界的快捷门票。其开放性远远大于以血缘为纽带的宗族群体。

　　2. 院落空间与外观立面

　　宗祠的核心功能是祭祀祖先，其他功能均与此有关，由此衍生。而佛寺一方面是民众祭拜的场所，另一方面也是僧众生活修行的地方，这两种功能是并列的。功能性质的不同决定了两者院落格局的差别。佛寺包括佛殿区、生活区、服务区等不同功能区，每个分区都有各自的院落。即使是仅供少数人修行的小型庵堂，有时也会建有单独的生活院落。此外，由于民众的拜佛活动及僧尼的修行基本都在室内进行，不需要像宗祠那样较大的院落以容纳祭祀时的族众，故而对院落布局没有特别的要求，院落可大可小，也可栽植古树名木，或者随地形设有较高的台阶。

　　佛寺（堂）的厢房及正殿以人字形山墙为主，如江南街道茶辽林场证道寺。有一部分正殿采用歇山顶，山墙立面呈现三角形与梯形结合的形式，如大田街道青田村法轮寺。相较于大部分宗祠正殿层层跌落的马头山墙立面，佛寺正殿的山墙立面较简单，也使得佛寺的立面外观随之简单化。

　　佛寺（堂）建筑中没有出现马头山墙。马头山墙是中国古建筑的特有元素。其产生源于中国古代以木构建筑为主的情况。木构建筑易于引发火灾，高出屋面的山墙可以隔断火源，防止火势顺房蔓延。马头山墙循屋顶坡度跌落，随屋顶的斜坡面而呈阶梯形。马头山墙的"马头"，通常是"金印式"或"朝笏式"，显示出主人对"读书作官"这一理想的追求。可以看出马头山墙无论起源，还是寓意都是中国特有的，与佛教内涵相差甚远。这应是佛寺不采用这种山墙的主要原因。佛寺（堂）建筑中也没有出现观音兜山墙。观音兜是旧时妇女使用的一种风帽，因帽子后沿披至颈后肩际，类似佛像中观音菩萨所戴的帽子式样而得名。观音兜山墙与佛教文化并不冲突。在与临海邻近的宁波地区，佛寺庵堂采用观音兜山墙的情况比较常见，推测临海明清时期的佛寺（堂）也应该有采用观音兜山墙的情况。

肆

平民宗族的兴衰：临海传统宗祠发展史考察

宗祠是宗族祭祀共同父系血缘祖先的地方。宗祠以宗族社会的发展为基础，是宗族社会的表征。故而宗祠研究必须建立在对宗族社会具体发展情况的深入理解之上。

宗族作为重要的社会组织，在不同的历史阶段具有不同的发展形态和社会特征。宗族祭祀的方式也随之发生变化。早在原始社会末期，就逐渐形成了父系宗族组织。进入奴隶社会以后，宗族处在世族制与分封制之下，不断发展演变，呈现出不同的特点。夏朝年代过于久远，其宗族组织不得而知。商周实行世官世禄制，形成世袭官爵的贵族宗族。根据卜辞等金石材料可知，殷商地位最高的是王族，其次是子族、商王其他同姓宗族。此外也有一部分姻亲或被征服的异姓宗族。有关商代祭祖礼制的记载非常少，学者通过卜辞与殷墟考古发掘资料研究了商王室宗庙祭祖的情况，"从总体上看由先王（附先妣、母）的宗庙、高祖先公宗庙两类构成"[1]。周代实行层级分封制，周王把自己的子弟、同姓、功臣、亲戚等分封到各地为诸侯，从而"封建亲戚，以蕃屏周"。诸侯又在自己的封地内分封子弟为卿大夫，卿大夫又分封子弟为士。这些封建贵族都具有各自的宗族。与此相应，周代形成了复杂而严格的宗庙制度。西汉人追记的《礼记·王制》里说："天子七庙，三昭三穆，与大祖之庙而七；诸侯五庙，二昭二穆，与大祖之庙而五；大夫三庙，一昭一穆，与大祖之庙而三；士一庙；庶人祭于寝。"周代宗庙是当时社会等级森严的反映。庶民不属于实行礼制的范围，无权建置宗庙，只能在"寝"中祭祀。

西周末年起，社会处于动荡不安"礼崩乐坏"的状况之下，大小宗之法无法实行。秦帝国统一后，以郡县制取代分封制，在中国施行近千年之久的封建制度被彻底解构，先秦宗庙制度也被瓦解。"古者庙于大门内，秦出寝于陵侧，故王公亦建庙于墓。"[2]汉代恢复先秦的宗庙制度，皇帝、诸侯、列侯建有宗庙，而士大夫与豪族在家中的厅堂祭祖。《四民月令》载："正月之朔，是谓正旦，躬率妻孥，法祀祖祢。及祀日，进酒降神毕，乃室家尊卑，无大无小，以次列于先祖之前，子妇曾孙，多上椒柏酒于家长，称觞举寿，欣欣如也。"反映了东汉时期家中祭祖的流行。同时，于墓地辟建祠堂的风尚也获得进一步发展，许多贵族官僚及豪民纷纷在墓地建造祠堂。东汉人王符总括当时祠堂流行情形："京师贵戚，郡县豪家……造起大冢，广种松柏，庐舍祠堂。"[3]可见，在汉代建造墓地祠堂的社会群

---

〔1〕　常建华：《宗族志》，上海人民出版社，1998年，第56~57页。

〔2〕　（宋）欧阳修：《新唐书·礼乐志》，中华书局，1975年。

〔3〕　（汉）王符：《潜夫论·奢侈篇》，中华书局，1985年。

体范围比较广泛，并不以政治身份等级为限，有一定的平民性。但此时墓地祠堂祭祀的仅是个人，而非群祖，与宗祠性质不同。

魏晋南北朝时期的宗族可以分为皇族宗族、士族宗族、平民宗族三种类型。其中士族是新兴阶层，"魏晋时确立九品中正制，将社会上世家大族的政治地位等级化和世袭化，士族正式形成"[4]。士族垄断文化，掌控政权，把持官场，是"宗族结构中的主要因素，也是社会等级结构的重心，其宗族形态和宗族组织的变化和发展，影响了整个社会的宗族形态与组织的变化和发展，决定了社会的性质"[5]。平民宗族大致可以分为三个层次：一是庶族官僚宗族。他们的父祖上代不显赫，一般说三世在五品之下，或不及三世在五品之上，或者没有官品，到了他这一代，改换了门庭而有了政治地位，他的家族与以前已有了重要的变化。二是平民型强宗豪右，在地方上是强宗大姓，是有社会势力而无政治势力的宗族，是属服徭役的庶民阶层。三是一般的平民宗族。大多数的平民宗族是以小族小姓的面貌出现的，宗族规模不大，活动也不是很频繁。[6]

这一时期，除了皇族宗族，具有一定品级的官僚也有资格立庙祭祖。东晋江州刺史王凝之说"宗庙之设，各有品秩"[7]。其方法是将官品类比于先秦时期的等级制。不过，有不少官员并未按规定建立祠庙，如东晋殷仲堪与其弟同居，家有五等封爵，有立庙资格，"今即无庙，而其家常以厅事为烝尝之所"[8]。

建祠立庙是社会等级地位的体现。这一时期士族占统治地位，凭借其文化优势获得政治、经济上的特权，是上层官僚的主体。为了维持其身份地位，他们通过编修家谱、严格婚姻等手段避免与庶族相混淆。相对于庶族官僚，他们为了加强世袭的文化、政治优势，具有更强的建祠立庙需要。而庶族官僚祖上并没有可炫耀的身份业绩，在观念上也不如文化士族那样重视礼制，故而他们即使达到了立庙的品级，也没有建祠立庙的迫切要求。实际上，当时大部分的人都选择家内厅堂作为祭祀祖先空间，如南朝宋崔凯就说："今代皆无庙堂，于客堂设其祖座。"[9]钱大昕也说，大宗法废后，"虽贵为大夫，犹祭于寝"[10]。

〔4〕 冯尔康等：《中国宗族史》，上海人民出版社，2009年，第119页。
〔5〕 冯尔康等：《中国宗族史》，上海人民出版社，2009年，第119页。
〔6〕 冯尔康等：《中国宗族史》，上海人民出版社2009年，第124~125页。
〔7〕 （唐）房玄龄：《晋书·范宁传》，中华书局，1974年。
〔8〕 （唐）杜佑：《通典·礼·未立庙议》，中华书局，1988年。
〔9〕 （唐）杜佑：《通典·礼·祔祭》，中华书局，1988年。
〔10〕 （清）钱大昕：《潜研堂文集·钱氏祠堂记》，上海商务印书馆，民国。

隋唐废除了九品中正制，开始实行科举制，按照不同科目选举人才。知识和官爵成为划分社会等级的新标准，促使新的官僚势力群体形成，冲击着士族集团的地位。隋唐时期的战乱更使得"士族因文化优势、地缘优势而谋得的政治地位和社会地位，在流亡及武力面前丧失殆尽"〔11〕。而新兴官僚阶层在与新旧士族的斗争中，势力日益稳固。唐代官员庙制完全以官品高低为依据即是这种状况的反映。"开元礼"是唐代立庙的根据，其内容是"凡文武官二品以上，祠四庙；五品以上祠三庙……六品以下达于庶人，祭祖祢于寝"〔12〕。唐代五品以上官员有荫子孙的权利，使得其子孙可以延续官员身份，从而维系家庙制度的存在。不过，唐代"家庙既受传统宗法制的制约，又受以科举制度为晋阶资质的官僚体制的约束；更兼对立庙者官品要求的过分崇高，立庙耗资不菲，唐代的家庙制度日渐呈现出颓势"〔13〕。唐末迄于五代，社会长期动乱，"五代荡析，士民求生有所未遑，礼颓教陊，庙制遂绝"〔14〕。

宋以后，由于科举考试制度的全面实施，社会阶层之间的流动加快。"宋元时代的社会结构、官僚政治与魏晋南北朝、隋唐时期有很大不同，士族消失了，科举制度发展到宋代，科举出身的人成为官僚主要来源。……应该说宋元时期的社会是以官僚为主宰的社会，而官僚的背景又是多层次的，是趋向于民众的，不是社会上层所能垄断。"〔15〕此时，平民有更多机会上升到统治阶层。平民宗族大增，宗法礼制民间化的过程加快。

庆历元年（1041），仁宗皇帝首次提出建立家庙制度，颁布诏书"中外文武官，并许依旧式创立家庙"〔16〕。但这只是一个原则性的规定，并没有形成具体实施方案。此后又于皇祐二年（1050）、大观四年（1110）对家庙制度进行调整，大大降低了立庙的官品，使得大部分有品级的官员具有立庙祭祖的资格。这是当时社会结构变化，官僚体系向社会开放的结果。日益开放的官僚体系给家庙制度带来了两个问题，一是官员社会流动性增强使得累世为官的可能性大大减小，从而使得家庙承继出现困难，传统庙制难以为继；另一方面，也使得民间对祠祭祖先有了更多的要求，出现了越来越多的礼制僭越现象。

〔11〕 常建华：《宗族志》，上海人民出版社，1998年，第37页。
〔12〕 （唐）萧嵩等：《大唐开元礼·序例下·杂制》，民族出版社，2000年。
〔13〕 赵旭：《唐宋时期私家祖考祭祀礼制考论》，《中国史研究》2008年第3期。
〔14〕 （宋）司马光：《温国文正司马公文集·碑志·文潞公家庙碑》，商务印书馆（台北），2011年。
〔15〕 冯尔康：《中国古代的宗族与祠堂》，商务印书馆，2013年，第51~52页。
〔16〕 （清）徐松辑：《宋会要辑稿·礼十二》，中华书局，1957年。

为挽救五代以来礼教坠毁的局面，也为放宽庶人不得建庙祭祖的限制，宋儒纷纷提出自己的主张。程颐以"礼以义起"作为扩大庶人祭祖权利的依据，谓："庶人祭于寝，今之正厅是也。凡礼，以义起之可也。如富家及士，置一影堂亦可。"[17]朱熹则融合了前代庶人祭于寝、士大夫立庙两种不同的做法，创设了士庶通用的建于正寝之东的"祠堂"。明人严嵩解释朱熹的出发点，谓："祠堂，古宗庙也。古者天子、诸侯、大夫至于士皆有庙，庶人祭于寝。后世庙非赐不得立。先儒以为情靡伸也，于是斟酌古礼为祠堂之制，以广夫士庶人之孝，而达卿贵仕得通行之。是故以奉先则幽者歆，以序族则涣者萃，以建宗则统者一。"[18]这些都为民间祭祖提供了理论依据。

元朝是蒙古族建立的国家，汉族士大夫仕途不畅，转而把更多的精力投入到乡族建设，促进了民间宗族的发展。自元代开始，在住宅内或其附近的祭祀群祖的祠堂多了起来，如清代史家赵翼所说："近世祠堂之称，盖起于有元之世。"[19]

明清时期，统治者为了稳定社会秩序，加强基层社会控制体系，放松了对宗族发展的限制，平民宗族不断发展壮大。至清代，平民宗族已普及于社会，宗族组织成为成熟的基层社会组织，宗族的政治性进一步加强，实质上已成为国家基层行政和司法机构。明清"平民族人较多地参加宗族活动，成为宗族群体的主要成员。宗族的首领基本上不是高官厚禄者，而是绅衿和平民，这也是宗族民众化的内容和表现"[20]。绅衿指的是有官职而退居在乡者及考入各府、州、县的生员。这个群体与官僚有一定联系，但不属于正式的官僚系统，只是乡里社会的特权阶层。他们是平民宗族事务的主持者，在地方社会具有很大的影响力。明清地方社会可以说是绅衿领导的平民宗族社会。

平民宗族的不断发展促使祭祀的限制被不断突破。明嘉靖年间，世宗接受礼部尚书夏言的建议，准许士民祭祀四代祖先。夏言于奏折中提及"不得立庙以逾分"，于是许多宗族"合众小祠堂为一大祠堂"，称之为"宗祠"，缘情宜义，起义合礼[21]。此后，宗祠在整个社会逐渐普及，真正落实于平民社会。

〔17〕 （宋）程颐、（宋）程颢：《二程遗书·伊川先生语八》，上海古籍出版社，1992年。

〔18〕 （明）严嵩：《钤山堂集·潘氏祠堂记》，南京大学图书馆，1986年。

〔19〕 （清）赵翼著，曹光甫点校：《陔余丛考·祠堂》，上海古籍出版社，2011年。

〔20〕 冯尔康等：《中国宗族史》，上海人民出版社，2009年，第23页。

〔21〕 常建华：《明代宗族研究》，上海人民出版社，2005年，第82页。

以上概述了我国古代社会宗族与宗祠的发展轨迹。可以看出，随着社会逐渐趋于开放，社会主导阶层不断下移，宗法、宗族也随之存在着一个向下延伸的趋势。"周代以后，宗族基本上不再作为一个政治实体直接参与对国家的治理，拥有宗族的社会层次，也从周代的上层贵族，逐渐向社会中下层移动。许多官僚、军官、商人和农村富户，都逐次建立了各自的宗族。"[22]至宋代，这个从上至下的过程有了质的变化，出现了庶民宗族，庶民宗祠也开始产生。但宋元时期这种新兴宗族数量还很少，不具有普遍性。"一套堪称完善的汉人宗族祠堂系统，是明中期以后才开始出现的，到清初得以固定下来。"[23]

一 宋以前：临海传统宗祠的起源与前期发展

宋代是平民宗祠出现的时代，是宗祠发展史的分水岭。宋代亦是临海社会发展的分界。宋以前，临海由于僻处江南一隅，被北方朝廷视为蛮荒之地。经济、文化的发展也很有限，有影响力的人物非常少。明代金贲亨《台学源流序》曰："台，古荒域也。历汉及吴，二三君子始以幽操忠贞有闻当世。晋唐之际，节概文章之士，亦班班见典籍，而未闻有所谓圣贤之学者。殆宋治平宣和间，有二徐先生者出，乃始传胡氏学，为邦人宗。"因此本文对临海传统宗祠的考察亦以宋为界，首先考察宋以前临海宗族与宗祠的发展情况。

根据《民国临海县志·私祀》，宋以前临海境内的祠庙绝大部分是祭祀在临海境内有过贡献的人物，或是有异术，给百姓带来安康者，如灵康庙祀东汉赵炳；或是治理成绩突出者，如董将军庙祀唐浙东观察使；或是战功卓著者，如邹将军庙祀有战功的邹姓将军。大部分祠庙的建立最初是出于纪念目的，带有先贤祠的性质，但后来绝大部分都被逐渐神化。这种祠庙与祭祀宗族祖先的祠堂在性质上是不同的。此外未见有宗庙家祠的记载。尽管如此，笔者仍试图借助对史载临海人物的考察，展开对临海宗族及宗祠的探讨。

三国以前临海未见有人物记载，宗族情况不得而知。三国以后，政治中心不断南移，江南士族之间的联系增多。江南地区东汉时期已经出现了一批著姓，以吴郡的顾陆朱张，会稽的虞贺孔魏为代表，他们也是此后江

---

〔22〕 钱杭：《中国宗族史研究入门》，复旦大学出版社，2009年，第111页。

〔23〕 钱杭：《中国宗族史研究入门》，复旦大学出版社，2009年，第163页。

南土著士族大姓的基础。其中陆凯为吴郡陆氏代表人物之一。陆凯曾举荐临海张悌清白忠勤，为社稷良辅。后张悌累官军师，拜丞相。吴越文化士族对临海士人的提携有助于临海文化士族的成长。

当时有一批江东士族寓居临海。其中贺循是会稽贺氏的代表人物，操尚清厉，初为武康令，迁太常，终太子太傅。其父邵为吴主皓所杀，家属徙临海，吴灭乃还本郡。其子隰为临海太守。孔愉则是会稽孔氏人物，尝为丞相掾，迁侍中、太常，寓于临海。《民国临海县志·私祀》载县东一十八里有孔相公庙，旧传晋孔愉避乱入临海山中，既没，台人立祠祀之。临海百姓为孔愉立庙，可见其在临海影响较大。

东晋时期，北方南下士族急于发展经济实力。他们在江东大族势力强大的吴郡等地无力插手，纷纷到较远一点的会稽、临海一带求田问舍。王羲之妻弟郗愔晚年任临海太守，"在郡优游"，"后以疾去职，乃筑宅章安，有终焉之志。十许年间，人事顿绝"[24]。郗愔虽号称淡泊名利，但《世说新语·俭啬篇》却载其为人敛聚钱财，"有钱数千万"。据此，他在章安所筑之宅很有可能是规模较大的田墅庄园。而南朝宋谢灵运为开辟土地，占有山泽，"尝自始宁南山伐木开径，直至临海，从者数百人。临海太守王琇惊骇，谓为山贼。徐知是灵运，乃安"[25]。

以上著名南北士族人物在临海的活动，对于临海士族的文化观念、行为方式必然有所影响，从而促进本地士族大姓的形成。

临海最早见于史载的著姓家族是屈氏。汝南（今河南平舆）人屈晃汉末避乱南下，三国吴时寓居章安，官至尚书仆射。其人志匡社稷，刚直耿介，以忠义著称于时。吴主权欲废太子和，晃与将军朱据率诸将吏固谏。其子屈绪有父风，以廉介闻，后亦为尚书仆射[26]。屈晃之弟屈坦为临海太守，事亲尽孝，临民忠厚，并尝为地方驱除毒蛇猛兽，惠政甚多。另一弟屈幹恭官至立义都尉。"台以濒海草昧之区之数公者相继踵起，竟以忠义廉洁、仁孝礼让互相倡导，台人士沐其化，感其恩，濡其德泽岂浅鲜也哉！"[27]屈晃为临海屈氏第一代移民，由于连续出现了几位著名人物，奠定了屈氏在临海的世家大族地位。

至晋代，有任旭载入正史。任旭，字次龙，临海章安人。学识通博，"立操清修，不染流俗，乡曲推而爱之"。曾"察孝廉，除郎中，州郡仍举为

〔24〕 《晋书·郗愔传》，中华书局，1974 年。
〔25〕 《宋书·谢灵运传》，中华书局，1974 年。
〔26〕 《三国志·吴书·吴主权传》，中华书局，2006 年。
〔27〕 《临海屈氏宗谱·屈氏三贤祠记》。

郡中正，固辞归家。永康初，惠帝博求清节俊异之士，太守仇馥荐旭清贞洁素，学识通博，诏下州郡以礼发遣。旭以朝廷多故，志尚隐遁，辞疾不行"。西晋末陈敏作逆，"江东名豪并见羁縶，惟旭与贺循守死不回。敏卒不能屈"。晋室南渡建政权于江东，多次征召任旭为"祭酒"、"给事中"等官职，任旭均"固辞"。"咸和二年卒，太守冯怀上疏谓宜赠九列，值苏峻作乱，事竟不行。"〔28〕

晋代实行九品中正制，州郡中正只能由本地人充当，且多由现任中央官员兼任。任中正者本身一般是九品中的二品（一品为虚设，无人能达到，二品、三品为上品）。任旭有资格被举为郡中正，则当时任旭属于上品士族无疑。东晋政权面对南渡之初政权立足不稳的政治局面，渡江后，安抚拉拢江东士族，任氏亦是其对象。可知临海任氏上品士族地位为当时社会所公认。一个家族上品士族地位的形成需要经由几代人的努力。临海任氏是否外来移民已不可知。据史载，其父访曾为吴南海太守。可见任氏三国时期已有一定势力。而其子任琚位至大宗正。宗正是秦至东晋朝廷掌管皇帝亲族或外戚勋贵等有关事务的官员。虽然宗正在魏晋南北朝时期只管理皇族的图籍，并非如两汉般对宗室有较大的权力，但这个职务足以证明其上品士族地位的稳固。

《世说新语·政事篇》载，任颙"为司徒王导辟。导拜扬州，宾客数百人，并加沾接，人人有说色，惟颙未洽。导因便到，过任边云：'君出，临海便无复人。'任大喜"。虽然任颙与任旭之间的关系史无所载，但王导将其视作临海士族的代表，而任旭则是当时临海士族首屈一指的人物，由此可以推测任颙应与任旭同宗。可见至东晋时，临海已经形成了一些大姓宗族，其中以任氏最具影响。

魏晋南北朝时期，官员宗庙制度依品级与家世而定。东晋时江州刺史王凝之谓"宗庙之设，各有品秩"〔29〕。当时，临海士族大姓中已有一些人达到了很高的官品级别，如任旭曾被认为应该赠与九卿的官职，其子琚为大宗正，为九卿职位，皆是可以建立家庙的等级。据此可知，当时临海已经有少数士族大姓具有立庙的资格。他们可能建有家庙祭祀宗族祖先。其他一般的士大夫应是在家内祭祀。

除了士族大姓，临海还出现了寒门庶族官僚。刘宋时临海人吕文显跟随萧道成，受到幸遇，职位不断迁升，永明元年（483）任中书省通事舍

---

〔28〕《晋书·隐逸传》，中华书局，1974年。

〔29〕《晋书·范宁传》，中华书局，1974年。

人，"既总重权，势倾天下"，"四方守宰饷遗，一年咸数百万"，后"累迁左中郎将，南东莞太守，右军将军。高宗辅政，以文显守少府，见任使。历建武、永元之世，尚书右丞，少府卿"[30]。吕文显发迹宋齐间，仕宦二十余年，官职显贵，必然也带动其家族势力的发展。纯以官品论，吕文显自是已达到立庙资格。不过，他出身寒庶，祖无达人，在这个改朝换代频繁，个人际遇旋起骤落的时代，对于建立体现家族地位传承的宗庙未必有多么强烈的需求。这一时期建立宗庙的只是少数贵族，他很可能没有建立自己的宗庙，而是同大多数人一样于家内厅堂祭祖。

此外，临海还有豪强地主，其族中没有中上级官员。他们对政府承担徭役，属于平民阶层。东晋末年，孙恩发动农民起义，兵败投水死，当年四月，"三吴大饥，户口减半，会稽减十三四，临海、永嘉殆尽，富室皆衣罗纨，怀金玉，闭门相守饿死"[31]。这些富室当是以财势见称的土豪。史载，南朝梁时有太原王元规八岁失父，随母依舅氏至临海，时年十二。郡土豪刘瑱者，资财巨万，欲妻以女。母以其兄弟幼弱，欲结强援，元规泣请曰："因（姻）不失亲，古人所重，岂得苟安异壤，辄婚非类！"母感其言而止[32]。刘瑱之所以欲结姻于落魄的王元规，正是看中了其士族身份，试图借此提升自己的社会地位。这种行为本身表明豪强地主对于士族宗族地位的艳羡。刘瑱虽有财势，但仍为失势的太原王氏所鄙视，反映出当时士庶地位差距之大。豪族地主势力的崛起伴随的是豪强宗族的壮大，但这些人不具备立庙的资格，祭祀自然只能是与庶民一样"祭于寝"。

综上所述，临海在魏晋南北朝时期曾出现过一些士族大姓，具备建立家庙祭祀的资格，认为这一时期临海出现少量家庙是合理的。此时临海出现了一些庶族官僚，其中有些人达到了立庙的标准，不过绝大多数应还是同一般平民一样祭祀于家内厅堂。这一时期发展起来的豪强宗族也只能"祭于寝"。

二　两宋时期：平民宗祠的兴起

人口是社会发展的基础。根据《嘉定赤城志·户口》，临海县北宋徽宗大观三年（1109）主户 58767 丁，客户 11763 丁；南宋宁宗嘉定十五年

〔30〕　《南齐书·幸臣》，中华书局，1972 年。

〔31〕　《资治通鉴·晋纪三十四》，中华书局，2012 年。

〔32〕　《南史·儒林·王元规传》，中华书局，1975 年。

（1222）主户 69486 丁，客户 20164 丁。从客户数量可以看出，宋代临海人口处于持续增长阶段，南宋尤为突出。这种人口情况也可以在临海宗谱中得到印证。笔者对涵盖临海各个乡镇的近百部临海宗谱[33]进行了统计，25 个宗族迁徙于唐五代时期，48 个宗族始迁于宋代。由于宗谱材料的限制，只能进行不完全统计。即便如此，也可以看出，宋代是临海移民最为集中的时期，奠定了整个封建社会临海人口的基础。

这一时期，北方移民南迁大多是为了躲避战乱。迁徙之途困难重重，而到达迁居地后又面临陌生的地理环境，面临原住民的生存挤压，这些都促使人们倾向于举家或举族迁徙，以便应对自然环境与主客竞争的生存压力。在迁往临海的人群中，或父子相携，如百岩周氏之始祖四府君避王审之之难，于唐天成四年携三子迁于台临之北监[34]；或兄弟同行，"临东柳氏自龙衢公扈跸始，凤梧公及景星公以兄弟之亲与之偕来"[35]；也有宗族共同迁徙的，如西溪王氏始祖王之望因耻臣钱武肃王，"遂弃家，同族兄弟十三人渡江分居浙右"[36]。这些人在临海定居后往往也会选择聚族而居的生活方式以增强生存能力，也形成了其后世宗族的雏形。

大量人口迁入也为经济的发展带来了充足的劳动力以及中原先进的农业技术。临海经济水平在短时间内迅速提升，农工商各领域呈现百业兴旺的景象。经济水平的提高为平民宗族势力的发展及其宗祠的出现奠定了物质基础。

大量人口迁入的另一个重要影响是，极大促进了文化的发展。临海大族多数可以上溯到两宋之际中原文化士族的南迁。这些文化士族对于临海文化水平的提高发挥了重要作用，使临海从唐时作为官员流放场所的蛮荒之地，一跃而为东南"小邹鲁"。文化昌盛最直接体现在科举成绩上。在宋以前，临海尚无中进士者，但这种情况到宋代已经完全被改变。临海宋代共出文进士 217 人，武进士 12 人，可谓人才兴旺，学者辈出。临海朱氏，自朱玠北宋元丰五年（1082）登进士第，至宋亡（1279）止，共出进士 10 人，特奏名 5 人，武进士 1 人。此外，临海还出现了一门四进士的盛况，如商许、商飞卿、商逸卿、商炳卿四兄弟皆为进士；方琮和其子询武、询直、昌牙四人同为进士。另有王卿月，文武双全，一时有名，先登乾道二年（1166）武科，又登乾道五年（1169）文科进士。

---

〔33〕 包括笔者田野调查所得以及 1980 年代临海市博物馆对全市进行宗谱调查的资料。
〔34〕 《临海（百岩二徐）周氏谱·周氏百岩派起源记序》。
〔35〕 《临海滩头柳氏宗谱·原序》。
〔36〕 《台临西溪王氏宗谱·传·第一世诚斋公》。

临海社会儒学素养的普遍提高是文化发展的又一反映。临海士人的儒学水平已跻身全国前列。南宋的官方学术是理学，最具有代表性的人物当然是其开创始祖朱熹。朱熹多次来台州，淳熙年间为左宣教郎，主管台州崇道观，至各地讲学，宣扬其政治哲学和学术思想。《台州府志·寓贤录》："朱文公熹淳熙间行部至台，临海石𥔵、林恪……皆从之受业。""朱熹活动范围非常之广，通过讲学、联谊，影响极大，在台州各地培养了大量的理学信徒，并通过他们再向社会各界播种、扩散，形成台州式的理学队伍。"[37]

朱熹学说在普通民众中也深具影响。朱熹的《四书集注》等著作注意理论与社会实际的结合，在表述上趋向用通俗易懂的语言解释理论学说。这大大提高了一般民众的接受度。此外，他重视青少年教育，编著了专门针对青少年儒学启蒙的典籍汇编，"著有《小学集注》，收集《礼记》、《曲礼》、《列女传》等古籍中三纲五常的说教，编为内篇的《立教》、《明伦》、《敬身》、《稽古》4卷；又取古近的《嘉言》、《善行》，编为《外篇》2卷；又编儿童的《论语训蒙口义》、《童蒙须知》、《孝经家范》等，供儿童和青少年学习，以此纳入'理学'的正身修养的框架，使人们从童蒙年少时，就知尊卑上下的天理，男尊女卑、夫为妻纲的三从四德"[38]。

文化的进步以及理学在社会上的广泛传播为宗族礼制观念的普及以及真正平民宗祠的产生奠定了民众基础。

（一）宋代临海宗族的发展

1. 士大夫对宗族文化的倡导

临海族属瓯越，自古淫祠兴盛，普遍祭祀各种神灵。长期以来，对各种神灵的崇拜和祭祀是凝聚地方乡里族群的凭依。这种依靠习俗维持的族群联系是松散的，约束力有限。"如果将宋元时期族群与明清时期族群相比较，宋元时期长江流域族群显然缺乏一定的制度设施和组织力量的约束。"[39]随着社会经济文化的发展，族群规模不断扩大，社会分化不断加剧，仅依靠非政治性的方式难以满足族群凝聚的要求。

另外，多山的地理环境造成了面积较小、相对封闭孤立的村落社会。国家政权很难深入民间族群社会进行有效控制。族群的发展主要依靠自身

---

〔37〕 叶哲明：《台州文化发展史》，云南民族出版社，2006年，第102页。

〔38〕 叶哲明：《台州文化发展史》，云南民族出版社，2006年，第104页。

〔39〕 林济：《长江流域的宗族与宗族生活》，湖北教育出版社，2004年，第87～88页。

的力量。故而，民间社会与国家政权之间始终存在着离心力，存在对国家政权的权威认同问题。"宋绍兴二年十月，禁温、台二州民结集社会"〔40〕，即是禁止宗教结社，减小地方社会的自主力量。但这种做法并不能解决民间社会对国家权威的认同问题。

为了维护社会秩序，加强国家政权对民间社会的有效控制，士大夫们竭力创造与国家政权意识形态相一致的新的宗族文化形式，以期增强民间社会对国家权威的认同。以朱熹为代表的儒家士大夫将血缘宗法文化提升到前所未有的理论高度，创造了理学理论体系，并以自己的行为实践向社会示范。临海的士大夫亦以此为使命。

北宋儒学大家徐中行为台学创始者，他强调宗族内的互助，强调对祖先的祭祀，"躬耕养母，推其余力葬内外亲及贫无后者十余丧⋯⋯不祠神佛，独严先祭，虽疾必扶以拜"〔41〕。谢深甫后裔谢烨以孝道著称，致力于宗族内的互助守望。"生平惟以孝事父母，恩睦宗族，义交邻里，礼亲师友，终身不易其行。虽造次颠沛，不忘敬焉。人咸称古君子。晚年会集长老，仿乡饮酒故事，以表率后进。又欲创义学，聚田峙粮，择明师，俾子弟无贫富皆得就学。未及推行，竟感疾以没。"〔42〕

宗谱在"尊祖收族"的过程中具有重要作用。《张子全书·宗法》谓："管摄天下人心，收宗族，厚风俗，使人不忘本，须是明谱系、世族与立宗子法。宗法不立则人不知统系来处，古人亦鲜有不知来处者。宗子法废后，世尚谱牒，犹有遗风。谱牒又废，人家不知来处，无百年之家，骨肉无统，虽至亲，恩亦薄。"为了团结宗族，帮助后辈了解其祖先事迹，宋代士大夫在宗谱编撰方面也颇费心力，发展了新的族谱形式，以欧阳修的《欧阳氏谱图》及苏洵的《苏氏宗谱》影响最大。南宋著名学者临海人陈耆卿在《筼窗集·题思济兄诗轴》中谓"环顾城南族谱，谁共奋哉"〔43〕！可见，当时临海有一批士大夫学者尽力于城南大族族谱的编撰。江南上马马氏于熙宁二年（1069）编修宗谱，山阴县知事张铭为之作序谓："夫家犹国也，国有国法，家有宗法。今则宗法之废久矣。然宗法虽废，所赖以纪先烈、启后昆者，曰有谱牒存焉耳。"阐述了谱牒对于宗法的重要意义，也反映了当时临海士大夫对谱牒的重视。

---

〔40〕 何奏簧纂，丁伋点校：《民国临海县志》（下），中国文史出版社，2006年，第537页。

〔41〕 何奏簧纂，丁伋点校：《民国临海县志》（下），中国文史出版社，2006年，第100～101页。

〔42〕 马曙明、任林豪主编，丁伋点校：《临海墓志集录》，宗教文化出版社，2002年，第16页。

〔43〕 何奏簧纂，丁伋点校：《民国临海县志》（下），中国文史出版社，2006年，第309页。

2. 民间宗族文化的发展

士大夫对宗族文化的提倡影响着民间族群文化的发展，促进了民间对士大夫行为准则的认同和效仿，也增强了民间大规模族群内部的宗族认同。

临海王梦龙妻赵氏原为宗室女，乐为贫士妻，"见桑而求蚕，行田而学稼，巷婆里嫂，偶坐无怍色，邻翁族姆，却立无惰容。葵糈瓠蒩，枯嬴仅足，而名人胜士邂逅集语，辄重觞累俎，殷勤劝劳，客惊喜不忍去。其规虑深密，以力自致，必成梦龙为士人之家"〔44〕。赵氏虽出身宗室，但作为贫士的王梦龙已属于平民阶层。赵氏在行为上遵循宗法伦理，礼敬尊长。为了使王梦龙成为士人之家，她想方设法与士人相交。这反映了当时民间社会对士人阶层行为准则的倾慕和靠拢。

眉山人杨彦通自曾祖扈驾渡江家于临海，"故旧多西北边豪士，有官于海濒，俸薄弗能自给，贷至数百缗不问偿否。尤笃于教子，买书延师，甚费亦莫靳。迨贡上庠，勉之曰：'吾家本右列，汝能从此以文自奋，庶两全乎！'"〔45〕其妻林氏祭祀燕享，必躬必亲〔46〕。杨彦通家族虽然原为乡里大族，但在移居地缺乏宗族势力的支持，只能算是平民。杨彦通始终牢记其家族曾经的大族即"右列"的荣耀，遵循宗法伦理，保持祖先祭祀，致力于结交故旧，教育子孙勤奋于儒学，以恢复曾经的望族地位。

以上两例反映了当时平民之家推崇宗族礼法，试图通过结交士人或者提升自身儒学素养，向士人阶层及其行为准则靠拢，以期提升个人与宗族地位。

又有居士杨辉出身平民，自身有一定儒学素养，竭力倡导宗族文化，以宗法伦理思想教育子孙，"益辟塾先祖墓下，揭名'孝义'，领诸孙讲习。尝呼梦炎辈语曰：'若知命名意乎？家昔殒盗，尔祖代父受逮，至今称纯孝；创义租以宽公役，振守望相助之风，吾奉以周旋，罔敢失队（坠）。'"〔47〕杨辉有"吾虽不能惠天下，独不能一乡？"的志向，他对宗法文化的言传身教少了提高自身地位的功利性，更多体现出士人对"修身、齐家、治国、平天下"理想的追求及其社会责任感。

临海有彭氏女，在丈夫黄宏住死时，年仅二十三，"终日抚棺哭，族人讽改适，不允，投水死"〔48〕。可见当时理学"存天理，灭人欲"左右

〔44〕 何奏簧纂，丁伋点校：《民国临海县志》（下），中国文史出版社，2006年，第225页。
〔45〕 马曙明、任林豪主编，丁伋点校：《临海墓志集录》，宗教文化出版社，2002年，第38页。
〔46〕 马曙明、任林豪主编，丁伋点校：《临海墓志集录》，宗教文化出版社，2002年，第40页。
〔47〕 马曙明、任林豪主编，丁伋点校：《临海墓志集录》，宗教文化出版社，2002年，第67页。
〔48〕 何奏簧纂，丁伋点校：《民国临海县志》（下），中国文史出版社，2006年，第234页。

着平民宗族中女子的命运。这也从另一个侧面反映当时血缘宗法伦理在民间社会中的影响。

3. 宗族发展情况

宋代宗族主要有两种，一种是以义庄为核心的官僚型宗族，二是同财共居的大家庭式义门宗族。在临海，这两种宗族形式都有体现。

北宋仁宗时期，范仲淹在苏州创立了第一个义庄，为族人提供生活救助。钱公辅有《义田记》，谓范文正公"平生好施与，择其亲而贫、疏而贤者，咸施之。方贵显时，置负郭常稔之田千亩，号曰'义田'，以养济群族之人。日有食，岁有衣，嫁娶婚葬皆有赡。择族之长而贤者主其计，而时共出纳焉"。

范氏义庄产生了深远影响。临海谢敷经为上蔡先生谢良佐的裔孙，出身儒学世家，师事朱熹，登乾道八年进士，曾经"易妻奁资，买斥卤弃地，力耕以食。效范文正公立义田，以赡其兄弟及族人。又买官山以葬归者。著《家仪》以诏子姓"〔49〕。赵蕃所撰《台州谢子畅义田续记》载其事迹更为详细：

> 子畅亦泊然无复仕宦意，犹以素贫口众不忍离异，始则取诸平江之田以给之，以子畅娶葛，房资在焉，粗可足食，又虑非可经久，乃得斥卤于弃地之余，筑堤捍潮，建斗门，泄雨潦，以为田畴。又买官山于田之东，以葬族之无归者，其费几五千缗，皆罄竭所赍。又鬻平江之田以充之，而田屡遭风潮冲突，劳忧甚矣。未几病没。郑也、邮也虽在稚齿，懔懔乎先志之废。稍长，更事悉力经营，乃复其旧。〔50〕

谢敷经未仕宦，家境并不好，但他却效仿范仲淹设立义田，以妻子的嫁妆及凭己力所开拓之田地，来捐助族人，其后更是子承父志，继续经营义田。这表明谢敷经父子已经将义田的经营当做实现儒学理想与人生价值的事业，充分体现了士大夫的社会责任感。谢氏义田的规模自是比不上范氏义庄。从材料看，义田救济活动是谢氏亲力亲为，在管理方式上也不如范氏义庄严格规范。这主要是出于财力限制，救济活动的规模也随之相对较小的原因。

石𡐦师事朱熹，先世为会稽新昌右族，是临海儒学士大夫的代表人物之一，事迹被收入《临海县志·儒林》。"族党有贫不能自活者，买田捐金以振业之，教其子与己子等。嫁孤女，多得所归。道遇弃子，募人母之，

---

〔49〕　何奏簧纂，丁伋点校：《民国临海县志》（下），中国文史出版社，2006年，第175页。

〔50〕　（宋）林表民辑，徐三见点校：《赤城集》，中国文史出版社，2007年，第185页。

月有给焉。"[51]石蔎买田捐金救助族人，也有"义庄"性质。

总的来说，临海宋代宗族义庄由士大夫发起，规模较小，在可能的条件下救济团结族人。这种宗族活动并不涉及每个家庭具体的经济活动，宗族内部各个小家庭依然是独立的。

义门是指同居共爨的大家庭。这种大家庭规模不等，有的累世同居超过五代，实际上成为宗族。宋代朝廷对世代同居的大家庭予以旌表鼓励。"有宋一代，因敦宗睦族而荫及族人，甚至衍生成同居共财的大家族，已蔚为社会流行习风。"[52]在临海也有这种义门大家庭。如陈铪"性孝友，慷慨急义，上奉其重亲，色养纯至，合门数百指，婚嫁丧祭，悉身任其责，宾客过门，治酒肴无虚日"[53]。章穗妻缪洞真"壮岁嫠居。老屋数椽，瘠田数亩，不支伏腊。……奉祀以诚，处己以约，治家以勤，接物以温，待姻族以义，……合门百指，茕然一室，屹存于洪流烈焰之中，人皆谓先姒吉德所致"[54]。

"合门百指"不过十数口人，一般为三代人同居。可见临海义门家庭的规模相对较小。这可能与村落社会地域较小有关。当时是否也存在五代同居的义门宗族不得而知。但这种义门大家庭的存在显示了宗法伦理在临海社会的影响，表明了临海已经具备了产生义门宗族的思想与社会基础。

（二）宋代宗族祠堂情况

自宋代开始，临海出现"祠堂"、"祠"，如陈忠肃公祠堂、朱子祠、谢上蔡祠、灵佑信助侯祠、贺氏孝娥祠、六贤祠、四先生祠堂等[55]。这些祠堂是地方官员为纪念乡贤而建，属于先贤祠的范围。也有一些名为庙，实也为先贤祠性质的，如镇宁庙，在府治西，祀宋谏议陈瓘。这些先贤祠庙的神化色彩较淡。一般来讲，名为"庙"者神化程度较大，而"祠"的纪念成分更大。先贤祠祭祀对象是先师、先贤，或者乡宦、乡贤。这些人是思想行为的指导者，属于整个社会，而不仅仅属于宗族。故而先贤祠与建立在宗族文化基础上的宗祠性质不同。但这两种祭祀场所也有一定的联系，即它们都具有祖先崇拜的内涵。"地方名贤人物神祇崇拜的兴起与姓

〔51〕 何奏簧纂，丁伋点校：《民国临海县志》（下），中国文史出版社，2006 年，第 102 页。
〔52〕 杨天厚：《金门宗祠祭礼研究——以陈、蔡、许三姓家族为例》，花木兰文化出版社，2011 年，第 118 页。
〔53〕 马曙明、任林豪主编，丁伋点校：《临海墓志集录》，宗教文化出版社，2002 年，第 41 页。
〔54〕 马曙明、任林豪主编，丁伋点校：《临海墓志集录》，宗教文化出版社，2002 年，第 65 页。
〔55〕 何奏簧纂，丁伋点校：《民国临海县志·私祀》（下），中国文史出版社，2006 年。

族势力的发展具有密切关系，成为民间姓族祖先崇拜的一种形式。"〔56〕

临海宋代宗祠材料较少，本文主要通过地方宗谱以及地方名人文集资料考察宗祠发展情况。此时具有宗祠性质的祠堂包括官员家庙、部分坟寺以及新兴平民化宗祠。

1. 家庙

皇帝处于封建社会特权阶层的最顶端，其宗庙一直是政权的象征。作为皇室成员，皇后也具有建立家庙的权利。史载："乾道二年，安恭皇后归谒家庙，亲属推恩共计十一人。淳熙四年，寿成皇后归谒家庙，亲属推恩共计只七人，今来推恩二十六人。"〔57〕这则材料侧重于反映皇后归谒家庙时对其家族的推恩情况。作为地位象征，皇后家庙应是制度化而非个别性的。"与群臣家庙不同，皇后家庙已经脱离了家族祭祀的范畴，从建庙、维修、日常管理等方面都纳入国家管理体系之下。"〔58〕

临海谢深甫官至宰相，其孙女谢道清入宫为理宗皇后，后又为太后，对南宋末年政治很有影响。史虽无载，但应也在故乡临海建有家庙，供其回家拜祭之用。

除了皇后家庙，还有群臣家庙。据《宋会要辑稿·礼》及《宋史》统计，南宋时大臣被皇帝恩准立家庙并购祭器者共计 21 人。这其实只是就皇帝赐立家庙的事例而言，实际情况远不止于此。"终宋一代，按制所建家庙属凤毛麟角，仅限于很少的高级大官僚，可以说是庙制不立的时代。"〔59〕这种观点有一定偏差。

宋代家庙制度至徽宗大观四年（1110）最终定制，明确"文臣执政官、武官节度使以上祭五世，文武升朝官祭三世，余祭二世"〔60〕。除了参知政事等文臣执政官、武官节度使等少数高级官员可以立五庙，其他有品级的官员以上朝级别为界限，上朝官员可以祭祀三代祖先，而其余达不到上朝级别的官员可立二庙祭祖。这一规定使得大部分有品级的官员都拥有了立庙祭祖的资格。由于宋代没有解决袭爵制度，使得建立家庙官员的子孙往往因为职位卑微失去承祭家庙的资格。这确实阻碍了家庙制度的推行，使得很多官员不能或不愿按制建庙，但毕竟家庙制度的确立为官员家庙的

〔56〕 林济：《长江流域的宗族与宗族生活》，湖北教育出版社，2004 年，第 104 页。

〔57〕 （元）马端临：《文献通考·帝系考·后妃》，商务印书馆（台北），1983 年。

〔58〕 刘雅萍：《宋代家庙制度考略》，《兰州大学学报》（社科版）2009 年第 1 期。

〔59〕 常建华：《宗族志》，上海人民出版社，1998 年，第 86 页。

〔60〕 （元）马端临：《文献通考·宗庙考·诸侯宗庙》，商务印书馆（台北），1983 年。

兴建提供了制度基础。在需要祭祀的时候，一些符合条件的官员会根据情况因地制宜建立家庙祭祖。事实上，也确实存在低级官员立庙的例子，如理宗朝王登"淳祐四年，举进士，调兴山主簿。总领贾似道檄修江陵城，条画有法。明年，制置使李曾伯经理襄阳，登在行，以积功升，寻以母忧去。及吴渊为制置使，边事甚亟，因忆弟潜盛言王登才略，具书币招之。登方与客奕，发书，衣冠拜家庙，长揖出门"[61]。王登不过县吏而已，亦立家庙，证明官员建立家庙制度得到了一定程度的落实。

南宋官僚多出两浙，临海亦有不少符合建立家庙条件的官员，其中明确建有家庙的官员有王之望。王之望家族是临海当时著名官僚家族之一。王之望绍兴八年（1138）得中进士，为处州教授，入为太学录，迁博士。此后不断升迁，历官甚多。曾任户部侍郎、吏部侍郎、右谏议大夫、参知政事等职务[62]。其子镛、铢、铭及孙涔亦均任较高官职。

《临海市北涧王氏宗谱·祠堂碑记》："北涧王氏始祖之望公，为大宋名臣。莅治于斯、立家于斯，其时必有祠以妥先灵，乃荒远难稽，盖无碑而至于磨灭。"其子孙认为"其时必有祠以妥先灵"，但并没有切实证据。有材料表明王之望家族在临海很有可能不是在家庙而是在坟寺祭祖（见下文"坟寺"）。不过，王之望在其任职之地衢州确实建有家庙。在其所撰《汉滨集》卷一六中收有《衢州祭家庙文》[63]：

> 踪迹不定，一年有半。祭祀旷废，夙夜不遑。惟大夫家岁时荐享皆有仪法，是用略依古式修三献之礼，自今已往，用以为常。古大宗小宗之制，各祀其先。绝者立后，祭不敢黩。今十六叔有之先为之后，两房兄嫂，更不置立，每遇时祭，列于从祀。五哥已葬，亦系长殇，今次于二兄之后。

可见，王之望由于在外做官，祭祀不便，后在做官之地修建家庙，"略依古式修三献之礼"。其家庙祭祀中，叔父辈、兄弟辈都属于从祀之列，并不仅限于直系血亲，表明其家庙祭祀根据具体情况扩大了范围。

当时官员任职实行籍贯回避制度，长期在外为官的官员并不少，为了解决祭祀问题，必然有一部分官员会如同王之望一样建立家庙。

2. 坟寺

宋代江南社会皆流行在墓旁建寺，毕竟"人家之盛，终不敌僧寺之久"。

---

〔61〕 《宋史·王登传》，中华书局，2011 年。

〔62〕 《宋史·王之望传》，中华书局，2011 年。

〔63〕 （宋）王之望：《汉滨集·衢州祭家庙文》，沔阳卢靖慎始基斋，1923 年。

由朝廷敕赐给王公大臣的坟寺称为功德坟寺。仁宗嘉祐四年（1059）六月下诏具有亲王、长公主、见任中书令、枢密使、入内内侍省都知、押班（宦官）等身份的人可以申请坟寺〔64〕，规定了可以申请功德坟寺的范围。一般士庶也可以自由设置，不过，通常只能称庵、院，而不称寺，以示区别。一些殷实之族有父祖辈逝世，如果不建坟庵，其"子孙皈皈然歉，人亦号之曰不孝"〔65〕，可见当时风气之盛。

坟寺造于墓侧，既可以守护坟墓，用佛教仪式荐福祖父亡灵，又可供岁时祭享。寺僧平时负责晨香夕灯及朔望、生辰、忌日的设祀献供，还要负责春秋二时的祭扫。坟寺的建造反映了宗族文化与佛教信仰的结合。"宋元时期的长江流域民间族群文化发展存在着这样一个趋势：淫祠崇拜正在向祖先崇拜文化方向蜕化，佛教寺庵也成为祖先崇拜大规模兴起的先导形式。"〔66〕临海也出现了不少坟寺，体现出祖先崇拜文化及宗族势力的发展。

《台州吕氏宗谱·旧迹杂录》载：

> 褒忠显绩院在县西三十里。按《志》云，褒忠显绩院旧名景福院，唐武德二年改慈圣院。宋绍兴九年敕赠褒忠显绩额为吕丞相香灯功德院，葬丞相于院后。皇上又念元勋功大，诏赐腴田八十二亩、地一十五亩、山二十亩与其子孙世守，以报忠穆之功。其寺着令僧人守之，每岁清明致祭。自宋至今罔敢有失。

忠穆公即南宋丞相吕颐浩，临海吕氏始迁祖，生于熙宁四年，约卒于绍兴九年。高宗南渡，起知扬州，两入朝廷，同中书门下平章事。朝廷在敕赐香灯功德院即功德坟寺的同时，还赐予了大量腴田、地、山，令吕氏子孙世代守护以供祭祀之需。可见吕氏有固定的田产用于香灯院的祭祀。

临海与吕忠穆公祠类似的功德坟寺还有一些。据《嘉定赤城志·寺观门》：

> 惠因寺，在县东南一百二十九里。旧名禅房，宋元嘉四年僧应俊建，国朝大中祥符元年赐名惠因。熙宁中僧了尘重新之。绍兴三十二年钱太师忱家乞为香灯院，加"崇亲"，其后孙丞相象祖还诸朝，复今额。
>
> 报恩衍庆院，在县东四十五里。旧名兴福，俗又名龙华，晋天福六年建，国朝绍兴六年范丞相宗尹家乞为香灯院，遂改今额。
>
> 显恩褒亲院，在县西四十里。旧名显名，淳熙三年曹开府勋家乞为香

〔64〕 《续资治通鉴长编新定本·仁宗嘉祐四年六月条》，世界书局股份有限公司（台北），2010年。
〔65〕 （宋）胡寅：《致堂胡先生裴然集·陈氏永慕亭记》，经锄堂。
〔66〕 林济：《长江流域的宗族与宗族生活》，湖北教育出版社，2004年，第104～105页。

灯院，遂改今额。

　　保宁广福寺，在县西北六十里。旧名永明，五代时僧德韶建。国朝天禧元年改保宁广福，开禧元年谢丞相深甫家乞为香灯院，遂改今额。

　　显教报慈院，在县西北一十二里。旧名报国，唐时建。国朝治平三年改觉仁，庆元四年谢丞相深甫家乞为香灯院，遂改今额。

　　敕赐坟寺除了少数是自置并自己舍田外，极大多数是指射无额或有额寺院为坟寺，有些达官贵人甚至指占名刹巨寺为坟寺[67]。上述临海功德坟寺皆为指射有额寺院。按规定，指射有额寺院的功德寺主家不能随意处置坟寺财产，而自置坟寺者除外。"应臣僚已请到守坟功德院，其家子孙并不得占据屋宇居止，干预常住钱谷出入，及差使人夫等。如违，许守僧经台省陈诉。其自盖造及置到田产者非。"[68]但实际上，官僚对有额坟寺的侵占情况非常严重。淳祐年间，沙门思廉曾致信当时的右丞相杜范，希望将被指占的有额寺院的坟寺尽数归还原寺，连同侵占的屋宇、山林、寺田亦一并归还，他在书信中写道："尝闻时贵之言曰：'请过功德，一针一草皆我家之物'哀哉！……今名胜道场效尤而夺取者几遍诸郡，一属功德，则属庸缪之辈以居之。"[69]可见功德坟寺的主家侵占坟寺财产的情况极为普遍。官僚将有额坟寺视为私产，就使得功德坟寺出现向宗族私有转化的趋势，进而有可能转化为宗祠，如吕颐浩的功德坟寺被列入官方祭祀范围。同时，吕氏子孙依靠御赐土地支持，始终参与祭祀，使其祠具有宗祠属性。

　　功德坟寺中需要注意的是谢氏功德坟寺。谢氏的功德坟寺不止一处，《民国临海县志·古迹·冢墓》载：

　　谢丞相深甫墓在县西北六十里保宁院侧；谢卫王景之墓以孙渠伯女为后恩，封秦国公，累封鲁、卫王，葬浮岗岙，敕改觉仁院为显教报慈寺作香灯院；谢恭简渠伯墓在县西茶园岭，赐额延恩寺。

　　谢深甫去世于1204年，即开禧元年的前一年，其墓在保宁院侧，保宁广福寺应是谢家为其申请的功德坟寺。显教报慈院是谢深甫之父谢景之的功德坟寺。谢渠伯的功德坟寺为延恩寺。后两者得以敕赐功德坟寺皆是因理宗谢皇后之故。《嘉定赤城志》统称其为谢丞相深甫家香灯院，表明当时香灯院并非仅祭祀敕赐坟寺的大臣本人，而是作为其家族祭祀场所。

〔67〕　黄敏枝：《宋代的功德坟寺》，《宋史研究集》第二十辑，1990年。

〔68〕　（清）徐松辑：《宋会要辑稿·道释二》，中华书局，1957年。

〔69〕　（宋）志磐撰，释道法校注：《佛祖统纪校注·法运通塞志第十七之十五》，上海古籍出版社，2012年。

《台临八叠谢氏宗谱·八叠谢氏祠堂记》载：

> 南宫公之孙女为理宗后，椒房国戚荣赠者五世。……迨元兵炽，皇太后颁诏于台，子孙星居异地。惟幼镰、幼铉二公思先人之丘墓，悲翁仲之榛芜，不忍远离，怆然捧宗器遗像卜居茶亭，即今之八叠是也。

八叠村位于县城西约三十里，位置与谢氏功德坟寺相近。八叠谢氏为谢深甫后裔。南宋灭亡后，谢氏子孙散居各地，而幼镰、幼铉二公"思先人之丘墓，悲翁仲之榛芜，不忍远离，怆然捧宗器遗像卜居茶亭"，根据"丘墓""翁仲"等字眼，幼镰、幼铉所奉宗器很可能即是谢氏功德坟寺所藏。

另《嘉定赤城志·冢墓门》又载：

> 王参政之望墓，在县南二十里定业院侧（《临海县志》注王氏三世俱葬于此）；

> 李尚书擢墓，在县南一十九里宝严院西，子吏侍益谦墓附焉；

> 陈詹事良翰墓，在县南五里真空寺右；

> 应谏议武墓，在县东北四十五里灵鹫寺侧。

上述临海宋代冢墓材料与具有功德坟寺的冢墓叙述方式相同，这些官僚墓侧的寺院也很有可能是官僚家族的祭祀之所。只是这些人不够申请功德坟寺的级别，应该是通过捐田地或金钱的方式，委托寺僧为其看守坟墓，并为祖先荐福及负责春秋二时的祭祀。

虽然临海目前尚未有宋代士庶建置坟庵的实证，但在官僚坟寺的影响下，推测当时士庶应也有不少建坟庵作为守墓祭祖场所的情况。之所以没有留下记载当是因为其不如功德坟寺显著而不被重视的原因。

总之，坟寺在一定程度上起到了宗祠祭祖的作用。日本学者远藤隆俊认为，宋代坟寺制度"直到元朝还被沿用，坟寺发挥了和祠堂一样的功能"[70]。功德坟寺及士庶自置坟庵，随着民间宗祠的日益发展，存在向宗祠转化的可能性，而捐金委托的坟寺也使得主家的祭祀更有保证。

（三）新兴平民化宗祠

随着血缘宗法伦理的传播，宗族势力的发展，为了满足民间日益兴起的祭祀祖先及团结宗族的需要，宋代开始出现了独立建造的民间宗族祭祀场所。其行为不是为了标明身份等级，没有政治性。这即是后世学者所论以"尊祖收族"为目的之近世平民宗族。

临海宋时有胡氏宗祠。《临海石鼓胡氏宗谱》有"记"：

〔70〕（日）远藤隆俊：《宋元宗族的坟墓和祠堂》，《中国社会历史评论》第九卷，2008年。

吾族胡氏为泰州如皋人。唐僖宗乾符间始，太尉公统卫军执金吾。黄巢乱，提卫禁兵与兄弟出江浙抵宝婺因东瓯，兄弟皆失于阵。惟祖得至处州，徙台寓临海。后唐明宗天成二年追太尉为武略公，于所寓之地建祠以祀，兄弟配享，称之曰伯翁叔守贤宫，讲为二世祖，子孙实出于是。宋太平则恭铨、世将、文显辈率皆置身廊庙，驰名环宇。诗礼之传，功德之显，各雄其业。惟铨仕宋高宗朝为大学士，号澹庵。世将亦仕高宗朝资政殿大学士、四川置制使，谥忠献，建炎间复谪于台，题名巾子山，值回禄乃建府治于石鼓。凡节序则会于祠，行祭奠礼，排行立第，条目灿然，名曰"会祭堂"。

后唐明宗时，为惟祖建祠是官方行为。南宋初年世将被贬谪于临海，在石鼓建府治，其中包括祭祖祠堂，名为"会祭堂"。每当节序，族人会于祠内，按辈分排列进行祭奠。这是关于临海南宋宗祠祭祀比较详细的记载。

从"会祭堂"的名称看，显然与品官家庙不同，反映了一种新事物的出现。北宋中期以后，民间逐步开始摸索宗族祭祀的形式，出现了许多名称不同，但都具有宗族祭祀性质的场所。仁宗年间，石介在庆历元年（1041）以"庶人"的身份"于宅东北位作堂三楹，以烈考及郭夫人、马夫人、刘夫人、杨夫人、后刘夫人居焉"，名之曰"祭堂"[71]。《河南穆公集》记载，任中正的母亲去世后，他为了祭祀先人，"治其第之侧隅起作新堂者，敞三室而阔五位，前后左右皆有宇，以引披之华，以丹刻之饰"。新堂之上"其严慈之尊，长幼之序，煌煌遗像，堂堂如生"。这个新堂取名曰"家祠堂"[72]。此两例是全国范围内较早出现的平民祠堂，为学者经常引用。石鼓胡氏"会祭堂"正是与"祭堂"、"家祠堂"性质相同的民间祭祀场所。这表明，临海至迟在南宋初年已经出现了平民化宗祠。

杜桥后泾陈氏原有宗祠，已废，遗有明代金贲亨所撰碑记，漫漶不清，难以辨认。但其宗谱载有碑记内容，为我们提供了有关宋代宗祠的重要资料：

陈氏自宋咸宁受节镇台遂家于城白云山下。四传至敷文阁直学士讳良翰，谥献肃公。及子兵部侍郎公讳广寿，而族益大且蕃。其时子孙已立大宗祠于山之麓，又立小宗祠于延峰之原，所以祀其先世之礼固隆且详矣。

陈良翰，南宋绍兴五年（1135）进士，曾任兵部侍郎、右谏议大夫、给事中等。至其子时宗族繁盛，"其时子孙已立大宗祠于山之麓，又立小宗祠于延峰之原"。这里"宗祠"之名确切，大小宗祠当是出于"大宗"、"小宗"的区别。建于山麓的"大宗祠"很可能是始祖墓祠。推测大宗祠

〔71〕 （宋）石介著，陈植锷点校：《徂徕石先生文集·祭堂记》，中华书局，1984年。
〔72〕 （宋）穆修：《河南穆公集·任氏家祠堂记》，上海商务印书馆，1919年。

建于陈氏始迁祖墓旁，以后随着宗族繁衍，村落里的小宗又单独在延峰之原建立了祭祖之"小宗祠"。陈氏是临海望族，所出人才甚多，设立大小宗祠是其宗族势力发展的反映，而与品官立庙有着性质的不同。

此外，也有线索可以推断当时无官职的平民宗族也有建立宗祠的行为。《赤城后集·远庵碑记》载：

> 邑西六十里曰宁溪，有王氏居，其先来自钱塘，至五世祖讳元禹，隐德不耀，克广前业，比死，乃小葬于五部山王岙之原。……坟之前旧有庵曰寂照，实子孙之为缁徒者营以奉香火。既而相继以老去，曾孙似率习儒者居之以讲业，前礼侍季公元衡嘉其志，榜其堂曰"鸣驺之堂"。似死，历四十余年，更守者数辈，皆不得其人，以故栋宇蠹败，旁穿上漏，为瓦砾之场，庆元丙辰，寒食祭扫，族众凄然，相顾曰："我辈安居乐业，祖先余泽，今茔屋倾蜇弗支，吾罪大矣。"于是翕然定议，衰金聚粟，期于再建耳。孙绩经竭力以任其责，鸠瓦木，庀工徒，规模经画，悉允众情，自门徂堂，祠宇中遰，主房宾舍，厨庾之属各有攸处，用匮，则族长季操与其弟季权、季授复出私帑继之，生生之具，靡不给用，隐深周致，绝胜前创也。始役于丁巳二月己未，毕于五月庚寅，费钱三十四万，粟三百六十四斛有奇。[73]

该文撰于宋庆元三年（1197）。宁溪地处黄岩，其时属临海县。黄岩与今临海相邻，宁溪王氏与今临海境内西溪王氏同出于唐代钱塘少卿府君。《台临西溪王氏宗谱·传》载，诚斋公即唐少卿府君，"以耿直忤权贵，弃官归里。既而钱武肃踞十三州以厚币聘公，公耻臣，遂弃家，同族兄弟十三人渡江分居浙右。公尝筮仕临海尉，好台南山水，因命次子居吉岙，三子居车溪，自与少子居宁溪以终老"。宁溪王氏自始祖唐少卿府君后五世已衰落为一般平民宗族。其在五世祖克广墓旁建祠祭祀，已为宗祠性质。由此推测，今临海境内当时应也存在这种情况。

三　明代中晚期：平民宗祠的大发展

由宋入元，临海士绅多不与元朝统治者合作。《弘治赤城新志》载："宋亡于元，缙绅先生往往窜匿山谷，或服缞麻终其身，或恸哭荒郊断陇间，如丧考妣，其民皆结垒自相战守，力尽则阖门就死而不辞。"元朝统治者对临海进行了严酷的镇压，使得世家大族受到毁灭性打击，宗族势力殆尽。

〔73〕　（明）谢铎辑，徐三见点校：《赤城后集》，中国文史出版社，2007年，第374页。

宋代时宗族大盛且建有大小宗祠的杜桥后泾陈氏，"至元至顺间献肃公六世孙载采自府城赘居新亭花街李氏，子讳公董、孙讳福童自花街迁居大岙。盖至是而献肃公之孙散处者众，其势难纠合"。宗族势力的急剧衰减也必然导致宗祠的没落。

宋元之际的兵火，直接毁坏了很多宋代的家庙祠堂。《临海大汾李氏族谱·春晖庵记》载："当宋元之交，胡骑入台，民居荡析。"生计已无法顾及，祠堂自是无暇看顾。《临海涌泉冯氏族谱·重修祠堂记》："始迁祖宋观察使忠翊公传五世而启五府君为立祠以祀焉。后经兵燹，祠宇荡然，荐享之礼各修于家。"忠翊公随宋南渡而迁临海，以三十年为一世计，传五世至启五府君则已是南宋末年，所谓"后经兵燹"指当宋元之际的兵火。

元代宗族、宗祠衰落的情况随着明朝的建立发生了巨大的改变。

（一）宗族社会的发展

中国地域广大，地形复杂，政府的官僚机构不可能直接对广大农村实行有效的统治，最好的办法是提倡忠孝封建伦理道德，使民间族群文化取向与国家意识形态相一致，利用宗族实现对基层社会的控制。朱明王朝建立之初即宣扬儒家伦理道德，扶持宗族发展。明太祖朱元璋曾有《圣谕六条》："孝顺父母，尊敬长上，和睦乡里，教训子弟，各安生理，毋作非为。"这正是为了稳定社会，重建社会秩序而采取的策略。

在这种背景下，明代家庙制度得以恢复发展。明朝初年，贵族官僚可以设立家庙，祭祀高曾祖祢四代祖先，士庶不得立庙，但可以祭曾祖父以下三代。嘉靖朝发生"大礼议"，世宗接受礼部尚书夏言的建议，放宽官民祭祖的规定。允许士民祭祀四代祖先，并且官民在冬至日可祭祀始祖，办法是作纸牌位，祭毕烧毁。"允许祭祀始祖，即等于允许各支同姓宗族联宗祭祖。与此同时，政府又要求官员建家庙，并允许在家庙设临时始祖、先祖的纸牌位，再加上又允许'以今得立庙者为世祀之祖，世祀而不迁'，则开了以后家庙祭祀始祖之先河。这就极易导致官员将始祖、先祖的临时性纸牌位改为常设始祖牌位。品官家庙祭祀始祖一旦成为大宗祠，民间联宗祭祖必然会竞相仿效。事实上当时社会上本来就大量存在着祠堂违制祭始祖的情况[74]。"

国家改制，对民间建祠的发展扩大起着一定推动作用。嘉靖朝准许民间联宗立庙，从此各省州县纷纷建立祠堂家庙，"宗祠遍天下"。明清之

---

〔74〕 常建华：《明代宗族研究》，上海人民出版社，2005年，第19页。

际张履祥说："家礼祠堂之制，则贵贱得通用之。"从国家制度上说，建祠再没有贵贱等级的差别了。

明代是临海平民宗族及宗祠大发展时期。《临海大汾李氏族谱·宗祠记》载："迨明肃宗十有五年，大礼议成，夏贵溪以伊川之事为言疏，准奏颁赐天下臣民俱可立庙以祀其始祖。庶几天下畅然行之，得遂其报本追始之情。"这表明"大礼议"改制在宗族观念、宗祠建设方面冲击着临海地方社会。

除了上述国家政策环境的影响外，临海宗族、宗祠的发展还有其自身的特殊因素。

1. 科举人才大量涌现奠定了兴修宗祠的思想与社会基础

临海明代文教事业发达，私人办学之风盛行，科举人才辈出。明代279年间，临海有文进士 125 人，武进士 3 人。其中多有父子、兄弟皆中进士者。如王宗沐及其曾祖父王稳、子士崧、士琦、士昌及侄士性，一门六人先后考中进士。何氏也是一门六进士：何宽为嘉靖二十九年进士，其兄何宠、孙舜龄、舜韶、舜岳，曾孙懿先后登进士。秦礼及其兄秦文、弟秦武，以及次子秦鸣夏均为进士，三子秦鸣雷则是嘉靖二十三年的状元。金贲亨及其子立爱、立敬、立相皆是进士。涌现出来的大量科举人才是维护封建伦理和社会秩序的中坚力量。士大夫们以倡导宗法礼制为己任，致力于宗族建设，如中议大夫张志淑居家"杜门扫轨，一切不关涉，惟创宗祠以合族，表世祖古学先生之文行以崇祀于乡。其他礼所当为，力所能为者皆注措"[75]。万历进士项复宏"立宗祠，置祀田，事皆可风"[76]。这些都促进了儒家伦理道德思想在民间的深入，为明代宗祠大发展提供了思想与社会基础。。

2. 倭寇[77]的侵扰促进了宗族团体关系趋于紧密

早在明朝初年倭患已现端倪，此后愈演愈烈，直至嘉靖末年才在戚继

〔75〕 马曙明、任林豪主编，丁伋点校：《临海墓志集录》，宗教文化出版社，2002 年，第173 页。

〔76〕 何奏簧纂，丁伋点校：《民国临海县志》（下），中国文史出版社，2006 年，第85 页。

〔77〕 倭寇是指明代劫掠中国沿海的日本海盗。嘉靖中期以后，由于明代"奸宄乡民"的加入，使倭患范围扩大，倭寇组成结构发生变化，"大抵真倭十之三，从倭者十之七"。有关明代倭寇的性质，学者大多认同倭寇不仅包括日本海盗，还包括葡萄牙海盗商人以及中国的走私商人。在《民国临海县志》中可以看到明代关于倭与倭寇的平行记载，这正是倭寇性质复杂的体现。可以确定的是，他们劫掠沿海地区，从事海盗暴力活动，给沿海居民带来了深重灾难。

光等人的打击下得以平息。倭寇所到之处，大肆劫掠，给包括临海在内的台州地区造成了巨大的破坏，百姓生命财产受到严重威胁。《民国临海县志·大事记》中有关明代海寇入侵的记载不绝于书。《台州府志》载："今海寇入吾境，杀掠焚荡之惨自昔所未有者也。"临海宗谱中亦见有族人团结抗敌、组织防御的事例。程公望少负奇节，涉猎古今书史。游邑庠二十年，每试高等。海寇入郡界，民不知兵，狼顾而窜，郊堡为墟者十之七。公望雅善韬略，言于郡守谭，谭壮之，命诸乡倡，乃帅宗族，立营寨，习击刺，从者数百人。贼千余人入界，公望据形胜扼之，贼惧他走。[78]宗族团结抗敌成为维护族人生命安全的需要。这是明代临海平民宗族社会形成的重要促进因素。

3. 经济环境恶劣，生存条件艰辛促进了宗族团结

由于倭患、海禁的影响，明代临海社会经济遭到很大破坏。临海西北部为山地丘陵，发展经济的条件较差，仅能满足基本的生存需求。临海经济的重要支撑是东部滨海地区。而这里也是受倭患最为严重的地区。滨海经济以鱼盐、商贸为大宗。倭患使得这些支柱产业受到极大影响。"随着台州商贸市舶司撤销，代之是军事建置的卫所，实际上成了压制出海商贸的封闭军事机构。"[79]明朝中后期，天灾人祸愈加频繁，使百姓生计雪上加霜。隆庆二年七月大水，溺死三万余人，没田十五万亩，庐五万区，"尸骸遍野，官府委吏埋藏，半月方尽。谷烂麦腐，俱不可食"[80]。三年又大水，五年秋大疫。万历二年春旱秋涝，六年又大雨成灾，九年旱灾加上蝗灾，十五年以后，旱涝灾荒更加严重。然而这一时期却看不到任何政府出面赈灾的记载。另一方面，宗族内部互相救助的事例却随处可见。如陈经"宗族贫不能丧者周之，远祖废不克祀者举之"[81]。陈犇"置宅隘于其旧，而以其余给宗族之困"[82]。陈选"仿范文正，置田百四十亩祀先周族，名思远庄，逮卒，族人以其贫，举田还其子戴，戴不可，曰：'先人行义，取而私之，独不愧乎！'"[83]何宽妻俞氏"族党有窭生，以缓急请，捐

〔78〕 何奏簧纂，丁伋点校：《民国临海县志》（下），中国文史出版社，2006年，第180页。

〔79〕 叶哲明：《台州文化发展史》，云南民族出版社，2006年，第71页。

〔80〕 《凭枕集》转引自《民国临海县志》（下）（何奏簧纂，丁伋点校，中国文史出版社2006年，第547页）。

〔81〕 马曙明、任林豪主编，丁伋点校：《临海墓志集录》，宗教文化出版社，2002年，第148页。

〔82〕 何奏簧纂，丁伋点校：《民国临海县志》（下），中国文史出版社，2006年，第178页。

〔83〕 何奏簧纂，丁伋点校：《民国临海县志》（下），中国文史出版社，2006年，第30页。

橐周之，不虑伏腊。女弟嫠也而贫，淑人岁时顾问，需□不给，卒则衣衾棺椁，靡不为也。姑族有孱孙贯者，汪淑人实拊摹之，淑人曰：'此吾姑所援立也。'抚之勿替。太宰公割腴业若干亩推赐宗族，淑人岁手籍其贫者给之，不足则佐以他田租。"[84]钱茂律妻卢桂"他若厚宗党，睦姻戚，奉祀延宾，使众之道，一由于礼。性好施，遇贫病者，则赒恤之"[85]。明后山先生"赒恤宗族，冠婚丧葬，衣食不给者皆为处之，如恩及三从手足，曰瑗、曰琬、曰玑、曰凤者可考也，施及亲识邻里犹然"[86]。陈球"立义田，建义庄，积谷以济贫乏"[87]。苏允熙"遇族姻财不丰者，为出资本而不收其利；长无室者，为之聘而成其家"[88]。湖田许氏各分支"自著名于斯谱，各宜怀恩义以相接，贫穷相周，患难相恤，勿以秦越人相视。彝伦由是而叙，乡俗由是而厚"[89]。可见在天灾人祸面前，宗族救助是贫困族人渡过难关的重要保证。

上述因素促使临海社会平民宗族得到很大发展，宗族内部经济联系增强，族人的凝聚力、归属感亦增强。宗族成为实现政府控制以及面对灾荒兵患的一种社会组织形式，在保障族人生存的同时，也控制约束着人们的行为。作为宗族象征的宗祠在这一时期得到快速发展，成为民间祭祖的主要形式。

（二）平民宗祠的发展

此时期庶人建有祠堂的例子大大增加。陈縈"居家孝谨，旦望祠谒，粥粥惟恐后"[90]。黄瓒"性孝友，为亡弟抚遗孤，置祭田，创家庙，恤亲族，人称古君子"[91]。陈德孺"追崇先志，作小宗祠堂，祀逸庵而配养德，以不□捐己赀益祭田"[92]。明故处士王承国"构祠祀先，遇时忌辰以尽哀敬"[93]。临海周氏"至槜庵翁者，始迁于城心白塔桥之南，第宅一新，

---

〔84〕 马曙明、任林豪主编，丁伋点校：《临海墓志集录》，宗教文化出版社，2002年，第179页。

〔85〕 马曙明、任林豪主编，丁伋点校：《临海墓志集录》，宗教文化出版社，2002年，第95页。

〔86〕 《明后山陈先生墓志铭》（临海市博物馆内部材料）。

〔87〕 何奏簧纂，丁伋点校：《民国临海县志》（下），中国文史出版社，2006年，第181页。

〔88〕 马曙明、任林豪主编，丁伋点校：《临海墓志集录》，宗教文化出版社，2002年，第99页。

〔89〕 《台临湖田许氏宗谱·明万历重修许氏家谱序》。

〔90〕 何奏簧纂，丁伋点校：《民国临海县志》（下），中国文史出版社，2006年，第153页。

〔91〕 何奏簧纂，丁伋点校：《民国临海县志》（下），中国文史出版社，2006年，第180页。

〔92〕 马曙明、任林豪主编，丁伋点校：《临海墓志集录》，宗教文化出版社，2002年，第128页。

〔93〕 《明故处士王承国墓志铭》（临海市文保所彭连生提供）。

规制宏敞，乃于所居沐恩堂之左建屋若干楹，以祀其先。其制一如文公《家礼》所定者，而取孔子言春秋祭祀之义，扁之曰'时思'"[94]。以上各立祠者均未见有科举仕宦经历，应属于庶民阶层，可见民间宗祠发展之显著。这一时期尚无实物遗存，有关宗祠的发展情况只能考之于文献。下文主要依据宗谱材料对明代临海望族与普通宗族[95]建祠情况进行考察。

1. 望族宗祠

道光四年重修《临海大营洪氏宗谱·宅记》载："国初时，冯洪何叶称四大姓。"冯、洪、何、叶四姓在清初为临海比较有影响的望族，则其在明代即应有一定的影响力。《栅浦何氏宗谱》序中也列举了临海当时重要望族："临邑称世阀者自余家而外，若陈若金若王若何，无虑十余族，皆台山之秀也。"下面根据宗谱资料，以涌泉冯氏、栅浦何氏、郡城金氏为代表考察当时望族建祠情况。

涌泉冯氏宋代所建祠堂毁于宋元之际的兵燹。明代涌泉冯氏出了不少科举人才，成为临海望族。涌泉三村敬老院里保存有明成化壬辰（1472）八月刻制的《冯氏祠堂碑记》。这篇《碑记》是明代刑部员外郎、进士冯银和其胞弟进士冯沉邀请兵部尚书、进士程信撰写的，并由四川按察使高瑛（黄岩人）撰额，冯银手书碑文。《碑记》主要反映冯氏先祖冯安国的简历及定居临海情况，同时对兴建祠堂与祭祀作了叙述。该碑记亦被载入《涌泉冯氏族谱》，仅有个别字不同。其碑文谓：

> 诗书缨绂之传，十有余世。聚族著姓之繁，逾数千指。祀先旧祠，中经兵燹，无复存余。由是，家各修其享，人各私其荐，为日已久。其于致严，大小宗规维持经久，族姓散漫而不复收。我子孙之所感切致慨者，莫此为甚也。

> 正统间，伯祖元咏，买地一区，别欲创构。主事衮暨原请，咸愿乐助，惜皆赍志以殁。伯祖之子秉捷辈，笃承先志，爰率宗、良、柱、济、璜，鸠工聚材。中架楹间三以为堂，列奠迁祖二祖之神，左右翼以两厢间楹，偶置则六，而各杀其高广，以庋享祀之器，以憩息趋事多族。阶陛维岩，

---

[94] （明）谢铎辑，徐三见点校：《赤城后集·周氏时思堂记》，中国文史出版社，2007年，第407页。

[95] 地方望族是指族内所出科举人才较多，在区域社会中具有显著声望的宗族。相对来说，普通宗族没有明显的仕宦业绩，影响力较小。明清民间宗族范围扩大，族人众多，超出五服的范围。望族因为族内官僚而名声显赫，但需要注意的是，望族并不是因为官僚才形成的宗族。地方望族与普通宗族在本质上都是平民宗族，因为其宗族组织与宗族活动的主体都是平民。

缭垣维固，值中关门，扃锁维谨。南北相距为丈有几，东西相抵为丈有几。

当夫致享之时，敬肃有容，登降有仪，一遵朱子家礼。家礼祀毕，馂神之余，以申情懿。昭穆列序，长幼献酬，愉怡俯仰，胥乐以庆。雍穆睦之心油然而生，孝思之诚怆焉以著矣！……

祠经始于景泰癸酉十一月丙辰。落成于甲戌二月癸未云。[96]

这是有关临海明代宗祠最为确切的记载。涌泉冯氏宗祠在宋末被毁后，其族人一直各自在家祭祀，宗族联系较为松散。正统间元咏欲建祠而不成，其子辈继承父志最终建成了宗祠。该文明确了宗祠修建的时间是景泰癸酉年（1453）至甲戌年（1454），并清晰地记载了宗祠的结构及当时的祭祀情况。可以看出，其宗祠建设倾尽全族之力，"阶陛维岩，缭垣维固"，建筑质量较好。正厅三开间，两侧有厢房六间，高、宽均低于正厅，用以藏放祭祀器皿及族人憩息。可见在建筑布局上注重满足祭祀及其他宗族活动的需要。祭祀对象包括始迁祖、二世祖，表明为联宗大祠堂。祭祀仪节遵守朱子《家礼》的规定。"昭穆列序，长幼献酬，愉怡俯仰，胥乐以庆。雍穆睦之心油然而生"，表明宗祠祭祀后的合族会饮在收族方面起到重要作用。

随着宗族的不断繁衍，明代冯氏又创建了两个小宗祠。其谱载《重修小宗祠记》云：

我涌泉冯氏肇自南宋始迁祖观察使公，当五世时已立祠堂祀为大宗，及我八世祖南墅公克缵先德，修仁行义，省郡邑志咸表见之。厥后遂昌。至玄孙百有五十人。再越一世，合计通籍者六人，举孝廉者三人，乡贡三人，列庠序者二十七人，以齿德应诏受冠带者十有四人，国宾三人，而运使公魁乡荐，晋秩中大夫。譬诸植木，本根既固，又从而加培之，其发荣滋盛理固然也。乃推本所自，立为小宗。初公之孙讷庵公曾建奉先祠堂于大宗祠之东北，爰即其址而创辟之，以九世今四房先派祖配席列左右，咸南面，时祭一如大宗祠仪，称备物焉。此在有明隆庆间也。

《西分小宗联辉堂碑记》：

西轩公有孙可山公以进士仕至刑部员外郎，其弟师松公以进士仕，终宿松令，俱为一代名宦，乃推功德之所自，为西轩公建棣萼联辉之堂以祀其神。盖可山公未第时，其父存诚公梦诗一联云："棣萼联辉沾雨露，郊原停翠溢恩波。"……自是我冯氏始迁祖忠翊公大宗祠下有两小宗祠，东分南墅公，西分则西轩公。而西分更宏远矣。至嘉靖间，西为风雨坍坏。迨我国朝顺治丁酉，东亦燬于海寇。于是两小宗祠俱鞠为茂草。

[96] 何达兴主编：《涌泉》，浙江人民出版社，2009年，第119～120页。

南墅公德行出众，后世科举人才兴盛。其子孙于隆庆年间，在讷庵公所建奉先祠堂的旧址上兴建了小宗祠堂，祭祀八世祖南墅公，同时以九世四房各派祖先配享。《礼记·曲礼》谓："支子不祭，祭必告于宗子。"嫡庶兄弟同处祭堂，于礼不合。这种情况是为了加强小宗内部的联系和团结。其祭祀仪式与大宗祠相同。西分小宗祠祭祀西轩公，于嘉靖间为风雨所坏，则其建在嘉靖之前，距大宗祠之建不过五十余年。小宗祠的建立缘于有影响力的人物出现。上述关于涌泉冯氏大、小宗祠的建立，可以看出涌泉冯氏在明代人物兴盛，科举人才辈出，无愧台临望族之称。两小宗祠清初毁于海寇。入清以后，冯氏也陆续修建了一些小宗祠，然人物已不如明之盛。

栅浦何氏[97]迁临始自五代，其时远祖某公客游临海，乐其土地开阔，风俗淳朴而迁居于此。明代何氏人才辈出，一门六进士，是著名的文化世家。

康熙乙丑临晋公修谱例言中谓："旧大小宗祠城乡间错，笾豆新嘉，饔醴芝芬，神人燕喜，报本追远诚矣。革运以来，风蚀火烁转成丘墟，既无以妥先灵亦无以洽族谊。"临晋公即何纮度（1628～1704），号石湖高士，何舜龄孙，曾官临晋。此文为清初所撰，"旧大小宗祠城乡间错"应是追述明代情形，"革运以来，风蚀火烁转成丘墟"，当指明末清初社会动荡对宗祠的破坏。何氏有明一代人物极盛，再据此言，明代何氏宗祠也必盛。

《台州栅浦郡城何氏宗谱·何氏祀田义田合记》载：

> 自北江翁以才入仕，为进贤县佐，后祀名宦，人皆知矣。三子皆明经，长文峰公宠嘉靖癸丑进士，仕潮州郡守；仲宜山公宽嘉靖庚戌进士，仕南京吏部尚书；季麟桥公采授文学官。迁居郡城，拓布为三，故地不一名。后以诰赠三代尚书，遂称三代尚书。何氏云，初北江翁好古奉先，顾禄薄不充其志。文峰公不薄矣，没于官而未施展。宜山公厚禄，引年始归。归而推父兄志，继述不遗余力。若曰自高祖以下，其亲重，重则议从其隆；自高祖以上，其亲杀，杀或虑至于散。于是捐置田三十亩于蔡家塢以祀高曾二墓，盖栅川时所竄也。去城百里，昇族内五房承之。捐先世遗田五十亩于蔡岭水家洋等处以祀祖考二墓。因举岁时忌日之祭轮三房承之。特立一祠于文峰公宅南，列四代祖如制议，递迁至北江翁则始迁祖也。以文峰公配有专享焉。而小宗嫡派又别设也。盖仁以率亲者如此。

北江公讳文骥，字从良，何宠（文峰公）、何宽（宜山公）、何采（麟桥公）之父。何宠逝于任上，没来得及建祠祭祖。何宽继述父兄之志，捐置祀田，以供高曾祖考四代墓祭，又在文峰公宅南创立祠堂，"列四代祖如制议"，祭祀高曾祖祢四代祖先。因是何宽所建，所祭即是自北江公往上递推四代。何宠因有大功，亦配享其中。此外，其他宗族后裔则另设小宗祠堂。可见何宽虽非长子，其所建祠堂却有大宗祠性质。

宗谱又载《曾祖非庵公传略》：

> 公父隐居处也，不幸废于火。卜居于城，堂构惟务坚朴，不事华饰。复建小宗祠于后圃，手定祀典。每遇高王父母忌日及诞辰与凡春秋烝尝必晨兴率诸弟诸子衣冠集堂下，躬进茶果，退则斋居一室，晚而进馔食，序昭穆以次行礼，怆然如将见之。虽至髦不衰，盖公之孝友出乎天性，而礼制则本自家学，其来固有自也。

非庵公即何纮度次子，他于后圃复建小宗祠，手定祀典祭祀当在清初，可以看出祭祀的对象仅是父母，参加祭祀者仅是兄弟及子辈。"礼制则本自家学"，推测其祀典当与明代小宗祠堂相似。

郡城金氏本于庙西金氏，其迁台始于两宋之际。所存《临海金氏家牒·序迁台》载："知州公迁台，其时数旧谱未载。然六世光甫公等淳佑七年进士，淳祐为理宗改纪，以是逆而推之，则公之迁台当在完颜猾夏之后，徽钦北狩之时也欤。"郡城金氏明代出了著名学者金贲亨，其祖因父早丧，随母转嫁本坊高伯玉，遂袭其姓。其祖念继父高伯玉同居日久，以养育恩深不忍复姓，子孙相承以奉祀伯玉。嘉靖甲辰年（1544）金贲亨撰《族谱序》记其复姓经历："吾祠递祀高主，厚道也。礼之变也，逮贲亨五世矣。主且迁姓，不复可乎！嘉靖庚子冬二子爱敬计偕入京邑疏令上请，越四载始得谕旨，奉以告于祠。乃改祠额宣示我昆弟子姓使知一本之道。"

《临海金氏家牒·祠墓考》载其大宗祠：

> 在巾子山之地，巷曰永德衢，祀孝廉府君为始祖，百世不迁，配以二祖，曰牧庵，征士；曰恒二，处士。孝廉二子也，祀二祖非祭法也。大宗初立，小宗未备，明二派之一本起。后人之孝思，特一时收族之权。亲尽则主迁墓侧。专祀始祖，他主无得入焉。其建之年为嘉靖壬寅。其地得之蒋氏，为值四十金。中构祠四楹，左为孝则轩（今圮），昭世范也。右为庐，以居守者。其费则吾族昆弟各量赀之丰约而乐输之。不足，又以徭役所得蠲度取十之一以相成其事云。

金氏在复姓之后于明嘉靖壬寅年（1542）建立金氏大宗祠以金氏始祖孝廉公为不祧之祖，以其二子配享。大宗、小宗并祀本不合宗法礼制。此处并祀牧庵、恒二兄弟，"一时收族之权"。可见当时人们对大、小宗之分并不十分重视，收族方为大的时代趋势。除了始祖外，其他近祖神主则根据"五世则迁"的原则埋于墓侧，这应是当时较为常见的做法。

据《临海金氏世谱》的补充记载，守祠人居住在四开间宗祠的最右一间。可见，金贲亨所建宗祠本质上仍是三开间，右一间不过是为守祠人居住而做的便宜之举。一般情况下，为了突出宗祠正厅的地位，守祠人的住处并不与之并列。金贲亨乃一代通儒，深通礼制，建祠不拘泥形式，可见当时民间建祠中，实用因素占很大成分。

2. 普通宗族

后田金氏以西汉金敞为始祖，二十一世祖遨游山水，自越之台，居大石五锦。《台临厚田金氏宗谱》载有乾隆二十九年所撰《祠堂记》：

> 琨族宗祠，土善诸公于明宣德丙午岁卜基于住宅之下而创建之。玉山峙其北，文水绕其南，后带馥泉，前面九峰，地非不胜也。至天启癸亥，良瑞、国风诸公因其旧址而更张之。堂宇灿焕，祠岂不美焉！而吾族独以功德于念，琨小子敢不阐扬与？按鼻祖敞公居福州，为汉元帝侍中以信，尚书涉公、光禄钦公、御史胜公、孝友传家，乃心王室，泽及生民，其功德懋矣。故源远者流长，根深者枝茂。子姓星列，不一其地。六世侍郎岳公自闽迁越。廿一世秘阁鼎公文摘锦绣，学富缥缃。都监晟公遨游山水，自越之台，居大石五锦。三十六世登五、登六、登七三公创建厚田三宅。皆吾族之祖宗实敞公之子孙也。故大宗之设，必以敞公为始祖，而以群公环配焉。往昔禴祠蒸尝，子姓行列，昭穆有别，尊卑有等，长幼有序，济济跄跄，莫不致其如在之诚。

文后尚记有宣德丙午岁（1426）创建宗祠首事人员及天启癸亥年（1623）重建宗祠首事名单。可见后田金氏宗祠始建于宣德，重建于天启。其祠追祭西汉金敞为始祖，以六世侍郎岳公、廿一世秘阁鼎公、三十六世登五、登六、登七三公等有功德的先祖环配。宗祠祭祀对象的选择不再仅仅遵照辈分，而是"独以功德于念"，显示出功德标准在宗族祭祀中的重要性。

仙人褚氏自天台分支而来，《临海仙人褚氏古今谱志·宗祠记》载：

> 大路褚氏为台望族，其裔本自武林钱塘。宋季有号存本公者由乡进士任嵊邑学谕，始迁天邑新丰驿路之旁。历朝以来，科第蝉联，衣冠奕叶，既庶且富。其后族分三县，本邑有上、下宅、义里、署前，临之仙人、管奥，宁之木峰、箬奥、东洲。各有大小宗祠，历岁日久，难免蠹朽颓敝倾圮，而高曾祖祢皆祀于私室。其贤裔廷志、允泽、允涓、允渲等深以祠庙倾圮为鬼，每于四仲祭时，若有斧钺加其身，夙夜殚心，不遑宁处。于是商诸

族人，毅然卜吉，鸠工庀材，仍其旧址，轮奂重新，不苟不僭，其间昭穆之序，谨遵文公《家礼》。经营伊始于宏治十七年，功成于正德元年。

该文撰于明正德元年，在此之前，其族已各有大小宗祠，"历岁日久，难免蠹朽颓倾圮乎，而高曾祖祢皆祀于私室"，可见明初褚氏在家祭祀四代祖先。仙人褚氏明初所建宗祠自弘治十七年（1504）至正德元年（1506）历时三年完成，"其间昭穆之序，谨遵文公《家礼》"，当指祠内神主牌位以《家礼》所定之昭穆顺序排列。据嘉庆年间所作《仙人宗祠记》，该祠毁于明末兵燹。

楼下郑氏为唐广文博士郑虔后裔，到明代，其族人物不彰，已属普通宗族。《浙临楼下郑氏宗谱·祠堂记》载：

> 今祖庙倾圮，遗址空存，将欲议举兴作，奋于矛盾之心，卒莫之为，而继述之志未尝不拳拳于怀。至隆庆三年壬寅冬，族长感慨，议以彭村祖冢之旁与孙孟远葬父，谕出建祠，工食银五十两以成先人付托之志。至万历年，鸠集族中耆硕，各主其事，协赞而成。堂宇翚飞，寝门墙庑，翼翼深闭，足为楼神之所以见。

楼下郑氏宗祠筹建于明隆庆三年（1569），完成于万历年间（1573～1620）。临海建有先贤祠祭祀郑虔。隆庆时"祖庙倾圮"，祖庙不同于先贤祠，则在隆庆以前，先贤祠与祖庙（宗祠）是分开祭祀的，功能有所不同。这说明随着宗族社会的发展，宗族需要专门的祠堂祭祀。

隔溪吴氏迁临始于宋代居岐公宦游临海入赘东乡梅氏。隔溪吴氏未见有进士出身者，在家族势力上只能算是普通家族。《台临琅溪吴氏宗谱》载有藏山派下十二世孙璠于万历二十二年所撰《重建祠堂记》曰：

> 嘉靖四十五年辛酉四月朔，倭奴侵疆，寇荡纷扰；四散纵横，老幼惊窜；毁我宫室，焚我祠堂；神主祭器，罄无一存；惟遗基址，满目棘榛；殷荐无由，怵惕伤心。荒废至今三十年矣。续后郡守覃公招募勇兵，加增田地山荡等银给散兵饷接应戚继光，海倭始平。年来民贫财尽，不得立祠，春露秋霜，孝爱莫展。延及今万历十九年八月望日，天朗气清，秋色平分。族中有六人曰琯、曰洞、曰淡、曰皁、曰山、曰槙者于是夜赏秋酌饮，辄思重造祠堂，同切孝心。次日会聚合族伯叔父兄子侄，公议已定，告天盟誓，编派各房，不论贫富，量情出资，或银或谷，或布或帛等项。幸祖宗之灵，人皆服从。天运循环，否极泰来。机缘凑合，适有邻人尤士月所居东厅三间出卖，托众来说，皆以为便。议定价纹银一十余两。翌日拆卸，并买材料。请匠先竖中三间，东西凑成五间与门楼。于二十年十二月初四起工，越明年二月庆落成矣。祠宇既立，祖宗之灵爽得所凭依，而岁时祭享，

子孙之孝思庶几克尽矣。

由这篇《重建祠堂记》可以看出，嘉靖间倭寇侵扰，破坏了大批祠堂。戚继光平倭后，"民贫财尽，不得立祠"。这种情况，在当时应具有普遍性。当时局稍平缓，重建宗祠之事便提上议事日程。隔溪吴氏宗祠建于万历二十年（1592）。其形制为正厅五开间（两侧梢间为稍后添加），前有门楼。隔溪吴氏明代建祠历程当为其时临海普通宗祠建祠的缩影。

通过以上考察，我们可以总结出临海明代宗祠的发展具有如下特点：

第一，平民宗族发展很快，平民宗祠的数量迅速增加。除了望族大姓建有宗祠外，很多普通宗族也修建了自己的祠堂，说明此时宗祠覆盖的社会群体范围扩大。

第二，望族文化水平高，十分重视宗祠建设，多建有小宗祠，表明其宗族有影响人物较多，宗族发展程度较高。而普通宗族一般不见有小宗祠之设，反映出其宗族发育程度相对较低。

第三，宗祠的建造一般由族众耆老及有志者发起，全族支持，这个过程也反映了这一时期宗族的组织化加强。

第四，宗祠祭祖范围扩大，很多宗祠祭祀始迁祖，甚至始祖，也有的宗族同时祭祀远世先祖。这种情况在嘉靖之前已有，嘉靖放宽祭祀标准后，当更为广泛。对始迁祖、始祖的祭祀意味着在所迁居地域甚至更广范围内的联宗，也意味着收族范围的扩大。出现这种情况的社会背景是宗族经过长期发展，人口膨胀，要求在同一始祖的前提下扩大世系的包容范围。对先祖的选择突出功德标准，能够增强宗族的荣誉感和凝聚力，更好实现收族目的。

第五，对近祖的祭祀中，常常出现兄弟并祀的情况，显示出大小宗之分并不很严格。这是对严格宗法礼制的突破。兄弟并祀加强了宗族直系与旁系的联系，无疑可以增强宗族团结。

无论是对始祖、始迁祖、先祖的祭祀，还是近祖祭祀中对宗法礼制的突破，都是为了"收族"。根本原因在于当时宗族日益发展扩大，趋于组织化，形成较紧密的利益团体，要求加强宗族团结，培养宗族人才以促进宗族进一步发展。

四　清前中期（康雍乾）：平民宗祠的全盛

明末清初临海兵乱频繁，动荡不安。尤其清初，更是几无宁日。顺治二年（1645），陈函辉起兵临海，与原兵部尚书张国维及熊汝霖、张煌言等拥立鲁王朱以海监国。临海成为浙东抗清斗争的政治中心。顺治三年（1646）鲁王政权据临海城死守，但最终被清军攻陷。顺治五年（1648）临海八叠人谢以亮、大石金白菜等聚众响应白头军起义。之后，郑成功、张煌言等人在海上持续抵抗，对清军造成了极大的威胁。为了镇压沿海一带的抗清活动，断绝海上义军的后援，清政府厉行海禁，不准商民下海。顺治十八年（1661）清王朝派户部尚书苏纳海到台州，强迫临海、黄岩、太平、宁海等县沿海三十里之内的居民全部迁到内地，"限两月止，不迁者杀"[98]。迁海给临海带来了巨大灾难，"拆毁民房木料，沿边造作木城。临邑迁弃十有九图"[99]。百姓流离失所，"先是虽被贼患，犹有家可居，一朝被遣，托居附城，携老扶幼，哭声遍野，生业既失，病疾死亡，卖妻鬻子，甚者流为乞丐，惨不忍言"[100]。

康熙十三年（1674）又有耿精忠据闽叛乱，浙江提督塞白理率兵援温，经台，大掠台城，史称"甲寅之乱"。耿精忠进逼临海县城，与清军对峙作战，对临海的破坏极为严重，大量建筑被毁坏，生产停滞，民生凋敝。《临海郡城林氏宗谱·重修大宗祠记》描述甲寅之乱时临海社会状况："逆藩跋扈，侵凌我疆，王师徂遏，以斗大之区集百万之旅，民居不足容，住及公廨。时米珠薪桂，卸屋材以爨。向来几筵之地，竟成瓦砾之场。"

在明末清初的兵乱中，世家大族、宗族社会遭到了普遍而严重的打击。《台临西溪王氏宗谱·西溪王氏宗祠记》："元末经方国珍踞台之乱，康熙甲寅又遭山贼兵燹，世家大族率相顾沦落，向时所谓太傅之泽尚不能庇及五亩，况其他乎？"这一时期只见有宗祠毁坏的记载，如《临海金氏家牒·祠墓考》载其大宗祠"毁于康熙甲寅之乱"，而未见有建造宗祠的事例，成为临海宗祠发展史上的破坏期。

随着张煌言的死难与郑成功的离去，东南沿海的反清复明斗争渐歇。清廷也陆续平定了耿精忠等藩王叛乱。此后，为稳定社会秩序，恢复经济发展，朝廷采取了一系列措施。康熙二十二年解除海禁，"尽复沿海迁界民业"[101]。后又相继出台免除杂役赋税的政策。撰于康熙四十九年的《义城金氏大宗祠记》记述清初朝廷休养生息、恢复民生措施谓："比年以来，

---

〔98〕 《陈藕亭笔记》，转引自《民国临海县志》（下）（何奏簧纂，丁伋点校，中国文史出版社 2006 年，第 552 页）。

〔99〕 《旧志》，转引自《民国临海县志》（下）（何奏簧纂，丁伋点校，中国文史出版社 2006 年，第 552 页）。

〔100〕 《陈藕亭笔记》，转引自《民国临海县志》（下）（何奏簧纂，丁伋点校，中国文史出版社 2006 年，第 552 页）。

〔101〕 何奏簧纂，丁伋点校：《民国临海县志》（下），中国文史出版社，2006 年，第 556 页。

恩诏频颁，今年而蠲免其全，明岁而减征其七，湛恩汪濊，有加无已。固终纲目以来，未有之运会也。"[102]至此，临海又迎来了相对平静的发展时期。社会经济渐有起色，农业生产趋于稳定，渔盐业陆续恢复生产，对外贸易也有所发展。从明代开始的大规模围垦海涂的活动重新启动，因海禁而荒废的塘田得以复垦，如杜桥到桃渚一带筑塘约25公里，桃渚东洋大尖山"旧悬海中"，清代则已"毗连内地"[103]，可见围涂的速度和面积相当惊人。社会的稳定发展为宗族制度的复兴奠定了基础。

（一）宗族发展情况

在控制分散的个体农民方面，宗族比地方政权更有优势。所谓"牧令所不能治者，宗子能治之，牧令远而宗子近也。父兄所不能教者，宗子能教之，父兄多从宽而宗子可从严也。宗法实能弥乎牧令、父兄之际者也"[104]。清政府认识到扶植宗族对稳定社会秩序的重要意义，大力支持宗族发展。康熙九年（1670），朝廷颁布《上谕十六条》，确定了宗族的功能：

> 敦孝弟以重人伦，笃宗族以昭雍睦，和乡党以息争讼，重农桑以足衣食，尚节俭以惜财用，隆学校以端士习，黜异端以崇正学，讲法律以儆愚顽，明礼让以厚风俗，务本业以定民志，训子弟以禁非为，息诬告以全善良，诫匿逃以免株连，完钱粮以省催科，联保甲以弭盗贼，解雠忿以重身命。

可以看到宗族的功能大大扩展，不再仅仅是尊祖敬宗的伦理组织，还具有维持社会治安、促进农业生产、兴办学校教育、宣传国家律法、催缴钱粮赋税等功能。宗族实际上已成为国家的基层行政与司法机构。以后雍正皇帝又颁布《圣谕广训》："立家庙以荐丞尝，设家塾以保子弟，置族田以赡贫乏，修族谱以联疏远。"着重突出宗族的自身建设。

朝廷的政策导向使宗族发展日益政治化、普及化，临海也不例外。临海这一时期宗谱的编撰十分普遍，在其中的家训、族规中，可以看到对康熙"上谕"内容的落实。如乾隆戊戌重修的《临海溪口马氏族谱》载有宗规十二条：

> 一、为士当读书明道敦品立行，不可见利忘义败坏名节；一、为农当勤敏力作按时应候，不可好闲息惰坐荒地利；一、为商当和气谨慎公平交易，不可诡伪欺诈图利暂时；一、国课当先期完纳谢绝差役，不可违限拖

〔102〕《台临南乡金氏宗谱·义城金氏大宗祠记》。
〔103〕 李一、周琦主编：《台州文化概论》，中国文联出版社，2002年，第63页。
〔104〕（清）冯桂芬：《校邠庐抗议·复宗法议》，上海书店，2002年。

欠自召追呼；一、治家当勤俭务本严饬防闲，不可华侈奢淫内外混杂；一、延师当丰盛礼节先定修金，不可惜费怜财假意虚饰；一、教子当心慈气严以尽义方，不可姑息优容纵其淫逸；一、待下当大度有容法整恩宽，不可任意惨刻致生隐憾；一、乡族当怜贫恤苦济困扶危，不可悭吝自守漠不关心；一、衣食当随时措办以适口体，不可过奢过俭偏性僻情；一、婚葬当称家有无遵守礼节，不可顾惜体面倾荡产业；一、处世当内方外圆辞和气正，不可任性过情以干世纲。

此宗规的主要内容是倡导士农商各阶层遵守职业道德，各安其生业；积极完纳国家赋税以及在日常生活各方面遵循封建道德行为准则。这些都体现了对封建统治秩序的维护和对国家统治意志的贯彻，反映了宗族的政治性。

这一时期宗族组织政治性的加强还可以从宗族职能范围看出。《临海溪口马氏族谱》中载有宗族所要管理的八项事务即族政，包括"修宗谱以明支系；立祠堂以序昭穆；建书院以教子孙；创义仓以济饥荒；修道路以便行族；择吉地以造坟墓；禁野火以培山林；防毒潭以殖鱼鳖"[105]等条目。《临海蒋家山蒋氏宗谱》也载有类似族政内容："一、修族谱以明支系；一、创义仓以救贫荒；一、兴水利以济田禾；一、立祠堂以序昭穆；一、建书院以教子孙；一、置书田以作修金；一、修道路以便行旅；一、择吉地以安坟墓。"[106]可以看出宗族管理的范围涉及祭祀、教育、救荒、经济、环境保护等各方面，承担的正是地方行政机构的功能。

司法惩罚权是宗族实现控制族人及管理地方的保证。雍正五年上谕给宗族组织以处罚权："嗣后凡遇凶恶不法之人，经官惩治，怙恶不悛，为合族之所共恶者，准族人鸣之于官，或将伊流徙远方，以除宗族之害；或以家法处治，至于身死，免其抵罪。"[107]宗族有权以家法惩罚甚至处死违反宗规祖训的族人。临海宗谱所载祖规家法多以笞刑为主，处死的情况很少见。《临海石鼓胡氏宗谱·祖族规》载：

一、尊卑自有定分，务择一年高德邵者立为族长，凡事禀命而行。倘有恃顽不遵者叱之。

二、伦尚首重孝弟，或有忤逆父母及乖戾同气者，族长唤至祠内青竹打之。

---

〔105〕 《临海溪口马氏族谱·族政》。

〔106〕 《临海盖竹山墈头蒋氏宗谱·族例八条》。

〔107〕 《钦定大清会典事例·刑律·斗殴》，商务印书馆，光绪三十四年（1908）。

三、立身各宜端洁，或有结交匪人及酗酒打降者，族长唤至祠内以青竹打之。

四、谋生正自多方，或有充作隶役者以致伤风败族，宜禁绝之。

五、合族均属和睦，凡事当以理遗情恕，勿得以少凌长，以强欺弱。

六、务本各安常业，无许干谒外事，惯肆巧讼。

七、敬宗即矣敦本，虽远宗近祖祭扫均极其诚，勿以任意忽之。

八、每月朔望二日必须大开祠门，集合族老少，均听族长训谕，如有故，违者以青竹打之。

由上可见，此时宗族有权监督和控制族人，对族人生活的影响是空前的。整个社会被纳入宗族管理体系。

（二）宗祠的发展

随着宗族制度完备，作为宗族象征的宗祠如雨后春笋般出现，趋于普及。这一时期宗祠的发展主要体现在三个方面：

1. 绝大多数明末清初被破坏的大姓宗祠率先得到恢复与重建

冯、洪、何、叶在清初号称临海四大姓。其他如金氏、林氏、戴氏等也是临海比较有影响的望族。以下根据宗谱材料，对这些大姓宗祠发展情况进行考察。

涌泉冯氏大宗祠始建于明景泰年间，虽时加修葺，但历时已久，损坏严重。在清中期社会稳定发展之际，族人便筹划重建大宗祠。"人皆踊跃趋事，经始于雍正三年之十月，至五年二月落成。榱桷楹檐一如旧制，雕甍画栋，且加美焉。"[108]

冯氏明隆庆间所建小宗祠毁于顺治丁酉期间的海寇。此后二十余年均祭于家。康熙年间，冯氏小宗祠连续两次得到重建。一次是康熙辛卯年（1711）"画栋丹楹，焕焉如故"，不久因白蚁破坏而颓毁。族人"乃敛祠中所贮出息于人者以资工料，收祀田租以充供给。诹吉兴作，至明年春而告成"[109]。

冯氏在康熙年间又另外兴建了一所小宗祠，即西岑敬七公祠堂：

八世族祖敬七公迁居西岑，其子长厚德公、仲廷洌公、季内镒公世德相承，克蕃厥后，其祀为小宗也，亦沿俗也。而推本其所自始，则亦未尝

---

〔108〕 《临海涌泉冯氏族谱·重建大宗祠记》。

〔109〕 《临海涌泉冯氏族谱·重修小宗祠记》。

不宜也。而祠堂缺焉未建。长房孙官冕暨其侄永池慨焉兴思，以公蓄十余载乃率二房、三房诸宗良酌量捐资，共为建祠，且出本房公田以为之基。属在祠下靡弗欢欣从事，不数月而落成，盖在康熙又壬寅岁也。[110]

敬七公为西岑始迁祖，其后裔仍以涌泉冯氏为大宗，而以小宗自居。其祠亦为涌泉冯氏之小宗祠。

大营洪氏是临海清代最为兴盛的文化望族，其人物首推洪若皋。洪若皋约清圣祖康熙九年前后在世，历官甚多。丁艰后，杜门研学，著有《南沙文集》、《临海县志》、《乐府源流》等，并传于世。洪若皋四世孙洪枰及其子洪颐煊、洪坤煊、洪震煊皆为著名学者，长于经史。在《清史稿》的"儒林"、"文苑"中，洪氏三兄弟各占一传。作为士大夫家族，洪氏对祭祀礼制极为重视。

《临海洪氏宗谱》载有金宪南沙公即洪若皋所撰《重建大宗祠碑记》：

宗祠始创于明崇祯末年，未几沧桑告变，风雨漂摇，栋□衰崩，祀典从未之举也。若皋悯先泽之久湮，念□涣之无从，自戊子以来未尝一日释诸怀也。今岁卜基于峙山之侧，坐子向午，面水环山。伯叔兄弟子姓咸以为宜。于是捐私货，藉众力，庀才鸠工。不逾时而堂构完备，丹垩毕施。既落成，乃议祭法焉。准别子之义，不敢远祖敦煌，宜以评事公为始祖，嗣而进士彦云公应龙，而文盛公昌贤，而秘书公公芾，而学谕钟秀公松。自松祧长子荣，而宗次子朝奉廷华公荣，而贡元道源公深；自深祧长子春，而宗次子朝奉守重公鼎；自鼎祧长子道永、次子道福，而宗三子朝奉可延公道寿；自道寿祧长子达才，而宗次子学士元之公达善，而茂远公榱；自榱祧长子□、次子弇，而宗三子择宽公焯；自焯祧长子坳，而宗次子顺性公城，而呆守公鐩，而宝愚公恩。以上一十五世异世南向，始祖居中，左昭右穆以次而立大宗也。由评事而下五世，礼之常也。由学谕而下十世，礼之变也。祧长子者，其后或微或斩，勿克宗也。勿克宗则大宗绝矣。故不得不变长子祧主仍祀于父之旁，不独祧主。然凡子为大宗，其子之兄弟暨一从、二从、三从之兄弟俱祀于父室之左右，所以敬宗也，所以收族也。此礼之变，变而不失其常焉。至宝愚公以下则皆高曾祖祢之四亲庙焉。准小宗之法，分为新之房四。一房、二房、四房丁少，每房为一室，合祀高曾祖祢于其中。共三室列于祠之东西向。三房丁众，分为四室，高之行一室，曾之行一室，祖之行一室，祢之行一室。共四室列于祠之西东向。凡岁时祀始祖后，俾见在之子孙各得分展其亲庙，所以亲亲也，所以收族也。

〔110〕　《临海涌泉冯氏族谱·西岑敬七公祠堂记》。

此礼之常，常而仍通于变焉。

洪氏宗祠创于明末，毁于明清之际，存在时间不长。清初由洪若皋举事重建。洪若皋"准别子之义"，不祭远祖，而以评事公为始祖，并明确了宝愚公前十五世宗祧继承关系。"由评事而下五世，礼之常也"指的是评事公以下五世，按照大宗嫡长之法选择承祧之主。"由学谕而下十世，礼之变也"指其宗祧传承并不完全遵循嫡长继承之法。原因是以长子继承的，后世子孙稀少，不能够维持大宗的延续，所以使长子祀于父旁，而使次子甚至三子继承。继承者即为宗子，其他兄弟皆祀于父之左右。这些都是与"支子不祭"的宗法要求相违背的，均是为了通过"敬宗"，达到"收族"的目的。洪若皋认为是"礼之变，变而不失其常焉"，说明当时社会情况发生变化，"收族"成为需要。冯洪氏清初分为四房，"至宝愚公以下则皆高曾祖祢之四亲庙焉。准小宗之法，分为新之房四"。一房、二房、四房丁少，各置一东西向龛放置高、曾、祖、祢牌位。三房丁众，置有相对的西东向四龛，分别放置高、曾、祖、祢辈祖先的牌位。如此，四房在同一空间里同时祭祀各自的四代祖先，这不仅是兄弟并祀，而是全族共处了。"凡岁时祀始祖后，俾见在之子孙各得分展其亲庙"，从而通过"亲亲"，达到加强亲缘关系、收族的目的。该宗祠碑记反映了在当时平民宗族不断发展情况下，学人对祭祀礼制的思考，也为我们提供了清代前中期宗祠祭祀的典型案例。

栅浦何氏宗祠在康乾时期也得到恢复。何纮度在康熙乙丑修谱例言中谓："革运以来，风蚀火烁，转成丘墟。既无以妥先灵，亦无以洽族谊。命日量工，急于肯堂构。虑家多窭况，卜筑维艰。礼乐经久后兴，祠宇有志即就。容议庀材，加陈典物。"

小芝何氏属于栅浦何氏分支。《栅浦何氏宗谱》："台郡六邑，何氏无小大皆子姓。远不多述其数相往来，属临邑界者，小渚、黄焦土、松浦、小海门等处。"小渚即指小芝。《台临小芝何氏宗谱》载乾隆旧谱《大宗祠记》：

> 宋元以前，祠宇之有无，祀典之修废，旧谱不载，无可考焉。至三十世华火公、三十一世君奇公乃纠族会议建祠于芝麓之墅，环以吉水，拱以四峰。每逢一阳之节，宗子与诸绅士相与罗拜其下，奉牲告币，设席肆筵，以定万世明禋之典，以伸一族报本之情。周且备也。越百余年，至我朝龙飞间，栋宇颓圮，墙垣崩塌。南溟、轶凡、梅圃诸先生慨然以水源木本为念，而力主建修之议。叔琳、叔耀、仲才、仲立、仲贵、定焕、定俊、定章诸公相与同心协力，赞襄其间。鸠工庀材，涂丹沃粉，而庙貌焕然一新，

祀事永垂勿替。

华火公、君奇公于芝麓之墅建祠时在顺治年间。百余年后倾毁，乾隆年间重建。在清前中期，这个分支并无著名人物。但何氏本属临海望族，其祭祀传承有自，小芝何氏清前中期的建祠行为亦在情理之中。

大石猴山叶氏于唐长庆二年由松阳迁宁海之潢水，至第七世名进希者徙居临海猴山，为猴山叶氏一世祖，至第十六世以后逐渐分为上叶、下叶、口坑岙、黄溪枫坑等派。猴山叶氏明清出了不少人才，仕宦人物较多。乾隆谱云："吾族旧祠在方升街神童坊，后自上下二宅自立宗祠而总祠遂废。"叶氏总祠可以上溯到明代，清初叶氏分支各立宗祠。上叶为始迁大宗所在地，其祠"总设一龛奉始迁以来各祖栗主，间附以赠祀各主"[111]，祭祀始迁祖以来各祖栗主，为大宗祠堂。

郡城金氏宗祠毁于康熙甲寅之乱。"丙辰岁，县前各房议以一所公二祭寄于此。因拼出长潭松木半价二十金，各子孙捐费重新。迄今将告成矣。"[112]可见金氏宗祠于乾隆丙辰年（1736）筹划重建，至家牒所编年代之乾隆二十四年（1759）时已近建成。

郡城林氏明清时人物较盛，林右、林珵、林元秩、林元叙、林元协、林元纶等皆有名，为临海又一望族。《临海郡城林氏宗谱》载有十五世孙学高立石《重修大宗祠记》：

> 时欲将伯协力重新，而族属之星分棋置者，尤未尽复我邦族。爰是身仔其任，凑率公堂分资，庀材鸠工。经始于壬申之春，阅十二月而轮奂归然。

林氏宗祠毁于甲寅之乱。社会趋于稳定后，林氏宗祠于康熙壬申（1692）合族重建。历时一年而成。

杜岐戴氏源出福建莆田，南宋时名景珍者迁黄岩东南方山，因其子司马珣玗公赘清献杜公丞相家，遂家杜岐。其谱载有大宗祠，"康熙乙卯重建祠屋凡五间，坐北向南。系杜岐宅前东南隅市后，中置椟，奉各祖先神主。每岁清明冬至并逢朔望，具备馔拜祭"[113]。杜岐戴氏在海禁初解后的康熙十四年（1675）即重建五间大宗祠，表明戴氏实力较强。

由上文可以看出，临海望族宗祠的恢复与重建的时间较早，多在社会秩序开始恢复的康熙时期。望族学者根据社会发展的实际情况对祭祀礼法进行思考和探索，反映出望族仍是宗族礼制文化的引领者。

---

〔111〕 《临海大石猴山叶氏宗谱·祠墓图》。
〔112〕 《临海金氏家牒·祠墓考》。
〔113〕 《临海杜岐戴氏宗谱·祠祀》。

2. 普通宗族也纷纷建立宗祠

撰于康熙五十四年（1715）的《临海大石殿前朱氏本支谱·大宗祠义》谓："宋虽有景堂之建，而作者尚宽。迨今而家有大小宗祠矣。"可见康熙朝末年，临海普通宗族建立祠堂的情况已是比较常见。以下分别考察临海西、中、东部各区域普通宗族的建祠事例。

河头镇外叶村为叶氏血缘村落，处于天台、三门、河头交界处，僻处山间，交通闭塞。其迁自宋，应为避乱。《临海闾丘叶氏宗谱·祠堂记》载：

> 自宋元明以迄本朝，登士籍者代不乏人。旧有宗祠，在门山之侧，供立列祖遗像，倾圮有年，榛莽荒秽而基犹存。乾隆初，其族台阶、署若诸先生因其地颇远，另卜筑于宅居之右，坐西北面东南，建正室三间，采椽蔽日，华栋凌云，旁有两庑，清净幽旷，门第整好，巍然肃然。古柏森其左，翠蔚盘回，塘绕于前，清波漾于。

叶氏宗祠外立一对旗杆石，族人谓其年代为明，不过石上却有乾隆字样刻铭，说明旗杆石的年代可能在乾隆年间。旗杆石的存在说明外叶叶氏在明清间曾出过举人，但于其宗谱中并未见有明清时期的进士或举人。所谓"登士籍者代不乏人"，表明对"登士籍者"的衡量标准较低，大约即同于读书入庠序之人。从《祠堂记》看，其宗族在乾隆以前即有宗祠，乾隆初卜筑重建。外叶与外界相对隔绝，在狭小且条件艰辛的山区生存空间里，生产和生活要求人们互相扶持帮助，宗族团结显得尤其重要。宗祠对于维持这个弱小宗族的生存和发展具有重要意义。外叶叶氏宗祠兴建较早，可能即缘于这种情况。

河头殿前朱氏亦是临海西北山区的宗族。其宗祠始建于明，康熙年间因堪舆家之言移建，然百余年后，朱氏并未因此"大发"、"大昌"。故而乾隆年间又移祠于屋侧，"乾隆庚辰春，遂拆旧祠而移造于屋侧焉"。其庙貌巍然，"中建三楹，敬奉神位。左右封岚，翚斯飞而鸟斯革。两庑垣固，门皆采画"[114]。可见，虽然朱氏在清前中期并无多少影响力，属于普通宗族，但对宗祠的建设极为重视，尽心尽力。

东塍潘氏为临海中部乡村宗族。东塍潘氏虽自称"霞城望族"，但据其谱，潘氏无出进士。据《东塍》一书统计，潘姓既无进士，亦无名人，实为普通平民宗族。其谱载有《潘氏宗祠记》：

> 东塍潘氏自宋代卜迁以来，越今七百余载。岁时伏腊咸祀其先于家庭，

而大宗未建，诚缺典也。际兹孙支繁衍，人才杰出，夏成与三诸公议立宗祠，以隆孝享。卜宅于芹园之地，买置基址，方广二十余丈。鸠工庀材，运砖累石，于乾隆丁未年丁未月丁未日丁未时竖建正祠三间。横室、两厢以及大门、夹室无不渐次就理，焕然一新。

东塍潘氏至清乾隆以前均是祭祀于家，未有宗祠。乾隆丁未年（1787）始建祠，其形制为正厅三开间，有两厢、大门、夹室，这应是普通宗族建祠的一般情况。

郡城塘头孙氏于宋时迁临，据其谱源流图，未见有进士者，亦为平民宗族。其谱内载有乾隆三十一年所撰《塘头大宗祠祀产碑记》："至乾隆四年春，族之殷者，各捐己资，种植松木，渐积余金，同置田业，比前之祀产而益增焉。"据此，塘头孙氏乾隆年间大宗祠祀产增置较多，经济上较为丰裕，为其祠堂的兴建与修缮提供了资金保障。

汾川李氏是东部滨海乡村宗族，在文化上没有多少建树，但由于优越的地理条件，经济上很富裕。汾川李氏在明代势力已经较大，海洋经济是其财富的重要支撑。"明正统六年间，荒灾无收，就开仓赈济，出粮四千担，灾民皆欢，诰受皇封，建树义民坊，赐七品冠服荣居，并有志开发海疆，出巨资围涂改地，自蟹钳岭至下朱沟十余里，发地耕种，仅三分取一，利泽耕者。"[115]据其谱《整修大宗祠碑记》，李氏大宗祠始建于康熙十四年（1675），以中宅二房廿三世振雅公为首创建。明代倭患、清初迁海均对其宗族大有影响。康熙十年迁海政策有所放松，展回十里，康熙十四年滨海地区秩序始有所恢复。此时，李氏即能够创建宗祠，自然与其资财雄厚相关。

嵩浦李氏宗祠是滨海地区宗祠之又一例。嵩浦李氏除始迁祖华全公为宋进士外，此后未见进士、举人者，文教不兴，缺少有威望的儒家学者，其宗族"不立家庙而供外神，不修祭祀而宴优人"。宗谱载有乾隆四十九年李氏裔孙拔尤所撰《大宗祠记》：

> 嵩浦李氏自华全公始迁，迄今三百余年，传二十余世，子孙千亿，未有总祠。……乾隆乙未，余告族长，孟充公、文昙公即于是年神寿演戏毕，会集族众十二柱首士魁公……等立据择地建祠，立簿议捐科料。积数年始置基于三亩地，林姓其北角稍缺，文昙公即捐田凑成。由是鸠工起造，至辛丑冬竖柱，癸卯冬换梁。栋宇庭堂，巍然轩然，楹雕桷刻，墙垣比密。盖已翼翼然有恤闳宫矣。

〔115〕 《临海大汾李氏族谱·十修族谱序》。

嵩浦李氏在乾隆以前未建宗祠。自乾隆乙未（1775）拔尤首倡建祠，至癸卯（1783）历时八年，方始建成，反映建祠之艰辛。嵩浦李氏于乾隆年间建立宗祠，说明当时临海宗祠已经及于较小宗族。

综上所述，清代前中期，临海无论西北部山区、中部河谷地区，还是东部濒海地区，普通宗族建立宗祠的情况都较为常见，宗祠趋于普及。

3. 宗祠建筑充满活力

康乾盛世是中国封建社会最后一个发展高峰，社会普遍较为富庶。临海普通宗族建祠亦讲究选材，注重质量。石塘杨氏宗祠可以为证。"杨氏宗祠建在国初，至乾隆初年，复加修葺，祇堂屋三间，虽不甚壮丽，然其择料精坚，非徂徕之松，即新甫之柏。且结构精工，墙垣坚厚而无风雨之患。"[116]

从现存的宗祠建筑看，临海绝大部分的传统宗祠都是清代的，但乾隆及以前的前中期宗祠遗构并不多[117]。张岙蔡氏宗祠约建于康熙五十四年，保存较为完整，是目前临海所存最早的宗祠建筑。下周周氏宗祠、蒋家山蒋氏宗祠、后田金氏宗祠建筑主体均属于乾隆时期。这一时期宗祠从建筑特征上来看，大木构架粗壮，主梁架没有过多的装饰。肥梁大柱，显示浑厚气象，反映出这一时期宗祠发展的活力。此外，长沙周氏宗祠虽无存，但根据记载，该祠建于乾隆三十七年（1773），"斗栱结构肥梁大柱，画栋雕梁，雄伟轩昂"[118]，也印证了这一时期宗祠的建筑风格。

五　清晚期（嘉庆以后）：平民宗祠的持续发展

（一）宗族社会的发展

社会发展相对好转的状态到嘉庆时开始逆转。至咸丰年间，社会混乱日益严重，民变兵乱不绝于书。咸丰二年（1852）桐峙山蒋世绵聚众数千人起义，号白头军。咸丰五年（1855），刘得煜、卓大娜、陈三宝等谋响天地会起义。咸丰六年（1856）东乡王蓝金溪起义。咸丰七年（1857）东乡农民王贤和、林大觉起义，劫富户攻府城。咸丰十一年（1861）出现了

---

〔116〕　《临海石塘杨氏宗谱·祠堂记》。

〔117〕　坊前沈氏宗祠、白筑于氏宗祠原脊枋均有乾隆年间墨书，但整个建筑结构简单，整体风貌显已不属乾隆时期，不能作为考察这一时期宗祠建筑特点的依据。

〔118〕　《台临长沙周氏宗谱·命名长沙及宗祠记叙》。

更大规模的兵乱。太平军分两路入临海，台州十八党义军齐聚于此，总部设于蓉塘巷陈家（即太平天国台门），临海成为太平军在台州的活动中心。太平军被平定后，临海形式上又恢复了清廷统治时的社会秩序。但这只是事情的一个方面。实际上，社会秩序的恢复是极有限的，更大的无序正在蔓延发展。清军在镇压了太平军之后，临海反清群众运动依然此起彼伏，未有间断，社会混乱状况延续并加剧，土匪横行跋扈。光绪五年（1879）爆发金满起义，劫县狱，释囚犯，至光绪九年（1883），在天台廪生谢梦兰的调停下，这起清末浙江境内影响最大、时间最久的农民起义才被平息。此后，"台之匪风从此炽矣"〔119〕。

在社会混乱的背景下，普通民众失去了秩序的凭依。面对外界的压力和冲击，宗族团结御敌自保变得重要。《民国临海县志》载有陈凤书率领族人抗击粤匪即太平军的事迹："咸丰辛酉，粤匪窜黄岩，距所居长田二十余里，兵火彻天。凤书与族人议团练，浚二河为防堵计。会葭芷、栅浦苏、黄、周三姓约宵攻贼，遂复黄城。余贼遁至水家洋山岙中，寻来袭。村人逆战，呼声动天，贼气夺遁，追击获一骑贼，枭其首。有上豪林象庚者投贼，来征贿。凤书斥其妄，缚其徒于宗祠中。"〔120〕同治元年（1862）又有李承谦"大会乡族，以忠义相激厉，自六十以下、十五以上皆出战，设伏于前所城江岸"〔121〕。可见，此时宗族庇护对族人生存极为重要。

此外，根据人口史的研究，清代晚期人口大量增加，人地矛盾突出。"人口对于土地的压力是显而易见的，因为连那些边远地区的人口也呈饱和状态。……农业经济中日益增长的盈余与乾隆时代的长期和平，曾经生产和哺育了日益增长的人口，但是没有促使经济和政治出现新的发展以吸收那么多的人口。在传统体制内的这一繁荣时期，埋下了19世纪最初几十年危机的根子。"〔122〕资源与人口比例失调的问题是清朝官僚政治体制完全不能解决的。就临海来讲，资源与人口失调的压力也是前所未有的。临海本身可耕地就不多，人多地少的矛盾逐渐突出。康熙五十二年（1713），摊丁入亩，以五十年（1711）原额为定数，其后滋生不增赋，递雍正至乾隆九年（1744），仍其旧，为七万三千左右；此后历一百二十余年迄同

〔119〕 何奏簧纂，丁伋点校：《民国临海县志》（下），中国文史出版社，2006年，第562页。
〔120〕 马曙明、任林豪主编，丁伋点校：《临海墓志集录》，宗教文化出版社，2002年，第173页。
〔121〕 何奏簧纂，丁伋点校：《民国临海县志》（下），中国文史出版社，2006年，第559页。
〔122〕 （美）费正清、刘广京编：《剑桥中国晚清史》，中国社会科学出版社，1985年，第102～103页。

治十年（1871），按保甲册得四十六万八千；宣统元年，分乡调查，为五十六万六千[123]。虽然其间粗疏弊陋，多有差误，但清初至清末，人口翻了数倍，人口的快速增长是不争的事实。

人口的激增带来了生存竞争的加剧，进而又加深了社会矛盾。当时小族被大族欺负的事件屡有发生即是这种情况的反映。石塘程氏与汪氏之间的租佃官司就是典型的案例。据《临海石塘程氏宗谱》，其先自唐御史亮五世孙昌娶台之义城陈氏遂家焉。迁台虽早，但并无名人，属于弱宗小族。光绪间汪立人依仗其族强，屡次拖欠田租，并且"捏冒族祖开国公代笔，私造伪契，擅行投印，一面噬欠租税，霸占祥等祖山"，被揭穿后"藉伪在手，未知听谁唆使，将错就错，今复噬税占山，俨然弄假成真。任祥等迭投原中向理，立人藉恃族强势大始终固执欠税不交，尤复挺出迈母恶言喷制中等"。

社会的混乱以及人口增加带来的激烈生存竞争，促进了清晚期宗族社会的继续发展。

（二）宗祠的发展情况

《临海大石缑山叶氏宗谱·营造》对叶氏宗祠家庙的建立进行了集中统计，反映了临海大姓宗祠情况。其文如下：

> 时思堂　乾隆谱云祀祖之所。案：吾族旧祠在方升街神童坊，后自上、下二宅自立宗祠，而总祠遂废。今遗址已渐沦入子孙住宅矣。
>
> 顺亲公派宗祠　在上叶，有图见前。
>
> 顺族公派宗祠　在下叶，有图见前。
>
> 尚文公派宗祠　在口坑墺，光绪间建，坐坤向艮。
>
> 弁公派宗祠　在黄溪枫坑，光绪间建。
>
> 省梅公家庙　在上叶面前塘，坐戌向辰间乾巽。
>
> 迎山公家庙　在下叶樟树后，同治间建，向立坐亥向巳兼壬丙。
>
> 继山公家庙　在下叶宗祠前，同治间建，有图。
>
> 承尧公家庙　在上叶宗祠前，同治间建，向立坐壬向丙兼亥巳。
>
> 拱南公家庙　在上叶东张，向立坐壬向丙兼子午。
>
> 归厚堂　梅溪公建，以祀其考牧斋公者。向立坐亥向巳兼壬丙。……夫合族固有总祠矣。余欲别建专祠以奉本支各祖，补总祠所未及。……岁道光十一年，爰卜基于村居之前，鸠工庀材，迄六年始落成焉。丁酉春，

〔123〕　见《民国临海县志·户口》及1989年编修《临海县志·人口》。

诹吉奉高曾祖主入祠，而以牧斋公配焉。

  顺裳公家庙 在上叶第三分，同治间建，向立坐丑向未兼艮坤。

  从上可以看出，猴山叶氏大部分的祠庙都建于同治、光绪年间。从名称看，宗祠与家庙相区别，家庙以各房祖命名，为大小宗祠下的房祠。"归厚堂"奉本支各祖，亦是小宗祠。可见，清晚期大姓宗祠还在不断建造中。

  山头何何氏宗祠是当时弱小宗族祠堂的代表，该族发展经济的条件较差，物质贫乏。据其谱载《临海山头何村志》，村庄"地处源头，水源易干涸，旱荒多发，常是十年九年荒，年年割稻茬。村民多为温饱而忧"。山头何何氏自万四府君始迁，至明清其族已衍为大宗。现存山头何氏宗祠建成于光绪年间，正厅三开间，梁架结构较为简单。这个案例说明当时弱小宗族也已修建大宗祠，宗祠已经普及到社会下层。

  临海现存宗祠绝大部分都是清晚期的。代表性宗祠有牌门朱氏宗祠（嘉庆二十二年）、坦头吕氏宗祠（道光三年）、水盆王氏宗祠（道光十八年）、芙蓉黄氏宗祠（道光二十四年）、汾川李氏宗祠（道光二十六年）、新楼八年金氏宗祠（道光二十九年）、大泛汤氏宗祠（咸丰年间）、后杨杨氏宗祠（咸丰六年）、开井金氏宗祠（咸丰七年）、娄村李氏宗祠（同治三年）、北涧罗氏宗祠（同治三年）、山头何何氏宗祠（光绪九年）、殿前陈氏宗祠（光绪十年）、龙里杨氏宗祠（光绪三十年）、大路章氏宗祠（光绪三十一年）、下吴吴氏宗祠（宣统元年）、上洋娄氏宗祠（宣统元年）等。

  在宗祠梁架结构方面，光绪朝起开始出现脊檩下梁托取代三架梁，中间悬垂花柱的插梁架，脊檩下托木之间的瓜柱演化为纯粹装饰性无实用功能的悬柱，梁架装饰也存在从相对严谨到浮华的变化趋势。嘉庆、道光时期，梁檩间常见的是栱子雀替装饰，梁端为相对较严谨的豆芽式卷草纹，但至光绪、宣统年间，宗祠梁檩间已是各式花巧的装饰，如扇纹、菱形、钱纹、束腰板，几乎所有梁端的卷草刻饰都变得松散、夸张、变形。总的来说，清晚期的宗祠无论梁架结构还是装饰均透露出细弱、花巧、浮华的气息，反映了宗祠生命力的减弱。

六 民国：平民宗祠的衰落

（一）宗族社会的发展

  民国初年，军阀混战，各种势力倾轧登台。1912 年，辛亥革命一举推翻了中国历史上最后一个封建王朝，成立了中华民国。1937 年，日寇大举侵华，国家民族陷于危亡，进入全民抗战时期。抗战结束后，国共两党展开角逐，后共产党领导全国人民取得解放战争胜利，成立新中国。

在这个混乱无序、充满苦难的从传统向现代转型的时代，宗族又处于怎样的生存状态呢？从全国范围内来看，民国政府于1929年至1930年颁布了新的律法："废除了传统的宗祧继承制度，同时规定一夫一妻制、男女经济地位平等，否定了几千年中国家庭社会以父权为中心的宗法观念，使宗族制度失去了旧有的法律保护和政府庇护。"[124]在思想领域，自由、平等、人权思想被人们接受，民主共和观念深入人心。宗族、宗祠被受新思潮影响的人们视为封建毒瘤和中国走向解放的阻碍。

毛泽东第一次提出了政权、族权、神权、夫权是束缚农民的四条绳索的论点，指出地主政权是一切权力的基干，族权则是维持封建统治的辅助力量，要消灭封建族权，首先要消灭封建政权[125]。这些都使得传统宗族社会趋向瓦解。

就临海来看，有两个事件可以说明宗族还具有一定的存在基础。一是小芝何氏宗族团结抗击土匪以自保的事件。1941年农历四月二十日，日寇在海门登陆攻陷县城，县政府率兵退西乡。土匪乘机活动，借名组织游击队缴械征粮，猖獗异常，椒北各族姓无不被劫。一时人心纷乱，朝不保夕。百亩头灿洪、大汾李寿明二家首先被勒索。何氏族老谟听闻后立即赶至大宗祠召集族众开会，对众晓以乱世非合族团结不足以图存之理，并组织保队维持秩序。五月初二日张春山股匪数百人由其部下叶显、项绰率领侵入包山，初三日围攻西凤，本族保队会同各族联防队前去击毙土匪数人，匪乃败退，小芝何氏得免于患[126]。

另一事件为1928年黄沙朱、蔡两姓以争山地聚族械斗。这次械斗历时一年，前后耗资数万，死伤10余人，屋舍被焚，田地荒芜。朱洗自法国归里，不计杀弟私仇，明以大义，方始事态得以平息[127]。朱、蔡两姓处于白水洋镇狭窄山区，两姓争山，体现出人地矛盾突出，引发经济纠纷。而此时已无司法途径可以解决，只能通过最原始的宗族械斗解决。械斗前后历时长达一年多，死伤惨重，可见社会之混乱。

上述事件表明在社会混乱的情况下，宗族在组织族众团结自保及维护宗族利益方面还发挥着一定作用。另一方面，由于社会全面变革，宗族基

---

〔124〕 杨婉蓉：《试论民国时期农村宗族的变迁》，《广东社会科学》2002年第2期。

〔125〕 毛泽东：《湖南农民运动考察报告》，《毛泽东选集》卷一，人民出版社，1991年。

〔126〕 《台临何氏宗谱·大事记》。

〔127〕 临海市志编纂委员会编：《临海县志》，浙江人民出版社，1989年，第18页。

础已被动摇。大量宗谱材料记载了当时社会变革给宗族、宗法所带来的巨大冲击。《临海埠头朱氏宗谱》载1919年撰《景山公派下串合辈分序》："当今无长无幼，概云平等，嚣然创不经之说，而宗族大防几为之溃。"《临海夏馆侯氏宗谱·原序》："自光宣以来国体变更，废科举，立学堂，平等自由之说中乎人心。斯文道丧，伦纪不修，其不限于无父无君者几希。"《临海庄头冯氏重修家乘序》也谓："国体变更，世风易辙，君主已进于民权，崇德群趋于尚武。顺溯流于今日，言民族已矣，言国族已矣，更何论言家族墨守先朝之氏族乎。四百兆尽同胞，五大洲无畛域，谱似可以不修矣。"《台西潢水叶氏宗谱序》载，当时人"方习于海外无人伦之说，咸谓人须自立。逮其成长，即当离其父祖兄弟以快其情欲之私。由说将其家之不存，族于何有？于是逆乱纷然，禽而聚，兽而散，见有反古复始为敬宗合族之举者，则群起而哗笑之"。

发生于1930年后禄叶氏、后岸陈氏的宗族械斗事件也反映了宗族势力的衰落。

> 曹雄、范玉如、曹耀轩、曹子刚、蔡芳济等为因潢水村叶氏与后岸村陈氏系争官田山场纠葛发生械斗。当蒙保安队杜连长到地弹厌，令甫等再三集议，所有坐落寒岩寺前地方官田八石对股均分一半，日叶边出洋五十元，向陈边赎取归还叶边管理。又山一处，坐落王天岙地方，叶边出洋二百五十元与陈边，以作取赎之资，亦归还叶边，永标栏管业。自盟之后，双方依照盟据各管各业，不得再有滋生情事，如有此等，定即鸣官究治，决不宽贷。
>
> 后署：
>
> 中华民国十九年四月　日立合同盟据　曹雄甫、范玉如
> 　　　　　　　　　　　　　　　　　曹子刚、蔡芳济
>
> 听盟　叶纪周、通志、三奇、通江、范良、兆璋、兆江
> 　　　陈汝阳、汝祥、熔贤、郑伦、家重、国松、廷灶[128]

这起械斗发生于潢水叶氏和后岸陈氏之间，但参加械斗的人员却是曹姓、范姓、蔡姓等他姓人员。事件由保安队长出面镇压调解，说明其时无司法程序可依。这种调解带有地方势力的干预色彩。立盟者也是他姓人员，叶氏和陈氏仅充当听盟者角色。这表明宗族势力已弱小，更多受到地方其他势力的干预、制约。宗族势力式微，宗祠也同样呈现颓势。

---

〔128〕　《台西潢水叶氏宗谱·前宅二房新屋合同盟据》。

（二）宗祠的发展

临海民国时期的宗祠主要有下高高氏宗祠（1917）、牌前郑氏宗祠（1919）、岭外钱氏宗祠（1919）、陈婆岙王氏宗祠（1922）、龙泉陈氏宗祠（1923）、娄村龚氏宗祠（1940）、前塘朱氏宗祠（1932～1935）、广明安钱氏宗祠（1943）、小芝何氏宗祠（1927～1945）、包山包氏宗祠（1949）等。

这些民国宗祠大部分结构简单，用材粗陋，空间上偏高敞、空旷。同时，也有小部分宗祠显露出另一种截然相反的趋势，具有极强的装饰性，使用垂花梁柱，双檐廊结构，雕刻极繁，以小芝何氏为代表。实际上这两种趋势看似相反，却同样是衰颓的表现。

宗祠功能的异化是宗祠衰落的又一体现。此时临海不少宗祠已经丧失了宗族祭祀功能，被改作他用，如穿山七年汇头四房小宗祠1937年秋金寄桴改设渔民子弟学校[129]。长沙周氏宗祠至民国实行保甲制时列为长沙保民小学[130]。娄村李氏宗祠民国初期设有短期小学，后来又更名为一、二保联立国民小学。抗日战争期间，开设过从正小学分部。1943年前后，国民党"广福乡公所"招牌悬挂门楼前，祠内并驻有保安队。1949年下半年，共产党地下工作人员在祠内召集过康谷群众大会，中共临海县首任县委书记梅法烈在此为群众作过演说[131]。

综上所述，历经上千年的发展，至民国时期，建立在儒家宗族伦理思想基础上的以敬宗收族为目的，以编修宗谱、设立祭田、建祠祭祖为标志的传统平民宗祠无可挽回地走向没落，逐渐退出历史舞台。

---

〔129〕 《临海穿山七年金氏宗谱·宗祠庙堂》。
〔130〕 《台临长沙周氏宗谱·命名长沙及宗祠记叙》。
〔131〕 《临海康谷李氏宗谱·大宗祠概况撷集》。

伍

权利与义务：
宗祠的管理活动

临海平民宗祠宋元时期尚处在初始发展阶段，数量很少，也未有实物留存至今。这里主要依据宗谱材料考察明清时期宗祠管理情况。

明清时期宗祠的管理者是以族长为首的宗族核心人物。临海明清宗族基本上都设有族长来处理包括宗祠管理在内的宗族事务，如《临海石鼓胡氏宗谱·族祖规》载："尊卑自有定分，务择一年高德邵者立为族长，凡事禀命而行。倘有恃顽不遵者叱之。"族长的选择要以维护宗族的整体利益为落脚点，"族长为一族之耳目，非其人则不可妄立也"[1]。由于族长需要处理宗族内各种事务，故而其标准不以年龄为准，而以品德、才能为要。《台临娄氏宗谱·凡例》即谓"族长不论名分尊卑年齿老少，必择其人之明理达势、廉公有威，足以弹压一族者为之"。族长权力不是绝对的，亦不是终身制，若出现问题，也可更换。《临海屈氏宗谱·家规》载："族长当以公直为本，不可徇私偏向，亦不可恃尊妄为。盖宗族主恩，理势然也。族长偶有过失，聚族随而谏之，如终不悟，择忠义者告于祖庙更立之。"

宗谱中也有少数"宗长"称呼，如《临海涂川项氏宗谱·祖训》载："冬至大节，宗长率领子姓齐集祠堂拜献。礼毕，宗长坐丁堂东，子孙分立左右，命子弟贤能者一人诵《家训》。"《临海大汾李氏族谱·家训》、《台临马氏宗谱（香严卷）·祖训》有几近雷同的表述。这几部宗谱中都没有族长字样。在这些宗族中，应该是不另设族长的。相比较，宗长比族长的称呼更多了血缘的内涵。宗子能力较强，也可以与族长合二为一。宗长大约即宗子兼族长的称呼。

有的宗族族长下设有通纠，负责向族长汇报族人行为，使族长了解族内情况。如东塍屈家屈氏"既立为族长，则一族之中，事无大小，必咨禀而后行，毋得擅为。又设通纠二人，察一族之是非，如族众有过不举明者，族长先择通纠而后行事"[2]。

各房立房长来处理房内事务，同时协助族长处理宗族事务。《临海屈氏宗谱·家规》载："宗之中须选刚直正大、处事能干一人为族长，总治一族之事，每房立房长一人，分理一房之事，必年有稍高于众者为之。"可见，对房长的选择标准强调了年龄的因素。

除了族长、房长外，宗祠的管理者还包括族内体面而有威望的人即绅衿。黄坦李氏宗谱载其大宗祠"如任暴徒顽童出入秽亵，见者禀请房长及主祭、与祭生监公罚整理钱二千文以示惩创。如是恃顽不服训诲，合族鸣

〔1〕　《台临娄氏宗谱·凡例》。
〔2〕　《临海屈氏宗谱·家规》。

公究治"[3]。这里提到的参与审判未尽到护理宗祠责任的族人人员包括房长、主祭、与祭生监。主祭一般是由宗子或者族长承担，与祭生监是指参与祭祀的生员与监生，他们都属于族内绅衿。这反映了绅衿在宗族与宗祠事务中的主导地位。

在浙中地区，"理事司收支款项、保存器皿、轮班办祭及修葺祠宇、催收租课等项，其有侵蚀款项及不法情事，应随时斥退另选，侵款由主任理事及诸理事呈追"[4]。目前临海尚未见有管事、理事之类专门管理宗祠事务的办事人员。理事的这些具体工作，在临海一般由各房轮流值年办理。但在一些特殊情况下，比如兴建宗祠时，事务繁多，宗族会临时聘请族内有才干的人员参与管理，给以一定的报酬或奖励。如涌泉冯氏清初顺治间修葺祠堂时"择任事者二十四人，殷实者司财，才干者司料，公直者为督率，聪辨者掌簿书，老成方正者居总理之长"[5]。康熙年间其族重修小宗祠时"舜平、亦山两弟遂力肩其任，更邀文忠弟为司出纳，孟本、叔修、五弟襄赞[6]。

在宗子、族长、绅衿的领导下，宗祠的各项管理活动得以展开。宗祠的管理活动主要包括宗祠的兴建与修缮、宗祠财产的保护以及对宗祠内活动的管理几个部分。有关宗祠内祭祀活动的规则和管理于第六章中有专门论述，本章主要从宗祠的日常维护与管理、宗祠财产的保护以及管理、经营方面进行探讨。

一　宗祠的日常维护与管理

宗祠作为祭祀祖先的场所，是宗族的物化象征。宗族十分重视宗祠的兴建与维修工作，将其视为要务。对于宗族来讲，这是一项重大的工程。弱小宗族更是如此。由于款项巨大，修建宗祠的资金往往来自于全族集资：或捐助，或摊派，或纠会，或变卖祠田。宗祠兴建之后，宗族都强调对宗祠的维护与修缮。郡城洪氏宗族告诫族人"是乡适当水道，凡值霖潦之后，必审视修葺，毋听其隳，以坠厥功也"[7]。尤溪大左金氏宗族训导子孙"瞻仰祠宇，知前人创造之艰，当思修葺维新之义。若任其圮毁，何以继先人之蒸尝，训戒子弟之公所乎？故修谱与辑祠为族中最要之事，凡有志子孙

---

[3]　《临海黄溪李氏宗谱·大宗祠祭祀颁胙条例》。

[4]　邵建东：《浙中地区宗祠研究》，浙江大学出版社，2011 年，第 176 页。

[5]　《临海涌泉冯氏族谱·重修祠堂记》。

[6]　《临海涌泉冯氏族谱·重修小宗祠记》。

[7]　《临海洪氏宗谱·重建宗祠碑记》。

其毋忽诸"[8]。义城黄氏宗族劝勉族人"宗祠倾颓，不惟可以觇家运之隆替，而忘其祖先，心则曷忍。务宜时其修葺，时其洒扫，则祖宗之神安，而子孙亦安矣"[9]。

宗祠作为宗族公产，其修缮费用一般由宗族承担。《临海洪氏宗谱·祭仪》即载："倘宗祠日后倾圮，须各房公贮修葺。"《临海屈氏宗谱·宗祠祀产》则曰："右系旧有祀产，向归各房挨轮收租。今与宗祠产业合而为一，仍由各房照旧轮收，则每年收入较巨，一切宗祠修理与公共开支均可从此支出，以垂久远矣。"

宗谱记载了有关宗祠的具体巡视与维修办法。《台临娄氏宗谱·凡例》载："宗祠微有倒坏，值年首事即当通知各房将积贮银钱支出修理，倘坐视不修，责在值年首事，公议重罚。"说明值年首事有定期巡视并修缮宗祠的责任和义务，修缮资金从公共积贮金中扣除。如果没有及时修葺，会给以惩罚。《临海洪氏宗谱·承祭》载："值年者每月朔望必至宗祠洒扫阅视。如墙垣破损，瓦片毁坏即自行补葺。若费至一两以上即会集各房公议公修。倘不行审视，任其浥烂，众议公罚，仍责令修理。"洪氏值年者每月朔望两次到宗祠巡视清洁。若发现微小的损坏，由值年者负责修理，耗资超过一两的则需要公议公修。如果不及时巡视，导致宗祠毁坏，宗族进行惩罚之后，仍责令其完成修理工作。《临海义城黄氏宗谱·宗祠条规》"值年□□每月至祠阅视，如墙垣破损，瓦片毁坏，即自行补葺。若费至数百□上即会集各房公修。倘不行审视，任其浥烂，议罚外，仍责令修理。"此处表述与《临海洪氏宗谱》基本相同。说明这种宗祠巡视管理方式具有一定的普遍性。

除了巡视修缮，宗祠在日常生活中需要保持清洁，不准擅住、擅用。《临海屈氏宗谱·家规》载："宗庙扃钥近有五老房子孙每年分作四季挨轮承值。每逢朔望之日，敬备香灯，洒扫洁净，虔诚拜毕，仍关锁，不许闲人小子喧闹及歇农具、稻草、打麦等事，犯者必罚。更有不肖子孙恃贫希图擅入宗祠居住者，罪责承值之人。"《临海黄溪李氏宗谱·大宗祠祭祀颁胙条例》："岁时依例恭奉外，洁净堂阶，关键门户，俱要勤谨。如任暴徒顽童出入秽亵，见者禀请房长及主祭、与祭生监公罚整理钱二千文以示惩创。如是恃顽不服训诲，合族鸣公究治。"

《台临岭下金氏宗谱》载有宗祠禁条，是关于宗祠内管理活动的较为

---

〔8〕　《台临南乡金氏宗谱·祖训》。
〔9〕　《临海义城黄氏宗谱·宗规杂纂》。

完整的记载。全文录如下：

> 祠堂之设，所以尽报本反始之心，展尊亲敬宗之意，乃有家名分之首务，实开业传世之大本也。今我太祖宗寝鼎新，神灵妥佑，凡之派下正须绍祖宗之鸿续，分祀事而孔昭，原体祖意，严立禁规，惟期是训是行，以底卜年卜世。敬将所禁条款逐一开载于后：
>
> 一、非公事不许擅开大门。
>
> 一、祭祀丰洁，不许简略慢事。
>
> 一、祠内不许堆积物件及摊浪谷麦等项。
>
> 一、祠内公物不许私自借用。
>
> 一、每年读书须向房长讲明方可贴认。不许改换门墙。散馆后仍锁门。
>
> 一、祠内凡打降、局戏等项一概不许。
>
> 一、来龙水口栽样松木不许私自盗砍。
>
> 乾隆四十三年戊戌季春月
>
> 合族干首公具

这是由全族重要首脑人物共同讨论的结果，具有约束力，是宗族常规条例。宗祠只有公事时才准进入，其他时间不准任意开门。宗祠内不准堆积杂物，不能进行局戏等轻浮娱乐活动。这些都是为了保持宗祠清洁及作为祭祀场所的庄严、神圣性。祠内财产属于全族公有，不准私自借用，有防止个人将公物据为己有，使宗族公产蒙受损失以致影响祭祀的用意。类似的规定散见于家规、族规之中，如：

> 宗祠并各房祖上所遗下山园、田地并祭祀器物等项不许借与他人，以免遗失，违者以不孝论。[10]
>
> 祖宗诰敕、遗像及宗祠祭器皆是先世故物，务要用心珍藏，不得遗失。或有伤损即宜修整。[11]
>
> 祖宗诰敕、遗像及宗庙祭器皆是先世故物，务要用心珍藏，不得遗失。有损耗辄宜修整。[12]
>
> 祖宗诰敕、遗像、遗稿、衣冠及宗祠祭器皆是先世故物，务要用心珍藏，不得遗失。或有虫鼠所伤，辄宜修整。[13]

宗祠作为祭祀场所，除用于祭祀活动、宗族子弟读书外，一般不准他用。在特殊情况下，也可通融，如《台临娄氏宗谱·凡例》载："宗祠有避水

---

[10] 《临海宋氏宗谱·纂修宗谱条例》。

[11] 《临海穿山七年金氏宗谱·族训》。

[12] 《台临湖田许氏宗谱·族训》。

[13] 《临海涂川项氏宗谱·祖训》、《临海大汾李氏族谱·家训》。

火时疫等灾借居者只许一月，倘月不迁，则必逐出，概不徇情。"当族人碰到天灾时，可暂借住宗祠以解燃眉之急。这有族内救济之意，但也仅限一月。毕竟，个人借住有损宗祠作为祭祀先人之地的神圣性。

二　祠产的来源与增置

狭义祠产是指宗族设在宗祠名下以供各种宗祠活动使用的田产及其他产业。始祖及各房祖先名下亦有设单独祀产用于各祖祭祀的。狭义祠产与各祖祀产显然是有区别的。但在实际生活中，两者关系比较复杂，存在相互交叉、转化的情况。从地权上讲，狭义祠产与各房祀产存在相互交叉的关系。《务园陈氏宗谱·龙泉宗祠记》载，楚白公名下祀产用于修建祠堂，"光绪三十四年集合老幼商议建造宗祠。先贮楚白公祀产为本，次向各户照田筹捐"。《临海洪氏宗谱·祀产》还载有四房族人以各房下祖先祀田作为神主入祠的捐田，这是将派下祖先祀产转化为宗祠名下田产。从用途上讲，有宗祠名下产业用于各房祖先墓祭的，如《临海金氏家牒·大宗祠墓田》载金氏大宗祠墓田由七房轮收以供冬至祭及纸枋岙、施岙、大田墓祭。另外，也有各祖名下产业用于宗祠祭祀的，如《临海大石祼山叶氏宗谱·迎山公祀产》载："元旦、上元、中元、除夕四节派下子孙拜大宗后，各须至家庙行礼。因责成值祭者预日打扫洁净，每龛前各点香烛，各设拜垫。毋忽。""清明日祭期定于辰正，届期先祭墓后祭家庙。"此外，也有由宗族赎回房支祖先祀产作为宗祠祭祀之用的事例，《临海大石祼山叶氏宗谱·大宗冬祭》即载："十四世祖起宗公有连佃田二号，山坦一片，坐白鹤山脚。向为不孝子孙隐瞒盗卖，爰捐款向他姓赎回，取其租息作为合族冬祭之费。"更有不少宗族的公产并不细分使用事项，而是采取公共事项统一从中支出的方式，如《临海石鼓胡氏宗谱·重修大宗祠记》载："自祠宇告成，其诸地悉归青墅公经理，以为祠内给分馒首、拜扫坟墓、清完国课等用。"《临海屈氏宗谱·宗祠祀产》："右系旧有祀产，向归各房挨轮收租。今与宗祠产业合而为一，仍由各房照旧轮收，则每年收入较巨，一切宗祠修理与公共开支均可从此支出，以垂久远矣。"这是各祖祀产与宗祠产业合并以供公共开支的例子。

狭义祠产与其他各祖祀产均为宗族公产。总体上讲，两者之间有各种形式的转化，很难截然分开。从某个具体区分祠产与各祖祀产的宗族来讲，在假设没有任何转化的情况下，两者在管理经营与使用方式上也是大同小异。此外，在实际生活中，人们经常以宗祠作为宗族身份认同的标志，而将宗祠等同于宗族。《临海涌泉冯氏族谱·西岑敬七公祠堂记》即将"祠下"作为宗族的代称，谓八世族祖敬七公迁居西岑，祀为小宗，但未建祠堂。"长房孙官冕暨其侄永池慨焉兴思，以公蓄十余载乃率二房、三房诸宗良酌量捐资，共为建祠，且出本房公田以为之基。属在祠下靡弗欢欣从事，不数月而落成，盖在康熙又壬寅岁也。但祠成则祭必备物，备物则不可无田。爰议祠下贤孝捐常稔田若干亩，祔其祖父一人配席。……属在祠下当思今日为无服为远房，推而上之，固同一本，蔼然共相亲睦，不屑计较于彼我之间。"因此，本文将宗祠名下与各祖名下的祀产也即宗族公产视为广义祠产，作为研究对象。广义祠产的来源与增置方式主要有族人个人捐置、合族置办等。以下详述之。

（一）个人捐置

无论贫富，只要稍有能力的人都会尽力置下一些田产，保证死后享受子孙祭祀。这样的事例很多，如更楼郭氏"祭田之设始于钟山、山泉二公，在洪永间递传至今，由来旧矣"[14]。更楼郭氏静庵公"遗下祀田若干亩为千秋血食计，俾昭穆轮流承值，由来旧矣"[15]。更楼郭氏三房平斋公"遗下祀田地四十亩永为子孙烝尝之资。嘱云如有变卖者以作不孝论"[16]。更楼郭氏信庵公夫妇"遗下祀产若干。自明迄今历年二百有奇。子孙世守勿替"[17]。石屏陈氏"自太祖钝静公遗立祀田，每届清明祭墓，冬至祭祠。今垂四百余年，世守勿替"[18]。郡城林氏菊怀公祀田"系菊怀公艰难所创。祖宗血食所关世世子孙"[19]。罗渡罗氏"我房七世祖叔让公创立祀田十五亩余，祀租二十石零，以与派下子孙照次轮流耕种、收租、完粮、值祭，由来旧矣"[20]。

其后族人也会不断捐置产业，扩大祀产规模。《临海大石殿前朱氏本支谱·祠产略》记载了其族自彦贞公创置祀产后，子孙不断尽力购置祀田的情况：

> 吾族自宋元以来，迁徙不常，居未聚族，祀产缺如。至彦贞公世居殿前，始创祀产，遗之后裔。继之者老大房思溪、思濂公、老五房思玉公，共置

---

[14]《临海更楼郭氏宗谱·祭产条规序》。
[15]《临海更楼郭氏宗谱·静庵公祭产条规序》。
[16]《临海更楼郭氏宗谱·三房平斋公祀产小引》。
[17]《临海更楼郭氏宗谱·信安公祀产小引》。
[18]《台临石屏陈氏大宗谱·训纂》。
[19]《临海郡城林氏宗谱·里房菊怀公祀田》。
[20]《罗姓台州罗渡宗家谱·五房叔让公学田序》。

祀田地一十五亩零。思溪公子观象公又置祀田地山共一十八亩零。思溪公曾孙时臣、时相公又置祀田山共八亩二分。此老大房祖父子孙所置祀产之大略也。老六房观英公置祀田地山共一百亩有零。公长子世寅公置祀田六亩九分，又与小三房世盘公合置顶沮一所。世盘公四子明雅公又置祀田地山约四十亩。小五房世创公置祀田地共四十四亩有零。此老六房父子兄弟所置祀产之大略也。外此各房陆续加增，统计有五十余宗，田亩坐处载在谱籍。大石本为瘠土之区，而祀业之厚，创为义举，上祀列祖，下溉后人。历世宝之，洵为本宗之特色也。

宗族鼓励族人捐置祠产，对捐产族人的身份并无限制。《台临娄氏宗谱·大宗祠祀产》载族人捐产情况："仲瞻妻韩氏共捐出地一十七亩一分；直山妻陈氏捐田一亩；叔达妻邵氏捐田三亩；仲韶妻金氏捐一亩七分五厘；震叔公捐三亩四分；伯灿公捐二亩五分五厘；新置仲琳公捐八亩五分。"可以看出捐赠者大多是妇女，捐田数量最少的一亩，最多的十七亩一分，差距比较大。大汾李氏大宗祠祀田原有老田八亩九分，后族人又不断捐赠，计德攀公捐田十亩；治国公捐田十亩；俊盛公捐田十亩；宁淡公捐田十亩；清元公捐田十亩；俊好公捐田五亩；俊溪公捐钱念壹千文；万昌公捐田十亩；廷谓公捐田五亩；万魁公捐钱三十千文；光钦公捐田二亩；德法公捐田一亩；德启公捐田二亩；德度公捐田二亩；蟠溪公捐田二亩[21]。可以看出捐田数量最少的一亩，最多的十亩，也有直接捐钱的。《临海涌泉冯氏族谱·南屏学田公祀产附记》载族人舍田在二分至二亩不等，人数近百人，身份多样。由上可见捐赠祠产的数量差距较大，主要依据族人的经济实力与个人意愿。

（二）强制性分摊

这是合族置办祠产的一种方式。这种筹资方式往往发生在宗祠建设之时。因建祠所耗资金巨大，须合全族之力。强制性分摊可以有不同的方式。有以户为单位进行分摊的。《务园陈氏宗谱·龙泉宗祠记》载："光绪三十四年集合老幼商议建造宗祠。先贮楚白公祀产为本，次向各户照田筹捐。至材料地基，咸劝派下之乐助。"《临海庄头冯氏家乘·庄头冯氏家庙记》载："择村之西南公田为基址，储五房以上及五房祀租一年，并由各户轮捐为基金。"有采取按丁摊银的，如罗渡罗氏"宗祠被毛匪毁坏，一无所资。甲子年七月间，置酒会众首事，酌议照丁捐收以成其事。……不可隐丁，

　　　〔21〕　《临海大汾李氏族谱·祀产》。

不可诬报。如有隐丁诬报者，一经查出，照公议重罚。"[22]

《临海涌泉冯氏族谱·重修祠堂记》载其筹集资金修建宗祠的情况：

> 迨九世祖德二十府君率众复为创置，在景泰之癸酉年也。自此迄今凡
> 二百年，其间修葺匪一。要惟今圮坏为更甚，上无完瓦，下无完砖，棵楹
> 挠折，板槛破颓。过者靡不恻然，谓当修葺。特无主持之人耳。丁亥冬，
> 喆与若木、桃源二宗叔赴祠商其事。鸣鼓以闻，集族中衿冠者硕暨少年能
> 事者百数。云计丁为费者有之，云课亩为费者有之，云册宗支为费者有之。
> 众议纷纷，犹豫不决。抵午咸以另议而退。惟首事三人愤然不乐，辄相与盟，
> 谓必图终其事。喆归啜茗危坐，徐思所以主维之法。乃将祠下孙子殷富者
> 析为上中下三等出资，上者倍中，中者倍下，其仅足衣食者不与焉。

这里涉及计丁、按亩及按宗支房户出资三种强制性分摊的筹资方式。至
于"将祠下孙子殷富者析为上中下三等出资"，则是根据实际情况，进行合
理分摊。

（三）例置

例置是指按宗族惯例进行筹资的方式。朱子《家礼》有"每龛取其
二十之一以为祭田"以供祠堂祭祀之用的设计。但这种性质的例置在临海
至今尚未发现。不少地方都可以看到分家析产时按例抽取祀田的情况，临
海却比较少见，明确的事例仅见一例。《临海大石猴山叶氏宗谱·良腾公
祀产》载："此堂祀产系万历八年正月公为其子四人分爨时所置，立有遗
嘱。原产二十八亩，后以渐次有增置，四房轮流收租，周而复始。"

比较常见的例置是生子捐银。《临海杜岐戴氏宗谱·凡例》："今生
齿日繁，议立一例，凡有初生男者捐银一钱，次子、三四子各捐银五分。
每年冬至收钱之日，各赍赴祠，交值年祠首经收以贮公用。自雍正十三年
冬至为始，各宜遵行。入谱照证，毋许拖欠。"

此外，也有的宗族有冬至团拜需捐钱的惯例。《台临小芝何氏宗谱·值
祀例则》载："凡族人年满六十岁称为老人。冬至至宗祠向值支报名登记
参加拜冬。旧例纳手续费银圆一圆，以半数津贴值支，余半数储作宗祠公用。
现币值低落无定，应改增若干，临时由合族公议。"

（四）入主捐献

族人神主入宗祠享受祭祀需要捐献一定资产，这是各宗族增置祠产的

---

[22]　《罗姓台州罗渡宗家谱·罗渡宗宗祀序》。

重要方式。本质上讲也是一种例置。各宗族对神主入祠的捐赠要求是不同的，有的要求捐献田地，也有的可以直接捐赠货币。

小芝何氏明确要求捐赠祀田，"凡族众奉祖入祠不设案者，向例每位（即一考一妣）须捐助祀田。除完粮外，交净燥谷一石二斗"[23]。更楼郭氏规定："神主入祠定以小麦租三斗为准，再少则不许，能多捐最妙。先将坐处佃人开出，送交管事，踏明无水倒沙涨之嫌，然后立写捐书，付于公司执凭，备酒劳众送入祠以受享祭。"[24] 根据"坐处佃人"的文意，可知捐"小麦租三斗"指的是祠田而非谷物。《临海更楼郭氏宗谱·钟山公遗产》、《临海洪氏宗谱·祀产》均有派下子孙所捐送主田地的具体情况。

《临海石鼓胡氏宗谱·重修大宗祠记》载："复有入祠者务必以五斗谷租入祠内以为岁时祭祀之需。"因下文未有更多信息，无法推知此处"以五斗谷租入祠"是指田产抑或谷物。

有的宗族规定神主入祠须直接捐金钱。北涧罗氏根据族人具体情况，对贫穷无力全额缴纳入主费用的族人给以减免的待遇："凡孝子慈孙尊其祖父以神主入庙者捐钱一十四千，或贫而无后亦欲以神主附祖庙者捐半之。俾产日以增而祀可永奠也。"[25] 屈家屈氏更看重功名，免去已经获得功名的族人入主费用。"宗祠乃贵重之地，凡在正路，功名无论文武，俱许入祠，其余监贡与白身须要捐钱三千文亦许入祠。违此概不得入。"[26]百岩周氏只对首事资助人本人及其配偶给以免除入主捐纳费用的待遇。"本宗内有神主入祠，享祀者须助洋六元三角（该洋六元存众，光三角贴值柱。当年即有吃分）。唯首事资助人本人暨配神主入祠无需再助。如愿乐助者听便。"随着物价上涨，入主捐献也相应提高。"长至日公议重订，在本年十一月内有神主入祠者，仍六元三角。在本年十二月初一日（废历）起嗣后有入祠者，须国币八元三角。"[27]

《台临何氏宗谱·立公据盟书》还记载了金氏出钱在何氏宗祠内寄坐神主的事情：

进祠之日，有金向余族董事说欲将先人神主寄坐。董事念有金先人与余族之高曾情同一体，谊关骨肉，向族中众议，说有金心愿贴出铜钱十千文正寄坐神主八位，祠宇实与有金无分。倘若日后再有神主进祠之时，有

---

〔23〕 《台临小芝何氏宗谱·值祀例则》。
〔24〕 《临海更楼郭氏宗谱·凡例》。
〔25〕 《台临北涧罗氏宗谱·重建祠堂引》。
〔26〕 《临海屈氏宗谱·家规》。
〔27〕 《临海（百岩二徐）周氏谱·定例》。

金派下任凭君昭公之子孙再议可也。恐日后无凭，立此盟书为照。

周氏基于"有金先人与余族之高曾情同一体，谊关骨肉"的考虑，在保证何氏对宗祠绝对所有权的情况下，答应了有金的请求，有金所贴铜钱用来购买祠田，并立盟书为据。不过由于血缘是宗祠祭祀的根本，"非其祭不享"，这种情况当数罕见。

（五）合会集资

《临海（百岩二徐）周氏谱》记载周氏宗族为购买祀产，修建宗祠，而采用合会的方式积储资金。

合会是我国民间信用借贷的一种组织。合会在我国有悠久的历史，其起始时间大约在唐宋之间[28]，流行于我国广大农村和城市。合会的程序一般经过邀、齐、转、满四个阶段[29]，邀会即由发起人邀集乡邻，陈述理由，征求入会；齐会即成立大会，会首收缴会金；转会即依次转由其他会脚收得会金；满会即终会，是合会最后一次集会。合会的运作机制，一般是由某一急需用钱之人召集若干人建会，发起人为"会首"，参加者为"会脚"。每人出资若干，并规定按一定时期集会，首期通常归会首所得，以后各期可按一定规则分别由各个会脚得会，并依据得会先后次序的不同缴纳金额不等的会金。先得会者缴纳会金较后得会者为多，实质为整借零还，多出者意为还本付息。后得会者为零存整取，所得为本利并收。

《临海（百岩二徐）周氏谱·宗祠的定例与祀典及祀产》中有关合会的记载有如下几条：

> 我周氏宗祠自二十五世祖立强（沙田）、学朝（平桥）诸公自嘉庆丁卯建造以来，迄今百有余载矣。因中间修葺无人，房屋墙垣尽皆毁圮，荡焉无存，仅留荒基一片。三十世裔孙贤屏心窃痛之，同弟贤立、叔秀旭、秀柳（平桥）、仙凤（麻车）等各出银洋资助，并向族之孝敬者纠合会脚五十余脚，复积蓄八年，购买祀产。至民国元年，乃重创宗祠五楹于故址，就中构神橱置灵位，并与平桥、沙田作戏台。

> 凡参会自本年廿六年起至民国三十五止，议定大洋每脚六元五角（如再加大洋二角五贴柱头，则当年便有吃分）。以后隔六年为乙度。每度所加至多不得过一元（如参会人祖宗从前绝无会脚者，此上议每会多加大洋一元）。

---

〔28〕 郑启福：《中国合会起源之考辨》，《经济学研究》2011 年第 22 期。
〔29〕 徐畅：《"合会"述论》，《近代史研究》1998 年第 2 期。

本祠银钱积储办法乃采一文一领手续，限定交领日期准在冬至日上午十一时前，本息交付清楚，不得拖欠挨汇等情。又如某房里某一会领洋未交清楚，除停止其合房各会吃分外，再行公议处罚，再订明交领洋息。子洋随年乙分，五厘起利。其抵押物须用田亩，不许用房屋、山、园地及田亩坐落离本祠五里外者。如合房均无田抵押时，可撩房而交。

百岩周氏清末时为了筹集建祠资金，在族内组织五十余会脚入会，每脚为六元五角，会期为八年。至民国元年终于借此创立了祠堂框架。民国二十六年至三十五年再次合会，每脚仍是六元五角。以后则以六年为期进行合会。可见百岩周氏将合会作为宗祠积累资金的长期办法。为了保证合会顺利进行，百岩周氏采取了相应的措施。如果某会脚未按时交纳每期会钱，其惩罚措施是停止合房在祭祀中的吃分，并公议处罚。某会脚得会时须用五里以内的田亩进行抵押，以确保本息的交付。

其宗谱在"祀产"条后记："本祠除以上各业外尚有领洋百余，各房挨借，他日正无限量"，说的也正是各房合会的事情。宗谱未记载合会具体的运作方式，不过百岩周氏有一定数量的祠田及族人捐款，从"各房挨借"的说法推测，其最可能的行会方式是以宗族为会首，第一次行会时由宗族得会，但并不使用，而是转给二会，向二会收取利息，第三次行会时再转给三会，向三会收取利息，依次类推，通过不断向得会会脚收取利息来积储资金。

由于合会的运作需要较长的周期，这种筹集资金的方式在祠产形成过程中并不常见。

（六）租入生息

绝大部分的宗族都把祠田租入及资金性祠产的理财生息作为祠产增置的方式。更楼郭氏通过祀田租入借贷增置祠产。其谱《静庵公祀产条规序》载："乾隆二十年间，派下必铭、定实、士□、良豪四公议分阖族股承钱转借生息添置田地，补增清明馒首，春季演剧暨奖励功名之用。"屈家屈氏则利用山林出售所得资金出息实现祠产增置，"右山田幅员广阔，宜于种植加以培养，每年出息可以递加。现树木已渐茂盛，二十年之后，生息自当倍徒。是在族人能否留意保养耳"〔30〕。

不少宗谱载有祠产借贷的具体规定。《临海杜岐戴氏宗谱·凡例》载："前借祖祠公银俱要产业押当，加二起息。每年冬至日期，各赍本利银两，

---

〔30〕　《临海屈氏宗谱·东塍以元公暨宗祠祀产》。

赴祠现交值年祠首经收。一日之内，尽数交完。此定例也。延今生息日繁，不无银口之忧。诚虞法久弊生，或有不肖子孙写立虚契，交同值年祠首押当，来期无交，败乃公事，亦未可定。今再立绝弊之例，以防不测。嗣后借银押当之业，着值年祠首查明，果系实契，内注值年祠首某人抱还字样，方许收领。如无抱还，概不许借，以杜将来之遁，以免来岁之忧。"可见戴氏祖祠公银借贷的利息是"加二起息"，并且需要典押产业，以防套空。出现立虚契以典押的情况后，又增加了借贷前由祠首查实立契虚实的手续。

《台临娄氏宗谱·凡例》载："宗祠公贮铜钱不得专贮一房，以防吞噬。必分借四房殷户，每年约加二起息，限在冬至日本利交清方可借转，不许拖欠，违例者罚。"洋林娄氏公贮铜钱由各房轮管，借贷的对象是族内富人，利息亦为"加二起息"。

《台临赵氏宗谱·复祀照据》载："租二石填入置簿内，交与娄村陪收者生放，不拘贵贱，止加三起息，存作后日费。"这表明赵氏公银是由陪收人负责借贷，借贷对象不分贵贱，应也是不分族人、外人的。其利息则是"加三起息"。

（七）工商产业出租

除了祠田、资金性祠产外，有些宗族还拥有一些工商产业。《临海溪口马氏族谱·街市坐处考附》即载马氏拥有的众多产业：

一、马氏茅柴行坐溪口王氏宗祠大门前。路东荒地一片，计税八分。东至溪，南至溪，西至大路，北至王姓厂基。嫌其地隘，同治间移立街后溪滩。

一、马氏柴爿行坐溪口溪西大路旁。同治间移至米行后溪滩。

一、马氏米行厂基本与王氏对半均分，马姓分在上，王姓分在下。

一、溪口中街八间之前路东一行，马姓分在上收税，王姓分在下收税。

一、小殿前后左右凡向西摊税属马氏，向东摊税属王氏。

一、小猪行坐小殿东边。

一、充猪行坐小殿后边。

一、三角屋外左右摊税俱属马、王二姓对半收取。

一、牛场亦属马、王二姓管理，每年挨轮口丁祭牛一只。

右街市坐处九条，开载分明。然或有不及载者，皆马、王二姓管业。

惟愿后人各守旧规，慎毋逞凶侵占可也。光绪四年十二月呈图谨识。

柴米行、小猪行、牛场等产业需要有熟悉各个环节的人专门来经营，并不适合宗族通过值年方式管理经营。最合适的方式还是出租取息。在邻近的黄岩地区宗谱中有店铺出租的记载。《黄岩宁溪王氏宗谱·横街小宗祠》："相传旧祠圮于乾嘉间。咸丰之初，品三封翁纠同志品众扛积贮公租，至丁巳年建，复置祠门。右店屋二间，收税祭祀。"王氏有"店屋二间"，这是门面房产，其经营方式是对外出租收税。临海的情况应也相似。从整体上看，临海明清宗族拥有工商产业的数量不多，也不算真正的经营工商业，只是间接分取商业利润。

（八）特殊增置

特殊增置方式包括赐置与自然增产两种，都是可遇而不可求的。坦头吕氏曾得到过朝廷赐予的祠产。《台州吕氏宗谱·白茅山忠穆公墓产纪略》：

> 始祖忠穆公辅高宗南渡佐南宋中兴，有大功焉，封成国公，食邑八千六百户，享寿六十有九，绍兴九年四月初一日寿终临海私第，葬城西三十里白茅慈圣院后。高宗闻之，遣使殊礼致祭，敕改慈圣为公香灯院，颜以褒忠显绩，追封秦国公，谥忠穆，诏赐腴田三十九亩，地三十三亩一分，塘三亩一分。年约收租谷七十石，付出条粮十五石，主持每年口粮三十石，修理寺院十五石，春秋二祭十石。院僧守祀，清明致祭。公之食报何其厚也。宜子子孙孙世守而勿失也。

忠穆公是临海吕氏始祖，其墓旁的香灯院实为墓祠。由于始祖的身份，使得这种墓祠也具有宗祠的意义。由于忠穆公的巨大贡献，皇上特意赏赐了较多祠产，这些祠产自宋代起一直为吕氏子孙保有。

自然增产则是自然的惠赐。《临海大石殿前朱氏本支谱·祀产略》载有附据：

> 右涂地自光绪十一年与许、严、董三姓兴讼，至十五年讯断充公，向培元局照案认买。给有谕照管业。出头当事者，若绍辉、永贵、大雅、言泉、绍煊、绍起、圣根等，大费心力。所有新涨涂地业已种竹成林，每岁出息，众议捺入十柱以为演戏之资，有余则积储公业，亦为十柱候用。至若旧管涂地前系大房、三房祖业，仍归伊两房经管。东至麦蒙坑口王姓地为界，南至跌木桥坑口为界，西至水磨上大港口为界，北至大港水为界。自今以后，各宜保守公业，毋得私相觊觎。

新涨出涂地是原有涂地的延伸，是无需努力而获得的祠产。其上所出物产收成归全族各房公用，而非原先拥有涂地的房支所有。为了防止房支之间对包括新涨涂地在内的祠产的争夺，还告诫族人"各宜保守公业，毋得私相觊觎"。

三　祠田的管理与经营

祠产是宗族苦心经营的公共产业，而田产（包括山林、涂地等）是其中最主要的部分，其他如货币及工商产业只是很小一部分，除了临时性支出外，通常也会转化为田产。因而祠田的管理和经营是保证祠产收入的决定环节。要使祠田的产出能够满足祭祀、助学等需要，就需要保证祠田不受侵吞盗卖，维护其地权的稳定，并保证轮值有序，租佃正常。以下就从这三个方面来考察临海祠田的管理经营情况。

（一）祠田地权的维护

祠田收入供宗族事务之用，但现实中，难免为一些人觊觎、侵占。临海宗谱中不时有祠田被变卖、盗卖、侵吞的记载。《临海陈氏谱稿·祀产》记载了族内子孙侵占祠田的严重情况：

> 田畴之岁入以为祭祀之粢盛，先人立法可谓良矣。然而不孝子孙贪利交易合族议卖，不孝孰甚。其迫于饥寒者犹有可说也。甚至厚资自拥，阴怀并吞，先贷以钱，次榷其息，不数年而入囊矣。其困于公事者犹可原也。甚至泯其契券，使无可查，渐次侵吞，久而成例，一再传而莫问矣。抑或并买之时，限其价值。彼困乏者或苦于他人之莫买而竟允之。或因挨轮之未承，而姑与之，一入吾家占为己有。本可赎也，而赎之不能。本可分也，而分之不得。

除了族内子孙侵占盗卖的问题，也有其他豪族依势强占的事例。如《台州吕氏宗谱·白茅山忠穆公墓产纪略》载："讵料时异势殊，元明以来，子孙散迁他处，祖业渐即消磨，半为奸田私售，半为地豪强占，所仅存者不过十之一二耳。"

为了维护祠田的地权，国家与宗族都采取了相应的措施。明清时期，国家鼓励宗族建设，对属于宗族公产的祠田给以法律的支持，禁止盗卖祠田。明律规定：族姓子孙有违禁投献及典卖祖坟山地者，"问发边卫，永远充军"[31]。清律基本沿袭明律，"凡子孙盗卖祖遗祀产至五十亩者，照投献捏卖祖坟山地例，发边远充军。不及前数及盗卖义田，应照盗卖官田律治罪。其盗卖历久宗祠一间以下杖七十，每三间加一等罪，止杖一百

---

〔31〕　怀效锋点校：《大明律·问刑条例·盗卖田宅条例》，法律出版社，1999年。

徒三年以上。知情谋买之人，各与犯人同罪，房产收回给族长收管"〔32〕。

宗族也想尽各种办法防止盗卖，保证祠田不流失，维护祠田地权的稳定。其中重要的一项措施就是将祠田的具体位置、数量、租佃情况，书之于家谱，以为证据。《台临马氏宗谱（香严卷）·祠堂公产小引》明确了将祠田书于宗谱的目的：

> 族有公产，所以供祭祀，亦即所以赡族姓，法至善也。马氏聚族寥寥，公产无多，兹值宗祠落成，谱书告竣，各房拨助产业，著于谱，而岂第以"杜豪夺之心"哉？亦欲马氏后人，共昭世守焉耳！

《临海更楼郭氏宗谱·祭产条规序》记载了祠田被豪强占有后，郭氏以新旧宗谱所载祠田信息作为重要依据，参照官府鱼鳞文册以及对相关人等的调查，确定宗族对祠田的所有权。可以看出宗谱中的祠田信息在保护祠田不被霸占中确实发挥着重要作用。

很多宗谱都有对变卖、盗卖祠田进行惩罚的规定，以防本族祠产的流失。《临海郡城林氏宗谱·里房菊怀公祀产》即载："祀产系菊怀公艰难所创。祖宗血食所关世世子孙。有不孝盗卖者即当鸣官究治。为之隐匿者厥罪惟均。"《临海闾丘叶氏宗谱·规条》亦载："祀业系血食有关，而烹废蹈灭祖之罪。增置祀产，斯为慈孝。若私将祭田盗卖他姓，察出作不孝论，即合同派者鸣公究援。若卖同姓，实系知情觅买，没价公罚。"

当祠田被盗卖时，除了对盗卖者进行惩处外，还须想法赎回，尽力恢复派下祠田地权的完整。《临海大石猴山叶氏宗谱·大宗冬祭》载有族众捐款向他姓赎回祠田的情况："今集派下商酌，十四世祖起宗公有连佃田二号，山坦一片，坐白鹤山脚，向为不孝子孙隐瞒盗卖。爰捐款向他姓赎回，取其租息作为合族冬祭之费。"

宗族对立嗣有严格的规定。如《临海大石殿前朱氏本支谱·族规》："族中先辈有乏子传宗者，俱属异姓承顶。自乾隆二十四年，公立议据，除以往不题外，或有无子承祧者，只许本房昭穆相承，或外房接祀，或择贤，或爱继。永不许外姓乱宗。如有养外姓之子为嗣者，不特其名不列谱籍，即清明胙肉亦不分给。"继嗣与财产的继承密切相关，宗族对立嗣的控制，除了保证血统的纯洁外，其实也是为了保证祠产的不外流。

---

〔32〕 （清）陶骏、（清）陶念霖增修：《大清律例增修统纂集成·户律田宅·盗卖田宅》，光绪二十四年（1898）。

（二）祠田的管理

　　明清祠田的管理主要有三种方式，一种是设置专门的管理机构来管理，即专管；二是以宗族管理机构来统管族田，即宗族统管；还有一种是轮管，即族人按房、按人轮流管理祠田。临海未见有专管与宗族统管的材料，只有轮管的记载。关于明清族田轮管的形式，根据轮管主体的不同，可分为：1. 族长族尊轮管；2. 族中公举"殷户房"轮管；3. 族中绅衿轮管；4. 捐产各房轮管；5. 在里族众轮管，原则上是在里族众依次轮流[33]。

　　临海祠田轮管中也有由个人轮管的事例。《临海更楼郭氏宗谱·钟山公祀产·新田记》载其族用出售松木所得资金购置田地，"推族之充裕能干者司收。秋杪会计谷麦石数存贮出粜，为春秋演剧及修社修祠之用。而前此零星斗率之烦悉从省免"。后又谓"以上新置之产不入祭祀挨轮，选择族内殷实忠厚者执管。每逢收租之后，会众核算入仓谷若干，挂欠若干。至来年青黄不接之时，会众议价出粜，不许一己擅专。违则公罚"。"族之充裕能干者"、"族内殷实忠厚者"往往与族长、族尊等族内绅衿的身份重叠。临海祠田多为分散的零星田地，更楼郭氏这次新置祠田合计约五十亩，从五分至二亩五分不等，计四十余处。司收的绅衿应是几家。这种方式确实避免了由宗族一一收租的麻烦。

　　临海所见绝大部分为各房轮管。大宗祠祀田为大宗祠产，自是由全族各房轮管，如郡城金氏大宗祠墓田由七房轮收以供冬祭及始祖墓祭[34]。枧桥谢氏新六分房下"吾家兄弟六人承祖父遗业，自分爨以来，已四十余年。各管各业。所有挨轮祀租无不分配妥帖"[35]。此为析产后小宗祠田轮管之例。《台临南乡金氏宗谱·祖训》则概述了各房轮管办祭的情况："祀田之设与春秋祭享相维系，故大宗有大宗之祀田，小宗有小宗之祀田。出自大宗者，合举族而轮管。凡以供清明扫墓、冬至大享以及祖先生死忌辰分胙享福、合族拜祖老幼分给馒首等事皆藉祀田以需。各有责成，及期营办，毋容不给。小宗之祀田惟本支挨轮，亦如大宗之事而费减矣。但所收租息除一应支费并纳粮输将外，若有赢余，务于祀典中倍加丰洁，以尽孝思。若期不供，祭品不备，族长议罚，以备修葺宗祠之用。"

　　在临海祠田轮管制度中，不是所有族人都有资格参与轮值。《临海大

〔33〕　张研：《清代族田与基层社会结构》，中国人民大学出版社，1991年，第97～98页。
〔34〕　《临海金氏家牒·大宗祠墓田》。
〔35〕　《临海枧桥谢氏宗谱·新六分重订约言一则》。

石殿前朱氏本支谱·祀产轮值规则》中有关于限制部分族人参与轮值的规定：

> 一、殴辱尊亲长，提起不孝刑诉者不许轮收；一、为人奴隶役或犯窃盗罪丧失人格者不许轮收；一、年至三十岁未娶或至六十岁无嗣者不许轮收；一、出外营生或侨居外地至三年不归宗者不许轮收；一、寡妇无嗣，抚养祀子未满十岁者不许轮收。

祭祀是和祖先沟通的过程，意味着祖先的认可和福佑，故而值祭是一种义务，也是一种权利。对轮值人员的限制可以看出，大部分的族众都有轮值的资格。所提到不孝之人、奴隶、盗窃犯等品质有问题。这些人更容易盗卖侵吞祠产。侨居不归宗者对宗族情感不深，加上距离较远，对情况不熟悉，如其轮值，则容易导致田产的混乱，引发纠纷，同时也容易导致祠田的流失。故而，禁止上述人员参与祀产轮值对于保护祠产起到一定作用。对无嗣且抚养祀子未满十岁的寡妇的限制，则体现出女性在父系祭祀体系中的卑贱地位。

关于具体的值年方式，不同的宗族有不同的规定。《临海大石殿前朱氏本支谱·宁庵吕公岙祀产》提出了祀产轮值的规则："以上三祀俱由邓巷派下轮值第一年，泉井洋各祀次年，大田祀三年，吕公墺祀以次轮收。"即各房每四年轮值一次，每次要承办所有的三项祭祀项目。

郡城洪氏则采取了另一种方式，每年由各房轮值不同的祭祀项目：

> 以上祭祀每年分作三项，如首年大房值祭墓，三房值端午各节，四房值生忌辰。次年三房值祭墓，四房值端午各节，大房值生忌辰。第三年四房值祭墓，大房值端午各节，三房值生忌辰。周而复始，总之一年□□□□俱有祀业收租。[36]

更楼郭氏采取的轮值方式与洪氏相似：

> 以上之田厘为三项，如大分值清明，二分值中元，三分值生忌辰、长至。次年二分值清明，三分值中元，大分值生忌辰、长至。再次年三分值清明，大分值中元，二分值生忌辰、长至。周而复始，序而不紊。[37]

祠田肥瘠不同，收入便也不同。更楼郭氏根据不同祭祀所需费用，搭配相应的地块以供支出。各房轮流备办不同的祭祀，兼顾公平的同时，也避免了一次同时备办多项祭祀造成负担过重的情况。这当是临海明清时期祠田轮值较为常见的情形。

---

〔36〕 《临海洪氏宗谱·祭产条规引》。

〔37〕 《临海更楼郭氏宗谱·大五房分怡清公祀产》。

除以上轮值方式外，各宗族还会根据自身情况规定各房轮值的时间。郡城洪氏"自评事公以下祀典皆挨房轮祭。今宗祠各房捐资多寡不等，公议轮祭大房一年，二房二年，三房九年，四房一年。周而复始"[38]。出资多者出力值祭的时间便较短。这也是兼顾公平的一种体现。此外，值祭的安排还会考虑各房支人口力量的多寡。如果人丁太少，不足以单独值祭，也会安排与其他房支共同来值祭，如小芝何氏"蛮公派与半山、破溪与白岩共一年，四年、上山共一年，上、下横崎共一年，长塘一年，下宅一年，上宅大房西边与二房、三房共一年。以上六支挨年轮值"[39]。在这种情况下，联合值祭的房支自然是共同轮收祠田租谷的。

在各房轮流值祭时，有一个交接过程，接收者要查核所接收祠田的田号数目，注明册簿，以保证祠田不致流失。《台临石屏陈氏大宗谱·祀产》载："天灯巷后谢各房挨轮收值祭。小岭街房不得有分。倘日后有田号数目不对，承收者务宜随收查核，确实注明册簿，永远管守。庶先人成业不致有侵失之弊。"某房派长期占有固定田产，会造成他房派对田产情况不了解。若其产生私心，做以手脚，即会导致祠田的流失。房派轮流值祭，则使得各房派对宗族祠田的情况都比较清楚，起到相互监督的作用。《台临厚田金氏宗谱·宗祠新例》载其族祠田轮管采取的是每年轮管八房共同核算账簿的方式，"今按八柱挨轮收租承值，先完粮赋，后照年季交接清账总簿，按额催收租谷。俟清明节用度后，八柱对面算明，如有余则贮之，乏则补之。须注明账簿，一交来手承接"。

此外，为了保证轮值祭祀的质量，有的宗族还设有祠田的奖惩制度。《临海洪氏宗谱·祭产条规引》：

> 每年值祭分作三项，俱有张家渡祀田。此田议作罚田。每年秋收时祭祀，渐次将毕，倘某房有不遵定议，祭品菲薄苟简，即将张家渡田租公收存贮，用示罚。如备祭违式，倚强擅收者，罚不许值祭一度，即将次房顶上轮值。

洪氏祠田奖惩的具体办法是，将值祭的田地分为三项，把张家渡祀田独立出来，分三份配给三项值祭的田地。值祭达到祭祀要求，就可以正常收租。如果某房值祭祭品菲薄，达不到祭祀要求，这块田上的收入就归公有。如果强收，则罚一年不许祭祀，以保证祠田收租的秩序。这类似于今天的绩效督促手段。

---

〔38〕 《临海洪氏宗谱·承祭》。

〔39〕 《台临小芝何氏宗谱·值祀例则》。

（三）祠田的经营

祠田的经营有自种与租佃两种方式。原则上，各房轮管有权自主选择经营方式。

《台临乌岩虞氏宗谱·临海西乡白水洋虞氏旧谱条款》载：

> 近田户役繁重，田亩荒芜，所得之租尚不敷于粮里，以致年前礼典旷缺不已。于康熙十五年间会同族众商议，将税分作十柱派入各户。其中有无多寡不同，难以概论。谕或一人自承一柱，或一房共承一柱，或一人自承一柱之外，复朋承一柱者有之，许其照税轮流收租备祭。外有不欲认税，不愿承祭者，祭祀之期听其齐集拜祖燕会，不得沾染田租，盖以税不承认，粮未及户故也。其中甘认粮役者多不同，另立一簿，登其田数，挨次轮流，不得参越。庶不致祖宗为若敖者，赖此举以永厥礼也。

虞氏将田产税分作十份，在族内进行分派。根据承担田税的情况来确定收租的多寡。不愿承担赋税的，不得沾染田租。种地交税，乃是国家的硬性规定，不交税自然也没有权利收租。这是虞氏在"田户役繁重，田亩荒芜，所得之租尚不敷于粮里"的情况下采取的一种办法。租户力役过重，无力耕种租田。虞氏采取这种办法后，为了能清缴租税并承办祭祀，可能采取了自己耕种的办法。

还有一些宗谱明确载有祠田自种信息。如八叠谢氏尧臣太祖暨太婆吴氏的祀田中留有四亩四分自己耕种，其他租佃给别人耕种[40]。

《临海石塘程氏宗谱》载隐泉公祀产情况，计有八处自种田地：

> 一、田四号计税一亩二分，二号坐双零桥，二号坐陈家洋上井岸边。
> 一、田四号计税二亩，坐老婆墺三处。
> 一、田一陇计税二分半，坐后山，租谷四斗。
> 一、田一号计税四分，坐沙墩里，自种。
> 一、田六号计税五分，坐乌溜山脚，自种。
> 一、田一号计税七分，坐下彭淋头，自种。
> 一、田三号计税一亩五分，坐兆方山脚西边。
> 一、田一号计税二亩，坐大溪庄门口，租谷三石二斗。
> 一、田七号计税五分，坐水炉，自种。
> 一、田一号计税五分，坐枧下大□头，自种。
> 一、田一号计税五分，坐枝树坟上，自种。

---

　　　〔40〕　《台临八叠谢氏宗谱·西岑祀田》。

一、连绍民田一号计税一亩，坐中央圳，自种。

一、连绍民田十号计税一亩，坐紫库殿山脚小片，自种。

《临海枧桥谢氏宗谱·大房祖委公祀田》载有五处五亩四分田地自种：

一号田一亩二分，坐泗洲堂东边，土名赵梁丘。

一号田三分，坐毛竹园。

一号田九分，坐大路下砟柴路。

一号田一亩七分五厘，坐峙同。

一号田一亩二分五厘，坐同。　　以上自种。

一号田一亩一分，坐叩村殿前，租一石八斗。

《临海枧桥谢氏宗谱·伯远公祀产开后》载二处三亩田地自种：

一号地一亩五分，坐殿后。四分自挨种。

一号地一亩五分，坐浦坑。四分自挨种。

由上可见，一些轮管者会根据自己的耕种能力留一部分田地自己耕种，但由于祭田大多零星分散，有的宗族祭田达到八千多号，想完全自种是不可能的，也是极不方便的。故而大部分祠田还是采取租佃的经营方式。租佃分为佃仆制和一般租佃制。佃仆制的人身隶属关系比一般租佃制更为严格。《临海长沙陈氏宗谱·条例》载："宗祠祀田及庵堂神庙田地必书坐处田假、佃耕姓名，并祖上遗管仆人与仆产。——开载谱籍，所以防侵占杜虚冒也。"这表明临海也有少量祠田采取佃仆制经营。

一般封建租佃制是最常见的经营方式。从招佃情况看，临海各宗族的租佃情况比较复杂，各种情况都有。石屏陈氏以佃他姓为主[41]。郡城金氏亦以佃他姓为主，基本不佃族人[42]。更楼郭氏极少佃本姓族人[43]。东溪单氏祠田约三分之一佃于本姓族人[44]。台临何氏宗谱租佃情况与东溪单氏相似，大约三分之一佃于本姓族人[45]。而大汾李氏祠田绝大部分佃本姓族人[46]。台临孙氏亦如此，大部分佃本族人[47]。

有材料表明，租于外姓会碰到恃强不交田租的情况，如：

民山一陇……着于汪宗钦耕种，每年租税清交。宗钦誓世，其子华品接种，照额交卸无异。华品又故，伊子立人接手管种，租税善诱，或付或欠，

---

〔41〕　《台临石屏陈氏大宗谱·祀田》。

〔42〕　《临海金氏家牒·大宗祠墓田》。

〔43〕　《临海更楼郭氏宗谱·新田记》。

〔44〕　《临海东溪单氏宗谱·祠堂田号》。

〔45〕　《台临何氏宗谱·祀产》。

〔46〕　《临海大汾李氏族谱·大宗祠公田》。

〔47〕　《台临孙氏宗谱·永华公祀产》。

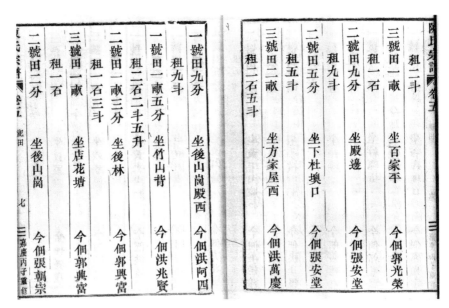

图 294　《台临石屏陈氏大宗谱》载东大房半窗公遗下小岭祀田

未曾清收，于光绪十五年间全欠不交。族中追呼急迫，不料立人私造伪契，捏冒国公代笔噬欠不交。[48]

租于本姓也容易出现族人侵吞、收租困难的问题。《徽州宗族社会》一书中以宅坦宗族为例，研究了祠堂收缴佃农租谷困难的原因，认为宅坦的族田、学田大部分租给了本族人，其中多是头面人物、乡绅，这是族田、学田难以管理的根本原因[49]。由于临海宗谱中对祠田租佃人情况的记载仅限于名字，并未明晰其在宗族中的地位，很难详细探讨宗族选择招佃的具体标准与收租中遇到的问题。但有材料清晰表明临海宗族内部各房子孙存在倚强凌弱、侵占宗族利益的情况：

田畴之岁入以为祭祀之粢盛，先人立法可谓良矣。然而不孝子孙贪利交易合族议卖，不孝孰甚。其迫于饥寒者犹有可说也。甚至厚资自拥，阴怀并吞，先贷以钱，次榷其息，不数年而入囊矣。其困于公事者犹可原也。甚至泯其契券，使无可查，渐次侵吞，久而成例，一再传而莫问矣。抑或并买之时，限其价值。彼困乏者或苦于他人之莫买而竟允之。或因挨轮之未承，而姑与之，一入吾家占为己有。本可赎也，而赎之不能。本可分也，而分之不得。[50]

根据临海明清宗族内部关系，推测临海明清宗族在祠田租佃过程中也

〔48〕　《临海石塘程氏宗谱·篷隐公祀产》。
〔49〕　唐力行：《徽州宗族社会》，安徽人民出版社，2004 年，第 141～147 页。
〔50〕　《临海陈氏谱稿·祀产》。

会出现类似徽州宗族祠堂收租困难的情况。

从地租形式看，祠田绝大部分采取的是谷麦等实物定额地租。竹园、山林等多采取货币地租，如《临海石塘程氏宗谱·隐泉公祀产》载："寺墺田租每年冬至收铜钱贰千九百文"；同谱"六房和亭公同男绵卿公享祭祀产"条载："寺墺麻园二处，山租田租竹园租每年冬至共收铜钱贰千六百文。"[51]

四　祠产收入的分配

《临海石鼓胡氏宗谱·重修大宗祠记》："自祠宇告成，其诸地悉归青墅公经理，以为祠内给分馒首、拜扫坟墓、清完国课等用。"这条材料列出了祠产在兴建宗祠之后的三种用途：祠祭、墓祭、清完国课。这也是祠产收入最主要的支出项目。其他如赡给族人、处理公务等也是祠产收入的重要用途。

（一）清完国课

国家对田地等产业统一征收赋税，祠产也不例外。明清时期，宗族成为实际上的基层行政机构，在赋税征纳过程中发挥着重要作用。很多宗谱在家规祖训中都要求族人及时上交赋税。如《临海蒋家山蒋氏宗谱·祖训》："国课当先期完纳，谢绝差役，不可违限拖欠，自召追呼。"《台临岭下金氏族谱·家规》"国课"条："贡赋乃朝廷大典，每岁或一次完，或二次完。所宜急公奉上，万勿抛欠受辱。"《临海义城黄氏宗谱·祭祀条规》："国之良民即家之孝子。每岁粮输须及时完纳。毋甘拖欠而故令赔贩致罹其祸。官法如炉，人心似火。戒之哉！戒之哉！"《务园陈氏宗谱·十劝诗》："五劝早完粮，门无胥吏呼，闾阎知尚义，官府不鞭蒲。"《台临南乡金氏宗谱·祖训》："授田首重完粮，国法常宜自省。纵家务艰难，急宜设法输纳，以免追呼。若任意拖欠，势必身受刑辱矣。"这些祖训、家规虽然不是正式的法律条规，但它们被反复宣讲，并由宗祠惩罚加以督促，对族人具有很强的约束力。

除了劝勉外，有的宗族还通过强制措施来督促国课的缴纳。如《临海大石猴山叶氏宗谱·祀产·二十九世永茂公祀产》："国课最重。值祭者务于清明前完清粮赋。于清明后一日各房会食羹饭时缴串验明。如若无串，

---

〔51〕　《临海石塘程氏宗谱·隐泉公祀产》。

不许收租。"《临海杜岐戴氏宗谱·家训七篇》："凡我族内各房子孙名下钱粮,需要及时完纳,慎勿拖欠,以累有司考成。抗者家长督率,设法全完,以保身家,毋贻官役之忧。"

国课一般是由轮管者完纳,如庄头冯氏"祀田官粮已于立祀日擘分两房户下自行完纳。惟私粮仍留列后轮付可也"[52]。康熙二十二年岭下金氏"合族老幼人众商议将地山税均作三扇……共税三亩九分,每扇当认税一亩三分。下堂仓间认自地税八分,又认金伸泽地税五分,共一亩三分。后堂小房认自地八分,又认存一地五分,共一亩三分。上宅后店园认祠堂基地四分,又认团箕岩地税七分,又山九分作地一分,又存一地一分,共一亩三分"[53]。《临海蒋家山蒋氏宗谱·公业汇记》载蒋家山蒋氏各房从祠田中抽出一定田亩专供完纳国课。"秧沟一股,桥头一股,小厅殿下共半股,坜头一股,亭头川堂共半股。每年庵僧设斋致请又备有麻糍照股分给。有股内抽有田亩轮年耕种充纳条粮之需。"具体操作时,仍是由轮值者来管理经营专门用于缴纳国课的田产,并负责清完国课。

也有的宗族采取统一缴纳的方式。《台临岭下金氏宗谱·公据》载有盟据:"内订盟值祭者每年在芦蒙渚收燥麦八斗六石,田麦租全收,谷租仅收一石。其余谷租收入合族公贮,所有金族祀条粮俱在合族完纳。"由合族公贮中完纳,势必需要专门人员进行管理,增加了工作负担。岭下金氏后来也改为轮值全收谷麦,并自行承担田赋。"今因修辑宗谱,合族公议将六石谷麦统归值祭者轮收,次年清明日交出谷一石与合族公贮。又新砌田一丘,坐兰桥市大□对岸,谷麦亦赠入此祖挨轮。嗣后金族祀条粮俱在值祭者完纳,不得推诿。如条粮拖欠,合族公罚。"

缴纳国课的方式也有不同。《台临厚田金氏宗谱·大宗祠祀产》:"其税旧摊族内各户完纳,今税归立大宗祠户下完纳。"大宗祠名下祀产统一在大宗祠户下缴纳,是大宗祀产的合户完纳。《临海更楼郭氏宗谱·大房五分怡清公祀产》载"粮存郭五共户完纳",从名称看,是郭氏大房五分所设完粮户名,是小宗祀产合户完纳之例。

郡城洪氏宗祠田地的纳税情况较为全面地反映了房派内国课的缴纳方式。下面以其三房族人送主田地纳税情况为例进行分析(由于三房送主田地数量众多,以下仅录其前半部分)。

古田道生公祭田一亩计五号,坐杨杜三桥,谷租一石八斗佃,康熙壬

〔52〕 《临海庄头冯氏家乘·景和公祀产》。
〔53〕 《台临岭下金氏宗谱·合族公据》。

辰年冬捐内少租二斗，霖士自盟认税，永不开割。

子城公公祭地一亩二分，坐沙湾，麦租六斗佃，其税在洪再、洪雷、洪杰、洪国元、洪民四户开讫。

熙公公祭地一亩二分计二号，坐上竹园，麦租四斗佃。犁头卄二斗佃。其税在洪再户开讫。

德止公公祭地一亩，坐外渚头，麦租五斗佃。二分，坐杨店前，麦租一斗佃。其税在洪民户开讫。

敬扬公公祭地一亩二分，坐擻头蒋门首，麦租六斗佃，其税在洪□户开讫。

元之、茂远、敬庵、顺性、呆守、宝愚、北涧、迎渊、养冲、监兹公等以上十代共祭田□亩，系惕庵公所捐。

一号一亩，坐下塘门首系丈量起坝田，租二石佃。

一号二亩，坐双眼塘，租四石佃。

一号一亩，坐峙山后，租二石佃。

一号一亩，坐峙山洋，租二石佃，其税在洪笺户开讫。

南沙公祭田一亩，坐□山，租二石佃，其税在洪笺、洪引、洪范、洪溥四户开讫。

静峰公祭田五分，坐磨头塪口，租一石，其税在洪昭叔、洪复、洪日章、洪定鼎、洪光叔、洪叔平六户开讫。

则峰公祭田五分，坐西潘塘，租一石佃，其税在洪孟、洪复、洪来友、洪望全、洪驭池、洪霖六户开讫。

春宇公、完初公、亦裴公祭田五分，坐孙家湾，六分，坐后洋，谷一石二斗佃。又四分，坐磨头塪，租八斗佃。其税在洪光叔、洪昭叔、洪文炯三承四户开讫。

三房捐赠的祠田中一号田地分为多户开讫田赋的情况较多，如子城公、南沙公、静峰公、则峰公等祭田为四户或六户分别完纳。这是分户纳粮的情况，一般是由兄弟分家析产造成的。分户纳粮时，兄弟间对彼此田地税额都很清楚，这对于田赋的缴纳会起到一定的监督作用。

多号田地在一户纳粮是在三房内的合户纳粮。合户纳粮涉及多户人家，只有全部缴清，整个户下的田赋才算完成。这客观上促使纳粮户相互监督，保证了国课，在防止盗卖族田方面也起到一定作用。

《台临石屏陈氏大宗谱·佩韦公东山姜氏祭田记》载其宗族祠田国课的比例："今以所得俸禄置田若干亩，足以共粢盛而享祖先。以什之三充公家之税，割其半以济族之贫乏第。"这应该是当时缴纳国课在整个租入中所占的通常比例。

（二）供给祭祀

祭祀是祠田产生的根本原因，也是祠田收入的首要支出项目。很多宗谱中明确记载了不同祭祀所需祭品的种类与数量，由各房轮收祠田租谷按要求办祭。《临海洪氏宗谱·宗祠各房捐送主田地·祭产条规引》载每年各祭祀所用祭品：

> 古云："自奉宜俭，祭祀宜丰。"伊川先生云："凡事死之礼，当厚于奉生者。"此理之当然者也。今定祭品每席熟猪□□□熟肉圆一十两，熟鹅或熟鸡六两，熟鱼八两，俱天平秤。□蛋每席七个，煮熟连壳破开。或肚或肺用全个。大腕小□同小碗，必用海参烧骨。除夕撤供用肉包。清明用菁稻饼。端午用枣子粽。中元用茄饼。中秋用白糖饼。冬至用肉馅糯米团。清明猪约重七十斤，羊约重三十斤。大馒首每个重一十二两，中馒头每个重六两，俱天平秤。烛用通宵，不许用堂烛、牙烛。元旦早、生忌辰早用长通宵，重十一两。银锭用全伯。酒用老酒，端午用米烧酒，不许用新酒、糠烧酒。

以上为洪氏四房所捐神主入祠田地用于祠祭的支出。可知洪氏元旦、清明、端午、中秋、冬至等俗节均要举行祠祭，从每席的具体祭品看，各种肉食数量颇多，包括固定重量的猪、羊、鸡、鹅、鱼等等。此外，每个俗节还有相应的点心。这还不包括除夕、元旦、清明、生忌辰等的墓祭支出，可见每年的祭祀支出是十分可观的。"自奉宜俭，祭祀宜丰"，宗族正是通过丰盛的祭祀来表达对祖先的虔诚敬仰。在宗谱中将每次祭祀的具体要求明确载出，可以保证祭祀的质量，也是为了财务公开明细，以防备办祭祀者短少以饱私囊。

此外，很多宗族在祭祀时会举行演戏活动。如《台临厚田金氏宗谱·通村公所志》"大宗祠"条记："在庵上立金氏祖宗神主，为子孙报本之所。年季演戏五夜以酬神愿。"《台临小芝何氏宗谱·值祀例则》："冬至日起演戏五夜，戏金六支分摊，戏子酒食由值支供给，每餐不论人数多寡。"祭祀演戏也是一笔不小的开支，亦从祠产中支付。《临海大石殿前朱氏本支谱·祀产略·附据》："所有新涨涂地业已种竹成林，每岁出息，众议捴入十柱以为演戏之资。"《临海更楼郭氏宗谱·静庵公祀产条规序》："乾隆二十年间派下必铭、定实、士□、良豪四公议分，阖族股承钱转借生息，添置田地，补增清明馒首、春季演剧暨奖励功名之用。"

（三）奖学助学

劝助族内子弟读书入仕，对于提高宗族影响力，维护宗族权益具有重要意义。有鉴于此，劝学助学便成为祠产除祭祀、修祠外最重要的投入。一些宗族设有专门学田供奖学助学之用，如括苍怀仁顾氏"辛丑（1781）春，众首事忽有创立学田之议。爰是会集本房，宰牲告庙，对众立盟。抽田九亩九分，以为入泮者轮挨"〔54〕。

有的宗族并不专立学田，而是在祠产收入中抽出一部分供奖学助学之用，如郡城林氏给科举考生以一部分祠产租入以资奖励，"公派下长次两房间年值祭轮收。子孙有入泮补廪及五贡登科第者均予重收一年。武榜亦然"〔55〕。

奖学助学的力度随宗族经济情况而定，多数宗族的投入是较大的。如大石殿前朱氏：

> 祀业公置，本为挨轮值祭。每年清明照丁颁分馒首胙肉，先泽固有长流矣。或子孙能奋志功名，光耀宗祖，则亦宜加优奖。故议四公派下有人入泮，许收当年谷租一半，留一半值祭人收。待到次年再收一半。若捐监但收一半，次年无收。〔56〕

入泮者可以两年连收当年一半租谷，另一半用于值年办祭，这当是去除了田赋以后的分配。可见劝学地位之重。

黄溪李氏也是以清完国课后祠产收入的一半用于值祭，另一半用于奖励科举。《临海黄溪李氏宗谱·大宗祠祭祀颁胙条例》即载："今后有入学捐监等自乾隆五十四年起，将祀租分出一半给收两年（止向每佃名下分租，不许分田）。有两人同收，照算，给收四年。科甲依例倍算。照次挨收，毋得议贮。其分出一半之租，轮值者每于清明办祭外颁给族人馒头。"

至于奖学助学的具体办法，一般以科举考试的成绩为依据，成绩越好，得到的补助越多。

（四）赡给族人

宗族专门用于赡给族人的田地称为义田。义田之创，始自北宋范仲淹。明清时期，临海专门创立义田的事例并不是很多。比较典型的是明代何宽

---

〔54〕 《怀仁顾氏宗谱·肯堂公学田序（药店派）》。
〔55〕 《临海郡城林氏宗谱·里房菊怀公祀田》。
〔56〕 《临海大石殿前朱氏本支谱·祠产略》。

所创义田。《台州郡城栅浦何氏宗谱·何氏祀田义田合记》载何宽在建祠的同时，又用俸禄创置了济贫田产，根据族人不同的经济状况给以相应的资助：

> 公又念及生者。若曰："居相远，则不可不联；仕有禄，则不可不均。"乃斥二百余金置田六十亩，量入而访其贫者三等济之。

也有少数义田收入分配不仅限于贫穷族人，还包括其他特权人等。如《临海屈氏世谱》载："赡族义田为公产，原非所以私子孙。然远族共治而本族坐困，亲亲何谓也？"于是该族族人被分成了三等，上等是节孝及有功于义庄者，"日食米一升三合"；中等是建庄者景州公有服近属及远族之鳏寡孤独者，"日食米一升"；下等是远族老少男女，"日食米六合"。建置族田的地主及其子孙所支义米分别等于一般族众的 2.2 倍和 1.7 倍。与此同时，又规定"景州公本支子孙曾元，其中贫苦者除照近属月支义米外，量给薪水之资，由董事及庄裔议加定夺"，就是说，建庄子孙可以以"贫苦"为名，自我批准，于月米外再行多取，族人还"不得啧有烦言"[57]。

在祠产收入的分配中，对建置义田的地主及其了孙的特别优待显示出义田分配的阶级性。学者在义田生产的剥削性质上有深入研究[58]，但就临海来讲，这种情况总体上是比较少见的。

也有个别材料显示出存在按户均分，利益均沾的情况。《临海柏树下韩氏宗谱·水坑奉山公祀产》："右祀产收入除积储清明冬至祭祀及元宵迎灯开支外，按户均分。永为世守，不许变卖。"下水君珑、禄二公祀产、小份迎峰公祀产、白米田廷羽公祀产等都载有盈余按户均分。这也是祠产补贴族人的特殊案例。

临海比较常见的情况是在祠产中抽出一部分赡给贫穷族人。《台临石屏陈氏大宗谱·佩韦公东山姜氏祭田记》载："今以所得俸禄置田若干亩，足以共粢盛而享祖先。以什之三充公家之税，割其半以济族之贫乏第。……以此周宗族之困，则衰老者有肉帛，少壮者脱饥寒。是得睦族之义焉。"石屏陈氏以祠田的十分之三完国课，一半来周济贫穷，若此，用于祭祀的仅占十分之二。这种分配比例在临海比较少见。更多的情况是祭祀所占的比例最大，而赡给只是一小部分。殿前朱氏与黄溪李氏的祠产收入分配中甚至未涉及赡给族人。

《临海郡城林氏宗谱·里房菊怀公祀田》："公派下长次两房间年值

---

〔57〕 张研：《清代族田与基层社会机构》，中国人民大学出版社，1991 年，第 169～170 页。

〔58〕 张研：《清代族田与基层社会机构》第三、四章，中国人民大学出版社，1991 年。

祭轮收。……男丁每逢六七八九旬年，或青年励节之妇得逢六七八九旬年者俱准重收一年。"这是针对六十岁以上老人的优惠待遇，实际上也是一种济贫弱的表现。不过这种方式具有局限性，并不是所有六十岁以上老人均能享受到，而是男女有别，对女子有"青年励节"的要求，反映了对封建伦理道德的维护。

民国时期宗族对族人的周济就直接用货币了。《临海屈氏宗谱·宗祠祀产生息积贮及支用保管条例》载：

> 六、子孙无论男女，年过六十，不幸无后至贫乏不能自存者，轮祀者应每人每月给予养膳费洋三元。
>
> 七、子孙无论男女，有贫乏不能入国民学校肄业者，轮祀者应为缴学费及书籍杂费等。
>
> 八、子孙无论男女，有受水火意外灾害至不能再振者，一年以内可由祖山森林生息项下资济每人每月生活费洋三元。但女孙以本身为限。
>
> 九、子孙不幸无父无后，贫乏至无力嫁娶丧葬者，应由祖山森林生息项下男娶时津贴洋十元，女嫁时津贴洋五元。丧葬各津贴洋拾元。

总的来看，临海祠产收入赡给族人的对象一般是贫弱族人，对于团结族人、维护宗族凝聚力发挥了积极作用。

（五）处理公务

明清不少宗族设有宗职、庄职管理宗族及义庄田租的具体事务，需要支付薪俸。但临海地区义庄很少，未见有庄职设置，亦未见管事、理事之类专门管理宗祠事务职位的设置。临海地区宗族事务的整体管理由族长、房长出面，理事的工作一般由各房轮流值年承担。族长、房长应该也会有一定的报酬，但不会很多。不过有的宗族管理者会以公务之名凭借特权对祠产收入进行侵占。如《临海黄溪李氏宗谱·家规》载："有紧要公事听从贤能殷实子孙贮收需用，族众与轮及者倘有异议，阻梗公事，房长及贤能者务须鸣公究制。毋任恃横，坏我家规。"所谓"贤能殷实子孙"即是族内管理者。这些人可以随时以紧要公事的名义收租，族人若有阻碍，他们可以依仗宗族领导者的身份给以惩罚。

临海宗族公务处理的主要支出项目包括迎神赛会、诉讼、械斗等费用。《临海宋氏宗谱·湖头朝聪公朝茂公朝恭公朝承公公业》载："旧建当境神庙一座，坐乾向□。在住宅西首。岁时祭报以溪坦中树木标样出拼贮钱置产，每年八月十五日神诞设祭。"当境庙即保界庙。宗族聚族而居，形成了很多单一姓氏的血缘村落。这种单一姓氏村落既是血缘共同体，也是生产、生活的独立单位。这种情况下，对社神、先农、后土、山神以及保界神的祭祀便都以宗祠为单位进行了，所需费用由祠产支出也是自然的。如《临海屈氏宗谱·宗祠暨高曾祖祀产各房挨轮表》载："本年大宗祠及君海公祀，彦渠承值。子俊公祀，彦钦值。际才公祀，彦韬承值。另三月十五日神会，彦圣承值。小三月十五日神会，彦威承值。"神会既是迎神赛会，也是由屈氏族内公产承值的。《临海大石猴山叶氏宗谱·祀产》载下叶派合族除了祭祀祖先外，还要祭祀山神、社神、先农、后土等神祇。其花费除了祭品外，还包括酬神演戏。这些费用也出自祠产。《台临厚田金氏宗谱·通村公所志·易龙庙》载："庵前有旧置租田二石五斗，麦足谷六分，田坐后洋高路下。四石内承粮税值戏。"《临海庄头冯氏家乘·景阳公立祀盟据》亦载："将府君养膳正绍田三号，计税四亩五分，租额拾石零二斗，以助永福庙作每年演戏费用。"

此外，清中期以后，诉讼、械斗现象逐渐增多，其费用亦从祠产支出。《台临厚田金氏宗谱·理宗事引》载，后田金氏同治二年讼复公山过程曲折复杂，"业经数载省控，二次踏勘，三番府县堂讯"，十一次费用达到七八百千，其来源是由族人捐助，"好义从公者充之"。下文又谓："以上之田租额议定三分为则，内有补贴各家讼费者，须以大宗祠历年账簿为准。"可见，后田金氏依然从祠产收入中抽出一部分对捐助讼费的族人进行补贴。

当时更普遍的情况是讼费直接由祠产支出。《台州吕氏宗谱·忠穆公祀事暨坟山先后讼争之纪略》载，洪杨乱后，吕氏坟山被他姓霸占。吕氏裔孙廷璜愿以个人能力承担讼争费用。通过商议，最终实行的办法是，根据吕氏族人的分布情况，共同承担讼费。"以坦头、桥头、龙头、长浦庄为最大，近邻只有小溪头。当城中各分共负担四分之一。桥头各房亦共负担一股，信敏闻讯亦慨然鼎力认负一股，合余共为四股分担。从兹共同奋斗，臂助有人，经济不困。"

清中期以后，随着人地矛盾的加剧，生存竞争的激烈，各地出现了很多争山争财的宗族械斗。临海也有这样的例子。1928年黄沙朱、蔡两姓以争山地聚族械斗。这次械斗历时一年，耗资数万，死伤十余人，损失惨重，屋舍被焚，田地荒芜。宗族必然要对死伤人员加以抚恤，雇佣打手的费用亦出自祠产收入。《台临长沙周氏宗谱·旺岙纷争案》载周氏与李氏争夺旺岙，周氏大房横岐路学楷公文墨精通，又有敢当敢受的胆识，发动全族壮丁决斗于旺岙，打死李氏人命，结果被判坐牢。七房朝迭公提出代替学楷公坐牢，以便其可上诉省宪，保全周氏族产。伤亡者及坐牢者的抚恤都应是出自各宗族祠产。

以上对祠产的形成与增置、管理经营及收入分配情况进行了考察，从中可以探讨祠产的阶级性质。

首先，从祠产建置者的身份看，只要有能力，不分贫富，人们总会为身后祭祀留下数量不一的田产，这成为祠产的重要来源。其次，在祠产增置的过程中，捐赠者的身份多样，贫富皆有。典型者如《临海涌泉冯氏族谱·南屏学田公祀产附记》载族人舍田在二分至二亩不等，人数近百人，男女贫富皆有，这使得少数人控制祠产比较困难，祠产的公有性质较为明显。再次，大部分宗族在祠产管理上采取的是各房轮管方式。大宗祠产合族轮管，小宗祠产本支内轮管。轮管所得租入基本上用于完纳国课、祭祀、办学等宗族公共事务，其中用于赡济族人的部分并不多，对象也主要是贫穷族人。但也有对建置大地主给以特殊分配的情况，如屈家屈氏义庄对景山公及其子孙的特殊对待。不过，这种情况是比较少见的。

综合以上三个方面，临海祠产的阶级剥削性质并不明显，对祠产的"有分"更多反映的是宗族归属感。

陆

人与神的沟通：
宗祠的祭祀活动

祠者，祭也。对祖先的祭祀是宗祠最初的也是最重要的功能。"聚祖父于一堂，而吾精神与祖父之精神相接，俨如亲侍膝下而敬享之时。"[1]祭祀活动使宗族有了共同的精神归宿，使宗族凝聚为一个紧密的共同体。

本章从祭祀日期的选择、祭祀对象以及祭品、祭仪等几个方面全面展示临海明清宗祠祭祀面貌。

一　祭　期

朱子《家礼》是平民宗祠祭祀的重要典籍依据，其中所载祠堂祭礼体系包括祭祀高曾祖祢四代近祖的四时祭、祭始祖的冬至之祭、祭先祖的立春之祭、祭祢的季秋之祭、忌日祭以及"正至朔望必参"。朱子的祠堂祭礼设计全面细致，但要真正普及于庶民大众还有很大困难。明儒顾炎武谓："《文公家礼》所载《祭礼》，虽详整有法，顾惟宗子而有官爵及富厚者方得行之，不能通诸贫士。又一岁四合族众，繁重难举，无差等隆杀之别。"[2]指出朱子《家礼》的祠堂祭礼难于普及民间的原因有二：一是对祭祀者身份的内在限制，二是祭祀的经济支出庞大。

临海明清时期平民宗族发展，与朱子所处时代之情状已有很大不同。平民没有官爵，但随着宗族的扩大，出现祭祀始祖、先祖的要求。另一方面，各宗族经济情况不尽相同，不是每个宗族都有能力举办所有的祭祀。"祭品价增，需用不敷，每年输值，富者易动，而贫者则有移山填海之难。"[3]时移世易，朱子《家礼》所提出的祭礼原则自然也无法一成不变地搬行。所谓"礼，孰为大？时为大，亦须随时"[4]。当时大部分的宗族并没有完全采纳朱子《家礼》，而是根据各自的情况，在尽可能达到敬祖思孝目的的前提下做了符合时势的改变，将四时祭、冬至祭始祖、立春祭先祖、季秋祭祢以及其他俗节祭祀、正至朔望必参进行了整合，来确定每年的祭祀次数与日期，形成了自家的规矩传统。"就庶民社会而言，家传惯习的效用，或地域性的风俗，有时竟可凌驾礼制的规范，而且更易于受到众人的青睐。"[5]

---

[1]　《临海洪氏宗谱·祭产条规引》。

[2]　（清）顾炎武著，严文儒、戴扬本点校：《日知录·祭礼》，上海古籍出版社，2012年。

[3]　《临海大汾李氏族谱·李氏宗祠碑文》。

[4]　（宋）程颐、（宋）程颢：《二程遗书·伊川先生语一》，上海古籍出版社，1992年。

[5]　杨天厚：《金门宗祠祭礼研究——以陈、蔡、许三姓家族为例》，花木兰文化出版社，2011年，第254页。

临海明清宗祠祭祀日期需分大、小宗祠两种情况讨论。冬至始祖之祭专为大宗所设。程子曰："此厥初生民之祖也。冬至，一阳之始，故象其类而祭之。"〔6〕《临海杜岐戴氏宗谱·祭仪卷》谓："长至为一岁之元。盖天行一日，周三百六十度四分度之一而多一度。不及天者一度。故天行一岁三百六十日，而与日会在寅宫。箕水豹尾火虎度，所谓一阳之首也。自天子而下逮庶人，报本之礼则一也。"临海宗谱中的宗祠祭文大部分为冬至祭始祖文（参见第七章第二节），家训、族规等涉及的祭祀日期也主要是冬至。有的宗谱只载有冬至祭奠等相关规定，对其他四时祭祀等未有提及，说明这些宗族很可能每年仅举行一次重大祭祀，即冬至合族祭祖。这些都反映了临海地区明清时期冬至始祖祭祀的普遍性。

四时祭为祭祀高曾祖祢四代近祖而设，是小宗祠祭祀项目。四时祭祀起源于"因四时之生熟而祭其先祖父母也。故春曰祠，夏曰礿，秋曰尝，冬曰烝，此言不失其时以奉祭先祖也。过时不祭，则失为人子之道也"〔7〕。石塘程氏为小宗，其祠不供始祖。宗谱《建立宗祠记》载廿八世孙海涛先生"择己地出己资创宗庙五间于上承坦之侧，妥宗中有主无主之先灵，四时设祭以享之功至巨矣"。《台临孙氏宗谱》为临海孙氏各派总谱，凡例谓"四时堂祭、墓祭遵依朱文公《家礼》，不可违越"，当是因为其中包含小宗祭祀之故。

有关四时祭祀的具体日期，《家礼》曰"时祭用仲月前旬卜日"，意即在每个季度的中间一月上旬通过占卜决定祭祀日期，并记载了详细的卜日方法。但朱熹后来改变了观点，转而认同司马温公之说，采用春秋二分、冬夏二至的时间祭。四时祭祀采用分至的好处在于"取其阴阳往来，又取其气之中，又贵其时之均"〔8〕。不过，临海明清时期小宗四时祭祀的日期选择不尽相同。有选择仲月望日的，如白水洋倪氏"四时祭祀悉遵文公《家礼》，祭用仲月望日"〔9〕。有的将四时祭与俗节祭相结合，"两存"并用。如郡城金氏小宗祭以每季仲月的重要俗节为四时祭日期："四时之祭，古礼卜日。晦庵先生云卜日无定，虑有不虔。今以春分、端阳、中秋、冬至四仲月之节行之。"〔10〕后又更改为"祭期正月初三、清明、端阳、秋分、冬至"〔11〕。正月初三可

〔6〕（宋）朱熹：《家礼·四时祭》，北京图书馆出版社，2004 年。

〔7〕（汉）董仲舒著，张世亮等译注：《春秋繁露·四祭》，中华书局，2012 年。

〔8〕（宋）吕祖谦：《东莱吕太守别集·祭礼·祭日》，吕乔年，宋嘉泰四年（1204）。

〔9〕《临天倪氏宗谱·倪氏家训》。

〔10〕《临海金氏家牒·小宗祭》。

〔11〕《临海金氏世谱·小宗祠新定时祭》。

以看成是新年祭祀日期。这样每个季节都照顾到了，时间间隔也比较合理。

需要注意的是，大宗祠在特定情况下也会举行四时祭祀。如《临海金氏家牒·大宗祭》载："始祖冬至一祭，礼也。今二祖配食，服制未穷，不敢辄废四时之祭，二祖迁则当如礼。"金氏为文化望族，注重礼制，对于大小宗祭祀的区分很清晰，大宗祠之所以暂时举行四时之祭，是因为所配食二祖尚未出五服，当二祖超出服制时，四时之祭也就取消了。

俗节祭则不分大小宗祠。朱子谓："时祭之外，各因乡俗之旧，以其所尚之时，所用之物，奉以大盘，陈于庙中，而以告朔之礼奠焉，则庶几合乎隆杀之节，而尽乎委曲之情，可行于久远而无疑矣。"[12]俗节祭祀中，清明是除了冬至外的最重要祭祀日期。《岁时百问》谓："万物生长此时，皆清洁而明净。故谓之清明。"清明扫墓是秦以后的事情。到唐朝开始盛行，相传至今。《清通礼》云："岁，寒食及霜降节，拜扫圹茔，届期素服诣墓，具酒馔及芟剪草木之器，周胝封树，剪除荆草，故称扫墓。"明清时期，平民宗祠方始发扬光大。宗祠作为祖先灵爽式凭之所，是人们重要的感情寄托。清明祭墓时，难免心怀感伤，希望其他祖先灵爽亦得血食，方始心安。故而在清明祭墓的同时，祠祭也渐兴起。《台临岭下金氏宗谱·立公据》就记载了其族清明祠祭兴起的情况：

> 族长思嵩、思朋等情缘本族始祖祭典，岁旦到庙拜祭，设馔果酒，饮散。及清明鹅猪首到坟山祖祭扫，次日官岭头祖，拜祭在地，将祭祖饭食酒水（似缺文），祭散。此先代历祭之旧规也。但清明大节只单祭坟而不祭庙，祭礼犹有所缺。嵩等会六房族长议立清明宗祠祭祖一例。将岁旦之果酒及官岭头清明之酒并除之，折与掌祀孙买猪羊，清明日在大宗祠荐祭祖宗。

《临海大石猴山叶氏宗谱·第二十九世永飞公祀产》条末载"计开条例"曰："清明前一日值祭者备案酒二席，荤素各一席祭家庙，后方祭墓，不可紊乱。"可见在清明祭祀时，先祠而后墓。

其他俗节祭祀还有寒食、中元、元宵等。大汾李氏"灵位入祠，又增寒食、中元二祀，不疏不数。凡牲牷之博硕庶馐，而食之丰洁，酒醴之馨香，无不犁然具焉。祭毕，除寒食、中元不颁胙，冬祭颁胙视前加增"[13]。寒食为清明前一日，应为清明祭祀的扩大。《台临岭下金氏宗谱·家规》载："寝庙系先灵所在，须务修理精洁，其中门除元宵、四仲外无事不许

---

〔12〕 （宋）朱熹著，郭齐、尹波点校：《朱熹集·答张钦夫》，四川教育出版社，1996年，第 1302 页。

〔13〕 《临海大汾李氏族谱·李氏宗祠碑文》。

妄开。"宗祠中门每逢祭祀大事方才开启。此处"四仲"显然是四时祭祀，元宵与四仲并列，当然亦指祭祀时节。可见，大石岭下金氏在四时祭祀外，增加了元宵祭祀。

还有的宗族实践朱子"朔望必参"之礼，每月朔望到宗祠举行常规拜祭，其隆重程度次于冬至、清明、四时祭等。如西溪王氏"爰定礼式，每岁冬至一祭，月朔一谒。主献则以族之尊长者代大宗子之缺"[14]。屈家屈氏"朔望之日清早，宗子虔修香茶美果领族众恭谒家庙"[15]。郡城金氏"凡祭之月，以朔或望告祭期。若祭在朔，则以前月之望告之。每朔望，家长宗子与族人焚香参拜（如冠婚类随事具词）则告"[16]。杜岐戴氏"奉各祖先神主，每岁清明、冬至，并逢朔望，具备馔祭拜"[17]。

除了以上定期举行的常例性祭祀外，还有为宗族重要事件或族人诞辰、婚娶、生子、登科、入仕等举行的特殊祭祀，可以称为专祭。

族谱修成须入祠告祖。《临海宋氏宗谱·纂修宗谱条例》载："族谱既成之后，董修谱事者宜敬告宗祠，编定字号，书某房长某人收执字样，以防日后不安本分子孙有毁之、货之者可以稽查也。"

族内添新丁须入祠告祖。《临海埠头朱氏宗谱·凡例家规》记："子孙养子三日必告于祖庙，无祖庙则告于神主，备肴馔以献□□以表后嗣之基。"《临海龚氏宗谱·祖训》："凡宗族生子弥月，父命之名以见家长，家长敬率其父母襁褓其子于祠堂以年月日时昭告于祖，始书乳名于副谱。"《临海芙蓉黄氏宗谱·凡例》亦载："族内生子弥月而父命以名，抱见家长，家长率其父抱子诣宗祠，以此子生年月日时告祖宗，始书于谱录。"

男子成人须入祠告祖。《临海龚氏宗谱·祖训》载："凡男子十五至二十皆可以冠，称自此以后可责成人之道。为父者须选良辰，装备祭礼昭高庙。虽不能如古筮宾，亦宜择朋友之贤者为之冠名乎。"《临海店前（垫廛）朱氏宗谱·家规》："当既冠之日，必告天地，参谒家庙，谨遵文公《家礼》。又须邀德行兼优之家长，闻望素著之亲友，以彼言焉可芳，行焉可表，令其则效观法。毋得视为泛常，而轻忽此典也。"

结婚须入祠告祖。《台临湖田许氏宗谱·宗约七条》载："嫁娶大典也。务先告庙，俾族周知，庶不沦失于匪人玷辱宗谱也。"郡城金氏则是每月朔望家长、宗子与族人在宗祠焚香参拜，向祖先报告包括男子冠婚在内的

〔14〕 《台临西溪王氏宗谱·始祖大宗祠堂碑记》。
〔15〕 《临海屈氏宗谱·家规》。
〔16〕 《临海金氏家牒·大宗祭》。
〔17〕 《临海杜岐戴氏宗谱·祠祀》。

族内重要事件〔18〕。

考取功名入仕者须入祠告祖。《临海黄溪李氏宗谱·大宗祠祭祀颁胙条例》载："入学捐监等当于本年择日祭祖坟、上庙中，俱遵例备办猪羊羹饭，不许省缩。如有玩亵祖宗，抗不遵行者，罚钱四千文公贮。"

祖先生忌辰也有在宗祠内举行祭祀的。郡城金氏小宗祠有忌日之祭，与四时祭的不同在于不告期〔19〕。这种情况在宗谱中记载的比较少。原因是诞辰、忌辰是针对某一具体祖先的，而宗祠摆放的是合族神主，一般不宜祭祀某个特定祖先。

还有一种情况需要注意，即有的宗族将祠堂建在墓侧，如湖田许氏"祠堂建于眠牛山麓，中堂三间，边屋东西各一，以作祭集会之用"；"生而敬其人，死而重其墓。许氏始祖墓建于眠牛山麓，每逢清明祭祀，凡我族裔均需礼拜宗祖"〔20〕。许氏在始祖墓旁建立祠堂，即是墓祠。墓祠最早出现于汉代。那时墓祠是为祭祀个人而修建的，与宗族无关，不能称之为宗祠。而许氏墓祠与其性质不同。由于始祖是宗族共同的祖先，这种为始祖所建、供合族祭拜的祠堂，性质上是宗祠。当此之时，墓祭与祠祭的日期便合而为一了。

二　祭祀对象

《礼记·王制》载有西周宗庙制度，谓："天子七庙，三昭三穆，与大祖之庙而七；诸侯五庙，二昭二穆，与大祖之庙而五；大夫三庙，一昭一穆，与大祖之庙而三；士一庙，庶人祭于寝。"未提及庶人祭祀祖先的代数。根据《国语·楚语下》"士庶不过其祖"的记载，可知春秋时期庶民可以在家中祭祀祖、父两代近祖。这种情况延续了很长时间。至宋代，程颐、程颢等思想家提倡礼以义起，主张扩大平民祭祖的范围，影响很大。朱子《家礼》设计的士庶通用的祠堂祭祀礼仪中，祭祀对象包括高曾祖祢四代先人，"为四龛以奉先世神主"。这些都成为后世民间扩大祭祀对象的依据。洪武七年（1384），准庶民祭祀曾祖祢三代祖先，士大夫祭四代，比之先前的规定有所放宽。嘉靖朝发生"大礼议"，进一步放宽官民祭祖的规定，允许士民祭祀四代祖先，同时允许官员可于冬至日在家庙内作纸牌位祭祀始祖。"这就

---

〔18〕　《临海金氏家牒·大宗祭》。
〔19〕　《临海金氏家牒·小宗祭》。
〔20〕　《台临湖田许氏宗谱·族训》。

极易导致官员将始祖、先祖的临时性纸牌位改为常设始祖牌位。品官家庙祭祀始祖一旦成为大宗祠，民间联宗祭祖必然会竞相仿效。"[21]朝廷官方的政策总是落后于民间社会的发展，实际上当时民间违制祭祀始祖的祠堂早已存在。清代礼制不允许民间祭祀远祖，但这种规定只不过是一种文字摆设。事实是清代宗族制度比明代更加普及，民间祭祀规模也是空前的。

明清时期临海冬至祭祀始祖、始迁祖是普遍的现象。始祖、始迁祖、各房祖是宗族的根源，是联宗收族的精神基础。基于他们的特殊地位，其神主被放置在宗祠正寝最重要的位置。

除了始祖、始迁祖、各房祖之外的其他祖先要入祠享受祭祀则需要一定的条件。首先，素行清白是基本要求。"祔主虽不论有无名位，必须素行清白，众议允服，方许入祠。如奸佞贪墨，为非犯法，宗族不齿者，虽有名位，并不许送主附庙。"[22]

《临海郡城林氏宗谱·冬至祭文》对祭祀祖先的标准做了总结。其文如下：

> 维大清光绪某年岁次某某十有一月越祭日某某裔孙某某等谨以刚鬣柔毛清酌庶馐之仪敢昭告于祖妣（照前世数衔字全读）之灵曰：恭维历代或功名彪炳、或节义昭彰、或获训流长于里闬、或芝诰宠锡于朝堂、其载在祀典、垂诸坊表者，均后嗣之不能忘。矧兹长至告已成乎万宝，泰旋启夫三阳。凡在子孙敢不明祀事而恭奉此酒浆。尚飨。

祭文中列举了六类标榜的人物，实质上主要包括两类人：科举出仕者、有名望节操者也即封建伦理道德的代表。

《临海嵩浦李氏宗谱·族训宗规》："旧时以名望德高者牌位入祠奉祀。共和甲戌重修，族议定李氏后裔百年牌位入祠，按资就座。"所谓"名望德高者"与科举出仕、有名望节操者往往是重合的，反映了明清时期神主入祠的标准。

郡城洪氏宗祠内"中龛所奉神主自始祖、始迁祖至第九世老大房、四房之祖，共十九主。东一龛凡出仕及发科甲之主送入。东二龛凡有衣领之主送入。西一龛、西二龛凡处士之主送入。如有挨越及神主假冒称呼者，议罚"[23]。洪氏祖先神主被分为四类，第一类是始祖、前九世先祖以及各房之祖；第二类是科举出仕之主；第三类为有衣领之主，即族内耆老

---

〔21〕 常建华：《明代宗族研究》，上海人民出版社，2005年，第19页。
〔22〕 《临海洪氏宗谱·祭仪》。
〔23〕 《临海洪氏宗谱·祭仪》。

绅衿；第四类是处士，即隐居不仕的清高之人。除始祖、前九世祖以及各房之祖外，后三类实际就是科举出仕及有名望节操者。可见，科举出仕与有功名节操这两条标准确实是明清时期临海宗族祖先神主入祠的普遍标准。

神主入祠后如何安排位次呢？其背后又蕴含怎样的社会现实呢？以下根据宗谱记载，对这些问题进行探讨。

就上述《临海洪氏宗谱》所载宗祠内神主坐次，始祖、始迁祖等神主位于中龛，科甲出仕之主位于东一龛，耆老绅衿之主送入东二龛，没有功名的处士之主在西一龛和西二龛。一般来讲，宗祠与民居一样都是坐北朝南，以利于采光。位于后寝位置的神主自也是坐北朝南，中间是最重要的位置，始祖、始迁祖居之理所当然。有功名者的地位高于没有功名者，其神主在宗祠东西龛的排位体现出东尊西卑的取向。不过，临海也有很多明清宗祠是遵守朱子《家礼》西尊而东卑的尚右原则[24]。如仙人褚氏明代建宗祠时"鸠工庀材仍其旧址，轮奂重新，不苟不僭，其间昭穆之序谨遵文公《家礼》"[25]。这反映出神主排位上存在的混乱与分歧。

对于如何更好地在祖先神主排位上体现尊卑秩序这一问题，当时人也有不少讨论。《临海金氏家牒》载有明代金贲亨所撰《祠堂及正寝神位议》，探讨了当时在正寝神位的选择上碰到的难题、解决的办法以及解决的依据。录其全文如下：

祠堂及正寝神位议

《家礼》祠堂图四龛以西为上。正寝时祭图四世神主自右一列而左为之。说者曰神道尚右故也。今人或依此式。余每家祭，心窃未安。夫曰神道尚右则人道尚左矣。而生序坐以中为尊，何也？且父子祖孙之分甚严，乃使之骈席而坐，并肱而食可乎？宗子宗妇中立以祭，而高祖高妣僻在一隅，似非对越之义。吴江莫氏尝以古堂事室事之制详辨尚右之非。我国朝初用唐县知县胡秉中言，许庶人祭三代，曾祖左，祢右。琼山《邱氏家礼》节遵以为法，拟士大夫家祭四代之祠，中左高祖，中右曾祖。高之左为祖，曾之右为祢，四龛相隔。考左妣右，俱南向。时制既协，人情亦安。特正

---

〔24〕 《家礼·通礼·祠堂》以四龛以奉先世神主，从西至东依次为高曾祖祢："祠堂之内，以近北一架为四龛，每龛内置一桌，大宗及继高祖之小宗，则高祖居西，曾祖次之，祖次之，父次之；继曾祖之小宗，则不敢祭高祖，而虚其西龛一；继祖之小宗，则不敢祭曾祖，而虚其西龛二；继祢之小宗，则不敢祭祖，而虚其西龛三。若大宗世数未满，则亦虚其西龛如小宗之制。"

〔25〕 《临海仙人褚氏古今谱志·宗祠记》。

寝犹泥旧图。四川《毋氏家礼集要》论正寝位次，高祖居中南向，曾祖而下东西相向，颇合时宜。但云男左女右分列三世考妣之位则未安耳。谨用正之。如在大宗祀，始祖考妣居中，南向设龛置椟。考左妣右出主，而祭亦如之。小宗祠四龛俱南向，中左一龛高祖考妣，中右一龛曾祖考妣，次左一龛祖考妣，次右一龛祢考妣，各藏以椟。诸附位以次从祖旁列龛中。四龛相去尺许。正寝时祭，高祖居中南向，曾祖居东西向，祖居西东向，祢居曾下。诸附位则男左女右分列云。

该文对朱子《家礼》祠堂祭祀自西向东的神主排位原则提出了三点质疑：其一，神主的方向以西为尊，是尚右，而明清时人皆以左为尊，即"神道尚右则人道尚左"。这本身就是矛盾的。其二，父子祖孙并列一排接受祭祀，并排享食，已无尊卑之分。其三，生者的坐次排位都是以中为尊，若按以西为尊排列神主，高祖考妣僻处一隅，而处于正中的反倒是宗子宗妇，不合尊卑秩序。有这种质疑的不仅是金氏，吴江莫氏亦以朱子祠堂祭祀尚西、尚右为非。

四川《毋氏家礼集要》所述正寝神主位次，高祖居中南向，曾祖而下东西相向，体现的是尚中原则。金贲亨认为比较合理。他在综合考虑各种情况后，制定了金氏宗祠神主排位次序：金氏大宗祠根据尚中原则，始祖考妣居中南向，其他分昭穆分列两侧，考妣同居一龛。小宗祠内神主排位采取尚左、尚中相结合的原则，四龛俱南向，中左一龛高祖考妣，中右一龛曾祖考妣，次左一龛祖考妣，次右一龛祢考妣，各藏以椟。小宗祭祀由尚右变为尚左，是时代习惯使然，与宗族发展没有必然联系。但大宗、小宗神主牌位"尚中"的变化则蕴含着深刻的社会意义。之所以大宗祠需要采取以中为尊的原则，根本的原因是随着平民宗族发展扩大，统宗合族成为需要。而始祖则是统宗合族的根本。这就要求确立始祖作为宗族"一本"之根源的绝对唯一地位。因此始祖是不能与其他祖先并列的，进而也是不能采用诸如左右之类的并列次序排列的。小宗祭祀四代祖先，神主随着世次迁移而不断迁祧，所祭神主本身是没有绝对唯一地位的。这应当是小宗祠神主牌位可以采取并列次序的根本原因。同时，还需照顾到以中为尊的一般原则，故而出现了以中左为尊的情况。除了神主在龛内的排位外，尚需注意神主出龛接受祭祀时的排位。大宗祭祀时神主出龛后的排位与龛内神主的排位顺序是相同的。小宗祭祀时神主排位的表述是"高祖居中南向，曾祖居东西向，祖居西东向，祢居曾下"。对此，金绍祖提出了疑义："曾东西向，祖西东向，不知如何排列？若正相对，似不如考左妣右为安也。"这种疑义是由文字表述带来的。如果按照曾、祖相对的方式排列，则祢主单独位于曾下，没有与其相对的神主，在格局上是严重的缺陷，应为金贲亨所不取。金贲亨设计的小宗祭祀神主排列仍应是自东往西的一排格局，具体的排位方式同神主在龛内的排位方式相同。其使人产生疑惑的表述即应起因于二维平面与三维空间方位的转换。曾祖分列高祖左右两侧，也即曾居高祖之东，祖居高祖之西。东、西在三维空间中是相对的，由此，平面上的左（东）、中、右（西）一排的布局也可以转换为空间上的相对关系。这种转换带来的不同是突出了中间方位的唯一性、重要性。在实际祭祀中，为了突出高祖为小宗之本的尊卑关系，为了"统宗"，导致"尚中"的观念进一步渗透。正是这种情况造成了上述会引起疑问的表述方式的出现。

从"尚右"到"尚中"，反映的是宗族性质的变化。"尚右"只强调血缘的直线传承，而"尚中"反映的是一种中心发散辐射型人际关系，统宗的意义更强，符合明清时期平民宗族统宗收族的需要。

有关宗祠神主排位最为详尽的讨论是《台州郡城栅浦何氏宗谱·何氏城族宗祠恭拟分配世次图说》[26]一文。以下对该文进行深入分析，以探讨神主排位背后所缊含的宗族性质变化情况。

> 谨按古人七庙、五庙、三庙皆实有其七、其五、其三者也。……庙制虽皆向南而室内之神位则每庙皆向东也。春祭特祠各就每庙祭之，主皆向东，不见所谓昭，不见所谓穆。独至三时祫祭（即夏祫禘，秋祫尝，冬祫烝），三左庙三右庙之主皆升合食于太祖（即始祖）。太祖主本东向自如，惟三左庙之主升入于太祖庙神位之左，就北牖下向南而坐，取其向明，故谓之昭。三右庙之主升入于太祖庙神位之右，就南牖下向北而坐，取其深远，故谓之穆。但以左右为昭穆，不以昭穆为尊卑。

这是论宗庙制度左昭右穆的起因。西周时期实行的是严格的宗子"一本"制度，以嫡长子继承大宗，诸子为小宗。当祫祭合食时，唯太祖神主

〔26〕 该文为栅浦何氏十五世孙何奏簴于1926年所撰。何奏簴（1861~1930），讳天乙，一名奏簴，字光熊，号见石，光绪十一年（1885）已酉科拔贡。光绪十二年丙戌朝考一等七品小京官升主事中。光绪二十年（1894）甲午科顺天乡试副贡，二十三年丁酉顺天乡试举人，授刑部主事兼学部总务司行走，正任提牢厅政法部总管守长，补法部典狱司员外部，署典狱司郎中升补会计司掌印郎中，秋审处提调，模范监狱提调。清宣统二年（1910），简放云南，任考试法官正考官。旋补甘肃提法使司，按察使司按察使，甘肃布政司政使。清宣统二年纂修《台州栅浦郡城何氏宗谱》，三年，辛亥革命后弃官归隐临海，享寿七十六岁（彭连生：《晚清临海京官何奏簴故居》，《台州日报》，2011年7月30日）。由上述生平介绍可以看出，何奏簴的思想观念实际反映的是晚清时期的社会现状。这篇《何氏城族宗祠恭拟分配世次图说》是何奏簴宗族思想的集中体现。鉴于临海明清宗族发展的连续性以及何奏簴作为临海晚清学者的代表性，该文虽撰于民国时期，却可视为临海明清传统宗祠祭祀的集中缩影。

东向，其他昭穆南北相对，不分尊卑。可见在商周宗族制度中，血缘是唯一的原则，排位上不会遇到混乱，即所谓"古人系一本之庙，故自文王以上直溯至始祖后稷与后稷所自出之帝喾，毫无难处"。

汉明帝"遗诏毋起寝庙，但藏主于光武庙中更衣别室，章帝又复如之"，启神主同堂异室之先河。明清时期，始祖神主南向已成定制。"自朱子《家礼》以至明清公私议礼，诸书所定士大夫庙制与四亲位次无复东向而惟南向者，一则古今异宜，帝王尚尔，何况士夫。"

> 今吾台之祠堂风俗竟于冬至祭始祖，而以先祖以下均就配位，则更合禘与祫之礼，而并僭之矣。然相沿已久，若改削僭礼，转觉不合乎天理人心。于是宗祠之神位代愈积而愈多。非按照昭穆审慎分配，则僭礼之中又失礼焉。是大可忧也。顾居今日而言昭穆，非有真昭真穆之位，亦惟有以为太祖子者，虽非向南而亦名为昭而居左，以为太祖孙者，虽非向北而亦名为穆而居右，递推而下百世如此。庶几昭穆不紊而稍稍心安理得焉。

此段材料反映了明清以降临海宗祠普遍在冬至祭始祖，以先祖以下配位的僭越情况。由于沿袭已久，成为常态，若断然终止对始祖、先祖的祭祀，在感情上反而有违人心，有背孝道。宗祠内神主越来越多，是因为明清宗族不再仅祭祀血缘嫡传的宗子一脉，而重视祭祀宗族中的有功德者。严格嫡长传承制度的废除，使得昭穆自然亦非真昭真穆了。以太祖子辈为昭，以太祖孙辈为穆，实为兄弟并祀。以此原则往下递推，正是作者在"收族"的现实需要与嫡传宗法礼制之间寻求的相对平衡。

明清时期，平民宗族社会形成，情况愈发复杂，每个宗族与宗祠的具体情况不同。作者就栅浦何氏宗祠神主的排位次序进行了具体分析。

> 今吾家之庙，论迁城则确应以进贤公为始祖；论所自出，则应以思存公为始祖；论十四房中独居东三房而始受封赠，则又应以始分东三房府君为始祖。是始祖名为一而实为三。祭时皆应向南无疑。

关于何氏始祖，以迁城、血缘、封赐三种标准衡量，会出现不同结果。上述三种标准实是随宗族性质的变化而产生的。血缘是早期宗族赖以存在的基础，是维系宗族关系，形成宗族权力与地位的唯一标准。封建社会产生后，出现根据官爵封赐宗庙的情况。随着社会发展，平民宗族与宗祠出现并趋于普及。平民宗祠既不存在严格宗法意义上的血缘依据，也不存在官爵上的依据，便出现了以可追溯的迁城祖作为自身血缘依据的情况。这三种标准在面对现实祖先神主排位问题时，必然会产生冲突。在始祖问题上，毕竟人数很少，问题尚易解决，皆并立南向祭祀即可。但其他神主数量众多。在多重标准下，想要合理统和，就不是那么容易的事了。

何氏发祥虽早，而直至太守、尚书两公发名成业皆有大功德于民，有大功德于族，实为光前裕后百世不祧之祖，非以后群祖所敢比。不幸而尚书公本支不留吾台，若以一本而论，则太守公之子孙不能祀尚书公，必当为尚书公别立专庙方餍人心。既不能别立专庙，即应于三祖庙中并太守公各特设专席以示崇德报功，如周家之文世、武世室亦无疑。惟寿官麟桥公既为太守、尚书胞弟而从祀已久，则冬祭之时东西分席顾应以寿官公首之五福寿为先，亦天造地设之义也。自此以后，在庙群祖皆太守公子孙而尚书、寿官两公祭止其身。在太守公之心，亦必有怵然难安者。况太蒙公之守铜仁有治行，荆麓公之为儒官享大年，自应升祔于庙始觉理得心安。

太守、尚书二位祖先都是有大功德者，为后世群祖所不可比，为"百世不祧之祖"。但尚书公本支已离台，如果从"一本"原则看，太守公子孙不是尚书公的后代，不能祭祀尚书公，也没有身份为其别立专庙。这种情况下，比较合适的办法是在祖庙中与太守公一样特设专席进行祭祀。寿官麟桥公是太守、尚书二公胞弟，从祀之。自此以下祭祀的就都是太守公的子孙了。这本也合理。但从人情讲，作者认为太蒙公、荆麓公为尚书公、寿官公子孙，功德突出，又觉应祔主入庙。可见这种情况产生的原因正在于血缘与功德的矛盾，"一本"与"一族"的矛盾。"盖当时何氏宗祠不论为乡为城，既皆系一族制度而非一本制度，则体例自不能效周家之不祀泰伯也。"可见作者对当时宗族性质有十分清醒的认识，看到当时宗族已不是借以取得政治权力或者显示等级地位的组织，而是具有共同现实利益的群体，加强宗族联系和凝聚力是宗族发展的需要。故而宗祠内神主排位不再以纯粹嫡长血缘传承为唯一原则，而是以敬宗收族为目的，更加重视诸子兄弟之间的关系。

夫在前者既皆以功德论祀，则在后者亦宜以功德论祔。如举人起家大同知府之玉虹公（讳舜韶），进士起家无锡知县之粤畸公（讳舜岳），仅有科名仕宦即不升祔而仍祀于前厅。亦可如庠生淑度公与兄弟志清公、崇业诸公名业无殊，即已升祔而改祀于前厅亦可。独重修郡志而有功于桑梓之良器公，以身代弟而有大功于五房之让木公，其应升祔，又卓卓无疑。是在明，则太蒙、荆麓两公，在清则良器、让木两公，非详加拟议不可也。

这里将功德与科名仕宦相区分，有功德指的是有德于民。有功德者基本都是科名仕宦者，但科名仕宦者不都有德于民。将功德置于科名仕宦之上，实际是对于神主升祔享祀标准的提高。这是宗祠正寝空间有限，需要对神主进行进一步取舍造成的。玉虹公、粤畸公仅有科名仕宦就只能祀于前厅了。而淑度公与兄弟志清公、崇业诸公没有特别突出的功德，可以将其神主从正寝中移到前厅。以功德的标准衡量，良器公、让木公、太蒙公、荆麓公均有资格升祔，但操作起来仍有困难：

> 虽然议增升祔一节揆诸天理自是允当，核诸人事亦有困难。譬如中左、中右两龛添奉太蒙、荆麓两公地位尚觉宽然。至东西两间，每间均止一丈二尺，则建龛横阔仅能八尺，至多九尺而已。以横阔九尺之龛尚须隔而为三。而升祔良器、让木两公必须与青阳公同其阶级，方使昭穆不紊。是于三分之一中，又须隔而为三也。每神位仅阔四寸。古人及北京神位极小则可，吾家神牌向来高广，如何位置？不得已而思变通之法，势必于良、让两公伯祖与伯姚合题一牌可以省出地位。但群祖广而两公独狭，此困难者一也。从前祝文自乙卯年添奉三世，业已使读者苦于太长，力不能继，人不能支。再添四公，谁能读之？若请两人合读，又恐无此办法。且再隔数世又将如何？宗庙之事必为百世计，此困难者二也。冬至祭席即配享亦宜祖与姚合坐。因中间非一本一支，故不得已而为祖东姚西之救济。然即以目前论之，坐位已甚逼迫，再添四公于俎豆几席之列，坐能否布置？此困难者三也。有此三难，虽则十世伯祖良器、让木两公除祝文外，皆由东西庙间。庙屋之过狭，恐有欲致敬而反形不敬者。

宗祠正寝空间的限制造成新一轮的神主取舍，这使得各种标准之间的矛盾冲突再次呈现。加上神主过多造成读祝的负担过重，也要求限制神主数量。面对这种困境，该如何解决呢？以下就是作者综合考虑的结果：

> 是又当合天理人事而兼权者也。顾先人当时建立东西厢之本意本谓东厢名功宗祠，西厢名兴继祠。后因《礼记》"祖有功而宗有德"一语非旁支可用，故遂不写。然其用意则如此。是良、让两公即暂祀于南厅之东，未尝不可以表功德，且于上祖大制度本无窒碍。至于太蒙、荆麓两公则于中龛、中左、中右之龛并有关系矣。盖以在前昭穆论，太守、尚书、寿（官）皆属昭位，宜居左，然现在东三房皆太守子孙，理不宜居。太守于边间，而第五世金庭公又属穆位，不可先奉而东，则金庭公之不能不暨太守公分昭穆奉于中间，亦无疑义。中龛既列一昭一穆，而中左、中右两龛仅各有昭而无穆，非但情谊上有遗憾，即观瞻上亦有缺点。此良、让两公或暂不祔，而太蒙、荆麓两公似不能不祔。尚书公惟太蒙公一子，寿官公惟荆麓公一子，分祔中左、中右二龛穆位极相宜，并可使以上五世完全无缺也。惟太守公长子系大有公字子元，亦以廪生授儒官，亦以子舜韶公大同知府贵赠奉直大夫，但以后嗣之故，不得不以次子大壮公祔入中龛，援周人王季之例，殆亦天所定为宗子欤。中间中龛、中左、中

257

右位次既定，其东西二间亦专以昭穆为序，不以并列为嫌。亦犹古人昭位、穆位南北对坐，昭庙、穆庙东西分峙也。如此则十二世之昭与十三世之穆皆在中层之中。自十四世起虚待贤者。至二十三世虽不敢谓其量百世，亦不愧为其量十世矣。

作者援引"功宗祠""兴继祠"之说，将东西厢扩大为神主安放场所，将良、让两公祀于南厅之东，以寓表功德之意，又不违背古礼。而太蒙、荆麓两公因为与中龛、中左、中右之龛都有关系，考虑到房支血缘的继承、昭穆关系的完整，而将两公分袝中左、中右二龛穆位。"中间中龛、中左、中右位次既定，其东西二间亦专以昭穆为序，不以并列为嫌"，可以看出作者解决问题的办法是两代承继者按左昭右穆的方式同置一龛，节省了一半的空间，又符合昭穆对坐之义。不过，还应注意到，除了独子的情况，选择入祠的标准仍是以功德名望为重，即所谓"虚待贤者"。

随着逝去祖先愈来愈多，宗祠空间的局限愈来愈突出，建立更多的小宗祠也是弥补宗祠空间有限的一种办法。

迫非庵公建小宗祠于后圃（见尺园公所作传略），未知是否上奉进贤公。今之上奉至始分东三房考妣暨二世祖考妣，则闻系族叔丹山先生为族曾祖，升初先生修祠时所增。自三祖以下至十三世尚未有别立庙者。以功德论，则为十数世，起衰救弊莫过于先人永康公。如将来叙寿、叙垲、叙秩、叙济之子孙有能大启门闾，为永康公特立一庙，亦未尝不可，援别子为祖之例。幼时随侍在永，所见小宗有祠者甚多。殆亦以总庙不能容而为此办法欤？此亦姑存其说可也。

何氏东三房自三祖至十三世未有别立庙者，至永康公功德显著，作者谓其子孙可为其别立专庙。由此可知，是否能按照"别子为祖"之例建立小宗祠，依据的仍是功德标准。

后又对此排次做出了进一步改进：

此次第一图中间所拟有三失：

一、四世、五世祖皆奉于中左右之左方，昭穆不分。一失也。

一、古人考妣无不同位者。既右烈考，亦右文母，见于《周颂》。铺筵设同几，见于《祭统》。郑注谓："祭者，以某妃配"。不特几祝辞与几皆同，于夫精气合也。兹所拟第一图于四世、五世祖与妣皆分为东西如侍立。然从古无此庙礼。二失也。（家楼亦同此误）

一、四世、五世祖与妣既分两旁如侍立，则三祖神路升降于后代子与妇之中间，亦于礼殊不相宜。三失也。

以上三失既不可行，于第二图尽行改正矣。

此次第一图所拟东西间之龛亦有三失：

一、上下分为四层，即不至前后蒙蔽，而地位高下重叠太甚。一失也。

一、第二层以下祖与妣分开，与中间分东西侍立者同。二失也。

一、就目前位数满为分配口十三世以后地位。三失也。

以上三失亦不可行，已于第二图尽行口拟矣。

　　修改主要是针对昭穆不分、考妣分立的血缘平衡问题进行的。这种调整也是平衡各种标准后，对宗祠神主排位的进一步完善。通过以上对何氏宗祠神主排位的分析，可以看出，在每一次取舍衡量中，在血缘与功德标准的冲突中，功德超过血缘，成为更重要的标准。

　　从以上学者对宗族神主排位的思考到实践，可以看出临海明清宗祠的社会性质与周代世族世官制下的宗庙及封建社会前期的官僚家庙的社会性质有本质的不同。明清宗族已经成为拥有私人经济的族人集合体。此时宗族存在的意义已经不是以血统来划分政治权力与地位，也不是通过官爵立庙彰显社会地位，而是通过联宗来达到对平民宗族利益的维护。"尊祖莫大于合族，合族莫先于立宗"，一脉相承的纵向父系嫡传血缘的重要性已经大大降低，另一方面，在共同始祖的名义下，横向兄弟之间"联宗"的意义日益突显。明清宗祠也已经成为平民宗族合族联宗的手段。

三　祭品

　　《荀子·礼论》谓祭祖之时"事死如事生，事亡如事存"。在祭祖过程中子孙们侍奉祖先应如其犹在世一般，要准备各式各样的器具、食物等祭品。作为奉献给祖先神灵的礼物，祭品自是愈丰盛、洁净愈能体现祭祀者的虔敬。但毕竟各个宗族的情况不同，并不要求所有的宗族都要备办同样丰盛的祭品。朱子谓："凡祭，主于尽爱敬之诚而已。贫则称家之有无，疾则量筋力而行之。财力可及者自当如仪。"[27]朱子在祭品的选择上也持开明作风，"笾豆簠簋之器，乃古人所用，故当时祭享用之。今则燕器代祭器，常馔代俎肉，楮钱当币帛，是亦以平生所用，是谓从宜也"[28]。这些都为临海明清祠祭根据自身条件，"从宜"准备祭品提供了依据。郡城金氏即要求祭祀"丰俭随力所至，但不可废一祭自取不孝之罪耳。祭器亦量备之"。在各种祭典中，祭品的丰俭程度各有等差。其中以冬至合族

---

〔27〕　（宋）朱熹：《家礼·四时祭》，北京图书馆出版社，2004 年。

〔28〕　（清）郑端辑：《朱子学归·家道》，中华书局，1985 年。

祭始祖最为隆重，祭品也最为丰盛。临海宗谱材料显示，无论大小宗族，在冬至祭祀中，猪羊总是要备办的，其他茶食、时果等可随宜备办。四时之祭四代近祖，不用全猪全羊，如郡城金氏小宗在四时祭祀中的读祝文谓"谨以清酌庶馐祗荐岁事"[29]。清明是除冬至祭祀外，又一大祭日期。黄溪李氏每年举行冬至、清明两次大宗祠祭祀。《临海黄溪李氏宗谱·大宗祠祭祀颁胙条例》记载其冬至祠祭祭品："定九大碗（肉鸡肺等四荤与时物凑成九色，肚脏仅衮不许用）。三食三汤（庙中坟上一式）与猪羊并荐。"又谓："清明庙中祭品俱委挨收。一半祀租者遵例设办入学捐监等给收者办冬至。庙中羹饭免办猪羊（以当年曾经祭过）。"清明祭祀免办猪羊，正是因为在冬至已经办过。可以看出冬至祭品的规格要比清明更高。每月朔望参拜的祭品较冬至、清明简单得多，一般就是茶果，有的甚至只是焚香。如屈家屈氏"朔望之日清早，宗子虔修香茶美果领族众恭谒家庙"[30]。郡城金氏"每朔望，家长宗子与族人焚香参拜（如冠婚类随事具词）则告"[31]。

在同一祭典中，祭品的丰俭程度也会依受祭对象的不同而有区别。《台临小芝何氏宗谱·大宗祠冬蒸祀典》载："祭时在中堂设香案桌一张。中设总案，放置祭品桌十六张。后正中设始迁祖，左右分设历代各显祖专案九案（因有功于族而得奉祀者四案在内）。又两边分设族众奉祖入祠以三位考妣同案者六案。各均依辈分高下奉设，每案桌二张，椅六张。惟专案椅二张。其余仍在总座。不设案之考妣以三位作同一案论，尚有九案，所有祭馔附设在总案。"可以看出，始迁祖和历代各显祖地位尊贵，各自设有专案，其他则三位考妣同用一案。此外还有不设案的神主，其祭馔设在总案。几案之上所奉祭品亦有不同。"香炉烛台每案一副。桌衣椅褥每案照配。酒壶酒杯筷每案一副，正中专案用象筷。祭馔每案九碗（内鸡一只）。饭羹茶面汤圆正中专案五盏齐，各案仅面汤圆二盏。茶食每案六盘（橘在内），馒首方糕每案二盘，正中专案并有发糕。纸制人物总案八仙一堂，各案五个。"始祖、始迁祖位于正中，其前专案使用的是珍贵的象牙筷，饭羹茶面汤圆俱全，糕点也比其他案多了发糕，明显比其他案丰盛，显示出特殊待遇。可见不同地位的神主在祭祀中的待遇是有明显差别的。

《临海金氏世谱·小宗祠新定时祭》载："正寝中一桌奉秘书公主，

---

〔29〕　《临海金氏家牒·小宗祭》。
〔30〕　《临海屈氏宗谱·家规》。
〔31〕　《金氏家牒·大宗祭》。

就位设二椅（以祖考妣同主也）。左上、右上二桌奉孝廉公、一所公主，就位设五椅（以逊斋公庶出也）。左下、右下二桌奉仁斋公、太学公主，就位亦设五椅。"秘书公神主在正寝正中，位最尊，有考妣同时设置座椅的待遇。左上、右上二桌奉孝廉公、一所公两主，设置四张座椅，而逊斋公因为庶出，地位不如嫡出者，只能设一座椅，合计五椅。左下、右下两公设五椅情况应也类似。这也是祭品根据受祭对象差别对待的例子。

由于冬至祭祀的祭品最为丰盛，最能体现祭品传统和祭祀精神。以下选择有代表性的案例对冬至祭品进行具体考察。

《临海郡城林氏宗谱·祀典定例》载冬至祭品：

> 祭用猪羊各一口。祭品六盘。干鲜果四盘。羹饭热碗五桌，用猪肉、羊肉、胘肉、黄鱼、蛋糕、笋尖、耳金针、千层共九碗，俱要从丰，不准垫底。鼓出纱灯火炮齐备。

《临海卢氏宗谱·上宅祠宇引》载冬至祭品：

> 猪羊全副。熟碗四大四细。茶食四盘。时橘一盘。时果一盘。带鱼一盘。馒首一盘。肝肺一盘。方糕一盘。八顿烛二双。豆面一盘。太平一把。福寿纸二山。顶双一把。

《临海黄溪李氏宗谱·大宗祠祭祀颁胙条例》载冬至祭品：

> 祭品定九大碗（肉鸡肺等四荤与时物凑成九色，肚脏近亵，不许用）、三食、三汤与猪羊并荐。

《临海金氏世谱·祠墓考》载冬至祭品：

> 猪一。羊一。海参。笋尖。肉。肺羹（已上大碗）。鸡。木耳。肉圆。番薯（已上小碗）。金针。羊。鹅。鱼（已上用盘）。饭。烧冒。包。糕。

上述祭品清单反映了临海冬至祠祭的一般情况。总观冬至祭品可分为两大类，一类是功能性祭品，包括香、烛、纸炮、鞭炮、帛、锡箔、千张、银召等。香烟和烛火是营造祭祀气氛的重要因素，以至于香火传承成为子孙后代祭祀不绝的象征。《礼记·郊特牲》曰："周人尚臭……萧合黍稷，臭阳达于墙屋，故既奠，然后爇萧合膻香。"《尚书·君陈》："至治馨香，感于神明。"香烟散发出强烈的气味，创造了迷离的、与日常环境不同的气氛，促使人们脱离日常繁琐世界而专注于与祖先的精神交流。烛火在祭祀中的使用可以上溯到周代。《仪礼·燕礼》："甸人执大烛于庭。"郑玄《注》："烛，燋也。甸人掌共薪蒸者，庭大烛，为位广也。"周代设有甸人专门执掌庙堂烛火，反映了周代在祭祀中对烛火的重视。祭祀中的烛火可以给人带来温暖、光明，同时也发挥着将日常生活氛围神圣化的作用。爆竹最初是用来避邪祛灾的。《荆楚岁时记》中载："正月一日，

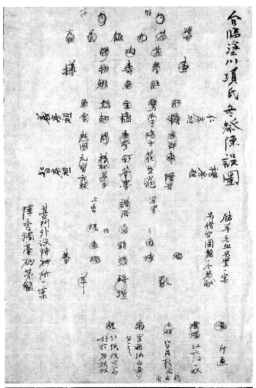

图 295 台临涂川
项氏民国二十年
编订祭礼图册之
冬祭陈设图

图 296 涂川项氏
2012 年冬至祭祀
之功能性祭品

是三元之日也，春秋谓之端日，鸡鸣而起，先于庭前爆竹以辟山魈恶鬼。"临海明清宗祠祭祀中迎神、送神均要燃放爆竹，巨大的轰响声刺激着人们的感官，成为带动祭祀气氛的重要因素。帛、锡箔、千张、银召则是冥间货币的不同形式。吕子振认为纸钱的使用始于汉代。"问祭祀用纸钱何，曰古者祭祀，只焚币帛及祝文而已。至汉殷长始以纸代帛。唐王屿乃用于祠祭。五代时，文设纸银，以为美观。夫以纸造为钱银，亦是明祭用以代帛。似亦无害。俗谓可为幽冥之资。"[32]子孙心怀思念，为祖先焚烧纸钱，目的是使其在冥间用度不乏。以上功能性祭品一直以来都是中国传统祭祀的重要因素。世俗与圣域是两个不同的世界，要实现两者之间的沟通，就要创造不同于日常生活的情境。正是这些功能性祭品帮助祭祀者从俗世出离，从而实现人神之间的沟通。

宗祠祭祀的另一类祭品为饮食性祭品。由上述冬至祭品可以看出，饮食类祭品多种多样，有牲畜，有各种肉食、糕点、饮料等等美味食品。"谨以刚鬣柔毛清酌庶馐之仪敢昭告于……"是冬至祭文的程式化表述。"刚鬣柔毛清酌庶馐"实际也是对传统宗祠冬至饮食类祭品种类的精简归纳。刚鬣为豕，柔毛为羊，刚鬣柔毛即是猪羊牲礼的指称。庶馐为各种美味，清酌则为酒水。也有少数冬至祭文表达稍有不同，或称"刚鬣柔毛牲醴庶馐"，或称"刚鬣柔毛粢盛庶品"，其祭品内容是一样的。

古礼中，祭品因祭者身份不同而有差别。

----

〔32〕 吕子振：《家礼大成》，武陵出版有限公司，2005 年，第 228 页。

何休云："有牲曰祭，无牲曰荐。大夫牲用羔，士牲特豚，庶人无常牲，春荐韭以卵，夏荐麦以鱼，秋荐黍以豚，冬荐稻以雁，取其物之相宜。凡庶羞不逾牲。若祭以羊，则不以牛为羞也。今人鲜用牲，唯设庶馐而已。"[33]庶人本无资格用牲礼。随着平民宗族的发展与礼制的下移，明清时期平民宗祠也普遍使用牲礼，不过仅限于冬至合族祭祀始祖这样的隆重场合。牛、羊、豕三牲全备为"太牢"。只有羊、豕，没有牛为少牢。天子祭祀社稷用太牢，诸侯祭祀用少牢。临海用全猪与全羊祭祀，本自少牢之礼，是民间祭祀的最高规格。临海祠祭中的"庶馐"包括各式菜肴（一般指的是菜饭和菜碗）、面食等。其取材因地制宜，因时制宜，一般都用家中的熟食菜肴。各种水果、糕点、美酒也都是可即食的美味。

临海宗祠祭品的组合有着深层的文化意义。"中国人的鬼神观实在可从祭品的繁复组合中，发现'位阶'和'差序'的意识深刻地蕴藏在其中：'生'被认为'表示关系的疏远'，即是陌生、生分、生疏，也表示疏远、不能或不愿亲近。它可组合为既'生'又'全'，即是吉礼中的'牺牲'，用以祭祀至高至远及集体性之神；也可以表现多种多样的'生'而'部分'，在诸般祭礼中用以祭献较低阶或带有威胁性的煞神、鬼煞等。因此牲体的'生'，所象征的是存在于献祭者与受祭者之间的关系，祭献者要以实际的动作和物件象征地表达其感受：它既是彼此间距离的生分、遥远；也是相隔时间、空间的生疏、远离。"[34]临海宗祠冬至祭品中全猪全羊反映的是对始祖及其他群祖的最高崇敬。而祭品中的切块肉食及其他熟食则在敬仰中隐含对祖先的亲昵之情。各种可以即食的水果、糕点、美酒在其意义的表达上同块食、熟食是一样的，显示与祖先的亲近关系。这是宗族对自身与祖先及与其他神祇关系的不同做出的区分。

至民国时期，祭品承袭了明清祭品的传统，又发生一些变化。其中以小芝何氏最为突出。《台临小芝何氏宗谱·祭品》载冬至祭品极其丰富，较为突出，照录如下：

> 香炉烛台每案一副，桌衣椅褥每案照配。酒壶酒杯筷每案一副，正中专案用象筷。祭馔每案九碗（内鸡一只），饭羹茶面汤圆正中专案五盏齐，各案仅面汤圆二盏。茶食每案六盘（橘在内），馒首方糕每案二盘，正中专案并有发糕。纸制人物总案八仙一堂，各案五个。

---

〔33〕 （明）冯善：《家礼集说·祭礼》。

〔34〕 李丰茂：《节庆祭典的供物与中国饮食文化——一个"常与非常"观的节庆饮食》，《第四届中国饮食文化学术研讨会论文集》，中国饮食文化基金会，1996年。

以下祭品均设在总案。茅土一事。祝文祭文各一事。香烛、帛附纸钱锡箔、纸炮附鞭炮、书画、笔墨银硃、丁财各一事。古玩（族中有珍贵古玩任便展览）。

猪二。羊二。鹅二。鸭四（二鲜二腊）。鸡八（四鲜四腊）。鲤鱼二。虎腿二（无则代以猪蹄）。牛脯一。五内一。寿星一（以鸡装成）。海错十二。鱼胶。鱼翅。海参。洋菜。蝏。蚶。蛤。弹涂。银鱼。鲑鲇。虾及虾干。鳖。

山珍六　香菇。花生。冬笋。豆面。白果。山金桔。

水果八　梨。桔。柿。花红。蒲荠。金弹。文旦。蔗。

京果六　桂圆。荔枝。红枣。漳饼。莲子。瓜子。

糖食八　冰糖之外再任择七色。

羔食六　发糕。方糕。馒首。八结。寿桃。小馒头。

药物六　任择六色。

可见小芝何氏祭祀祭品超乎寻常的奢华。猪羊都用两只，另外还有两只鹅、四只鸭、八只鸡、两条鲤鱼、两只虎腿。其他海鲜、山珍、水果等也远较其他宗族祭祀为丰富。药物在祭品中是比较少出现的，也是其祭品丰富的一个表现。

祭品的要义在于将最美好的事物献予祖先或神明，希求获得其庇荫。《礼记·祭统》云"凡天之所生，地之所长，苟可荐者，莫不咸在，示尽物业。外则尽物，内则尽志，此祭之心也。"《穀梁传·成公十七年》云："祭者，荐其时也，荐其敬也，荐其美也，非享味也。"可见奉献祭品只是祭祀者借以奉献内心诚敬的手段。表面上看，小芝何氏宗族奢侈的祭品反映了族人对祭祀的重视，但实质上对牲礼的极大超越是对传统祭礼精神严肃性的轻视和违背。祭品中"茅土一事"也为仅见，实也是极大的僭越。因为在中国古代的文化传统中，"茅土"的使用仅限于天子分封王、侯的场合。其时用代表方位的五色土筑坛，按封地所在方向取一色土，包以白茅而授之，谓之茅土。书画、古玩等赏玩之物更多是为了族人观赏。这一方面反映了人与祖先之间的亲昵关系，另一方面也反映了民国以后祭祖的严肃性有所削弱，祭祖礼趋向炫耀浮夸。无论是祭品等级毫无节制的僭越，还是祭品的炫耀浮夸都折射出传统宗祠祭礼精神的衰落。

四　祭仪

明清时期，朱子《家礼》被官方认可，成为国家典礼，影响力也扩大至社会各个层面，成为民间祭祀仪典的基本依据。不过，在官方礼制与地方实施之间是有差距的。地方具体实施过程往往带有地方习俗的成分。这些地方习俗缘起于日常生活中的风俗习惯，具有强烈的地域性、变易性、多样性。可以说民间实施的是官方祭礼与地方习俗结合的俗礼。

临海很多明清宗族只举行冬至合族大祭，只有少部分的望族设有小宗祠举行四时祭。冬至合族大祭与小宗四时祭的主体程序类似，只是更为隆重，因此这里主要考察冬至祭礼。祭祀过程分为祭祀前的准备、祭祀以及祭后颁胙、饮福三个部分，以下分别论之。

（一）祭祀前的准备工作

祭祀前的准备工作主要包括祭祀者身心的准备，祭祀物品的准备。朱子《家礼》中对冬至祭始祖前的准备工作有详细的论述，包括前期三日斋戒、前期一日设位、陈器、具馔等环节。有关宗祠祭祀准备工作的记载散见于临海宗谱中。如郡城金氏"仪节先期三日斋戒，不能则致斋一日（沐浴更衣，不饮酒茹荤，不吊丧问病，以修诚敬）"[35]。湖田许氏"凡为宗子主祭者必致斋戒三日。先期洒扫祠堂，洗涤祭器，至其陈设"[36]。黄溪李氏"每年祭期限清明冬至二日辰刻，毋得或先或后。值祭者须前一日至庙扫涤"[37]。岭下金氏"凡祭祠堂，家长前三日斋戒。祭之日家长早起焚香告庙，值年干首带匙开中门，家长与执事及与祭者各斋戒，肃恭著公服排班齐立举祭，其有制来"。"每岁新正，家长于先年腊月除夕令值年干首洒扫祠堂，夜则亲奉香灯拜祖告岁终。元旦清晨虔备香烛茶果诣祠，率合宗人礼拜。"[38]临海洪氏"遇长至，先期结彩、悬灯、新楹书"[39]。可以看出亦不外乎斋戒、洒扫整理、准备祭器和祭品等内容。

《临海嵩浦李氏宗谱·大宗祠祭礼》载其宗祠祭祀前的准备工作最为详备，比朱子《家礼》还多了一些仪节，录其文如下：

冬至前三日告神　先洁庭堂，葺墙屋。是日清晨诣祠于列祖前焚香再拜，告曰："某年月日裔孙某等谨于今后三日冬至敬修时祭，敢告。"毕，并书斋戒二字数百张，遍告通族，各贴门首。斋戒者食肉不加荤，饮酒不至乱，清洁身心，非若士人持斋吃素也。

冬至前二日习仪　每柱择一二人与族内绅衿及读书已就外傅者俱于是

---

〔35〕　《临海金氏家牒·大宗祭》。
〔36〕　《台临湖田许氏宗谱·族训》。
〔37〕　《临海黄溪李氏宗谱·大宗祠祭祀颁胙条例》。
〔38〕　《台临岭下金氏宗谱·家规》。
〔39〕　《临海洪氏宗谱·祭仪》。

日诣祠堂习仪，务在娴熟，不致临事仓皇，手足莫措。

冬至前一日陈器备馔　值柱承祭者整设椅桌，洗涤祭器，完备馔食，各极精洁，宰牲必亲省视。

冬至日质明行礼　承值者先遣一人报锣，务使族内老幼俱于质明到祠拜祖。拜者必衣冠整肃，不得草率素服。若有服者与祭，亦宜暂从吉。

祭器、祭品　每祖考前设一桌、二椅、一香炉、两烛台、六汤盏、两茶杯、两酒杯、两饭盏、两付箸、两羹匙、九盆、三碟。总祖七位七桌。六房祖六位六桌。祔主照数添茶杯、酒杯、饭盏、羹匙、箸、椅。中设果品二桌，二十四盘。两旁猪羊二小桌。外摆香案一桌及三事桌衣。又另外受胙桌一张。

这是临海所见祠祭最为详细的表述。冬至前三日起，每天都有不同的准备工作，需要严格完成。其程序比朱子《家礼》多了习仪彩排的环节。原因应是明清宗族规模扩大，祠祭参与者人数众多，使得祭祀过程更为复杂，需要通过彩排来保证祭祀的顺利进行。另外，还多了告神的环节，对祭器、祭品也有具体详细的要求。接着进一步解释了祭祀前各仪节的古礼依据：

况古人四时皆祭，今随俗，每年只冬至一举，犹不尽礼，何以为心？故必冬至前三日告神亦犹请客者之必先期具帖也。净拭庭堂，葺漏补缺，是即春秋修其祖庙之意也。前二日习礼，并书各执事名于壁。先一日涤器备馔，是即吉蠲惟糈，是用孝享之仪也。

这些极为讲究的祭祀前仪节的规定正是为了竭力凸显祭祀的隆重与虔诚。在祭祀前的准备活动中尤须关注斋戒。斋戒帮助与祭者净化身心，是虔诚的体现。祭祀斋戒之礼古已有之。《礼记·祭统》谓："是故君子之斋也，专致其精明之德也。故散斋七日以定之，致斋三日以齐之。定之之谓斋。齐者，精明之至也，然后可以交于神明也。"明儒杨慎言："祭义云，斋之日，思其居处，思其笑语，思其志意，思其所乐，思其所嗜。斋三日，乃见其所为斋者。专致思于祭祀也。"[40]可见斋戒可以使心灵达至澄明的境界，能够专心思虑祖先生前的音容笑貌与所乐所嗜，更容易与祖先的精神相接。嵩浦李氏祠祭对斋戒者的要求是"食肉不加荤，饮酒不至乱，清洁身心，非若士人持斋吃素也"，可见祭祖斋戒并非不吃肉食。清人赵翼曰："古人所谓荤，乃菜之有辛臭者，斋则忌之，即所谓变食，而非鱼肉也。古人惟祭日及居丧不御酒肉。"[41]临海祠祭斋戒中的不食荤应指

---

〔40〕　（宋）朱熹著，（明）杨慎辑：《文公家礼仪节》，大文堂。

　〔41〕　（清）赵翼著，曹光甫点校：《陔余丛考·斋戒不食肉》，上海古籍出版社，2011年。

的是不吃葱、蒜等辛辣之物。

（二）祭祀

祭祀的参与者包括主祭、陪祭及族众。其中主祭、陪祭处于领导位置。据冯尔康的研究，清代民间宗祠祭祀中的主祭、陪祭人选，约有下列六端：一是宗子担任主祭；二为族长主祭；三为辈分高年龄长者主祭；四为祭礼轮值承办人主祭；五是综合性主祭，宗子或族长主祭，由尊贵者陪祭；六为尊贵者主祭。主祭、陪祭是代表整个宗族向祖先致祭，其人选应以能体现"尊宗子、尚爵秩、崇辈分"的原则，之所以要强调爵禄，因官员、衿士懂得礼仪，最重要的是尊奉"古礼无禄则不祭"的定律[42]。根据临海宗谱资料，郡城金氏、涂川项氏、穿山金氏、湖田许氏、大汾李氏等设有宗子，是主祭者当然的人选；湖头宋氏推一辈长年高者主祭；百岩周氏以老人或有功名者为主祭；临海卢氏择老成者为主祭、陪祭；黄溪李氏则以轮值者主祭；小芝何氏主祭择族中富有德望或有福命者，陪祭择值支中有福寿者，助祭在绅士及耆老中选择。可以看出主祭与陪祭的选择主要是宗子、年高者、有功名者、有德望者、有福寿者或者值祭者。除宗子、值祭者外，其他人往往身份重合交叠，总而言之，也就是绅衿耆老。这与全国其他地方的情况相似，反映了明清民间祠祭的时代特征。

《家礼》所载祠堂冬至祭始祖过程包括降神、参神、进馔、初献、亚献、终献、侑食、阖门、启门、受胙、辞神诸环节。这也是临海明清宗祠祭拜的基本内容。以嵩浦李氏宗祠祭仪为例：

凡祭最要在通赞、引赞。通赞者统唱大节目，使主祭者先后不失次序，众执事明听不乱，总其大纲。引赞者导引主祭者，使之周旋进退，拜跪升降，咸中其节，而执事者亦得从容应赴也。

通赞唱　主祭者奉主就位。引赞导主祭者诣始祖考妣龛前奉主就位，并诣诸祖考妣龛前俱奉就位，与祭者奉各附位。执事者焚香点烛，恰与各主就位之时不前不后。主祭者复位参神。引赞导主祭者出就拜位，鞠躬，拜兴，拜兴，拜兴，拜兴。与祭者及合族亦各就己位，皆四拜。

降神　引赞唱导主祭者诣始祖考妣席前。左执事者捧盘盏至主祭左旁西向，右执事者提壶东向就主祭者之前满注之。主祭者右手举盏尽倾于席前茅沙上，左执事者以盘接盏，各少退。如无茅沙则烧千张于席代之。

进馔　众执事者每席四箸、二杯、二匙、九馔各整备齐，进席前，有

---

〔42〕　冯尔康：《清代宗族祭礼中反映的宗族制特点》，《历史教学》2009年第8期。

附位添杯箸羹匙。

行初献礼　引赞唱导主祭者诣始祖考妣席前。左执事者捧始祖考妣盘盏，右执事者提壶斟酒于盏。主祭者左右执事者皆跪。主祭者取盏少倾之，右执事者接盏奠于祖考妣前。主祭者俯，伏，兴。引赞复导主祭者于诸祖考妣席前挨次奠酒，与祭者奠。各复位。毕，执事者各进食一汤一。

俯伏读祝　引赞导主祭者至香案前俯伏。读祝者跪主祭右宣读。毕，皆兴鞠躬，拜兴，拜兴。与祭者及合族皆拜。毕，主祭者立东阶西向。

行亚献礼　仪如初献，但不读祝。

行终献礼　仪如亚献。

侑食　引赞者唱导主祭者诣始祖席前。左执事者授壶，主祭者亲注杯满，执事者接壶，主祭者复整箸，遍侑诸祖考妣，各再拜。与祭子弟侑各附位。毕，执事者各进饭。

阖门　引赞导主祭出。主祭以下皆出。祝阖门。

启门　祝声三噫歆启门。引赞导主祭者以下皆入。

典茶　引赞导执事者捧盘茶，与祭子弟奉茶，各进诸神前毕。

受胙　引赞唱执事者设席于香案前。主祭者就席北面诣始祖前，举酒杯盘诣主祭者之右。主祭者跪，祝亦跪。主祭者受盘杯，祭酒，啐酒。兴。

祝嘏主人　引赞唱执事者取匙并盘，挑诸神位前之饭各少许，奉以诣主祭者之左，祝嘏云云。引赞唱主祭者置酒于席前，俯伏，兴拜，兴拜，兴跪。受饭尝之，取酒啐饮。俯，伏，兴。引赞导主祭者立于东阶上。

告利成　祝立于西阶上，告之曰利成。

焚帛　诸执事取银锭、千张焚于各位神前。

望焚　引赞导主祭者诣各神前望焚，俱成灰烬毕。

复导就位　复位辞神，四拜如兴。合族皆拜。

纳主　引赞导主祭者及与祭者照序纳入匣中如前。退。

撤馔　各执事收完碗盏箸杯等项，抹桌移于别所。

可以看出整个祭祀过程十分复杂，环节众多，加上合族子孙人数可观，需祭拜的神主数量亦庞大，使得祭祀成为一项繁复的工程。需要熟悉宗祠祭祀的人充当通赞、引赞，以协助祭祀仪式顺利完成。三献礼是宗祠祭祀的主要环节。古代郊祭时，陈列好供品之后行三次献酒，即初献爵、亚献爵、终献爵，称为三献礼。以后历代在三献礼的基础上发展出各自的祭仪内容及程序。

除此外，各宗族可自主规定一些仪式。嵩浦李氏宗祠的冬至祭祀与《家礼》中的祠堂祭祀相比，多了"典茶"的环节，说明茶叶是当时临海重要的物产，饮茶已成为人们的日常生活习惯。在受胙以后多了"祝嘏主人"环节，表明对主祭者的尊重。"复导就位"、"纳主"表明嵩浦李氏实行神主出龛科仪。明清时期，将包括始祖在内的众多祖先请出神龛，按其位次分列祭祀，由于祖先神主众多，故需引导就位。

《临海义城黄氏宗谱·宗祠条规》载其宗祠祭仪：

> 遇清明、长至，新楹帖。祭之日陈祭器。主祭者居中，众子孙按辈行长幼以次序立。主祭者启龛奉列祖神位出龛。按昭穆配神位，恭设几上。主祭者四拜，上香，四拜，裸地。主祭及众子孙皆跪。三献爵，三献食，读祝文。毕，四拜，焚楮钱，再灌地，三揖，放炮，出牲，送主归龛。众子孙向主祭者一揖后，随分列东西，相向一揖。散馔。

整个过程与嵩浦李氏大致相同。其意义在于为我们提供了"出主"科仪的详情，即神主出龛后是按昭穆顺序排列于几案之上。

（三）颁胙、饮福与演戏

祭祀完成后，将祭肉与馒首分给族人，称为颁胙，意为将祖宗的福德赐给子孙。颁胙的对象为族内男丁。《临海大汾李氏族谱·李氏宗祠碑文》载："夫人皆知子孙之敬祖宗，不知祖宗尤爱子孙。子孙有一人不沾祖宗之泽，祖宗在天之灵必不快。今吾族祀典既立，分肉又均，上治下治，尽善尽美。"可见颁胙以广泛为原则，尽可能囊括所有子孙。但范围要在严格的父系血缘关系内。《临海洪氏宗谱》载有其族颁睿也就是颁胙的注意事项，禁止养子、转醮、继夫、幼女、女婿、外甥与祭并冒领麻睿[43]，是对宗族血缘性的强调。颁胙的实质并不在于具体物质的多少，"有分"、"无分"更多显示出宗族身份认同的意义。

颁胙以按丁分配为基本原则，在此基础上，还会对特定的人群加以优待。黄溪李氏"清明颁给族内各男丁馒头。贡监诸生遵例倍给（发科者四双，发中者八双）。凡年臻六十者亦倍之。以后增寿十年（年庚照谱查核）再加一双（七旬三双，八旬四双，后俱照例增加）。绅衿年高者于本分两双外照例增加。妇人三十岁以内守节者给馒头一双（六十以上加增，并照男丁例）。所以敬高年重节义也"[44]。可以看出优待的对象主要是年长者、有科举功名者、绅衿、守节妇女。这种记载在临海宗谱中是普遍的，表明了当时颁胙的一般情形。对年长者的优待体现了长幼尊卑的道德标准，也

---

〔43〕　《临海洪氏宗谱·祭仪》。
〔44〕　《临海黄溪李氏宗谱·大宗祠祭祀颁胙条例》。

是祖先崇拜的折射。对绅衿与科举功名者的优待反映出对子孙读书入仕、光宗耀祖的价值期待，而对守节妇女的优待则是对封建伦理道德的宣扬，对封建秩序的维护。

祭祀后，族人集聚会餐称为饮福，也称食馂余。祭后饮福也是由来有自。《礼记·中庸》即谓："宗庙之礼，所以序昭穆也。序爵，所以辨贵贱也。序事，所以辨贤也。旅酬下为上，所以逮贱也。燕毛所以序齿也。"郡城金氏大宗祭祀"祭毕而馂，长幼俱至。孝则轩列，席如常宴。卑幼以礼奉酒于尊长，循序而饮，从容劝酹。谈家法古今礼义事以相警励。毋得放诞沉醉乱仪，有乖礼法。如是者，尊长与众共戒之。不改，告于祠而罚之"。饮福讲究尊卑次序，讲究和乐，从而增强族人的宗族一体观念，促进宗族团结。宋儒真德秀谓"古者合族而祭，事已必有燕私焉。祭所以尊尊，而燕所以亲亲，其义一也……欲吾子子孙孙毕其先之祀，而相与会聚于斯亭，劝酬欢洽之余，追念本始而知其所祖之一，则服属虽远，而情不至于疏。情不至于疏，则恩不得而绝，庶其免于相视为涂人也"[45]。可见饮福确实是增强宗族内部关系，实现"收族"的不二法门。

演戏也是宗祠祭祀的重要内容。宗谱中关于宗祠祭祀演戏的记载并不多，但现存宗祠中大部分都有戏台，反映当时宗祠演戏之普遍。祭祀演戏分为两种，一种是祭拜过程中的演戏，比较少见，一般时间较短，内容有特定针对性。《台临小芝何氏宗谱·祭典》载：

> 三献已毕，主祭、倍祭、绅士、耆老俱退，戏子上台庆寿。向例必点"三窃桃"一剧，王母同鹤童仙女、东方朔等手执蟠桃至总案前献，拈香拜祖，然后返至台上全体团拜，而主祭、倍祭、绅士、耆老一律复位补献羹饭、刚鬣柔毛、文房四宝、丁财香帛、盘飧等。礼毕，焚帛，放炮，望寮，作揖而退。

三献结束后，祭拜的主体程序就完成了，此时由戏班饰演的仙人向祖先献桃庆寿，意味着吉祥、祝福。这种情况下的演戏，酬神的功能更强。

第二种是祭拜后连续演戏。此时娱人的成分更多。《台临小芝何氏宗谱·值祀例则》载："冬至日起演戏五夜，戏金六支分摊。"合族男女老幼都可以观赏。其中"冬至后第三日值支谏请绅衿及有功于族者后裔，奉祖入祠者后裔各一人，各支柱头每支十八人来享馂余，而绅衿给坐，居首席。带戏班长率旦捧羊头向各席酹酒劝饮，故名是夜之戏为羊酒戏"。羊酒戏的观赏者主要是绅衿、有功于族者的后裔以及各房支代表人物。对绅衿的

〔45〕 （宋）真德秀：《西山先生真文忠公文集·睦亭记》，（台北）商务印书馆股份有限公司，2011年。

特别优待，反映了他们在宗族中的重要地位。

《台临钱氏宗谱·岭里建立戏台记》载："人必有敬祖之心而后能为敬祖之事。如岭里有明杏、廷朝、元球、绍忠、祖韵五人者能协力同心于宗祠内建立戏台，使祖先顾而乐之，非其有敬祖之心乎？虽负担之劳由于一村之众，而营谋之苦实在五人之心也。夫戏台建立于祠内，夏则有以蔽烈日，冬则有以御寒风。举凡四方来观者即遇迅雷甚雨风霜冰雪可无忧矣。"这表明了祭祀演戏既娱神亦娱人的双重功能。

宗族精神传承：宗祠与文化教育

宗祠是宗族文化的载体，也是进行宗族文化教育，传承发扬宗族精神的媒介。宗祠发挥着重要的文化教育功能，主要体现在三个方面。一是宗祠建筑本身包含的文化因素，如宗祠檐柱、梁枋间悬挂的堂匾、楹联等。它们包含的文化意义与宗祠建筑营造的空间氛围相互融合地作用于人们的心理，产生教育意义，引导人们接受其所提倡的价值观。二是祭祀过程中，通过诵读祖训、祭文等对族人进行宗族历史观、价值观、人生观的教育。三是大力支持学校教育。以下分别进行考察。

一 宗祠匾额与楹联

匾额悬于宗祠檩枋之间，既是宗族荣耀的象征，也是对族众的启迪教育和激励。一般题额是四言，或推崇祖宗功德荣耀，如岭外金氏宗祠的"三世五王"，楼下郑氏宗祠的"台教正宗"，石鼓胡氏宗祠的"进士及第"；或期待宗族传承发展，如殿前朱氏宗祠的"本支百世"，岭下金氏宗祠的"显承启后"。

《临海戴氏宗谱》中记载了数量较多的匾额题词，能够反映临海宗祠匾额的一般情况。下面以之为例进行分析。"汉室无双"是对戴姓显祖西汉人戴德与其侄戴圣礼学成就的赞誉。二戴同学"礼"于后苍，汉宣帝时两人均立为博士，分别著有《大戴礼记》、《小戴礼记》，成为儒家礼学的经典著作。"誉隆朝野"、"声擅鸾台"皆是指戴氏礼学的重要影响。"礼教传家"、"文献世家"、"文章华国"指戴氏历代以习礼为家学传统，并取得了辉煌成就。"唐代第一"是对唐代名臣戴胄的颂扬。戴胄性格鲠直，极有才干，太宗擢为大理少卿，屡次犯颜执法，病卒后，太宗罢朝三日，为之举哀。"派分乄史"则是指临海戴氏为唐戴胄之后裔。这是对戴氏宗族发展的溯源。"勋烈宪邦"、"台柏荣枝"是对戴氏社会地位的标榜。"绳其祖武"则是勉励子孙传承宗族传统，发扬光大。"望重枢衡"、"功存史胄"、"名著古今"、"世德流芳"、"经纶济美"、"志奠社稷"、"瀛洲杰士"是对戴氏功德的笼统赞颂。

这些四言匾额题词极为精炼浓缩，是对宗族文化特征的高度概括，能够使宗族子弟及其他人最直接快捷地了解宗族特色与传统。

宗祠大门及正厅的柱子上经常悬有楹联，其内容也与宗族文化有关。宗祠内还有一种特殊的楹联——戏台联。其内容大多与演戏有关，而与宗族文化无关。为了有所区分，本章所论宗祠联特指前一类楹联，而不包括戏台联。宗祠楹联对称押韵，每句少则五言，多则十数言，文采飞扬，书

图 297 岭下金氏
宗祠正厅明间匾
额

图 298 百步梁氏
宗祠正厅明间匾
额及楹联

法纵横，与匾额交相辉映，营造出浓郁的文化氛围。

（一）宗祠联

宗祠联分为通用与专用两类。通用宗祠联可以为各姓宗祠使用，反映
的是宗族社会的主流价值追求，各宗族共同认可的行为准则。如"春秋霜
露滋兰菊；水木清华湛本源"（东塍镇洋渡六房卢氏宗祠联）体现宗族对
自身根源的看重，"万古烝尝遵圣贤礼乐；一家昭穆序世代源流"（临海
戴氏宗祠联）反映祠堂的祭祀功能，"经术文章润饰彝宪；管弦袍笏砥砺
廉隅"（临海戴氏宗祠联）言宗族推崇诗书礼乐，以之作为报效朝廷、修
养品德的途径，"礼乐光辉盛；邦畿功业存"（临海戴氏宗祠联）、"东
序西房若天悠与地久；宗功祖德待山高而水长"（河头镇殿前朱氏宗祠联）
皆是对祖宗功德的赞颂，"甲第旧家声继继绳绳而昔光昭阀阅；诗书绵世
泽麟麟炳炳于今丕振云礽"（邵家渡夏馆侯氏宗祠联）则是颂扬宗族读书
科举人才辈出，光耀门闾。

专用宗祠联仅限于某一特定宗族的祠堂使用，内容与该宗族的历史渊
源、名人事迹密切相关。也有少数专用宗祠联与宗族地理环境有关，如"舟
楫往来想堂构承时财宝流通过松浦；井庐安稳问箕裘绍处原塍耕获永菰田"

是湖田许氏对宗族栖息地水道通达、交通便利、土地丰饶的赞颂。总体上看，专用宗祠联的内容主要有三类，第一类寻根追祖，探寻宗族源头；第二类表彰祖先功绩，宣扬宗族荣耀；第三类训勉后人，期待子弟奋发进取。

1. 寻根追祖

由于历史背景和文化传统，中国人特别注重血缘关系的溯源。寻根追祖满足了人们对历史归宿感的需求，同时也是加强宗族联系，促进宗族团结的需要。因此几乎每个宗族都有这样的寻根联。

东塍镇屈家村是屈姓血缘村落。屈姓的得姓可以追溯到春秋时期，楚武王封熊瑕于屈地（今湖北秭归），并把屈作为熊瑕的食采之邑。其后裔以先祖封地为姓氏，称屈氏，世代相传至今。屈氏是最早迁入临海的宗族之一。三国孙吴时有尚书仆射屈晃，因直谏忤逆孙权，而谪居临海。屈晃次子屈坦为临海郡太守，事亲尽孝，临民忠厚，为地方驱除毒蛇猛兽，惠政甚多，有大功于百姓，唐武德间被封为台州府城隍神。其兄绪为东阳亭侯，弟幹恭为立义都尉，均有名当时。临海从此成为屈氏郡望，屈氏于此繁衍数千年而不衰。屈氏有宗祠联"分茅南楚，霞山锡以采地，从兹建庙立官血食绵高阳世裔；列爵东吴，台海谏而归田，由是课子教孙贻谋大临海家风"，正是记述了屈氏的得姓历史以及始迁临海的因由。

东塍镇又有东溪单村，为单姓血缘村落。据《元和姓纂》、《路史》、《通志·氏族略》等史料记载，上古周朝时，周成王姬诵封少子姬臻于单邑（今河南孟津），为甸内侯，其后裔便以封地为姓氏，相传至今。据其谱记载，东溪单氏出自山东，其始祖伯宁公原居山东单邑，仕金华府推官而徙居东阳县，名为三单。以后二、三、四世祖皆沿居其地。至大宋年间，五世祖邦亥公由明经历仕礼部主事，因直谏被贬临海，遂家于此。"周室受侯封，赐姓分茅，世秉丹心光俎豆；宋朝为翰苑，归田直谏，两迁胜地大烝尝"、"周室侯封宗庙；宋朝翰苑祠堂"两联长短有异，但所记内容相同，上联皆指周成王封少子臻于单邑为甸内侯，因以为姓的历史。下联记大宋年间五世祖邦亥公徙居临海，宗发族衍，世享蒸尝。

杜桥镇湖田许氏也是迁台较早的宗族。许姓出自我国古老的姓氏之一姜姓，炎帝神农氏是其远祖，因尧舜时代的著名贤人许由而得姓。《新唐书·宰相世系表》载："许氏出自姜姓。炎帝裔孙伯夷之后，周武王封其裔孙文叔于许，后以为太岳之嗣，至元公结为楚所灭，迁于容城，子孙分散，以国为氏。"此说与许姓出自许由看似矛盾。古今许多学者均认为四岳伯夷就是许由，"伯夷封许，故曰许由"，许由和文叔一脉相承。因此，可以认为许由为许姓的开姓始祖，而文叔则为许姓的开国始祖。许氏迁台可以追溯到隋代始祖宗文公谪守章安郡，卜宅金鳌山下，唐武德二年徙于大固山旁。至大显公始迁飞龙山前，凿回龙长浦，抱石鳅奇山，子孙蔓延，声名日盛。

《台临湖田许氏宗谱·宗祠对联》载有系列楹联追溯宗族渊源。"分封自太岳以来，肃肃明禋供俎豆；受姓始高阳之望，遥遥华胄奉烝尝"追溯许姓最初源头，上联指周武王封许文叔奉太岳之祀，下联指许氏奉许由为得姓始祖，以河北高阳为郡望。"裔出溪南，祖宗庆长诒燕冀；居分岭北，子孙德厚耀龙光"、"入庙告虔当识溪南源一派；登堂四敬须知岭北干同根"两联所指相同，上联指隋时宗文公谪守章安郡，卜宅灵江以南金鳌山下，为许氏溪南一派。下联所记为唐武德二年许氏由章安郡徙于大固山之旁，大显公始迁飞龙山前，凿回龙长浦，开许氏岭北一脉。"派衍支分伏虎峰开二梓宅；地灵人杰飞龙山辟一祠堂"亦指唐大显公始迁飞龙山前，建宅筑祠之事。

另如括苍下洋顾顾氏宗祠联"初常府再婺州转徙赤城乐邑，聚族于斯曾播越；宋状元明御史递传吏部行人，钟灵当日果光辉"，邵家渡夏馆侯氏宗祠联"从康邸而南北播迁，自杭徙台，当年难忘翊戴；佐熙朝而坞簏奏绩，由兄及弟，此日勿替贻谋"，桃渚柳氏宗祠联"派衍河东家学渊源溯唐室；勋垂海峤世官袭荫在明时"，杜桥嵩浦李氏宗祠联"李植陇西根深叶茂；川环堂水源远流长"，市场垦岙陈陈氏宗祠联"颖水旧门风，上溯元季，联芳我裔毋忘太邱长；长沙新基业，还甄箕裘，克振宗支永绍撝宫功"，东塍康谷仁德堂郭氏宗祠联"派衍杍思庵大宗龟后西；祠建尊睦亭故址鳌峰东"，河头下湾叶氏宗祠联"南顿启宗风，溯当年潢水分支，瓜瓞绵长延国柱；东瓯开世泽，看今日候山族聚，云礽奕叶振家声"，杜桥后地村林氏宗祠联"自分支乎南闽，宗谱流传才臻卅五世；追远祖于有商，竹书纪载已越二千年"等均反映了各宗族播迁繁衍的历程及世系由来。

由上可见，临海宗祠联崇祖观念浓厚。这些寻根问祖的宗祠联是宗族历史传承的见证，发挥着对子弟进行宗族起源历史教育的功能。

2. 表彰祖先功绩

著名祖先是宗族历史中的明珠，是宗族的骄傲。将他们的事迹串联起来就形成了一部简明的宗族发展史，能够激发族人的自豪感与凝聚力。因此，对祖先功绩的表彰在宗祠联中占有很大分量。

东溪单氏保存有大量宣扬历代宗族名人事迹的楹联。由于年代久远，很多单氏名人与东溪单氏并没有直接的血缘联系，但这不妨碍东溪单氏后裔对他们的反复赞颂。"树勋侯爵列中牟，奕世犹沾祖泽；好学史官迁仆射，后昆常绍书香"上联典指汉左车公有功封中牟侯，下联指三国曜公好学善文，孙亮时为太史令，仕至中书仆射。"吞细石于罗浮，世传褐叟仙风寿；艺牡丹于璚苑，人号花师姓自香。"上联典指三国时道开公吞石化龙，一日行七百余里，独处罗浮山上，出脱尘外。下联典指宋代人单父，善种牡丹，能变易千种，人称"花师"。"有诤臣风，不止谏钱光竹帛；为豪杰士，宁惟舞槊振家声"、"击毬含谏草；舞槊振风英"、"名臣谏著，击毬文德贻谋常赫奕；飞将才优，舞槊武功裕后自灵长"三联所记典故相同，上联指宋代单时，乾道年为殿中侍御史，疏谏击毬、饮酒二事被孝宗采纳；下联典指唐初李密的勇将单雄信善于马上用枪，军中号称"飞将"。"帝臣久抱凌云志；天子方求舞槊才"全联用单雄信典。"谏铸钱而喻川源，竭忠世德昭来许；谋庐墓以酬木本，尽孝家风启后人"上联用宋代单时典，下联典指元单仲升，奉母至孝，母卒，蔬食水饮，庐于墓侧三年。"与王洙并作编修，华国文章不朽；偕苏轼同登进士，参天学术靡涯"上联指宋士宁公庆历年与王洙一同编修于史馆，下联指锡公明阴阳星历图识之学，与苏轼同登进士。"八洞提携亲结友；九重顾问奉为师"上联指元季兵乱安仁公招集义旅捍御乡隅，后率众归明，数战有功，拔兵部尚书。下联指明代单佑，刻意学问，胸罗百家书史，洪武六年举明经，上才之，留侍左右，备顾问。这些单氏名人绝大部分是封建伦理道德的杰出代表。"忠能翊鼎，孝可格天，宇宙克完两大节；文任传经，武优飞槊，精神不朽万斯年"则是总括了祖先的文治武功以及宗族忠孝道德准则，是对宗族精神的高度提炼，更是对子弟无形的鞭策，激励宗族子弟养忠孝节义，修文武才艺。

湖田许氏对祖先文武功绩的宣扬也是不遗余力。"说文解字，奉作儒宗，自古精勤推浼长；凿井耕田，混忘帝力，何须荒渺学神农"上联指东汉著名经学家、文字学家许慎，有"五经无双许叔重"之称，曾著《说文解字》巨著；下联指战国时期著名农学家、思想家许行，依托远古神农氏"教民农耕"之言，主张"种粟而后食"，"贤者与民并耕而食，饔飧而治"。"平恩高爵，博望通侯，戚里汉家征富贵；盖竹栖真，华阳入道，神仙晋代擅风流"上联指西汉宣帝许皇后的父亲许广汉被封平恩侯，其二弟许舜被封为博望侯，一家富贵；下联指被民间称为"众仙之长"的晋代著名道士许逊。"虎卫冠三军，痴虎威名著谯国；蛟宫标一柱，斩蛟神术羡旌阳"上联指三国时期魏国武将、谯国谯县（今安徽亳州）人许褚，自曹操平定淮、汝一带时开始跟随曹操，与典韦一起统领虎卫军，负责曹操的护卫工作，

278

对曹操忠心耿耿，数次在危难中救曹操脱险，很受信任。因为他十分勇猛，所以有"虎痴"的绰号。下联典指晋代道士许真君，传说他曾斩蛟龙，为民除害，道法高妙，声闻遐迩。"媲姓字于三君，里举乡评推月旦；溯渊源于四岳，故家遗俗纪春秋"除了对宗族根源的追溯外，还包含两个典故，一是三国魏大名士许劭，好评论人物，每月更换一名，时称汝南"月旦评"。二是唐初秦王府十八学士之一的许敬宗，任著作郎，编修国史。

与东溪单氏一样，湖田许氏宗祠联中所述历史名人多与湖田许氏没有直接的血缘联系。这种现象实际是临海明清时期民间宗族扩大化的反映。这些标榜史册的历史人物为宗族历史增添了光辉，对于激发族人自豪感，提高宗族凝聚力具有重要意义，也是对子弟进行历史教育的重要内容。

此外如屈家屈氏宗祠联"左徒风骚直谏名垂南楚；尚书阀阅调元绩茂东吴"、"过湘潭而吊古三闾大夫，自昔人人崇俎豆；溯台海以寻源北固太守，至今世世享烝尝"、"芈楚名宗，令尹司马功勋盛；皇唐册命，郡牧通侯世德昌"、"汉尚书世第；唐郡伯家祠"，临海戴氏宗祠联"名传大小戴；经与斗山齐"、"兰台并擅删经誉；璧水咸推夺席荣"、"删礼溯曲台，天纪人纲昭日月；谈经追夺席，金泥玉检壮风云"、"东胶喜序传经裔；北阙休扬夺席风"，后街秦氏宗祠联"赤霞秀储联镳解状，元魁族氏首浙东之望；青鸟祥开接踵台藩，铨翰功名发陇右之长"也都是赞美先人卓越功业，歌颂先辈文韬武略的佳联。

3. 训勉子孙后裔

临海宗祠联中有不少是从训勉后人的角度出发，激励子孙修养品德，奋发进取。临海戴氏宗祠联"立业惟艰，是训是行，缵乃祖考无忘先泽；守成匪易，有典有则，贻厥子孙不坠家声"强调祖先创业艰难，勉励子孙传承宗族传统，守成祖先功业。也有不少宗祠联概述祖先业绩，激励后人承继祖先精神，延续宗族优秀传统，如邵家渡塘头孙氏宗祠联"才华高北海，想当年科第连登，丕振文坛旗鼓；礼乐化东陵，愿后日缵承勿替，长留家学渊源"，临海戴氏宗祠联"嘉谟定国垂青史；盛业传家有素风"，桃渚柳氏宗祠联"笔谏著家声，唐室鸿勋创垂勿替；指挥荣世袭，明时骏烈启佑无疆"，邵家渡夏馆侯氏宗祠联"崇祠在山水之间，世守诗书门第；宗枝溯宋明以上，长留科甲家声"。

教导子弟以儒家伦理要求待人接物，立身行事也是宗祠联的重要内容。如邵家渡大路章章氏宗祠联"传家忠孝著芳名，祖德千秋光简册；奕世冠裳欣济美，孙支百尔绍箕裘"鼓励子弟传承忠于朝廷孝敬父母的伦理道德，读书仕宦光宗耀祖。桃渚柳氏宗祠联"神之格思，不可度思，矧可射思；兄及弟矣，式相好矣，无相犹矣"。此言兄友弟恭的伦理道德。东塍娄村李氏宗祠存有鎏金对联一副："虽富虽豪虽才虽能，任骄矜忘族终为败类；克勤克俭克孝克悌，修德行事亲即是佳儿。"该联朴实直白，训戒子孙要戒骄矜，毋忘族忘本，提倡子孙勤俭治生，孝悌持家，修养品德，孝养父母。东塍屈家屈氏有一宗祠联："读书贵矣，须忠孝节廉克配三才，方可无忝宗祖；登第尚哉，即农工商贾各成一业，亦非不肖子孙。"教育子弟以读书为贵，同时必须修养忠孝节廉的品性；科举出仕为最好的出路，但从事正当农工商贾谋生亦是好子孙。反映出屈氏对子弟的教育并不偏向极端，在重视科举读书的同时，也从实际出发，尊重子弟个性，注重品德培养。

（二）戏台联

临海明清宗祠中常常设有戏台供演戏之用。戏台柱上往往镌刻楹联，内容与演戏有关，应景巧妙，为戏台平添了几分文雅和风采。"双港潮音恍同湘灵鼓瑟；五峰木韵疑比缑岭吹笙"（大洋街道五峰金氏宗祠戏台联）、"曲奏霓裳羽衣，宗宫几疑月殿；声闻鹳溪雁岭，流水递及高山"（河头镇殿前朱氏宗祠戏台联）即以优美文辞传递了戏曲的艺术魅力，渲染了宗祠戏台的艺术氛围。

宗祠演戏多历史故事的演绎。生旦净末丑，演尽世间百态，激发观众的内心情感和思想认同。演戏对观众的影响实不可小觑。不少戏台联告诫后裔子孙们以史为鉴，修养品德，去恶从善，如"舞台方寸悬明镜，优孟衣冠启后人"（东塍坦头吕氏宗祠戏台联），"念祖不忘是用春祈秋报；以古为鉴亦能立懦廉顽"（杜桥镇溪口马氏宗祠戏台联），"曲调宫商入耳如闻韶乐；贞谣休咎着眼胜读毛诗"（东塍镇隔溪吴氏宗祠戏台联），"志行也，必强为善；观止矣，是可以兴"（东塍镇东溪单氏宗祠戏台联）。也有的戏台联进一步阐明以史为鉴即是利用历史人物的榜样作用，宣传封建忠孝伦理观，善恶是非观，如"装成文武衣冠，历代相传垂法则；演出忠贞孝悌，万人拭目仰仪型"（杜桥下八年项氏宗祠戏台联）、"百代忠奸暂借优孟衣冠昭法戒；千秋美恶还倩柳亭歌舞动兴观"（河头镇仙人褚氏宗祠戏台联）、"借古证今奸恶善良真榜样；将无作有笑啼怒学假精神"（沿江镇长甸陈氏宗祠戏台联）。

戏台时空变幻，"顷刻时演出千年事业；半宵中走尽万里山河"（白水洋镇罗渡罗氏宗祠戏台联）。戏曲凝缩人生，"自西自东闻弦歌少长咸集；象忧象喜描面目啼笑毕真"（白水洋镇象坎胡氏宗祠戏台联）。戏曲中的悲欢离合、生死轮回，也使得戏台联充满对历史沧海桑田的感慨，"任他今古英雄都付一般傀儡；说到湖山歌舞不禁百感沧桑"（河头镇岭景金氏宗祠戏台联）。尽管历史不断变换，人间的善恶是非并非因此而没有了标准，正是"秦欤汉欤将近代欤；是耶非耶其信然耶"（河头镇蟾山朱氏宗祠戏楼联）。

对戏中世界的感慨，转而深化为对人生的感慨。"月在寒潭花在镜；元中幻想色中空"（河头镇下湾叶氏宗祠戏台联）是由戏而人生的同理感受。"凡事莫当先，看戏何如听戏好；为人须顾让，上台终有下台时"（杜桥镇下八年项氏宗祠戏台联）是从演戏中获得的有关做人行事道理的启发。"凭他作歹为非终无结局；看乃循规蹈矩总有团圆"（大田街道岭里村钱氏宗祠戏台联）是对封建伦理行为准则的坚持和强调。"到此间应有几分豪气；看究竟终输一点良心"（白水洋镇象坎胡氏宗祠戏台联）是对以善为最终道德评价准则的认可。

戏曲的艺术感染力使得戏台联与一般宗祠联迥然有别。戏台联的文辞和意境更为自由洒脱，较之宗祠联更多了几分人情与生气。戏台联不仅是封建道德教化的载体，也是人生经验的感悟和传递。

综上，宗祠匾额与楹联的文辞十分讲究，用典普遍，对读者的文化素养要求较高。对于读书人来讲，文辞本就是科举的重要内容，是每个读书人的必修课。匾额楹联本身即出自他们之手。这个范围内的读者对匾额、楹联内容的理解也更为深刻。这些匾额、楹联所提倡的封建伦理道德观念也强化着读书人的道德精神取向。而对于不读书的宗族子弟，龙飞凤舞的宗祠联会使他们产生对文化的尊崇心理，从而鼓励教育他们的子孙走上读书出仕的道路。

二　祭祀过程中的读诵

在祭祀过程中，会由选定的有才干的族中子弟诵读家训，族人聆听。如湖田许氏"冬至大节，族裔率领子孙齐集祠堂礼拜宗祖，宣读族训教育裔孙"[1]。《临海涂川项氏宗谱·祖训》则载有其宗族在祭祀中诵读家训的详细内容：

> 冬至大节宗长率领子姓齐集祠堂，拜献，礼毕，宗长坐于堂东，子孙分立左右，命子弟贤能者一人诵家训曰：为子必孝，为臣必忠，夫和妇顺，

---

〔1〕　《台临湖田许氏宗谱·族训》。

281

兄友弟恭，尊长训诲，卑幼服从。毋因小以害大，毋徇私以废公，毋倚族众而构是非，毋肆酗赌以坏家风，毋借和议以行武断，毋婚微族以玷祖宗。有一干犯，非我族类，并其父兄，以家法治之，务各遵守。诵毕，揖退。

《台临马氏宗谱（香严卷）·祖训》、《临海大汾李氏族谱》、《临海穿山七年金氏宗谱》均有类似内容的记载。所诵读族训的内容为封建伦理道德与行为规范。在宗祠这个神圣场所进行读诵，其后还紧随有严厉的家法惩罚，使得此时的家训教育比一般口头说教更具有强制性及威慑力。

除家训外，祭文也是读诵的重要内容。祭文可以分为临时性祭文和常规性祭文。临时性祭文是为一些重要事件特别撰写的告祖祭文。其内容以某一事件为重点，具有针对性，不具有普遍教育意义。常规性祭文是指在每年的例行祭祀如清明、冬至宗祠祭祀中读诵的祭文，内容丰富，涉及宗族文化的诸多方面。因而本文以常规性祭文为主要考察对象，对其教育功能作多层次的探讨。

临海明清宗祠祭文有少数是不分祭祀时间的通用祭文，宗族只须随时填入祭祀时间，即可使用。如《临海东塍周氏宗谱》中载有"大宗祠祭文"，其文如下：

维大清光绪××年岁次××月××日值祭裔孙××等谨以刚鬣柔毛清酌庶馐之仪敢昭告于始祖列宗，各依昭穆，合食配享，并为文而奠曰：嗟嗟列祖，在周之庭。有严有翼，克广德心。绍庭上下，濯濯厥灵。贻厥孙谋，每怀靡及。锡山土田，俾立家室。念我先人，曷其有极。是用孝享，洁尔牺羊。孝孙祖位，以奉烝尝。小大稽首，济济跄跄。祖考来格，孔燕且宁。报以介福，如日之升。孝孙有庆，永观厥成。伏维尚飨。

祭文采取规整的四言格式，文辞庄重肃穆。从内容上看，祭祀对象笼统写为列祖列宗，没有对宗族历史的具体叙述，也没有提及具体祖先的事迹，只是以"贻厥孙谋""锡山土田"概括带过。这是由通用祭文需要满足不同场合的性质决定的。通用祭文文辞笼统，没有具体人物、事件，因而记忆度不高。其教育意义主要体现在，神圣宗教氛围下的读诵使听者在精神上产生对祖先神灵的敬畏，从而强化其祖先崇拜观念。这可以说是一种宗族宗教文化观念的传承教育。实际上，这一点是所有祭文都具有的功能。由于通用祭文过于笼统，满足不了不同祭祀侧重点不同的要求，因而很少宗族采取这种类型的祭文。

清明祠祭产生于墓祭之后。清明祭祀的主题是表达对祖先的追思，故其祭文也以感怀祖先为主。《临海庄头冯氏家乘》载清明家庙祭祖文：

斗旋指乙者正在娄。桐始开华，榆方出火，节序流易，已届清明。追慕岁时，不胜永感。今兹家庙已经落成，元祖郏邑，近祖冯城，东西列主，妥佑先灵。谨以洁牲庶品粢盛祇荐，岁事罔敢不虔。神其鉴之，伏维尚飨。

这类清明宗祠祭文很少，内容比较简单，行文风格与朱子《家礼》所载四时祭文相似。祭文着重表达对祖先的怀念追慕。其文化意义主要在于，通过语言实现人神之间的精神沟通，而其教育功能则有限。

在临海宗祠祭文中，冬至祭文占了绝对数量，反映出当时以冬至祭祀为主的情况。冬至祭祀的对象包括始祖、先祖，因而对始祖、先祖功绩的赞颂就成为祭文的重要内容。另外，对本宗族源流的追溯也是必不可少的。这与明清时期宗族社会发展，产生统宗合族的需求有关。以下通过几则典型祭文分析其内容的教育意义。

《临海嵩浦李氏宗谱》载大宗祠祭文：

维大清光绪某年岁次某干支十一月朔某干支越祭日某干支裔孙某等，谨以刚鬣柔毛清酌庶馐香帛之仪敢昭告于……诸祖考妣之神前曰：自姤而复，易见天心。祭兽祭鱼，礼明报本。况我祖陇西名族，侨适台郡，宋代簪缨孕奇，嵩浦枝柯遍满，胜比中州，奕世光流，德归积厚。时届至日，感此一阳，令值闭关，聚兹众有，谨献岁祭，聊伸恫忱。统祈来格，裕我后昆，以引以翼，万里鹏程。尚飨。

祭文简单回顾了嵩浦李氏发源于陇西，宋代尚书公扈驾南来侨寓台州，此后分迁各地的宗族历史，最后表达了对祖先的追思以及祈福。这则祭文较简单，但明确了宗族发展历史上的重要节点。"陇西名族"点明了宗族起源。"宋代簪缨孕奇"则是对宗族历史盛世荣耀的宣扬。这种诵读起到对宗族子弟进行概括性的宗族历史教育的作用。

《临海桃渚柳氏宗谱》载祠堂祭文：

时大清乾隆××年岁次××十一月长至之日柳氏嫡孙××暨合族诸孙等谨以刚鬣柔毛清酌庶馐之仪昭告我柳氏本门宗祖昭穆诸灵之前而言曰：猗欤！我祖仕于有明正统八载，建造桃城，奉命督筑，大功告成，赏延于世，袭荫垂荣，绳绳继继，勿替家声。本朝膺命官制，稍更续遭堙遣，星散分行。不数年间，海氛底平，旋归故土，斩棘披荆，安居乐业，贤读愚耕。迄今十有五代，寝昌寝炽，既庶且繁，亲睦聚萃，文士武臣，相承弗坠。凡此休嘉，伊谁之赐？祖功宗德，维天斯畀。念我子孙报本有志，度地鸠工，祠宇建置，左昭右穆，神序其次，庙貌聿新，虔修祀事，少长咸集，情文备至。伏维列祖，鉴我诚意，来格来歆，锡休锡瑞。尚飨。

祭文回顾了柳氏宗族迁台后发展的历史：其祖明正统八年奉命督造桃渚城，因功被赏，遂家于台。清初郑成功等于沿海抗清，朝廷实行"迁海"，柳氏子孙分散于各地。至康熙年间，"海氛底平"，沿海展界，桃渚柳氏方陆续还归故土，以后在桃渚耕读传家。该文文辞平易通俗，便于诵读和记忆，在宗族历史的普及与传承上具有重要作用，宗族历史教育功能体现得极为突出。

《临海夏馆侯氏宗谱》载大宗祠冬至祭祖文：

> 维中华民国××年岁次××十一月××冬至房值祭裔孙××暨领合族人等谨以刚鬣柔毛清酌庶馐之仪敢昭告于南宋始迁祖抑斋公暨列祖列宗之灵曰：惟我皇祖，祠崇溪北，派衍河东，自康邸而勤王，迄临安而底定，旋迁台海，丕振基绪。父若子世笃功勋，兄和弟代传令德。抡才选士，翰苑扬名。治水疏河，黎民乐业。诗书绵奕叶之泽，忠孝流累世之声。祖宗既善贻谋，子孙宜思式谷。兹值亚岁，旨酒和羹，神其有知，来格来歆。伏维尚飨。

夏馆侯氏源自西北，晋时善教公避石胡之乱徙居于东南沿海越人之地。唐开元祖良邦奉父迁台，宋初庠士公大中及子教授公信均以学问闻名于世。南宋末忠一府君拜官康府，扈跸南迁，偕叔昆弟侄至临安，不久迁于临海，为夏馆侯氏迁临始祖。祭文对宗族历史的表述具体详细，对祖先事迹的赞颂也使得叙述更为生动。"父若子世笃功勋"指侯氏居临安后，有观察使与其子团练使抗元保宋，忠勇可嘉。"兄和弟代传令德"指明初，侯名臣及侯润两堂兄弟同掇科为进士，同被简为给事中，同侍从于廷陛之下，有大侯小侯之称。"抡才选士，翰苑扬名"所论为通政公。正统间，通政公为会试考官，慧眼识人，时称得士，有诗云"三元出座下，高明良足征"。"治水疏河，黎民乐业"说的是方伯公。明天顺间方伯公沿河督筑堤闸以捍水患，百姓为之建生祠。此四句是对祖先最为显赫事迹的彰扬。"诗书绵奕叶之泽"表明宗族具有读书传统，"忠孝流累世之声"反映了宗族对子弟的品性教育以忠孝为准则。这两句是对祖先具体行为的总结概括，也进一步明确了对子弟的行为要求。其教育意义体现在两个层面，一是宗族历史的教育，二是宗族祖先高尚品德和行为本身成为一种生动的身教榜样，对子孙具有极大的激励作用和教育意义，使族中子弟认同科举出仕的人生道路与孝义尊卑的封建道德观念。这成为宗族子弟品德教育与价值观教育的重要一环。

《台临马氏宗谱（香严卷）》中记其祠堂《祭文》：

> 维××年，岁次××，××月，××日，裔孙××等谨以刚鬣柔毛清酌庶馐之仪致祭于……曰：岁序易流，时切弓裘，之感渊源，有自敢忘？霜露之思，维我始祖，实在闽之莆田，迁于金华永康，迨六世祖江七公、

应祥公、少峰公、南田公、江科公始迁于上马、假山下、东溪、山里马等地。伏维鼻祖发祥，瓜瓞延绵香积之曲耳！子孙绳武宗支，环溪山之长，阀阅簪缨，名传汉室，高风绛帐，望重千秋。俾炽俾昌之庆，施及子孙；克勤克俭之模，推源祖考。兹值六琯回春，一阳重来，维祖德既厚且深，报本之典，罔敢不遵？粢盛必洁，黍稷维香。宜家保族，绥百福以并臻；祝蝦告成，永万年而勿替！敬莫先灵，伏祈尚飨。

祭文虽未有具体时间，但"六琯回春，一阳重来"表明了这是一篇冬至祭文。祭文追述宗族自始祖从福建莆田迁徙至金华，继而后世分迁台临各地的历史，明确了上马、假山下、东溪、山里马等地马氏之间的血缘关系，加强了宗族子弟之间的情感认同，为更广范围内的联宗打下基础。之后点明在祖先功德庇佑下，宗族兴盛，人才辈出。"名传汉室"指的是东汉著名将领马援，所谓"高风绛帐，望重千秋"难免夸大之嫌。"克勤克俭"则是宗族以祖先为模范教育子孙养成良好行为品德的具体要求。

《临海洪氏宗谱》载祭文：

恭维我祖，锡土敦煌，绵历于宋，节义远扬，忠宣遗泽，三瑞发祥。评事扈从，迁于台疆，堂构初起，甲第流芳。累世积善，绍焉允藏。维八世祖义问昭彰，元旦特祀，岁以为常。丹山聚族，浸炽浸昌。黉宫鹊起，科甲重光。冠裳济美，克振书香。有秩斯祜，申锡无疆。节届长至，初伏一阳。感时怵惕，合荐宗祊。有功宜配，有德莫忘。象贤好义，附享于旁。敬陈牲醴，来格来尝。本支百世，继序其皇。缵承勿替，降福穰穰。伏惟尚飨。

祭文回顾了洪氏最早源于甘肃敦煌，两宋之际，评事公扈从宋高宗南下迁台的历程，赞颂宗族科甲出仕的辉煌成就。该文的四言表达非常典型，很多是被祭文广泛使用的固定词组，如"科甲重光"、"冠裳济美"等。这反映出宗祠祭文用词上有程式化倾向。程式化的文辞虽然不够鲜明，但却表明它们已作为毋庸置疑的价值取向被人们普遍接受。这是宗族社会趋于一致的价值取向的反映。

综上所述，临海明清宗祠祭文传递出多重的文化内涵，对于宗族子弟的教育意义也是多层次的。首先，对祖先功绩的赞颂言辞反映了人与神关系的定位：神是被敬仰的，是有超能力的，能够降福护佑后人。这是一种宗族宗教文化观念的传承教育。其次，回顾宗族源流加深了宗族子弟对宗族历史的理解和熟悉，是一种历史观教育，对于宗族历史的传承具有重要意义。最后，对祖先功绩的宣扬既是历史教育，也是品德与价值观教育，促使宗族子弟的人生轨迹朝着有利于宗族发展的方向前进。

三　宗祠与学校教育

一个宗族的社会地位与影响力与宗族整体文化水平及其所出科举人才的多少密切相关。因此宗族十分重视学校教育，致力于科举人才的培养。其具体的作为是通过宗祠给学校教育以多方面的支持，主要体现在设立塾学及以祠产保障塾学及科举教育上。

（一）设立塾学，为宗族子弟提供读书场所

宗祠作为祭祀场所，一般是不允许用于生活用途的，但读书是例外。"宗祠之中惟读书可以借坐，其余他务俱不许擅入污亵先灵。"[2] "祠内只许设馆读书，不许安歇物件。"[3] "每年读书须向房长讲明方可贴认，不许改换门墙，散馆后仍锁门。"[4]可见宗祠对子弟读书大开方便之门，对在宗祠内开设塾学教育子弟给予特别待遇。这在当时是普遍的现象。

宗族社会形成后，宗族成为具有共同利益的社会共同体。鉴于读书出仕对宗族发展的重要意义，宗族通常对族内包括贫苦家庭子弟在内的所有子弟进行培养教育，以提高宗族的整体文化素质及生存能力。屈家屈氏"宗祠设义塾一堂，每年延师训读。先生修金火食等俱取诸族中公项。盖族人贫富不同，富者得以自便，贫则衣食无措，虽有上智天资，未免束手无策。故义塾之设断不可少"[5]。可见义塾的设置确实为贫穷无力读书的族人子弟接受教育，进而成才立名提供了条件。

临海明清宗祠的基本格局是中轴线末端中间位置为一层高敞正寝，两侧为对称两层厢房，其前有的设有门房，有的不设。正寝是宗祠最重要的地方，用于放置祖先神主，不宜于教学。所以塾学一般设置于厢房或者门房之内。此外，由于宗祠神主的不断增加，正寝无法容纳，也有宗族将两厢用于安放神主。如栅浦何氏就将援引"功宗祠"、"兴继祠"之说，将东西厢扩大为神主安放场所。这种情况下，塾学一般置于何处呢？《临天倪氏宗谱·重修永思祠记》的相关记载为我们提供了线索。倪氏永思祠坐北朝南，后又建两层左厢房，"上为祖宗月祀时享，下为子孙春诵夏弦者"，可见塾学设于厢房下层，二楼用于安放神主。这种安排当是为了避免子弟

---

〔2〕　《临海周丘叶氏宗谱·外叶叶氏祠堂记》。
〔3〕　《台临厚田金氏宗谱·宗祠古例》。
〔4〕　《台临岭下金氏宗谱·宗祠禁条》。
〔5〕　《临海屈氏宗谱·家规·明伦》。

踩踏祖先神主的不敬行为。从此例可以推测，当在两厢放置神主时，塾学应设于厢房下层。

相对于地方公办学校的庠序而言，塾学主要负责早期阶段的教育学习。宗祠塾学分为童蒙之学与举业之学两个阶段。《临海洪氏宗谱·评事公祀田暨义学记》谓："族中诸童子先君延塾师资以修脯，如是者积有年矣。先君殂后，绩复与揆议，凡始分句读及习为举业者咸令就师。"句读之学即童蒙之学，为启蒙教育，举业则专以科举为目的。

《台西潢水叶氏宗谱·义方式训》："八岁入小学，读孝经，教之以洒扫应对，进退之礼。祀长者坐必起，行必随。不问不敢对，不命不敢退。"《临海戴氏宗谱·宗训条目》："凡童子始能言能行，教之勿与群儿戏狎。晨朝相见必教谦向肃揖。迨入小学，易于遵教，必使之相序以齿，相观为善，更相敬惮，勿相聚戏言，勿戏笑，勿戏动。善则相学，恶则相讳，勿相诽谤，勿相夸竞。""训童蒙弟长：不衡坐，不苟越，不干逆色。趋翔周旋，俯仰从命。毋践履，毋踏席、抠衣趋隅。必慎惟诺，食必让席，行必让步。与长者言必愉色，与肩者言必婉容。恶言不出于口，忿言不反于身。"可见蒙学的教育内容是《孝经》等初级的儒家经典，宗旨是教育子弟从小形成良好的品德基础以及做人行事的基本准则。

相比较，举业之学的要求要高得多。《台临南乡金氏宗谱·义方式训》："稍长，习举业，选择端方通儒以为之师，务要隆重其礼意，教子弟以孝悌忠信、正心诚意为先，敦诗说礼、博古通今为要。自然学成名立，耀祖光宗。"《临海后泾陈氏宗谱·祖训》："大家弟子必教之读书明理。且有文行，必赐科名，门庭光宠，任人家国，使不负所学，流光史册，显亲扬名，孰大于是。"可见举业之学要求学生对儒家经典进行深入的研究，达到获取功名，光宗耀祖的目的。

清朝末年废除科举制度后，传统教育向近代教育转变。宗祠塾学也发生了相应的变化，开始向学校公共教育转换。临海很多宗祠义塾都经历了向乡村小学转变的过程。如长沙周氏宗祠塾学"至民国实行保甲制时列为长沙保民小学"[6]。穿山七年汇头四房小宗祠"清建，民国二十六年秋金寄桴改设渔民子弟学校"[7]。娄村李氏宗祠民国初期设有短期小学，"后来又更名为一、二保（娄村、长坦）联立国民小学，校址迁至娄村堂"[8]。

---

〔6〕　《台临长沙周氏宗谱·命名长沙及宗祠记叙》。
〔7〕　《临海穿山七年金氏宗谱·宗祠庙堂》。
〔8〕　《临海康谷李氏宗谱·娄村李氏宗祠与娄村小学》。

从塾学名称的变化可以看出，民国时期临海宗祠教育也已由宗族教育扩展而为乡村公共教育。世易时移，此时宗祠塾学的教育内容和宗旨也都发生了变化。《台临小芝何氏宗谱·重修大宗祠记》即谓："抑有进者，民国以来，国家谋普及教育，乡镇都利用祠宇为校舍。吾族教育落后，文盲充斥，果能借宗祠设学校，使幼子童孙相与弦诵于芝山吉水之间，进与欧美科学争一日之短长，则宗祠之立，岂徒奉牲告帛，妥侑先灵而已哉？"可见，西方近代科学已经代替儒家经典成为宗祠塾学教育的主要内容，而教育目的也已由科举仕宦转变为培育新式人才。

（二）以祠产支持宗族塾学及科举教育

除了在宗祠中开设塾学外，宗族还以祠产保障族中子弟就学、深造。临海有些宗族设有学田（也称书田、膏火田）用于支持宗族教育。学田广义上亦属于祠田。《临海蒋家山蒋氏宗谱·族政》曰："今乡子弟不能办修金，以致俊慧后生终身目不识丁，良可痛惜。兹蒙祖父福荫，既有肥田，当捐十余亩贮租以作延师之费，则从学者众。愚者得以识字，秀者得以通经或上进成名。其利泽胡可量哉！此书田不可不置也。"强调了学田设置的必要性和重要性。

学田的重要用途之一是为宗祠塾学提供延师及学生补贴等费用。"延师当丰盛，礼节先定，脩金不可惜费怜财，假意虚饰"[9]，反映出宗族对老师的尊重，在延师费用上尽可能丰盛。东溪单氏将所置学田之租谷用于教员薪资的支付，于宗谱中开载了田地位置及租佃情况，规定对恃强占田、停废学堂、败坏学规等行为的惩罚处理，"如有恃强倚势之人将田占卖，并兜收活契田价及停废学堂、败坏学规者，定许鸣官究治，毋得徇情为要"[10]，从而保证延师之费的充足及塾学教育的正常开展。

柏树下韩氏宗族设有学田给入学子弟以津贴补助，"塾即设宗祠中，凡属陵泉公派下子孙入塾者给以膏火，即有出外从师者，亦使均沾其惠"。为了使这项举措垂之久远，宗谱记载了学田的准确位置，规定由董事举诚实公正之人掌管租税。所有读书子弟都可得到学田的租息补助，强调利益均沾，不许恃强凌弱、取与自便，如有违背，予以惩罚，"倘敢不法，由董事会同诸父老秉公究治，决不徇情"[11]。

〔9〕 《临海溪口马氏族谱·宗规》。
〔10〕 《临海东溪单氏宗谱·鲤山小学华山公义田据》。
〔11〕 《临海柏树下韩氏宗谱·兴祖祠小义塾记》。

学田另一项重要的支出是对科举仕宦者给予奖励。罗渡罗氏规定了学田轮收的具体准则。"入泮、补廪及贡者"是科举中的初等成绩，准给收一年。捐监属于自己拿钱买功名的行为，宗族对这种功名也是承认的，但花费要百千以上，方给收一年作为补助。"拔贡、中文举及连捷"则是更高的科举成绩，给收三年。出仕者亦收三年。给收时间以清明日为准，清明以后者，待转年与其收种。"若有同科者，以名次先后为准。"〔12〕对各种情况的周到考虑，表明罗氏学田的管理已经较为成熟。殿前朱氏亦设有学田供族内读书子弟轮收。岂料由于没有规定明确的给收规则，造成族内争端，以至控讼府宪。之后为了避免同类事件的再次发生，朱氏宗族也制定了详细的给收条例，对入泮、捐监以及同榜的情况都给以明确规定。"俟后来有入泮者将一半给收二年，或二人同榜，共收四年均分。捐监者亦如式。一榜倍之。收满仍为公贮。其一半积存义馆，以为训蒙之费。"〔13〕由上可见，学田轮收规则的制定主要依据科举成绩的高低。

石屏陈氏有关学田轮收的规定，还显示了文武有别，尚文轻武的取向。石屏陈氏规定："凡我半窗公嫡派有人入泮者、食廪者、贡成均举孝廉入词林者，俱照前后科相继承收值祭。设有武科，许收三年，仍让文榜者承收，以吾族尚德而不尚力也。"〔14〕文武同科时，获得武科者要先让文科举者轮收学田地租，表明对文科功名的重视。

很多宗族并不特设学田，而是于祠田中统一分配助学奖学的费用。如黄溪李氏以祠产的一半用于奖励科举，"今后有入学捐监等，自乾隆五十四年起，将祀租分出一半给收两年（止向每佃名下分租，不许分田）。有两人同收，照算给收四年。科甲依例倍算，照次挨收"〔15〕更楼郭氏也从宗族祠田中分出一部分用于对派下子孙科举入泮者的奖励，"凡派下子孙有入泮捐监者三项田地准给收租耕种。如在二月间入泮捐监者，其当年田地即给收租耕种，如在三四月间入泮捐监者，拖至次年与其收租耕种。其祭祀即着入泮捐监者办理。此奖劝功名之意，后之子孙宜共勉诸"〔16〕。

有的宗族还会给入宗族塾学及参加科举的子弟以其他形式的支助。更楼郭氏除了从祠田中抽出一部分供科举者轮收外，另外还给以一定的资金支助。"派下子孙入泮、捐监者将公项内抽给钱一十二千文，如□□□贡

〔12〕 《罗姓台州罗渡宗家谱·五房叔让公学田序》。
〔13〕 《临海大石殿前朱氏本支谱·书田议据并田号》。
〔14〕 《台临石屏陈氏大宗谱·太祖钝静公祀田》。
〔15〕 《临海黄溪李氏宗谱·家规》。
〔16〕 《临海更楼郭氏宗谱·大五房分怡清公祀产》。

图 299　涂川吴氏宗祠祭祀中的奖学仪式（彭连生摄）

则倍之，举人则两倍之，进士则三倍之□□□□□给钱四千文。举人赴会试者倍于乡试□□□□□。"〔17〕可见更楼郭氏对劝学的投入颇为可观。穿山七年金氏宗族以公贮资金本息支持义塾，"山后公自嘉庆十七年始议立公正，惠存贮税，息本为义塾之需"〔18〕。西溪王氏老大分祠则将祭祀颁胙后的剩余"分给蒙学纸笔"〔19〕。洋林娄氏从祠田收入中抽出一部分专供族中子弟乡试会试的路费补助，"族中有业儒子孙应乡会两试者为之酌给资斧之费。此田之设，上足以祀先，下足以为子孙显扬之劝从"〔20〕。有的宗族还会为考生在赴试途中建造休憩投宿场所，如康谷李氏"附建房屋一透于东岭脚村，供后世苗裔求取功名，入郡邑赴考落脚投宿所用。可见先祖关怀后代子孙之无微不至"〔21〕。这也是一种较为特别的助学方式。

　　除了为族人进入科举仕途提供各项物质支持外，宗族在各种宗祠活动中也给科举仕宦者以特别优待，以激励劝勉其他子弟。首先，科举仕宦者是神主入祠的优先考虑对象。如郡城林氏祭祀的历代先祖包括功名彪炳、

〔17〕　《临海更楼郭氏宗谱・静庵公祀产条规序》。
〔18〕　《临海穿山七年金氏宗谱・公正会记》。
〔19〕　《台临西溪王氏宗谱・祠堂》。
〔20〕　《台临娄氏宗谱・娄氏宗祠义田碑记》。
〔21〕　《临海康谷李氏宗谱・大宗祠概况撷集》。

节义昭彰、荻训流长于里闾、芝诰宠锡于朝堂、载在祀典、垂诸坊表者六类[22]，其中科举仕宦者占了大部分。

其次，在神主的排位中给科举出仕者给以更高的地位。临海洪氏宗祠内"中龛所奉神主自始祖、始迁祖至第九世老大房、四房之祖，共十九主。东一龛凡出仕及发科甲之主送入。东二龛凡有衣领之主送入。西一龛、西二龛凡处士之主送入。如有搀越及神主假冒称呼者，议罚"[23]。明清时期以东以左为尊，将科举出仕之主置于较处士之主为尊的东龛，表明对科举仕宦者的尊崇。

再次，在祭祀后的颁胙与宴饮中，给科举出仕者以优待。大石殿前朱氏"清明祭祖，每丁胙肉一斤，拜坟馒首一双。其中生监吏户胙肉加倍，馒首亦加倍。有能光耀祖宗登科甲者更加优待，给蹄一足，重十斤，馒首二盘，计十双以劝后人"[24]。生监是指在官办各级学校就读的学生。他们处于科举教育的链条之中，其胙肉与馒头是一般族人两倍。而登科出仕者的待遇更高，分胙肉时给整条猪腿，并二盘馒头。后田金氏清明祭祀后"派下裔孙拜祖者各给馒首一双，重八两，绅衿并年六十以上者倍，科甲出仕耆颐者再倍"[25]，科甲出仕者所分馒头是一般族人的四倍。祭祀后分胙的差别待遇是物质上的奖励，更是一种精神上的荣耀。

龙里杨氏在祭祀后的饮福中为能够取得科举成绩的子弟设置特定席位，"有能入泮登科弟者，此有光吾门，宜另优奖，寒食、长至、除夕得席外，特加三节以励其贤"[26]。之所以在饮福中有特定席位会成为一种奖励，是因为除了冬至大祭全族饮福外，其他俗节祭祀后的饮福规模较小，一般由各房代表参加，因而成为一种权利。

---

[22]《临海郡城林氏宗谱·冬至祭文》。
[23]《临海洪氏宗谱·祭仪》。
[24]《临海大石殿前朱氏本支谱·族规》。
[25]《台临厚田金氏宗谱·宗祠古例》。
[26]《台宗杨氏族史·旧谱家训》。

结 论

一

根据现有记载，临海最早的平民宗祠出现在南宋初年。元代不见有建
祠事例。至明中后期，临海宗祠快速发展，"大小宗祠城乡间错"。然中
国传统木构建筑限于木质结构之未能耐久，不易长久保存，更兼改朝换代
之更迭，往往"革运以来，风蚀火烁转成丘墟"[1]。明代及以前的宗祠已
无迹可寻。临海现存传统宗祠皆为清代及民国建筑。

临海现存传统宗祠的时间跨度不过两百余年，基本的梁架结构没有明
显变化，体现出传统木构建筑技术传统的稳定性。但在装饰风格上依然可
以辨析出时代文化精神之变迁。清前中期宗祠多肥梁大柱，主梁架没有过
多的装饰，显示出浑厚气象。而清晚期以后的宗祠梁架结构及装饰均透露
出细弱、花巧、浮华的气息，反映了宗祠生命力的减弱。以对时代精神风
貌反映最为敏感的梁端刻饰为例，从清前中期较为简单的豆芽式卷草纹，
到咸丰、同治时期三叶花瓣式卷草的发展，再到光绪时期的卷须花瓣式草
叶纹的出现，可以看出五架梁端刻饰存在一个花化、细化的趋势。这种趋
势到民国时期发展到极致，出现了各式花样卷草纹。梁端刻饰的变化反映
了宗祠建筑精神的弱化，也间接反映了清代宗族社会不断发展，最后趋于
衰落的过程。

作为乡土建筑的代表，临海传统宗祠建筑是社会主流意识形态与区域
传统文化相结合的产物，具有显著的区域特征。

首先，建筑"原型"凸显宗族性、神圣性。

临海传统宗祠最常见的格局是前后二进的四合院形式，具有独立性、
闭合性。这缘于宗祠属于具有共同血缘联系的宗族，具有强烈的排他性。

---

〔1〕 《台州栅浦郡城何氏宗谱·康熙乙丑临晋公修谱谱例言》。

宗祠平面布局的严整有序与宗族内部利益联系紧密、尊卑差等分明有直接的关联。而宗祠内部极强的连通性缘于宗族公共活动的要求。开阔的宗祠院落空间则是为了满足祭祀族众日益增多的需要，反映出平民宗族日益发展扩大的现实。

正厅在整个宗祠建筑组群中具有突出地位。造成这种现象的原因在于，正厅是供奉祖先神主牌位的场所，具有唯一性、神圣性，是宗祠得以存在的基础。简洁肃穆的立面外观则是宗祠作为具有宗教性的礼制建筑的内在要求。

其次，建筑结构及装饰彰显本土性。

临海宗祠梁架结构以常见的抬梁、插梁与穿斗为主，总的来说比较简单朴实。梁架的外观变化主要体现在梁托的使用上。檩木之间的弯曲梁托在联系拉结檩下各柱，托固檩条的同时，也发挥承重作用。由于梁托与梁的功能相通，在实际使用中，两者经常互相有无，位置形式上也多有变化，使得梁架外形变化多样，丰富多彩。

临海宗祠的彩画通常使用在梁枋、卷棚顶以及戏台藻井上，有些檐柱牛腿、雀替局部也会刷饰油彩。现存旧制彩画的例子较少，且多已剥落。但从存量不多的案例中，我们可以看到，临海宗祠的彩画风格与北方各式画法均不相同，也不同于南方常见的苏式彩画。从形式上来看，临海宗祠彩画没有固定的格式，或者遍地重复，如姚宅姚氏宗祠梁架间遍饰团花图案；或者采用形式各异的开光以供绘画之用，如江根郑氏戏台檐枋上依稀可见数个或圆形、或扇形、或树叶形等不规则的白色开光用于绘制各种图案。从内容上看，各种动植物、山水、器物等皆有，如龙泉陈氏宗祠前廊为平板卷棚顶，扇形开光内饰以白地墨绘，内容有菊花、石榴、山石、熊等；也有各种人物故事彩画，如石佛洋徐氏宗祠明间后檐戏台的八角藻井遍施彩绘，顶心为朱红、黑色彩绘云龙纹，八边梯形框内为开光人物故事，井底周围天花亦墨绘开光山水人物，檐枋彩绘开光文字、人物故事等。

临海传统宗祠简单、务实而不失活泼的梁架装饰及随意无拘的彩绘风格充分反映出临海区域建筑文化自由活泼的民间特色。

第三，区域内部的差异性较为明显。

临海从地形的角度可以分为东部滨海地区、中部河谷地带以及西南、西北部的山地丘陵地区。这三个小区域内的宗祠在梁架及装饰上各具特点。东部滨海地区普遍使用插梁架，檩木之间通常设有鱼龙形或弯曲梁托。梁托使用形式多样，梁架外观丰富活泼。檐柱装饰也较为精美，柱前常见狮子、龙纹与鹿造型的牛腿，柱侧雀替以体量较大、具有极强装饰性的华丽S形卷曲纹雀替最为常见。在西北、西南地区宗祠内，正厅明间梁架以简单的抬梁结构占绝对数量，梁托的使用较少。檐廊施卷棚顶的数量很少，而且均为缺少顶梁的简单插梁架。檐柱无牛腿、无雀替装饰的宗祠数量较多。相较于东部滨海地区，该地区在梁架及装饰上明显简单粗陋。而中部河谷地带的宗祠无论在梁架类型，还是在装饰上都具有明显的过渡性。其正厅明间梁架中抬梁、插梁的比例相近，梁托设置比例亦接近半数，施卷棚顶的檐廊占有一定数量，设有弯曲梁托的比例也是介于东部与西南、西北部之间。

临海内部三个区域宗祠特点的形成与地理环境密不可分。正是海洋经济为东部滨海地区建造质量较高的宗祠提供了物质基础，从海洋上刮来的强劲台风造成了该地区宗祠屋顶举架普遍较低，主梁架以能够增加装饰空间的插梁架为主的情况，而海洋文化兼容、开放与勇于挑战的特性也形成了东部宗祠装饰审美的基调。山地经济的贫瘠及山地文化朴素、厚重的特性与西北、西南地区宗祠的简单梁架与朴素装饰有内在的联系。而中部河谷地带宗祠梁架与装饰的综合与过渡的特点则来自地理区间的过渡性，是海洋与山地双重文化影响的结果。

二

临海传统宗祠建筑的产生与发展以宗族文化的传播和流布为基础，折射出区域宗法精神的变迁，见证了区域宗族社会的形成、发展和衰落。

临海宋以前经济、文化发展缓慢，儒家文化的影响十分有限，宗族发育程度很低。两宋时期，随着大量人口的迁入，临海的社会经济与文化得到了快速发展。儒家士大夫大力倡导宗族文化，促进了民间对士大夫行为准则的认同和效仿，也增强了民间大规模族群内部的宗族认同。在此基础上，出现了独立建造的无关身份等级的民间宗族祭祀场所。宋元之际的兵火直接毁坏了很多宋代的家庙祠堂。之后，元朝统治者在临海实行高压统治，严酷镇压世家大族。临海宗族势力殆尽，宗祠建设停滞。

明朝建立后，恢复汉人儒家文化传统。统治者认识到宗族对控制基层社会的重要作用，积极提倡忠孝伦理道德，扶持宗族发展。这为临海宗族发展创造了有利的外部环境。而明代科举人才大量涌现以及倭寇的侵扰、生存条件的艰辛恶劣则是促进临海社会平民宗族大发展的内因。宗族成为实现政府控制以及地方社会面对灾荒兵患的一种组织形式。作为宗族象征的宗祠在这一时期得到快速发展，尤其在嘉靖朝"大礼议"放宽官民祭祖范围之后，宗祠发展更为迅速，成为民间祭祖的主要形式。很多宗祠祭祀始迁祖，甚至始祖，也有的宗族同时祭祀远世先祖。对配享远世先祖的选择突出功德标准，增强了宗族的荣誉感和凝聚力。而在对近祖的祭祀中，常常出现违反礼法，兄弟并祀的情况。兄弟并祀加强了宗族直系与旁系的联系，是增强宗族团结的重要手段。无论是对始祖、始迁祖及有功德先祖的祭祀，还是在近祖祭祀中对宗法礼制的突破，都是为了更有效地加强宗族内部联系，都是为了"收族"。

进入清代，在朝廷的大力倡导与支持下，宗族发展日益政治化。宗族不再仅仅是尊祖敬宗的伦理组织，而是成为国家的基层行政与司法机构。此时，宗祠在全社会普及，"敬宗收族"的功能更加强化。明清时期宗祠"收族"功能不断强化，其根本原因在于，平民宗族日益发展扩大，趋于组织化，形成较紧密的利益团体。此时宗族存在的意义已经不是以血统来划分政治权力与地位，也不是通过官爵立庙彰显社会地位，而是通过统宗合族来达到对平民宗族利益的维护。

宗祠是宗族社会的中枢，是区域内各种社会力量活动的舞台。明清时期，族长、房长及其他族内绅衿耆老成为宗族的领导者。他们是宗族秩序和乡村秩序的建立者，在宗族中拥有特权地位，在诸如宗祠祭祀、兴学、司法等活动中，享受更多的权力和优待。而对普通族众来说，参与宗祠日常维护与管理、祠田管理与经营以及各项宗祠活动，既是权利，也是义务。这表明他们是宗族的一分子，享受宗祠、宗族给予的庇护，同时接受其约束和管理。

宗祠祭祀是宗族生活的核心，是建立族众与宗祠、宗族联系的关键。明清时期，临海大部分的宗族根据各自的情况，将四时祭近祖、冬至祭始祖、立春祭先祖、季秋祭祢以及其他俗节如清明、寒食、中元、元宵等祭祀进行了整合，以确定每年的祭祀日期，形成自家的规矩传统。祭祀中祭品的丰俭程度依祭典不同而各有等差。在同一祭典中，其丰俭程度也会依受祭对象的不同而有区别。这是现实宗族人际关系的反映，并反过来进一步强化了宗族内部的尊卑关系。祭祀对象的确定是一个血缘和功德标准不断冲突与平衡的过程，体现出对宗法社会秩序及宗族现实利益的维护。祭祀以传统三献礼为主要内容，有的宗祠祭祀实行出主科仪。祭后颁胙的实质并不在于具体物质的多少，"有分"、"无分"更多显示出宗族身份认同的意义。而祭后饮福对于增强宗族内部的关系，进而实现"收族"具有重要意义。

宗祠是传承宗族文化的中心，在文化教育领域发挥着重要的社会功能。

宗祠檐柱、梁枋间悬挂的堂匾、楹联等是传承宗族精神文化的载体，引导族众接受忠孝节义的封建伦理道德观念。宗族还通过在祭祀中诵读祖训、祭文对族人进行宗族历史观、价值观、人生观的教育。此外，宗祠兴办塾学，承担了初级启蒙教育的社会功能，还采取了诸多奖学、劝学措施，在宗族文化人才培养上发挥重要作用。

作为宗族物化象征的宗祠是宗族社会的灵魂。宗祠包括祭祀、文化教育等各项功能的实现，对于促进宗族发展、整合乡村社会关系具有重要意义。由此，回响祖先殷殷期语，承担族人心灵寄托的宗祠在香烟缭绕中定格为临海明清社会的标志，永恒地停驻在人们的历史视野中。

参考文献

（一）史籍

（汉）董仲舒：《春秋繁露》，中华书局，2012 年。

（汉）王符：《潜夫论笺校正》，中华书局，1985 年。

（汉）桓宽：《盐铁论》，中华书局，1985 年。

（唐）萧嵩等：《大唐开元礼》，民族出版社，2000 年。

（宋）朱熹：《家礼》，北京图书馆出版社，2004 年。

（宋）朱熹：《朱子文集》，中华书局，1985 年。

（明）冯善：《家礼集说》，明刻本。

（宋）程颢、程颐：《二程遗书》，上海古籍出版社，1992 年。

（清）徐松：《宋会要辑稿》，中华书局，1957 年。

（元）马端临：《文献通考》，台北商务印书馆，1983 年。

（宋）胡寅：《致堂胡先生裴然集》，经鉏堂，清刻本。

（宋）志磐著，释道法校注：《佛祖统纪校注》，上海古籍出版社，2012 年。

（宋）石介：《徂徕石先生文集》，中华书局，1984 年。

（宋）穆修：《河南穆公集》，上海商务印书馆，民国间。

（宋）林表民辑，徐三见点校：《赤城集》，中国文史出版社，2007 年。

（明）谢铎辑，徐三见点校：《赤城后集》，中国文史出版社，2007 年。

（明）王士性撰，朱汝略点校：《王士性集》，浙江古籍出版社，2013 年。

（明）刘惟谦：《大明律》，法律出版社，1999 年。

《钦定大清会典事例》，商务印书馆，光绪三十四年。

（清）陶骏、（清）陶念霖增修：《大清律例增修统纂集成》，光绪二十四年。

（清）郑端辑：《朱子学归》，中华书局，1985 年。

（清）钱大昕：《潜研堂文集》，上海商务印书馆，民国间。

（清）赵翼：《陔余丛考》，上海古籍出版社，2011 年。

（清）冯桂芬：《校邠庐抗议》，上海书店，2002 年。

（二）地方志

（宋）陈耆卿纂修，徐三见点校：《嘉定赤城志》，中国文史出版社，2005 年。

（民国）喻长霖、柯骅威等：《民国台州府志》，上海书店，1993 年。

（民国）何奏簧纂，丁伋点校：《民国临海县志》，中国文史出版社，2006 年。

临海市志编纂委员会：《临海县志》，浙江人民出版社，1989 年。

徐三见、马曙明：《临海宗教志》，宗教文化出版社，2001 年。

《台州交通志》编纂领导小组：《台州交通志》，团结出版社，1993 年。

临海市水利电力局：《临海水利志》，团结出版社，1993 年。

《杜桥志》编纂委员会：《杜桥志》，浙江人民出版社，2009 年。

何达兴主编：《涌泉》，浙江人民出版社，2009 年。

何达兴、李尔昌主编：《东塍》，中国文史出版社，2010 年。

（三）专著

梁思成：《中国建筑史》，百花文艺出版社，2005 年。

梁思成：《中国建筑艺术图集》，百花文艺出版社，2007 年。

韩欣：《中国古代建筑艺术》，研究出版社，2009 年。

王其钧：《中国建筑图解词典》，机械工业出版社，2006 年。

陈志华、李秋香等：《宗祠》，生活·读书·新知三联书店，2006 年。

杨鸿勋：《建筑考古学论文集》，文物出版社，1987 年。

刘致平：《中国建筑类型及结构》，中国建筑工业出版社，1987 年。

陆元鼎、杨谷生等主编：《中国民居建筑》，华南理工大学出版社，2004 年。

马炳坚：《中国古建筑木作营造技术》，科学出版社，2003 年。

李秋香、罗德胤、陈志华、楼庆西：《浙江民居》，清华大学出版社，2010 年。

孙大章：《中国民居之美》，中国建筑工业出版社，2011 年。

罗德胤：《中国古戏台建筑》，东南大学出版社，2009 年。

朱良文：《传统民居价值与传承》，中国建筑工业出版社，2011 年。

傅熹年：《中国古代建筑十论》，复旦大学出版社，2004 年。

楼庆西：《中国传统建筑装饰》，中国建筑工业出版社，1999 年。

潘谷西主编：《中国古代建筑史·清代建筑》第五卷，中国建筑工业出版社，
2009 年。

孙大章主编：《中国古代建筑史·元明建筑》第四卷，中国建筑工业出版社，
2009 年。

赖瑛：《珠江三角洲广府民系祠堂研究》，华南理工大学 2010 年博士论文，
邓其生指导。

李一、周琦等：《台州文化概论》，中国文联出版社，2005年。

叶哲明：《台州文化发展史》，云南民族出版社，2006年。

徐三见：《默墨斋集》，中国社会科学出版社，2004年。

徐三见：《默墨斋续集》，中国社会科学出版社，2006年。

《历史文化名城临海》编委会：《历史文化名城临海》，浙江人民出版社，2002年。

马曙明、任林豪主编，丁伋点校：《临海墓志集录》，宗教文化出版社，2002年。

杨供法：《文化精神价值——以台州文化为例》，中央编译出版社，2012年。

林亦修：《温州族群与区域文化研究》，上海三联书店，2009年。

（美）牟复礼、（英）崔瑞德：《剑桥中国明代史》，中国社会科学出版社，1992年。

（美）费正清、刘广京：《剑桥中国晚清史》，中国社会科学出版社，1985年。

（美）何炳棣著，葛剑雄译：《明初以降人口及其相关问题（1368～1953）》，生活·读书·新知三联书店，2000年。

葛剑雄、吴松弟、曹树基：《中国移民史》（第五卷），福建人民出版社，1997年。

（美）巫鸿：《礼仪中的美术》，生活·读书·新知三联书店，2005年。

邵建东：《浙中传统宗祠研究》，浙江大学出版社，2011年。

常建华：《宗族志》，上海人民出版社，1998年。

常建华：《明代宗族研究》，上海人民出版社，2005年。

常建华：《明代宗族组织化研究》，故宫出版社，2012年。

冯尔康、常建华等：《中国宗族史》，上海人民出版社，2009年。

冯尔康：《中国古代的宗族与祠堂》，商务印书馆，1996年。

林济：《长江流域的宗族与宗族生活》，湖北教育出版社，2004年。

林济：《长江中游宗族社会及其变迁：黄州个案研究（明清～1949年）》，中国社会科学出版社，1999年。

唐力行：《徽州宗族社会》，安徽人民出版社，2004年。

赵华富：《徽州宗族研究》，安徽大学出版社，2004年。

钱杭：《中国宗族史研究入门》，复旦大学出版社，2009年。

钱杭：《血缘与地缘之间：中国历史上的联宗与联宗组织》，上海社会科学院出版社，2001年。

钱杭：《十七世纪江南社会生活》，浙江人民出版社，1996年。

钱杭：《周代宗法制度史研究》，学林出版社，1991年。

钱杭：《宗族的传统建构与现代转型》，上海人民出版社，2011年。

（韩）朴元熇：《明清徽州宗族史研究：歙县方氏的个案研究》，中国上海科学出版社，2009年。

（日）井上徹著，钱杭译：《中国的宗族与国家礼制：从宗法主义角度所作的分析》，上海书店，2008年。

（日）田仲一成著，钱杭、任余白译：《中国的宗族与戏剧》，上海古籍出版社，1992年。

（日）守屋美都雄著，钱杭、杨晓芬译：《中国古代的家族与国家》，上海古籍出版社，2010年。

（日）濑川昌久著，钱杭译：《族谱：华南汉族的宗族·风水·移居》，上海书店，1999年。

（日）田仲一成著，云贵彬、王文勋译：《明清的戏曲：江南宗族社会的表象》，北京广播学院出版社，2004年。

徐斌：《明清鄂东宗族与地方社会》，武汉大学出版社，2010年。

黄海妍：《在城市与乡村之间：清代以来广州合族祠研究》，生活·读书·新知三联书店，2008年。

阮仪三、潘嘉来：《楠溪江宗族村落》，福建美术出版社，2003年。

朱勇：《清代宗族法研究》，湖南教育出版社，1987年。

吕子振：《家礼大成》，武陵出版有限公司（台北），2005年。

许华安：《清代宗族组织研究》，中国人民公安大学出版社，1999年。

王善军：《宋代宗族和宗族制度研究》，河北教育出版社，2000年。

郑锐达：《移民、户籍与宗族：清代至民国期间江西袁州府地区研究》，北京三联书店，2009年。

林耀华：《义序的宗族研究》，生活·读书·新知三联书店，2000年。

周祝伟、林顺道、陈东升：《浙江宗族村落社会研究》，方志出版社，2001年。

王铁：《中国东南的宗族与宗谱》，汉语大词典出版社，2002年。

（英）莫里斯·弗里德曼著，刘晓春译：《中国东南的宗族组织》，上海人民出版社，2000年。

刘节：《中国古代宗族移殖史论》，正中书局，1971年。

李文治、江太新：《中国宗法宗族制和族田义庄》，社会科学文献出版社，2000年。

张研：《清代族田与基层社会结构》，中国人民大学出版社，1991年。

姚周辉、何华湘等：《宗族村落文化的范本：温州永嘉岩头金氏宗族村落文化研究》，杭州出版社，2011年。

邹小芃、邹身城、刘伟文：《两浙第一世家吴越钱氏》，中国文史出版社，2006年。

任映红、陈东升等：《经验中国：以浙江七村为个案》第四编，社会科学文献出版社，2006年。

宗韵：《明代家族上行流动研究：以1595篇谱牒序跋所涉家族为案例》，华东师范大学出版社，2009年。

刘黎明：《祠堂·灵牌·家谱：中国传统血缘亲族习俗》，四川人民出版社，2003年。

王静：《祠堂中的宗亲神主》，重庆出版社，2008年。

永康市文管会等：《文化厚吴：厚吴的宗祠与老宅》，机械工业出版社，2003年。

尹文：《江南祠堂》，上海书店，2004年。

徐文平：《遂昌祠堂》，西泠印社出版社，2011年。

刘华：《百姓的祠堂》，百花洲文艺出版社，2009年。

凌建：《顺德祠堂文化初探》，科学出版社，2008年。

张小平：《聚族而居柏森森：徽州古祠堂》，辽宁人民出版社，2002年。

王发志、阎煜：《岭南祠堂》，华南理工大学出版社，2011年。

俞劢平主编：《东阳祠堂》，中国美术学院出版社，2011年。

徐培良、应可军：《宁海古戏台》，中华书局，2007年。

郑建新：《解读徽州祠堂：徽州祠堂的历史和建筑》，当代中国出版社，2009年。

吴英才、郭隽杰主编：《中国的祠堂与故居》，天津人民出版社，1997年。

罗哲文等：《中国名祠》，百花文艺出版社，2002年。

程民生：《神人同居的世界：中国人与中国祠神文化》，河南人民出版社，1993年。

邓佳萍：《屏东六堆地区客家祠堂匾联研究》，文津出版社有限公司，2007年。

王鹤鸣、王澄：《中国祠堂通论》，上海古籍出版社，2013年。

张炎兴：《祠堂与教堂：韦伯命题下的浙江模式研究》，中国社会科学出版社，2012年。

陆元鼎、杨新平、陈景主编：《全国宗祠文化研讨会论文集》，中国文史出版社，2012年。

杨天厚：《金门宗祠祭礼研究——以陈、蔡、许三姓家族为例》，花木兰文化出版社，2011年。

张奉珠：《诏安客家庙祭祖研究——以云林县崇远堂为例》，花木兰文化出版社，2013年。

复旦大学文史研究院：《"民间"何在 谁之"信仰"》，中华书局，2009年。

（四）宗谱类

《临海金氏家牒》，乾隆二十四年，抄本。

《临海金氏世谱》，咸丰癸丑年，木活字本。

《临海金氏宗谱》，光绪丁未年，木活字本。

《台临岭下金氏宗谱》，1931年，木活字本。

《台临厚田金氏宗谱》，1996年，铅印本。

《临海金坑金氏谱志》，1994年，铅印本。

《台临南乡金氏宗谱》，1998年，铅印本。

《临海穿山七年金氏宗谱》，2002年，铅印本。

《临海涂桥穿山八年金氏宗谱》，2008年，铅印本。

《台临钱氏宗谱》，1994年，铅印本。

《临海后街秦氏宗谱》，光绪庚辰年（1880），木活字本。

《临海洪氏宗谱》，道光四年（1824），木活字本。

《临海洪氏宗谱》，同治五年（1866），木活字本。

《台临石屏陈氏宗谱》，嘉庆丙子年（1816），木活字本。

《临海长沙陈氏宗谱》，光绪己亥年（1899），木活字本。

《临海后泾陈氏宗谱》，抄本。

《临海陈氏宗谱》，民国丙子年（1936），木活字本。

《务园陈氏宗谱》，1995年，铅印本。

《临海宋氏宗谱》，道光庚寅年（1830），木活字本。

《台临何氏宗谱》，道光丙戌年（1826），木活字本。

《台州栅浦郡城何氏宗谱》，宣统庚戌年（1910），木活字本。

《台临小芝何氏宗谱》，1943年，木活字本。

《临海覃溪何氏宗谱》，1992年，铅印本。

《张家渡许氏宗谱》，道光癸卯年（1843），木活字本。

《台临湖田许氏宗谱》，1912年，木活字本。

《临海山头许氏宗谱》，2008年，铅印本。

《临海坊前沈氏宗谱》，道光丙申年（1836），木活字本。

《台临界岭詹氏宗谱》，宣统庚戌年（1910），木活字本。

《台临孙氏宗谱》，光绪丁未年（1907），木活字本。

《临海塘头孙氏宗谱》，2009年，铅印本。

《临海夏馆侯氏宗谱》，道光戊申年（1848），木活字本。

《临海夏馆侯氏宗谱》，1947年，木活字本。

《临海涌泉冯氏族谱》，宣统庚戌年（1910），木活字本。

《临海庄头冯氏家乘》，1937年，木活字本。

《临海夏门张氏宗谱》，嘉庆辛酉年（1801），木活字本。

《临海幛下张氏宗谱》，嘉庆癸亥年（1803），木活字本。

《临海黄沙张氏宗谱》，1933年，木活字本。

《临海黄沙张氏宗谱》，1997年，铅印本。

《台临笏桥李氏宗谱》，光绪十一年（1885），木活字本。

《临海黄溪李氏宗谱》，1943年，木活字本。

《临海康谷李氏宗谱》，1994年，油印本。

《临海大汾李氏族谱》，1993 年，铅印本。

《临海黄坛李氏族谱》，2006 年，铅印本。

《临海嵩浦李氏宗谱》，2008 年，铅印本。

《临海黄氏世谱》，光绪乙酉年（1885），木活字本。

《临海义城黄氏宗谱》，稿本。

《临海大屋黄氏宗谱》，1937 年，木活字本。

《临海芙蓉黄氏宗谱》，1914 年，木活字本。

《临海（百岩二徐）周氏谱》，1938 年，木活字本。

《临海东塍周氏宗谱》，1927 年，木活字本。

《台临长沙周氏宗谱》，1995 年，铅印本。

《临海杜岐戴氏宗谱》，咸丰元年（1851），写本。

《临海戴氏宗谱》，手抄本。

《临海桃渚柳氏宗谱》，光绪辛巳年（1881），木活字本。

《临海滩头柳氏宗谱》，道光丙午年（1846），木活字本。

《临海逆溪赵氏宗谱》，1931 年，木活字本。

《台临赵氏宗谱》，1925 年，木活字本。

《台临赵氏宗谱》，1997 年，铅印本。

《临海郡城林氏宗谱》，光绪癸未年（1883），木活字本。

《临海更楼郭氏宗谱》，同治壬申年（1872），木活字本。

《台临八叠谢氏宗谱》，咸丰辛亥年（1851），木活字本。

《临海枧桥谢氏宗谱》，1918 年，木活字本。

《临海溪口马氏族谱》，乾隆戊戌年（1778）重修元集旧本，光绪戊寅年（1878）开印，木活字本。

《台临马氏宗谱（香严卷）》，2006 年，铅印本。

《台临北涧罗氏宗谱》，同治辛未年（1871），木活字本。

《罗姓台州罗渡宗家谱》，1998 年，铅印本。

《临海埠头朱氏宗谱》，1919 年，木活字本。

《临海大石殿前朱氏族谱》，1923 年，稿本。

《临海大石殿前朱氏本支谱》，1929 年，石印本。

《台临潘岙朱氏宗谱》，1998 年，铅印本。

《店前（垫麈）朱氏宗谱》，1999 年，铅印本。

《临海东塍潘氏宗谱》，同治乙丑年（1865），木活字本。

《临海涂川项氏宗谱》，光绪戊申年（1908），木活字本。

《临海石塘程氏宗谱》，光绪辛卯年（1891），木活字本。

《临海蔡氏宗谱》，光绪乙未年（1895），木活字本。

《台临章氏宗谱》，光绪甲申年（1884），木活字本。

《台临章氏宗谱》，1918年，木活字本。

《临海东溪单氏宗谱》，1928年，木活字本。

《临海市北涧王氏宗谱》，1993年，铅印本。

《峘溪王氏宗谱》，1998年，铅印本。

《台临西溪王氏宗谱》，2003年，铅印本。

《临海牌前郑氏宗谱》，1933年，木活字本。

《浙临楼下郑氏宗谱》，1994年，铅印本。

《临海龚氏宗谱》，1913年，木活字本。

《临海蒋家山蒋氏宗谱》，1917年，木活字本。

《临海柏树下韩氏宗谱》，1926年，木活字本。

《盖竹山塎头蒋氏宗谱》，1938年，木活字本。

《临海屈氏宗谱》，1948年，木活字本。

《临海白筑于氏宗谱》，1949年，木活字本。

《临海大石猴山叶氏宗谱》，1926年，木活字本。

《台西潢水叶氏宗谱》，1995年，铅印本。

《临海间丘叶氏宗谱》，2000年，铅印本。

《台州吕氏宗谱》，1992年，铅印本。

《临天倪氏宗谱》，1994年，铅印本。

《临海卢氏宗谱》，2004年，铅印本。

《台南汤氏志》，1997年，铅印本。

《临海仙人褚氏古今谱志》，1994年，铅印本。

《临海百步梁氏宗谱》，1998年，铅印本。

《台临彭氏宗谱》，2004年，铅印本。

《临海石鼓胡氏宗谱》，2002年，铅印本。

《临海胡氏宗谱》，2002年，铅印本。

《皇路董氏宗谱》，1994年，铅印本。

《临海屈氏宗谱》，2000年，铅印本。

《怀仁顾氏族谱》，2003年，铅印本。

《台临娄氏宗谱》，1994年，铅印本。

《临海高氏宗谱》，1995年，铅印本。

《台临乌岩虞氏宗谱》，1995年，铅印本。

《台宗杨氏族史：南山支派谱志》，1995年，铅印本。

《临海石塘杨氏宗谱》，1996年，铅印本。

《临海杨府家谱》，1998年，铅印本。

《临海溪东杨氏宗谱》，2000 年，铅印本。

《台临琅溪吴氏宗谱》，1998 年，铅印本。

《台州临海吴氏宗谱》，2003 年，铅印本。

附　录

临海宗祠记

（一）郡城洪氏

重建大宗祠碑记　金宪南沙公

古大宗小宗之法不讲于世也，久矣。《礼》曰："别子为祖"，言凡始迁于其地及初有封爵者谓之别子，子孙尊之为始祖也。又曰："继别为宗"，言长子继别子之后为大宗也。又曰："宗其继别子者，百世不迁者也"，言大宗世世长子相承，合族宗之以主祀，虽百世后犹为之服也，故曰支子不祭。夫亲亲故尊祖，尊祖故敬宗，敬宗故收族。然祖宗远而宗支繁，继必以宗子，则支子自无外于祖祢之理，将并继乎？宗支之后复有宗支，势必略统系而论世代，则非所以敬宗也。且天子七庙，诸侯五庙，递迁而上，高曾祖祢四亲庙咸在其中。士大夫无迁祧之例，则数世之后又数高祖焉，曾倍之，祖与祢更倍之。主多而室不能容，势必离亲庙而各祀于其家，又非所以亲亲也。夫大宗以义胜者也，小宗以恩胜者也。失义与恩，而礼亡矣。程朱议礼，冬至祭始祖，孟春祭先祖，岂遂无其法哉？盖礼缘人情而起也，穷则变，变则通，期不失其宜，则亡于礼者之礼也。今而后而族乃可收。予宗自敦煌郡公始封于宋太祖建隆元年，经一百七十五载，至南渡绍兴四年评事公敏始迁临海三江，及今五百六十余年，历世一千有九，氏族数千余指。宗祠始创于明崇祯末年，未几沧桑告变，风雨漂摇，栋□衰崩，祀典从未之举也。若皋悯先泽之久湮，念□涣之无从，自戊子以来未尝一日释诸怀也。今岁卜基于峙山之侧，坐子向午，面水环山。伯叔兄弟子姓咸以为宜。于是捐私货，藉众力，庀才鸠工。不逾时而堂构完备，丹垩毕施。既落成，乃议祭法焉。准别子之义，不敢远祖敦煌，宜以评事公为始祖，嗣而进士彦云公应龙，而文盛公昌贤，而秘书公公芾，而学谕钟秀公松。自松祧长子萦，而宗次子朝奉廷华公荣，而贡元道源公深；自深祧长子春，而宗次子朝奉守重公鼎；自鼎祧长子道永、次子道福，而宗三子朝奉可延公道寿；自道寿祧长子达才，而宗次子学士元之公达善，而茂远公榛；自榛祧长子□、次子夯，

306

而宗三子择宽公焯；自焯祧长子坲，而宗次子顺性公城，而呆守公鏦，而宝愚公恩。以上一十五世异世南向，始祖居中，左昭右穆以次而立大宗也。由评事而下五世，礼之常也。由学谕而下十世，礼之变也。祧长子者，其后或微或斩，勿克宗也。勿克宗则大宗绝矣。故不得不变长子祧主仍祀于父之旁，不独祧主。然凡子为大宗，其子之兄弟暨一从、二从、三从之兄弟俱祀于父室之左右，所以敬宗也，所以收族也。此礼之变，变而不失其常焉。至宝愚公以下则皆高曾祖祢之四亲庙焉。准小宗之法，分为新之房四。一房、二房、四房丁少，每房为一室，合祀高曾祖祢于其中。共三室列于祠之东西向。三房丁众，分为四室，高之行一室，曾之行一室，祖之行一室，祢之行一室。共四室列于祠之西东向。凡岁时祀始祖后，俾见在之子孙各得分展其亲庙，所以亲亲也，所以收族也。此礼之常，常而仍通于变焉。凡此者皆亡于礼者之礼也。伯叔兄弟子姓咸曰："善。"位定，若皋盥沐拜手而系之铭。铭曰："共工迈□□□□□□□□□□□□□□□启宇西封。簪缨京洛，声籍江东。济济四甥，白圭振鹭。忠宣亮节，乾维以固。皇舆播迁，日月幽暮。赫赫廷评，扈从南渡。龙战大海，泣血涟洏。欲济无梁，蜷曲中达。于时庐旅，三江之湄。筚路蓝缕，以启菑翳。江水襄陵，其流自始。哲嗣扬镳，南宫继轨。养晦衡门，高栖不仕。帛冠饭糗，绳绳孙子。女勤机丝，男服田亩。诗书弁带，世缵箕裘。经五百载，乔木累樛。里称通德，人颂先猷。越予小子，弗习于粗。代耕清时，偶缁朱紫。眷怀祖泽，春秋匪祀。谋于族众，怵惕填髓。子来共趋，克奠乃基。闷宫翼翼，祀典攸宜。岁时笾豆，以享以期。子姓骏奔，肃穆偯而。孝道曰仁，悌道曰义。尊祖假庙，涣焉斯萃。收族敬宗，亲亲无二。于万斯年，俾昌俾炽。"

重建宗祠碑记　司训惕庵公

闻之《礼》曰："君子将营宫室，宗庙为先。"盖宗庙者，所以妥列祖之灵爽，而因以教孝也。庙数各有等差，不得私立。后世言庙制者，綦严汉以来，始为同堂异室之制。所祀者不过高曾以下而已。若夫举一族历世之祖而合祭之，将欲为同堂异室而有所弗能。故近代宗祠虽与古殊，然礼以义起，固无嫌于创也。吾宗旧祠建自胜国之季，年久而圮。先公乃改作于崎山之麓。先公达养族人以青乌家竞言不利，诼于熙揆，请复旧址。熙揆重违先志，逡巡未果，会请者益力。熙揆不获已，乃操文墓所告于先公，以戊子冬即旧址，量工命日，程土物，称畚筑，平板干，以次而举。熙揆肩其任，罔敢辞劳。族人如老成谙练共襄厥事。迨星燧五周而始告竣。为堂四楹，翼以旁庑，缭以崇垣。其门有伉，其宫斯闳。由中唐以及阶，夹植名材，以为神依。择人而守之，洒扫洁蠲，毋或积为烦坏以亵我祖也。因选牲且醴，以落其成。聚族人而告之曰："吾祖世笃忠贞，光昭史册。评事公迁于兹土又几六百年矣。列祖积德累功，惟□□□□□□□□□□□□□□□□□□□行也。吾愿为士者敦诗书，砥儒行，勿以圣贤载籍徒视为戈名求利之资，庶几处则为醇儒，出

307

则为名臣，以无忝厥祖；为农者服畴力穑，守法奉公，俯仰事俯育皆有所赖。自今以往，凡秀良髦稚，各亲其亲，长其长。虽族属疏远，蔼然水源木本之思，永绵勿替。以期仰慰先灵于万一。苟圮族败类，则刑宪随之，可无惧乎？"众皆唯唯。又告之曰："宫室虽固，未有久而不敝者。是乡适当水道，凡值霖潦之后，必审视修葺，毋听其墆以坠厥功也。"则又皆唯唯。有请曰："曷书之石"。熙撰从而付诸剞氏，以志缘起而诏后来焉。

拟重修大营小宗祠记　十五岁作　云封

自古君子将营宫室，宗庙为先，所以报本追远，其制详矣。王制，天子七庙，诸侯五庙，大夫三庙，士二庙，官师一庙。又□宗伯掌祀事，其下有都宗人、家宗人之属。盖春霜秋露所以伸孝子孝孙之诚者，上下同之。士以上皆得立庙者也。其见于《春秋》、《国语》者，曰伯夷之庙。赵孟适南阳，将会孟子余。盖南阳有庙焉。卫孔悝出奔，宋使二车反祐于西圃。杜氏曰祐，孔氏庙主。此私庙之证也。说者又谓："位卑者泽浅，故大夫不得祭其高曾，士不得祭其祖。"曰："非然也。天子诸侯每世一庙，每庙一主。其下不必皆一庙一主也。《礼·大传》曰：'大夫、士有大事□祫及其高祖。'则平时奉祀者必自高祖下可知矣。盖古之制如此。"或曰："古者祭室皆曰庙，无所谓祠之名也。今之祠堂即古之庙欤？"曰："然。""始于何时？"曰："始于汉而盛于宋。"《封禅书》曰："郊上帝及诸神祠。"此祠所由称也。唐会昌五年始诏准所居立祠。及宋司马温公《书仪》出，遂易庙之名而曰祠堂。今巨室大家多有之，沿宋制也。然非古王制之旧矣。吾台洪氏始于敦煌，自评事公扈跸南渡后，再迁于今郡城下塘园。清华世胄，诗礼传家，一方推为望族。南沙公始作大宗祠于峙山之麓，规模宏壮，诚子孙百世之利也。惕庵公又以旁支分入郡城者，世远族繁，恐寝室之隔而展谒之不时也，于是筑室于宅南，祀北涧公以下，颜曰"小宗祠"。其地当众流之会，小固当其前，大固障其后，城绕其东，池汇其南。诚吉土也。岁久日圮，桡楣将崩，榱桷弗治。神之所居，岂焉在是？于是聚族而谋曰："吾闻太室坏而《春秋》讥。庙之弗整，实贻神羞。其经之营之，毋废先志。"众谋佥从，咸有同心，不惜其费，不惮其劳，莫不饬工庀材，踊跃将事。经旬告成。崇其堂，敬鬼神也；固其室，藏乐器也；广其庭，陈拜舞也；饰其门，壮观瞻也。于是行衅庙之仪，修乐成之礼，烹羊设馔，属老幼以嘉神。觌酒既酺，有执爵而言者曰："□□□□□□□□□□□□□□□□□□□□□□□继别为宗。祭祢者为小宗。"又曰："支子不祭，明其宗也。""岂古者支子不得立庙欤？不知有百世不迁之大宗，有五世则迁之小宗。大宗主别子之祭，小宗主高祖之祭。宗大宗者，助祭于大宗之庙，宗小宗者，助祭于小宗之庙。则今者小宗祠之修乌容缓哉？"众曰："然。"遂退而为之记。

（二）后街秦氏

太邑秦氏祠堂记

闻之《家礼》："君子将营宫室，先立祠堂于正寝之东。"盖为一日谋栖诧，不为先人策凭依，于心不安。即于分不合祠堂者，所以奠列祖之神，而展孝孙之庆者也。爰咨秦氏基开台郡，子姓蕃昌，支发球山，宗功庇荫。溯始迁祖廷佑、廷问二公由灵江转徙而来，择居斯里。宗祖创垂，子孙绳继，迄今三百余年矣。与其为埠为坛而扫地以祭，何如作宫作室而入户告虔。是以十四世孙名乾根号雨香者，痛有宗而无祠，思立祠以安宗。爰谋厥族，乃卜斯基，择居类南土之佳，饬材建东山之麓。于同治丁卯岁始事鸠工，至同治戊辰年遂来燕贺。肯构斯堂，乃安其祖。左接鹰峰百丈，直欲参天；右邻猴石千仞，横看映海。望雁荡之层峦宛尔，文峰拱秀；对月山之耸翠居然，瑞气钟灵。洵美奂而美轮，实以妥而以侑耳。将来祠藏礼器，堂萃书香，赤城发迹，球里增光。西通荆驿之路，冠盖遥临东极太邑之乡。簪缨克守，庶几人文鹊起，还期甲第蝉联，树功匪浅，流泽孔长。余不辞谫陋而乐为之序。

时

光绪庚辰岁次　　邑庠生陈宗舜拜撰

（三）郡城林氏

重修大宗祠记

余家宗祠之在闽中者奕奕巍巍，无庸赘纪。兹三台之祠为祀南宋始迁祖朝奉大夫暨列宗而建也。自宋历今，相传五百余年。禴祠烝尝，世修不坠。延及今上十有三载，逆藩跋扈，侵凌我疆，王师徂遏，以斗大之区集百万之旅，民居不足容，住及公廨。时，米珠薪桂，卸屋材以爨。向来几筵之地，竟成瓦砾之场。祖宗血食几斩。幸圣天子德威遐畅，小丑就歼。闾阎阛阓渐次恢复，宁我宗祠忍视其鞠为茂草乎？时欲将伯协力重新，而族属之星分棋置者，尤未尽复我邦族。爰是身仔其任，凑率公堂分资，庀材鸠工。经始于壬申之春，阅十二月而轮奂归然。岁时伏腊，诸子姓得以重拜瞻焉。虽其堂构不及闽莆之壮丽，抑亦可妥列祖之英灵矣。虽然沧桑莫问，陵谷迁移，乌知后之视今不犹今之视昔？凡我后起念先泽之宜，守时修葺而勿忘，则于万斯年以妥以侑矣。爰勒贞珉以纪岁月。十三世孙允升、光晟、十四世孙琦象先辈同效劳勋，例得并书。

时

康熙壬申十月之吉

十五世孙学高立石

重修大宗祠记

天下事有前后如出一辙者。其间显若有数存焉。郡城槐梧巷口大宗祠左右三楹，庭前植槐梧各一，巷由是名。祠建于南宋，修于前明。国朝康熙十有三年，逆藩跋扈，毁于兵，败瓦颓垣鞠为茂草。幸赖十五世学高公独肩其任，分资重建，恢复旧规。及咸丰辛酉发逆陷，郡城复遭卸毁，但见数楹朽柱，墙壁荡然。六百余年迭兴迭废，是亦数之无可如何者。乱后家室仳离，子姓自顾不暇，谁能及此。余于癸酉冬间，慨祀事之莫修，乃勉力图维，出资先复门墙，聊庇风雨，堂内粗为补葺，以妥先灵，而榱桷辉煌弗计也。延至光绪癸未之岁，余承先人命续修宗谱。窃以事成告庙，规模陋隘，神位蠹霉，甚非子孙所以报本之道。于是独力鸠工，重修堂构，更新历代昭穆，金碧雕甍，灿铄归然。忆昔学高公之重修亦当乱后，读其记中"欲呼将伯协力重新，而族属星分棋布，犹未复我邦族。爰是独仔其任"，数语凿凿，则余今日重修之举先后如出一辙，谓非数使之然耶！事竣，急记数言，以俟后之贤者。

时

光绪九年岁次癸未季冬之吉

十七世孙翰谨识

逸斋林君重修宗谱祠堂记

林氏起于长林，盛于莆田，而迁台则自朝奉公始然。其间阅世生人，阅人成世，不及时有以纂辑之微。特于其祖将数典而忘，即于其子孙亦不无散失遗忘之患。此吾友逸斋林君所以有重修宗谱之举也。盖在咸丰年间，其令先君菊怀公已有志于此，未逮而终。今逸斋上承先志，合纂修校订而独总其成，非才识兼优何以及此？考林氏世居县治西，今其祠堂犹在，堂前旧植槐与梧各一，因以名其巷。今岁久，栋宇毁折，而当年所手植者亦复无存。逸斋不惮，以修谱之余力，自出其资复为修葺之，仍于其地复植一槐一梧。此其所以承先，实其所以启后也。行见不数年后，槐市成林，梧阴结实，而其二郎君亦必学成名立，翘然并秀。则善继不与善述同功，树木不与树人并得乎？忆向日逸斋尝谓余，欲画一宋子京秉烛修唐书图以自作小照。夫国史与家乘，一也。从知其早有迁、固之心，故将以不能见之于国者，姑试之于家也。今果谢绝尘务，登高珥笔，使其两贤阃果，内助有声，尹邢不相避面，则月下花前雍容随侍，其风流盛事于红杏尚书又何多让乎！夫修宗谱既以绵后系之传，而修宗祠且以妥先灵之寄。此即其人无长足录，而一节已堪千古。况其不经年而两美毕臻乎！然阅旧本，祇载近支。今逸斋殚精竭虑，远绍旁搜，得自始祖坚公以下至寿昌公备悉其详。俾百四十五世之继继绳绳支分派别，二千余年之原原委委缕析条明。此其功又不在前人下矣。余家与林姓同里居，康熙丁卯七世祖进士石湖公曾为寒石公翁作谱序，前后记甚详。今余与逸斋素为莫逆交，其孤诣苦心，匪余莫谅。且余于数年前亦有志于此事，至今未得成其万一。今不觉自顾其起事之难，而益喜其成事之易。遂不□叙其巅末为之记云。

时

光绪九年岁次癸未长至前一日

通家弟廉舫何师顿首拜撰

（四）庄头冯氏

庄头冯氏家庙记

庄头冯氏旧无家庙。自光绪乙巳，始议创建。推族中创霸、景奎二公为总理，晓东、正先、可先、桐先暨余为董事，择村之西南公田为基址，储五房以上及五房祀租一年，并由各户轮捐为基金，期于腊月兴建。不料天主教徒章某觊觎庙址，拨弄吾族同教，私将庙基一半卖于天主族中。诉诸县令张受伯，判令得价舍基。未几，张公去任，继之者萧伯康。教徒重翻前案，萧令调停其间。增价赎基，浪费者一百六十金。至期年三月始建正庙三楹，缭以周墙，经费告罄，工事终止。民国十一年洪水为灾，墙坏柱倾，经理之人半就死亡。族中重储公租，继续经营，恢复正庙，更建两厢倒厅。岁序十周，庙始落成。及二十三年冬至，始奉历代祖考妣栗主入庙，行冬祭礼。是役也，建筑费达一千五百四十二金，而收入仅八百五十九金，益以先祖考菊如公所助宾兴租谷积十九年，计三百四十五金，不敷三百三十八金，皆余一人筹垫。庙既落成，余心良慰，愿以筹垫之数悉行捐助。余老矣。仍望族中继起之人有志勿懈，缺者增之，朴者文之，历久而不敝。想我祖若宗在天之灵当亦默为鉴佑者也。时

民国二十六年岁次丁丑仲夏　三十六世裔孙伟谨撰

（五）白水洋倪氏

重修永思祠记

盖闻将营室，宗庙为先，古人用追孝焉。家有塾，党有庠，术有序，古人用迪教焉。昔我宗祠营立，南向继构厢楼于左，其所谓上为祖宗月祀时享，下为子孙春诵夏弦者，心甚笃也。乃者乾隆壬辰之夏，火出而火作，比屋而延烧者几十家。族人假诸庙，旋徙而旋居，致宗祠以倾圮。凡我子姓皆有阖庐以庇风雨。若宗庙废不修，非所以承先志也。其议所以更造之。爰得汝亨捐地，因旧以廓其址，宏其规。择于嘉庆甲戌小春之吉，西向而建宗祠，置旧厢楼于其后，营三曹楼于其前。越道光甲申之冬而功始竣。其所以妥先灵而勤勤襄事者，固已几费经营矣。顾尝论之，宗祠及前后两楼均为祖灵，亦所以为塾序也。昔之人早有事于斯楼矣。敬宗庙以承祀事，则高曾必歆馨香之享；以两楼而兼塾序，则子孙必有蔚起之文。倘仍踵乘住之，覆辙凌我宗，衰我祖，污毁我堂构，至冒上也，无礼也，大不敬也。今而后，时将时享，兢兢戒谨，延师入学，翼翼小心。世世子孙永以此为论定。兹当重修谱牒，因共议其所以奉先垂后者著于篇。

乙丑董氏同谨识

（六）龙泉陈氏

龙泉宗祠记

《易》曰："风行水上，涣。先王以享于帝立庙。"《曲礼》曰："君子将营宫室，宗庙为先。"《孝经》曰："为之宗庙，以鬼享之。"诚以宗庙固所以序昭穆，隆孝享，俾子子孙孙继继绳绳而不忘水源木本者也。溯龙泉自张思徙居兹土，十有余传，瓜瓞绵延，椒聊蕃衍，比闾接壤，美轮美奂，而庙貌未见巍峨。间尝读《易》、《礼》、《孝经》，未尝不憾慨系之。杨等及此受，于光绪三十四年集合老幼商议建造宗祠。先贮楚白公祀产为本，次向各户照田筹捐。至材料地基，咸劝派下之乐助。协议既定，即卜基于村东风水场地方。此地背枕金狮，面朝巨舰，轮辕辐辏，山水迥环。立庙于此，真足以妥先灵而利后嗣。故际宣统元年派下裔孙来趋事，作庙奕奕，十余年相继，始告落成。于民国十二年二月恭迎列祖入祠，椒酱薄奠，聊尽追远之道焉。庶几子孙孙继继绳绳，本支百世不改烝尝，万古如新矣。是为记。

中华民国十二年岁次癸亥十二月吉旦

二十三世孙明杨谨识

（七）罗渡罗氏

罗渡宗宗祀序

盖自古宗祠设立，莫非重报本追远之情；子孙辑修，罔非重继志述事之大。第我族宗祠被毛匪毁坏，一无所资。甲子年七月间，置酒会众首事，酌议照丁捐收以成其事。而房内丁稀财薄者，恒难焉。故不得已向先祖所遗活业之产，每户找得铜钱若干，除伙食外，净存钱二百千有零，以赎祀田，以买祀租，以为每岁颁胙之资。然所费虽微，亦足笃亲亲之谊。不可隐丁，不可诬报，如有隐丁诬报者，一经察出，照公议重罚。订盟、远方来受颁赐者，本应中光理值，奈积贮无几，议定各房自理。日后如有新丁来报者，出钱二十文，以光祀典。再盟、颁赐之典，老人六十加馒头一双，七十、八十照序叠加。有功名者照等级叠加。子孙入泮者，祀产给收一年。文武科者，文先武后。廪贡、武举、老榜，给收一年，文举给收二年，武进士给收二年，文进士与出仕者皆给收三年。所有馒头暂行豁免。祭祀田粮，收祀业者理值，限在清明日准为。清明以后得功名者，待转年给收。倘有同科者，以名次先后为准。行见文运宏开，书香丕振；采芹藻者，连镳而起；掇科甲者，拾芥而登。无不由今日之公举而有鼓舞于无穷也。是为序。

时

光绪二年（一八七六年）岁次丙子春月上浣之吉

（八）临邑张氏宗谱

张氏新建祠堂记

双楼，一名壮松，一名森桂。考其始由，政公仕宋，有大功德，兼笃友于宋太宗，并赐二楼，而其后遂以之名其地。居山坳者，森桂楼派也，枕山带水，栋宇云连，人才辈出。盖双楼为张氏望族，而迁居者则又以山坳为望云。顾余独怪其以簪缨世系，而其祖庙不与二楼并传，何哉？《礼》曰："君子将营宫室，宗庙为先，居室为后。"今张氏例得立三庙，而乃从祭寝之列，岂世清白传家如栾武子不能备其祭器，虽有志而未之逮耶？抑时代变更，其废兴不可得而考耶？前数年，尝以之询及其族裔孙步淳先生等，曰："先代有无，诚不可考。近来族人方议其事，但工程甚巨，非数千金不办，未知能成否。"今年秋，先生欣然来告曰："庙以幸成。择今冬送主入祠矣。"因自言其庙几间，楹几屋，董事几人，费用几数，数所从出，由捐助者凡几，由山木者凡几，而请余言以记之。余曰："事无大小，由旧者易，创始者难。一人者难而易，众人者易而难。今山坳百余家，而一倡众和，以不资之费，加以累世未逮之举，不数年而成。是岂惟其人之饶裕哉？盖非孝思之笃，族谊之敦，必不能成先人之志事而补其缺遗若此。吁！观于此者，孝弟之心不可油然而生乎！"因备书之，以示后人。且列众董事之名于左：

逸庵天祝　清轩荣林　蔼亭宗云　确庵荣增

木林荣友　梅轩震荣　晓斋林富　昆山林才

岳山宜荣　杏林华籍　淡斋际标　心斋际法

而瑞溪步淳其总理也。

时道光七年阳月

姻教弟沈炳沐手谨记

（九）店前朱氏

垫塵祠堂记

（嘉庆十九年冬月，同学教弟西园李钰拜撰）

垫塵，宋南渡时尚书仲集公之所卜宅也。朱其姓，素称临西望族。余初不甚羡，及谒同学号存溪字麟趾三兄，见其地环山而处，泉甘土肥，凡所遇老幼咸秩然有文公家风，信乎其为吾乡之望族乎！离村居数百步，有旧墟。余与存溪游其地，而存溪若流连不忍去。询之，答曰："此予先代欲新建宗祠之所，而有志未逮者也。今予辈生当其际，若犹罔知继述，孝思安在焉？兹幸胞兄麟瑞、堂兄甫南、族侄成均并早有是意，庶几足其志而竟其功也。"余闻言，不觉嘉其意之诚，并有以嘉数子之意之诚足与存溪相助。有所为而非漠然于本源者，所可同日语矣。且夫宗者何主也？祠者何祭也？立宗祠所以使同人知有所主而祭之也。故《文公家礼》云："君子将营宫室，必立祠堂于正寝之东。"矧仲集公迁居于是乡，历数十世于兹。其间宫室错杂，万瓦鳞次，允为一方之巨镇矣。顾人有庇荫之区，而神无凭依之所，报本之谓何？此存溪诸君所以恋恋于斯而不能忘也。越次年，癸酉春，鸠工庀材，晨夜展力，未几而功告成。又越次年冬，群英毕至，少长咸集，合一姓之祖祖宗宗，迎送入祠而礼祭之。猗欤休哉！较前之置为旧墟而视若蔓野者，其敬承之功力为如何哉？于是，其族之贤士正人咸嘱余记之。余辞不获已，因略纪其本末。至诸君之为人行事已脍炙人口，余不必复为置喙矣。诗曰："孝思不匮，永锡尔类。"其存溪之谓矣。

（一〇）后田金氏

祠堂记

甲申春，重修宗谱告成。宗族与琨言曰："吾族宗祠由来久远，当纪祖功宗德以垂奕祀。"琨因其言而壮之。夫世之纪宗祠者，或夸堂室之美，或矜台榭之巧，而祖功宗德置若罔闻，非骏惠作求之意，岂所以展孝思而泯怨恫哉？琨族宗祠，士善诸公于明宣德丙午岁卜基于住宅之下而创建之。玉山峙其北，文水绕其南，后带馥泉，前面九峰，地非不胜也。至天启癸亥，良瑞、国风诸公因其旧址而更张之。堂宇灿焕，祠岂不美焉！而吾族独以功德为念，琨小子敢不阐扬与？按鼻祖敞公居福州，为汉元帝侍中以信，尚书涉公、光禄钦公、御史胜公，孝友传家，乃心王室，泽及生民，其功德懋矣。故源远者流长，根深者枝茂。子姓星列，不一其地。六世侍郎岳公自闽迁越。廿一世秘阁鼎公文摛锦绣，学富缣缃。都监晟公遨游山水，自越之台，居大石五锦。三十六世登五、登六、登七三公创建厚田三宅。皆吾族之祖宗，实敞公之子孙也。故大宗之设，必以敞公为始祖，而以群公环配焉。往昔禴祠烝尝，子姓行列，昭穆有别，尊卑有等，长幼有序，济济跄跄，莫不致其如在之诚。自兹以后，入庙观德，念先世之孝思维则也，则必明发不寐；念先世之友于克敦也，则必式好无尤；念先世之文章华国也，则必明诗说礼；念先世之致君泽民也，则服官者必虔共尔位，子惠元元。《诗》云："无念尔祖，聿修厥德。"其所以展孝思而泯怨恫者，大矣。岂徒丹楹刻桷以妥神灵哉！故记之。

宣德丙午岁创建宗祠首事　士善　士江　士良

天启癸亥年重建宗祠首事　良瑞　良桧　天德　天省　国统

　　　　　　　　国风　国讼　国论　国祥　永通

　　　　　　日升

乾隆二十九年岁次甲申三月谷旦　裔孙承琨百拜谨识

乾隆乙巳年增修宗祠首事　承选　允恭　允风

重建宗祠记

事之有作于前者，必有继于后，其功可久而勿替。若作之于前而无继于后，岁久年湮，不至颓败者，鲜矣。况事有关乎当世之风化，万代之伦常者，其可听其废而不救耶？夫宗祠所以明人伦也。明人伦，莫大乎报本而追远。盖人之有父子即有祖先，自祖考而追至于始祖，世虽远而源同也。其分则有伯叔兄弟，枝虽共而本一也。故圣王因人情而制礼设教，以宗庙为飨祀之所，使祖宗之灵爽有年凭依，子孙之孝思有所自申。虽至万世之后，父子伯叔兄弟人人之同源一本，尊宗敬祖，相亲相爱，皆可于宗祠祭祀时得以通其情也。恭族宗祠自国颂诸公于天启癸亥重建以来，岁月既深，摧圮堪伤。若不新之，岂独堂宇之废，礼亦从之而废，将使祖宗之灵爽无所凭依，子孙之孝思无所自申，同宗之伯叔兄弟失其亲爱。其可痛心者为何如哉！恭于是与叔匡亭公议于族之袊耆。而重建之时岁在乾隆丁未，室玄之月乃告成焉。嘉庆乙亥，因修宗谱乃为之记。

时

嘉庆乙亥终皋之月　　谷旦

五十一世执事裔孙允恭百拜谨识

（一一）殿前朱氏

宗祠略

考古之庙制，诸侯大夫每世一庙。大夫以下则有同庙、宗祠之制。即所谓下士祖祢共庙是也。我朱氏宗祠自明彦贞公创造于殿前大道地，坐坤向艮，以妥先灵。是谓本族有宗祠之始。迨清康熙丙寅，瑞宇、皋生诸公惑于堪舆家言，谓："宅居坦平，东南回抱尽美。所嫌西北低陷，护砂不洁。若得神坛祖座镇补其缺，三十年后必有大昌。"乃移建大宗祠于联珠地之洋，傍鹳溪殿右侧。光统公撰文记之，手定配享祠位，甘冒不韪。非鬼而祭，识者羞焉。嗣以祠基势散，克应不灵。时有若荣、茂球公议迁其祠，而玉衡、允略、茂云、锡匡诸公率族人而赞成之。遂拆旧祠而徙今地焉。中建飨堂三间，堂有匾额三，曰"本支百世　乾隆二十七年裔孙云亮立"；曰"世德作求　道光二十三年儒秀义塾立"；曰"数典不忘　同治二年临学教谕为裔孙福光书"。外此，"检讨经魁"字匾由外族裔孙谒祖时立之。两横厢各五间，大门楼五间，门榜"朱氏宗祠"，额"儒秀学校"附焉。此本族宗祠之大略也。至民国己未春，裔孙大联等会族人将戏台廊而新之，落成有日矣。独神座依然如旧。每年宰牲告虔，春秋匪懈。吾天长列祖对之，得无有恫非祀者乎！要在后人所当严其祀事矣。

康熙庚午赐进士兵科都给事中新昌吕沦重建大宗祠序曰

合族之有祠堂，仿古大宗之法而设焉者也。盖古者诸侯之裔，别子为祖，继别为宗。自是厥后一族之人皆宗，百世不迁，谓之大宗。后世宗法既废，则以始迁之祖为大宗，而立为祠堂以祀之，亦百世不迁。祠堂之制，典綦重矣。顾今士庶之家多不能有。即有之，亦不能备其制。夫无祠堂，是无祖宗也。无祖宗，是无本也。

不能备其制，则因陋就简，而昭穆之次序、长幼之班列必道碍错杂，不能成礼，而于萃涣合漠之道，终有所未尽。台郡临邑殿前朱氏自宋始迁，当胜国初，元庵公欲建祠堂而未之逮，乃为屋数楹以奉其祀，数百年来率以为常。至康熙丙寅间，乡宾瑞宇者慨然念祖宗德泽之长，本支百世之盛，而祠堂不建，非所以妥先灵，垂后嗣也。爰率族中之有志义才智者卜地于鹳溪殿之右侧，择吉日，募良工，简名材，合群力，不辞劳勚。越数月告成，则见夫栋宇巍然，堂庑翼然，阶序历然。于是奉神主，备祭器，禴祠烝尝，大小稽首，神人胥悦，无有怨恫。祠堂之作，岂可缓哉？夫古之君子将营宫室，宗庙为先，厩库为缓，轻重之次也。此义不明，本末倒置，所由来矣。然而天经地义，不没人心。观于朱氏之作祠堂，道路观者，咨嗟叹羡，皆以为宜，亦可知也。古公作庙，而王迹以基，爰斯作閟宫，而万民以若，岂巫也哉？台与吾邑接壤，尝往来其间，适过殿前，朱子希声等以序请。余嘉其有合于古也，遂援笔而为之序。

乾隆癸巳乡进士孔尚健序殿前朱氏迁修大宗祠曰

报功德而妥先灵，则有宗祠。然必相地之宜，乃称善焉。殿前朱氏建设宗祠于住基，后与一小庵遥遥相映，由来久矣。湘标公，予戚也。岁时伏腊尝往来其家。细观朱氏宅基，羊岩发秀，蜿蜒而来，平洋忽起二峰，高八尺，俨如行天有角之龙焉。断续至庙前，又突一大岩，高地尺许，状若潜渊之金鳞焉。而且诸峰竞秀，万壑争妍，左则镇之以祠，右则锁之以庵。地既宽平，田更肥美。因叹朱氏先世卜宅于此，诚如《诗》所云"乐土乐土，爰得我所"矣。乾隆壬午岁，予膺简命赴省部台看验，复游殿前，而栋宇巍峨之旧祠不见，因问其故。湘标公长嗣汉杰告予曰："旧祠未建之基，有堪舆先生说往基坦平，东南环抱尽美，所嫌西北二面空旷，护砂不洁，且言风水有天造地设者，亦有培补而发者，建祠于此，三十年后必大发，如陶朱，如裴度，可操券而得。无何祠之建也，越百余载，而堪舆家所言皆无一验。叔若荣与兄茂球欲迁其祠，商之玉衡、允略、汉毅、茂云、鸣岐、若芳、位溪、汉纶、茂彝、锡匡等，皆以为然。乾隆庚辰春，遂拆旧祠，而移造于屋侧焉。窃恐迁其地而勿能为良也，第不知有当于表母舅之心否？"诚如甥言，以地灵者必人杰，而不知人杰者亦地灵。今则庙貌巍然，更觉可观。中建三楹，敬奉神位。左右封岚，翚斯飞而鸟斯革。两庑垣固，门皆采画。尊祖敬宗如是，何一非孝悌之心所激而成者哉？先灵既无怨恫，后嗣必获亨嘉。祠堂之成，扶之者众。要惟朱君若荣、茂球之力居多也。甥问序于余，余不量疏陋而乐为之序。

（一二）岭下金氏

捐基重推祠堂记

从来为祖宗者，弗克积功累仁，广植厚德于其先，必不能发祥衍庆，昌大盛族于其后。既幸获其族之昌大矣，而为之子若孙者欲伸其报本追远之至情，此祖庙之所由设也。余族自唐僖宗中和二年间始祖洪初府君由宝婺徙居临邑大石以来八百余年，所以报本追远者，固已久有其庙矣。但其初建于下塘仓间，草创之余，未足壮观。爰自下塘移建上宅路下，栋宇颇觉巍峨，基址亦复宽绰，隘陋之嫌，固知免已。第今子姓浩繁，十倍前代，迎牲荐豆之际，跄跄跻跻而集者难免离次失伦之病。向之以为宽绰者，今又嫌其狭隘也。十数年来，遂与侄思院、侄孙靖端辈思欲再恢基址，聚族而谋其事者，已非一日。特以家乘方在修辑，未遑遽及。延至庚戌之夏，不图飓风顿发，四傍墙壁无完存者。是亦我祖庙将新之一机也。正拟议间，幸侄思院慨然愿出己资十余两以为推移之费。顾幸有其资矣，而苟无其基可乎？遂与侄孙靖端油然而议赠基之策。复喜兄存户、存连、存署、双祥、侄思篆、思章、思节、思雍及上宅思水、思修、思佳、思荣、侄孙蛟仲等绰有同心，议将靖端上宅高祖东谷公祀田加倍换出房内思佩名宋己田五斗，遂将后殿园曾祖华堂公祀田加倍换出房内宏盛田五斗，赠为推移祖庙之正基。既集族众为运石搬土，填筑完固，然后觅惯习推移之工匠施其神术，不劳人力。未及匝月旬，遂将祖庙后数十步。又率各房公费为之复其墙垣，增其庑屋，施涂其丹碧。半载间而耳目为之一新。由是朔望之拜登，春秋之孝享，福祥喜庆之告虔，歌于斯，舞于斯，趋跄奔走于斯。但见左昭右穆无失伦也，进退周旋无失礼也，合族会食无失怀也，而报本追远之至情不于是而大慰哉！向非我祖宗之积功累仁，厚德之植于先，又何由发祥衍庆成盛族于今日乎？余小子又何敢以区区石数之田为有功于先世，遂自扬诩于家庙欤？时方增续家乘，爰约略家庙新旧之巅末以付诸梓云。

雍正辛卯季夏吉日　　二十五世孙立逵
　　　　　　　二十七世孙宏仪、宏罍同百拜谨识

重恢祠堂记

自来祠庙之设，所以报祖德而妥先灵也。尝考诸古君子将营宫室，宗庙为先，厩车次之，宫室为后。是则宗庙之重，由来旧矣。吾族之先居宝婺者，祖庙巍然煌然，不容殚述。自唐僖中和年间，洪初公徙居临邑大石以来，建祠立庙以崇祀而报德者，固亦有年。第今子姓浩繁，每当烝尝孝享之时，纷纭聚集，不免狭隘之嫌，又何以使昭穆之无失伦乎？汤每承祀事之余，辄思拓基址，有志未逮者久矣。爰于庚戌春聚族众以商厥事。众谋既协，遂于是年夏季，相与于祠后填筑基址，不下数千工而基以成。汤于是出己资十余两觅求巧匠为之联钉叠架，不折一椽，不坏片瓦，将旧祠推去数十步外，复其墙垣，施涂黝垩，而轮奂之美遂尔大逾昔时。由是奉行祀典，但见趋跄奔走之际，升堂祝嘏之下，绰有余地，非复当年狭隘之嫌。于以报祖德而妥先灵，宁复虑昭穆之失伦乎哉！后之子孙能因是而益增大之，是则余之所厚望于尔后人者也。

雍正辛亥季夏之吉
　　二十六世孙汤百拜谨识

（一三）外叶叶氏

祠堂记

闾丘之地，闾丘氏所居也。周营宗时，叶氏传礼公弃官来隐于此，入赘闾丘家。自是闾丘无传而叶氏渐盛，因名之曰闾丘叶。阅数世，而子姓益繁衍析居重岭之上，树林茂密，烟景苍鸡之声相闻，尘嚣之气不染。一湾一村，真若别有天地。此以知人挺其杰，固地效其灵也。自宋元明以迄本朝，登士籍者代不乏人。旧有宗祠，在门山之侧，供立列祖遗像，倾圮有年，榛莽荒秽而基犹存。乾隆初，其族台阶、署若诸先生因其地颇远，另卜筑于宅居之右，坐西北面东南，建正室三间，采椽蔽日，华栋凌云，旁有两庑，清净幽旷，门第整好，巍然肃然。古柏森其左，翠蔚盘回，塘绕于前，清波漾于。以设俎豆而奉几筵，诚足妥侑先灵矣。今岁壬辰，续修宗谱，命余并属文记。余维宗祠之设，所以尊祖敬宗也，而敦宗收族即是乎？在夫人之始皆一本，而缌麻，而祖免，至六世而亲属尽。虽朝夕苍游，秦人越人情意渺不相接。使不立大宗以联之，又为知本源之所系，固历历可厥哉！今者功德虽远，而庙貌一新。当春露秋霜，韭麦黍稻之荐芬芬。谁不爱？然有见忾然有闻者。由自观昭穆于上，此意凛然；观昭穆于下，此情蔼然。而族属之繁，相亲相爱，可立千秋如一日，岂但祖宗灵爽式凭乎斯而已。抑余又闻诸先生有言，宗祠之中惟读书可以借坐，其余他务俱不许擅入，污亵先灵。呜呼！报本返始，人道所具。今领斯言，宜其族之书香蝉联而鹊起也，宜其族之后嗣蛰诜而麟趾也。于以光前裕后，孰有大于此者？余故拜手而志之，尤愿子子孙孙，勿替引之。

乡进士圃戴其献撰

（一四）仙人褚氏

宗祠记

夫宗庙之制，所以尊祖也。先人既往，而子孙追远之孝思莫不于论祠蒸尝间加之意矣。古人建立祖庙，陈宗器，设裳衣，荐时食，春秋修之。其大孝之诚，孔子尝称道焉。《周礼》云，凡人将营宫室，必立祖庙于正寝之东。祭器未成，不造宴器者，亦以立大本、敦大礼先致力于修身齐家，而后求其所谓国治平天下也。近世旧家大族多不立四亲之庙，视其身若泛梗游石，不知木本水源之所在，良可慨叹。大路褚氏为台望族，其裔本自武林钱塘。宋季有号存本公者由乡进士任嵊邑学谕，始迁天邑新丰驿路之旁。历朝以来，科第蝉联，衣冠奕叶，既庶且富。其后族分三县，本邑有上、下宅、义里、署前、临之仙人、管奥、宁之木峰、箬奥、东洲。各有大小宗祠，历岁日久，难免蠹朽颓敝倾圮，而高曾祖祢皆祀于私室。其贤裔廷志、允泽、允涓、允渲等深以祠庙倾圮为鬼，每于四仲祭时，若有斧钺加其身，夙夜惮心，不遑宁处。于是商诸族人，毅然卜吉，鸠工庀材，仍其旧址，轮奂重新，不苟不僭，其间昭穆之序，谨遵《文公家礼》。经营伊始于弘治十七年，功成于正德元年。廷志、允泽以垂远计不可无文以志之，乃求记于余。余以褚氏贤孙尽夫尊祖之诚，且能全乎收族之道。岁时伏腊，会聚族众孙子昆弟辈集于庙庭，共享礼祀，序昭穆，秩然不紊。而大本既立，大礼既敦，则子孙之观感良有由也。自兹以往，振振绳绳，永承厥祀于不朽矣。是为记。

时

正德元年岁次丙寅阳月之吉

赐进士第翰林院经筵讲官工部左侍郎

邑人夏侯顿首拜撰

仙人宗祠记

祠堂者，报本复始，敬宗睦族之道也。先灵于是乎妥，云仍于是乎集，昭穆于是乎序。所谓立大本，崇大礼，明大义。《记》曰："君子将营宫室，宗庙为先。"诚至言也。我族自太史遂良公佐太宗以兴唐室，高宗欲立武氏，乞归终养，遂迁于浙之钱塘。及裔孙存本公迁于台之大路，至八世孙涵谷公转迁于临之仙人而家焉。《礼》云："别子为祖，继别为宗，继祢者为小宗。"我族自当立一小宗，为报本追远之情。第村落草创，作庙未遑，其势然也。厥后子孙繁衍，田宅渐增，爰卜筑于里之东首而建祠。妥先灵，联子姓，序昭穆，孝思蔼然，不几乎论祠蒸尝万世永赖乎！讵意延及明季，横遭兵燹，毁我宗祠，祀事之不明者几二百年。我考儒溪公探本溯源，殚思竭虑，承先祖东山公命，首倡大义，十日作鸠工庀材。是时共让义举，慷慨挥金者则有族祖健庵公、德超公，协理者则有士诚、学亭、明芳诸公。不仍旧址，择里之至中而建立焉。经始于乾隆庚寅年之春，告成于乾隆甲午年之冬景。兹庙貌巍然，南襟苎水，北枕屏山。其制度仪容等悉遵《文公家礼》，不僭不苟。明爽轩豁，回于旧规。由是本立、礼崇、义明，其不至遗佚前人光者，皆我考暨诸公力也。兹因家乘重修，不可无文以志之，联附弁言。微先德以助后人，庶几孝思不匮，以为箕裘勿替之助云尔。

时

嘉庆戊辰仲冬

二十四孙文超顿首百拜

仙人敦睦堂宗祠记

盖闻王者立庙，士庶立祠，有大宗、小宗之别。法制创自先王，由来久矣。夫宗之为言崇也，所以追崇功德，原所自也。何言祠论蒸尝，四时皆祭，举祠而论与蒸尝隐寓焉。此宗祠之所由名，巨典诚煌煌哉！兹沐圣天子孝治天下，凡诸名胄，各立宗祠。余家自微仲派衍河南，迄唐忠清公休有烈光，鳞鳞炳炳，垂诸简策，笔难枚举。至宋存本公迁台，用卿公卜居仙人，已六百年十世二十有六，莫非祖德宗功培植深厚，与夫敦本睦族立祠为重。先考健庵先捐己资以立义举，又得族之贤孙明雄为首倡，率暨房长士萃、士诚、国正、明官、明芳等共董其事。始建于乾隆庚寅，至甲午告竣。凡我烈祖，得所凭依矣。迨嘉庆丁卯上元，余与侄仲典、侄孙文超等志在继述，欲展先人未展之思，告诸伯昆，商及宗人，邀兄星溪、侄仲魁、男仲鄂、侄孙明顺等相与协议，重辑家乘，绘遗像，增祀产，爰立明因，俾宗祠焕然再新。斯觉登斯堂也如事存，尊敬之心油然生焉。别昭穆，序少长，孝友之意勃然兴焉。于以追祖德，报宗功，妥先灵，以崇祀典于斯，敦本于斯，睦族也。《礼》曰："七世之庙，可以观德。"凡为人后者，洵能听烈考之懿训，率乃祖之攸行，准诸先王立祠之精意，庶几无负云。于是乎记。

时

嘉庆己巳孟冬

二十一世孙维琳敬志

（一五）赵家赵氏

祠堂记

上古楼神曰影堂，伊川先生敢曰祠堂。后之立祠堂者自伊川先生始，不亦美乎！夫祠堂酬恩报德之所，何氏蔑有？独观赵氏观澜翁等为尤难焉。考其遗斋则罕构之，于族谊则睽违之。能独愤其志而创建祠堂，则楼神之所有自来矣。吁！堂堂庙宇，永妥先人之灵；绵绵祭始，祀慰报本之念。春露秋霜，公之俎豆有源矣；左昭右穆，公之伦序无愧矣。后之孙子或踵其芳，躅其光，兢以先哲之心为心，祀之，葺之。族虽大而势益合，分虽达而谊益亲。庶使祠之日新，祀事永弗替矣。余且叙其本末，俾后之人有所观感焉。

（一六）山头何何氏

祠堂记

盖族有宗祠，所以深报本追远之念。而今上下千数百年之祖宗孙子相聚于一堂，长享祀不忒者也。我族自万四府君卜筑于斯，越今六百余祀，代远年湮，子姓繁衍。不立之祠，胡以妥先灵而荫后嗣？咸丰季，我父继韶公立意创造，因商兰干公，议将二房派下老四房用庵太祖祀产积贮有年，买砖置瓦，择料选材，期于克就。不意土木未兴，遂遭兵燹，且并其素所积者，亦几费若干已。同治初年间，我父与兰干公另邀族内兰暄、乾占、万春、巨占诸公公议账目，对众算明。除现存公款外，祀租仍令积贮，其各房悉照贫富多寡酌捐。诸公以为然。于是遂卜祠于覃溪之下手，北枕道堂山，南临舜岳，东狮峰，西人家烟火，一水湾环，两砂齐拱。询诸地理家，曰："善。"乃选吉平基起造，建中大堂三间。今祀租悉贮兰暄公手，故神厨、廊下檐阶以及道地皆兰暄公董其成焉。若夫其左楼屋四间，第三房之所建也。其右横楼四间，第四房之所造也。至于南坐楼五间、戏室一座，谁为？系辉谷、月秋与余奉先父命之所经营也。今日者合观之，而祠已落成矣。兹当重修宗谱，爰将宗祠创造维难巅末，聊书数语记之，以垂不朽云尔。

时

光绪九年岁在癸未夏

裔孙衢吉甫谨识

（一七）石塘程氏

建立宗祠记

宗之为言敦也，所谓先敦宗而后能睦族也。庙之为言貌也，所谓睹庙貌而如对先型也。宗庙之中，左为昭，右为穆，上自高曾祖祢，下逮昆礽云耳，其中子姓兄弟、群昭群穆咸在而不失其伦。斯所以妥先灵，昭后裔，安祖考，裕子孙，绵绵延延，绳绳继继，俾百世以下得以时亲百世以上之人，甚盛举也。故君子营宫室，必以宗庙为先。宗庙不建，将本何由报远？何由追举？一切禴祠烝尝与夫骏奔执豆，登降拜跪之礼何由施？而诚敬仁孝之心何由展？先人纵有求食，岂不馁？而揆诸子孙之心能无恫乎？惟廿八世孙海涛先生深见及此，而有感焉。因自择己地，出己资，创宗庙五间于上承坦之侧，妥宗中有主无主之先灵，四时设祭以享之，功至距矣。嗣是，立义馆于族中，贫富子弟之有造者，岁延师课之，恩又至渥矣。惜乎庙未落成，而中道弃世，怅何如之。幸又堂兄鹏搏等凛其临危咐托之言，踵事增美，捐合族之资补葺墙垣，建两庑，于咸丰丁巳敬收本主入祠，以完其事。庶不致作室有人，而堂构无人焉。古有之，莫为之前，虽美勿彰；莫为之后，虽盛勿传。斯言洵不诬也。兹者忾闻慢见，登堂而俨杖履之临；前惠后承，入庙而凛形声之接。要皆海涛先生积德累仁有以启之耳。余今任修谱籍，得闻轶事于其弟涯君，不胜感慨。爰叙数言于简端。若其后嗣之昌炽，世胄之荣华，毋庸余预为褒尔。是为记。

同治丙寅重九节

天台郡廪生碧山氏鲍瑞麟拜撰

（一八）石塘杨氏

祠堂记

族之有宗祠，为祖宗灵爽凭依之地，为子孙都会序次之乡。杨氏宗祠建在国初，至乾隆初年，复加修茸，祇堂屋三间。虽不甚壮丽，然其择料精坚，非徂徕之松，即新甫之柏，且结构精工，墙垣坚厚而无风雨之患。其坚致牢实，有如此者。基址在下泛之南，上泛之北，东有横山一带，连翠拖青，作左龙之屏蔽。西有守义公坊一座，虽年久坍坏，然坊基与二大石盘整存。又有水淋桥、八字桥，一派清流环绕，为右虎之壮观。前山后水，而祠居于中，平平正正，其卜地之良，又如此者。一岁之中，祠伦尝蒸，无不毕举。届期则礼仪悉备，少长咸集，执事宾相肃恭于几筵边豆之旁，孝子慈孙跄于阶陛堂基之下，长幼序，而昭穆明。祀事其孔明矣。嗟乎！木有本而水有源，不忘本而末斯茂，溯其源而流乃长。杨氏其寝昌矣乎！

时

嘉庆三年岁次戊午三月　　吉旦

眷晚学生国学生王泽顿首拜撰

（一九）大左金氏

义城金氏大宗祠记

金氏大宗祠旧在西金庐舍之侧，向属西金、大左、滥田、佑溪五房合建，废于明末。有称崇祯年间，崔符窃发付之祝融者。有称其先之坦腹姓陈氏讳学章者为筑牛眠于祠之向山，致撼地脉，因之而梁摧宇折，顿成瓦砾之区。予初以为非，而耆耄之老不下四五辈俱道其事，津津而不怪。则或者数有偶合，适然相值而因以传焉。是诚不可与齐谐志怪之谭同迁诞矣。惟是以列祖之灵陟降而妥侑之所，百数年来乞无谋复者，非举族之若忘，亦念物力维艰，恐蚊负焉，而终消为山耳。岁在壬午，二十四世孙有天奇、必昌、兆科、兆蛟者，若尔辈咸毅然欲谋复之。惟在大左，则以旧祠差远，为别建小祠之议勿获如请。其在西金、滥田、佑溪四房之众金曰唯唯。此固阖族之顾也。子之有志及此意者，泉下之灵默使之欤！之日者，圣人驭极推恩锡类，凡属明烟之宇，无不一谋葺之。况乎比年以来恩诏频颁，今年而蠲免其全，明岁而减征其七，湛恩汪濊，有加无已。固终纲目以来未有之运会也。及此不举，乌乎待？于是而各取其材，梗楠梓栗必择其精。于是而各割其赀，布帛钱刀勿限于格。越寒暑而祠之正堂已溃于成，左右廊庑及四壁崇墉将以次举。既祀始迁祖季书公，更推始祖之所自出，兼祀太尉公平列侯于上，昭穆不紊，丞尝勿坠。俾金氏列祖百数十年未行之旷典，一旦复振，厥成伟矣。更幸族之贤嗣各捐己田以供牲醴，其贻遗之远，又不在建祠者之左右焉。嗟夫！沧桑易变，人事代迁，不有以记之，又乌知向日之由成而衰，今此之由废而兴也耶！众请历叙其事以付之岷，因为举其始末之略以记之。

时

龙飞康熙四十九载岁次庚寅小春之吉旦

同邑素园科忠氏尹莘来拜撰

绣谷澹园元邵氏周之汉丹书

兰亭砚田农秉茹氏龙章篆额

（二〇）石鼓胡氏

重修大宗祠记

宗庙之礼，所以序昭穆也，即所以妥先灵，遂以示后嗣祭先主于孝之意焉。

余族自唐太尉仁公宦游至台后，宋世将公建治于石鼓，未有宗祠，享祭之区，意必经营未及，仅传基址一片。迨青墅公拓建三楹，纵未华垣革乌，聊以陋洗茅龙。奈何落成有日，遭踏旋来，木阴高耸，担瓴棕叶，横遮雷滴，以致白蚁中生，复遭红羊劫换。若听其雨点风飘，鲜不至垣倾瓦覆不已。权入祠之子母作修祠之辛资，三十二十尊之为上，一五二五减之为中，迨乎一一以成其数，二一各有不同，不难集腋以成裘，遂以更新而复旧。旧有七房渚地自焦岩以下延至前涂以外沿港一带，地有五百余亩，每亩交大麦五斗，历收无异。自祠宇告成，其诸地悉归青墅公经理，以为祠内给分馒首、拜扫坟墓、清完国课等用。不料恃强者噬租不交，渐至馒首罢分，坟墓罢扫，国课罢完。迨兵火后，以国课追呼，逼迫无已，将诸地租簿交诸桂卿公经理。从此复定土肥者交租钱四伯文，地瘠者交租钱三伯文，仅完国课，而拜扫之需仍无以所取。嗣后诸地被水冲坏，历年减少，裔等约举同族，将诸地勘丈明白，仅得三百余亩。未丈者倘复添涨，仍归七房，不得私据。于是公同妥酌，将租授佃，一亩者得钱若干量，推一亩五分以为了割清楚。有粮推而租未授者，减少租钱若干。有粮未推而租亦授佃，仍照旧章收租刻。修葺始完，以所剩之钱与授佃之钱另置田地数目开列若后。复有入祠者，务必以五斗谷祖入祠内，以为岁时祭祀之需。笔之以识修葺之缘起云尔。

时

光绪二十年岁次己亥

裔孙廪膳生锷金拜撰

裔孙邑庠生骏敬书

（二一）更楼郭氏

嘉庆甲戌重修宗祠启　协寅

举觞而酹杜氏，盖思曲蘗之初。秉耒必祀神农，尚推粒食之始。况开基创作祖宗既幸垂成而竟委，因端孝慈，尤勤世守，莫敢废也，勿替引之。是以宗庙为先，经昭曲礼，春秋匪懈，诗咏闷宫，宜切水木之思，敢忘苹蘩之荐。吾家自北宋迄今上下六百余年，继承二十五世，盛衰互见，遐迩纷迁。凡此阖族之人，孰非本支之裔？然户繁鳞次，宗图拓而渐疏；日久蠹生，庙貌留而非旧。行见台阶剥蚀，栋宇倾欹。登堂晋酒浆，曷展如存之敬；入室惊风雨，莫栖来格之神。兹谋整葺旧规，创修新制。荐芹荐藻，有田者各报以诚；我享我将，祔食者咸沾其惠。明同祖之同体，俨事死如事生。上以妥高曾祖考之灵，下以联来昆仍云之谊。燕毛序齿，有来自颂雍雍；鸠工庀材，作庙仁看翼翼。在我宗属，各惮厥衷，恪守家规，共襄乃事。谨启。

（二二）八叠谢氏

八叠谢氏祠堂记

莫为之前，虽美勿彰；莫为之后，虽盛勿传。此昌黎公之格言也。我谢氏派由江左源肇东山，自太祖扈跸南迁，而后遂家于台。越数传而深甫公出焉，相宁宗而勋垂青史，扶正学而望重儒林。嗣子采伯、棐伯并捷。南宫公之孙女为理宗后，椒房国戚荣赠者五世。猗欤盛哉！何美之彰也。迨元兵炽，皇太后颁诏于台，子孙星居异地，惟幼镰、幼铉二公思先人之丘墓，悲翁仲之榛芜，不忍远离，怆然捧宗器遗像卜居茶亭，即今之八叠是也。及宋鼎既迁，而后几百年于兹矣。考先人之庙祀而故老未之前闻者，胡为乎？裔孙岐山公伤心久之，惜有志未逮，因嘱其子兆瑄、裔孙恒初董其事。二人殷然叹蒸尝之缺，于乾隆丙午年二月聚族而诚之曰："人之有祖，犹木之有本，水之有源也。故昭穆序而亲亲之义明，慢忾形而孝思之念笃，皆于入庙见之。人有祖而无祠，可乎？"族人咸颔之。于是卜址于双桥之间，为堂楹三，歌台两庑，不一载而告成焉。嘉庆庚申之吉，奉文靖、惠正二太傅神主及历朝有大勋于国者祀焉。其相与作庙之祖父附之。呜呼！数百年未有之典，成于一旦，使子姓兄弟群昭群穆得以春秋告庙，苹藻荐香，何其盛也！其在《诗》曰："孝子不匮，永锡尔类。"其斯人之谓欤？余喜其盛而有传也，因乐为之记。

时

嘉庆六年岁次辛酉中夏

裔孙敏斋谨识

（二三）枧桥谢氏

创建谢氏大宗祠记

人之有济于时者，必先崇信义，谙物情，息机械之智，绝雌黄之谈，用能倾动群伦，交乎众志。故季路下士也，取信于小邾。羊祜敌将也，不疑于陆抗。岂无所本而然哉！枧桥谢氏诸公以谨厚诚悫闻于宗党。凡祀田场圃之所岁入以及岁朝元夕演剧之属，靡不管辖而经纪之，别为书以资钩考。不惟毫发之无私，且能使一族之中交赞其贤，心悦而诚服之。岂非所谓崇信义，谙物情，心息机械，口绝雌黄，有所本而然者欤？谢氏自龙孙公始迁以来，二十有余世矣。乾隆壬子议建祠宇，恐费用浩大，难以图始。有节妇管氏者，毅然捐钱一百千文为通族倡。夫宗祠者，祖宗灵爽之所凭依，为孙子报本之所也。人读圣贤书，欲思所以报之。其不吝厥费，鼎新庙宇而俎豆之，宜也。若妇女则不在所责也。且世即有财喜施之妇女亦惟惑于邪说淫祀，是事以祈所谓福祥也。至于祖宗庙食，则固与彼无与。方且劝之而不听，安有并不待劝而慨然出巨资以成倡举乎？如管氏者，可谓女中丈夫矣。因议得诸公五人，皆族之老成谨厚诚悫者，莫不谓善。于是诹日兴工，分门劝输，出入以簿，轮直以时，矢公矢慎，董率宗人廓家庙之规，致仁孝之意。厥功甚伟矣。今茂凤先生为琪球公长君，恐先人之功业历久勿彰，因修宗谱乞记于余。余尝读《曲礼》有曰："凡营宫室，宗庙为先，厩库为后。"此正仁人孝子之用心也。乌可以不传乎？嗟嗟列祖，在天之灵，当为默鉴，必使之承致多福，以祖赍孝孙世世享德于无已也。岂不盛哉！其人为谁？环仲、琪球、琪英、汝霖、士熙也。

时

嘉庆丙子小春月之吉

岁进士同里姻后学秋旼氏卢旭顿首拜题

（二四）东塍潘氏

宗祠记

祖庙之制，天子七，诸侯五，大夫三，适士二，官师一。凡士庶之聚族而居者，俱得建立祠庙以各致其追远报本之诚。东塍潘氏自宋代卜迁以来，越今七百余载。岁时伏腊咸祀其先于家庭，而大宗未建，诚缺典也。际兹孙支繁衍，人才杰出，夏成与三诸公议立宗祠，以隆孝享。卜宅于芹园之地，买置基址，方广二十余丈。鸠工庀材，运砖累石，于乾隆丁未年丁未月丁未日丁未时竖建正祠三间。横屋、两厢以及大门、夹室无不渐次就理，焕然一新。《诗》云："秩秩斯干，幽幽南山。"又云："如鸟斯革，如翚斯飞。"堪为潘氏宗祠咏矣。岁己酉修葺谱事，瞻望之下，不胜欣赏而谬为之记。

时

乾隆岁次己酉桂月

五峰杨何荣拜撰

创立宗祠序

东塍潘氏为霞城望族也。自宋代卜迁以来而宗祠未建，此亦孝子仁人之所恻然而心动者也。传二十世有朝玉、朝臣者，手创大业，望重一时。每攻以建立祠庙为念，奈阻本族人不能共襄厥事，遂有志而未逮焉。幸继世有廷言公偕其堂兄太学生廷周公、厥弟秀廷公继前人之志，述前人之事，捐助之资，协力同心，议立祠庙。于以会同族众朝彩、廷法、廷章、廷珠、建侯、启耀、启茂、贤达等，相土择地，鸠工庀材，于乾隆五十二年丁未而宗祠于落成矣。自是序昭穆，定尊卑，别亲疏，联远近。后起之孙支繁衍，谁不敦一本九族之谊？此诚有以光前烈而裕后嗣也。夫谨序。

时

乾隆岁次己酉阳月中浣

眷弟杨何荣拜撰

（二五）东溪单氏

宗祠记　乾隆三十九年甲午桂月

灵异之说，举世多喜其诞。学士则嗤为不足凭而不知非也。夫英宗烈祖，其神恒耿耿不昧，有所托以显其灵，如我今日之祖庙是也。吾祖派衍天潢，后隶山东，伯宁公仕金华，徙东阳，传四世至今，称为三单。迨宋邦侅公由礼部直谏贬台临，其子德旗公龙图学士隐居西溪铺下。十二世祖松友公以地当繁冲，爰契龟，东溪泉甘而土沃，始克遂愿以居。盖栉风沐雨，流离迁播者凡数世矣。是乌可以无宁宇？因作庙于丰丘之东以妥神灵。而地临下湿，不久亦为荒榛。洎以邦、九仪、伯豪、君炳、坦然、则尧诸公改立舍旁，鸠工庀材，为屋三间，俨然可观。而事未告竣，赍志以没。未几，垣墉倾圮，有象虹、祉轩二人续修理之功亦伟矣。嗣是先伯权溪公倡率曰升、静斋、涉园、南屏等恢廓黝垩，作台门，立优棚，奉主入祠而神人胥庆者有日。幸国运际升平之会，荷天宠眷，生聚殷繁，而地又苦其隘。壬辰年有亏人潜宿其中，以火逐蚊，误焚优棚之柱。因聚族谋换之，而权溪、嗣君、茂宾慨然曰："众能更张宗祠，余祠旁之地愿捐入焉。"一时人心踊跃，随力捐资，得百余千文。时首事茂衢、茂宾、正昭等又每丁议出钱一百五十文，竭力督工。期年而作庙五间，台门七间，两庑以十计，周围墙壁焕然一新。猗欤休哉！予馆平阳，冬归往观之，入其门则高且大也，登其堂则哙哙其正也。是真先祖式凭之处，以钟毓而发祥者也。论者归功于茂宾以及捐资之众。余则概归于亏儿。亏儿过也，何以功？然斯庙改观，实由于是。是亏儿者，先祖之所指使也。因知捐地、捐资之众斯亦先祖之所开示也。今观吾地宗祠，而知灵异之说之不予欺也。盖有足凭而不可嗤者也。余因工事之粗竣为记，以详其有来云。

裔孙东崖颖聪撰

（二六）隔溪吴氏

重建祠堂记

嘉靖四十五年辛酉四月朔，倭奴侵疆，寇荡纷扰；四散纵横，老幼惊窜；毁我宫室，焚我祠堂；神主祭器，罄无一存；惟遗基址，满目棘榛；殷荐无由，怵惕伤心。荒废至今三十年矣。续后郡守覃公招募勇兵，加增田地山荡等银给散兵饷接应戚继光，海倭始平。年来民贫财尽，不得立祠，春露秋霜，孝爱莫展。延及于今万历十九年八月望日，天朗气清，秋色平分。族中有六人曰珸、曰洞、曰淡、曰阜、曰山、曰楥者于是夜赏秋酌饮，辄思重造祠堂，同切孝心。次日会聚合族伯叔父兄子侄，公议已定，告天盟誓，编派各房，不论贫富，量情出资，或银或谷，或布或帛等项。幸祖宗之灵，人皆服从。天运循环，否极泰来。机缘凑合，适有邻人尤士月所居东厅三间出卖，托众来说，皆以为便，议定价纹银一十余两。翼日拆卸，并买树料。请匠先竖中三间，东西凑成五间与门楼。于二十年十二月初四起工，越明年二月庆落成矣。祠宇既立，祖宗之灵爽得所凭依，而岁时祭享，子孙之孝思庶几克尽矣。爰为之记。

时

万历二十二年岁次庚午孟冬之月

藏山派下十二世孙璠谨识

（二七）后杨杨氏

杨氏创建祠堂记

自公侯至于大夫士，虽贫富不同，莫不欲营家庙以奉其先祖。岁时祭祀，则集族中之兄弟子姓肃拜于庭下，雍雍然，秩秩然，非所以敦一本之谊而思先德于勿谖乎？考杨氏祖居宏农之华阴。伯起公世所称闽西夫子是也，以明经博学，四世三公，载在祀典。至裔孙必大公结庐于临海之东关外泉井洋，传世五世，绵公迁居溪东为杨氏始祖。祖宗支繁，子姓众多，将千有余数矣。咸丰丙辰候补县丞熙龄助地基五分，约堂弟桂芳会同诸首事，创率作祠，以妥先人。越数月而中堂告竣焉。及同治乙丑，二房诸房长又建造横厢五间，虽未得乐成之庆，亦聊慰当事之心。但祭田无多，兼以时事孔艰，未能聿观厥成。夫人皆当念其先，而事必有待乎继。倘有仁人孝子能续承先德，广大门闾，祠新轮奂之美，祭隆俎豆之仪，他如义田、学舍诸事以次而兴举焉。是则杨氏之所厚望也夫。

时

大清同治九年岁次庚午六月上浣之吉

邑庠生徐兆亮敬撰

（二八）洋林娄氏

韩母重建宗祠碑记

天下远大之业，在朝廷不必在宗族，在男子不必在妇人。盖业惟握其本即为远大。万物本乎天，人本乎祖。报本之典，所谓古今，无贵贱，无男女，一也。宗祠之设，有自来矣。开石娄氏旧有宗祠，废坏已久，仅存遗址。而氏族剧繁，虽曰众则易成，亦唯众则难成。是以屡欲复兴而莫为之倡。其族有韩母者，仲瞻公之室也。早岁而寡，而冰蘖自守四十余载。至乾隆二十六年以报本追远为念，独出己资重建宗祠，且给田一十七亩，永为祀先渗族之资。因是，族中人咸欣然从事。兼得母之怀弟庠生一昌翁先生殚虑以成其美，而母之甥陈锡扬者亦与有奔走之力。是祠也，实实枚枚，人亦为之歌孔硕焉。且夫祀事孔明，则报以介福，理固然也。娄氏之先代有名儒，厥后文章之士艰于遇者几五十载。自此祠甫庆落成，适际李文宗岁试。其族有承乾、启秀、绮丹三君齐采泮芹。越二年钱文宗岁试，棚南君复游庠焉。

327

此亦由祖宗之灵爽得所凭依，而降福之初，遂尔如几而如式，则其后正自无疆也。盖此祠之成，上既有以妥先灵，下又有以垂后裔。而微母之力，不及此。其业之远且大也。何如而顾谓远大之业必在朝廷必在男子耶！《诗》曰："孔惠孔时，唯其尽之。子子勿替，引之其是"之谓欤！承乾诸君久与余同研，其族遂属余志诸石。夫母之节行可风，李文宗已书额褒之，而四十年之冰孽贞操后必有禄其详者，余可无庸备述。余贤其报本之业之远且大也，因书之以遗其世，使可不忘云。

时
乾隆二十九年岁次甲申仲春月旦
姻家眷晚生杨茂涛顿拜拱

（二九）坦头吕氏

台郡忠穆公祠考略

始祖忠穆公有大功于南宋。高宗赐御葬于白茅山，敕改慈圣为公香灯院。孝宗朝配享太庙，理宗庙图像于崇功阁。敕所在有司赴院春秋二祭，元明以来均入祀典，本朝因之罔改或废。不谓有司以白茅路远，往返不便，遂建祠于郡北正学书院西偏而祭焉。厥后，旧祠废坏，有司奉公神主于郡南洞霞禅院与诸姓先贤共祭，而祠基遂半为正学有矣。监正学者犹欲尽并其余，为扩充院规之用。幸子孙谨为守之，祠以东虽属正学祠，以西尚为吕氏业矣。至同光间，有吕雷氏者住节孝祠，以节孝著，同侄祖英出己资重建公祠。不意人工未竣，而天假无缘，雷氏、祖英后先迭逝，遂使墙垣未就，堂阶未平，道路未通。而有司亦以此故，春秋仍往祭于洞霞，不深可憾乎？虽然创业难，而守成不易。后进君子亦知祖宗祠宇万代无使或废，祖宗基业尺土不敢让人，未必非前人所厚望也。爰记其大略如左。

时
宣统元年岁次己酉兼月之吉
坦头裔孙庠生廷璜敬识

（三〇）张岙蔡氏

重修祠堂序

尝闻物本乎天，人本乎祖。神明虽无不在，而昭格必有所凭依。灵爽难以迹求，而寝庙实为所栖托。粤稽余族谱，自始祖帻峰公外蔡迁杏下，迨良顺公迁居中墺，嗣后源远流长，子姓蕃衍。爰立宗祠以申报本追远之思，敦水源木本之意。择建于牛山东麓，后御八公欲改建岭下，志焉未逮。族内积贮公银至康熙五十四年较数约金三百零。我从祖三兼公克振先志，偕族内老成能干事者度地鸠工，创立宗祠，焕然聿新。第其间有不肖拖欠公贮，肯堂未及肯构，以致飘摇风雨数年于兹矣。呜呼！庙貌维新而墙茨未筑，堂阶如故而黝垩未施，无论神抱怨恫。春露秋霜间，能不目击而心伤也哉！襄虽素性疏懒，见兹怵然。时欲竟前人未就之勋，完族人最胜之业，幸也。余从叔朴庵价公、房叔幹公先得我心，聆余言，遂相鼓舞之曰："诚哉！我等原不得以公务推托，听其倾坏，令子孙获不孝名。"缘是遂相与会同合族等议定。即捐资兜率，以勤垣墉，以涂塈茨。寒暑二周，得告竣焉。虽不同刻桷丹楹，快见宫墙之壮丽，庶几植庭桧正无虞风雨之攸除。敢云似续妣祖，端赖余二三人左右于其间哉。后之兴者，诚念堂构既新，随时整理，将寝成孔安。而历代之神灵凛乎有赫，介我繁祉，而奕世之箕裘，引之勿替矣。是余之志也夫。

三十三世裔孙襄宗戒三谨识

（三一）临海屈氏

屈氏三贤祠碑记

台负山濒海，居民数百万，氏姓纷错，盛衰靡常。而植居之早，绵历之久，实无逾屈氏。故言郡望屈氏，独以临海称。溯屈氏有闻于台始自吴尚书仆射晃。当时吴主权欲废太子，晃叩头固谏，词气不挠，实开三台气节之先声。嗣君尚书绪致仕里居，以廉介闻。次君太守坦事亲尽孝，临民忠厚，并尝为地方驱除毒蛇猛兽，惠政甚多。夫台以濒海草昧之区之数公者相继踵起，竟以忠义廉洁、仁孝礼让互相倡导。台人士沐其化，感其恩，濡其德泽，岂浅鲜也哉！生有功于乡，殁而祭于社，固分之宜。晃、坦向有祠。晃祠曰灵佑，在大固山麓屈家庄后，嘉泰元年州守吴英隽建，久废。坦有庙曰镇安，唐宋以来朝廷迭加褒封，迄今存。传大固山府城隍庙是也。近者，国政革新，祠祀多所厘定。城隍之祀为神权遗制，例亦宜废。特屈坦在台有筚路蓝缕、奠定水土之功，乃吾台之大禹也。会稽之侧，钱塘之滨，禹庙固巍自若，未闻与淫祠野祀并摧毁之。且大固山左右名贤俎豆多矣，若郑广文虔、钱武肃镠、朱晦庵熹、方正学孝孺、陈检讨遂。过者常为唏嘘凭吊，见诸咏歌，载之志乘。屈氏裔梓，德业彪炳，萃于一门，而且远在汉魏之际，其足资后人观感，以视郑践绪公，夫岂多让？今诸公仍据名山，享祀依然。忠义如晃，廉洁如绪，仁孝礼让如坦，岂可任其遽行沦没乎？抑又有感者，广文、武肃之裔亦尝播殖于台矣。罕闻子姓有克步武前人，追踪往轨，发为赫杗之功。今屈氏之后文六先生，出膺疆寄，入总百官，历聘五洲，功绩灿然，独能远绍前徽，发扬光大，骎骎而未有艾，其流泽不亦宏且远乎！若宋苏洵、苏轼、苏辙文章德业著称于时，世有合于三苏之祀矣。前屈氏晃暨绪、坦，昆季德业视三苏，有加合祀，夫宁不可者？邦人士有鉴于此，因就郡庙原址辟为祀宇，名曰"屈氏三贤祀"。庶古迹名贤，永垂勿替，春秋享祀，崇报有资。则易庙而祀也，于义固当。故乐而为之记。

中华民国三十年岁次辛巳孟秋下浣同里后学项士元拜撰
前清赐进士及第侍讲衔国史馆协修翰林院撰文商衍鎏书

（三二）岭外钱氏

台临钱氏建造宗祠记

尝思莫为之前，虽美弗彰；莫为之后，虽盛弗传。是有非常之人，能立非常之志，展非常之才，为非常之业。此殆有大抱负于中，而始发愤于一朝也。余友兴哲钱公其冢嗣元祥、贤契先从余学，英姿卓荦，表表出群，追夫家政相累，以致抛荒艺苑而托身林下，与乃父创立四本堂。新居安业，光阴闲散中，蓦然思及会稽郡王景臻公徙台以来，虽郡城立有表忠祠，而家庙缺然，于今历数十世矣。于是日夜焦思，欲妥先人灵爽，思建宗祠于村之旁，俾岁时伏腊叙子侄于一堂以敦宗睦族，展孝思于不匮。兴思及此，觉中藏有怦怦莫遏者，因退与乃父言。酌酒会议于族之长者，无不欣喜乐从，议建立焉。兴哲钱君因相土丈基，独向刘氏兑换基址，旋且大兴土木，鸠工操作。无如工程浩大，食用繁多，人皆逡巡畏缩，难望落成于后日。独元祥、贤契恐半途而废，对天人而愧怍，于是挺身负荷，不能息肩，寒暑监督，晨夕不遑劬劳。两岁幸成洪规，堂构尊严，美轮美奂。余想贤契心血不几殆尽乎？甲申春杪，余偶至其地，见其峻宇雕墙，翼飞鸟革。其中数仞明堂，皇皇体制；两庑静室，爵爵庄严；门向虹桥，绕环绿水；路迥蟹舍，秀拱青山。抑且小窗洗耳，听鸣鸾于紫陌；草径闲眸，观舞燕于青田。登堂遐祝，联水源于百世；入庙存诚，绍木本于千秋。忆斯举也，实吴越王之精灵不克爽，后之子孙大启宏图，立非常之志，展非常之才，建非常之业耳。兹当修葺宗谱，适值宗祠告成有日，不得不详其苦功，以表扬其素志，盛传后裔，知先人之积德累功以光盛业也。后之人倘圮而辑之，虽三世五王之神灵，永保无疆。与铁券长绵世祚，忠孝之心能不油然而生乎？予愧才劣，短于片章，聊书数语，以弁简端。因为之记，以望绵绵于瓜瓞。

时

龙飞光绪十年岁在甲申清和上浣

世教弟癸圃氏金旭东拜撰

岭外建造宗祠记

窃思人应尊敬祖宗，而能克昌厥后，瓜瓞绵绵，获福无穷。本族迁居岭外，历有数百年。向无宗祠供奉祖宗，尊敬有亏。合族人等有鉴于斯，于民国八年间乃合力营谋，建造宗祠，供奉三世五王之龙位及列祖列宗之禄位，以便后人有所尊崇，永垂不朽。聊记以待诸后。

时

民国三十七年岁次戊子冬月之吉

三十三世孙甫堂谨撰

（三三）牌前郑氏

牌前郑氏家庙记

夫祖庙所设，所以序昭穆于一堂。与谱牒串源流于一线，其义一也。无是何以萃冠裳礼乐之地哉？临治之东有村曰牌前，乃明万历间处士彦弹公好学博闻，识见超群，素谙天星地理，观此带水环山，必有英才杰出，自高枧卜迁于斯焉。厥后子孙椒衍，榱角相连。诸先辈爱聚族而谋曰："我郑氏始祖讳虔，字若齐。公，唐广文馆博士，谪宦于台。时台在五代以前，荒服之地。则台人始而嫌，继而化，终而祀，故作庙于大固山之阳，崇德报功。并荷圣朝盛典，春秋赐祭，命郡伯躬奠祠下，礼亦宜之。而况我子姓者乎？"于是闻拓基址，大启宏规，门辟以三庑，建以两崇台鹊起，正室翚飞，涧水潆洄于其前，角山挺峙于其侧，增饰崇丽，轩敞辉煌。伟哉！一巨观也。凡春禴秋尝，群服蓝袍，序昭穆以拜祠下，陈箪篑，供香稻，奠薄醨。美哉！洋洋乎三台道学之宗，六邑文章之祖，俨在斯堂矣。赫声濯灵，象贤继美，是所望于后进焉尔。

时

同治五年岁次丙寅桂月

裔孙太学生醴泉溥谨识

（三四）上马马氏

建祠小引　尚员撰

木之长也，必有其本。水之远也，必有其源。人之生也，必有其祖。香年马氏，溯自江七公，始迁迄今，代仅十余，家已数百。每届春秋二祭，饮水思源，咸以吾族无祠为憾。

迨民国三十二年癸未春，上马十八世孙安荣发起建祠之议，各族众响应者甚多。经众议，择祠址于香年寺山之阳（原择香年寺后，购尼以顺地一片，价百元，后改旧祠址，地狭不敷，安荣愿田二分五掉民枪田二分五为祠基，所购之地抵还安荣管业）。当推志才为经理，安沛为协理，安人司经济，安全司记账，克顺司监工，安法、安增司收款，安荣、民玉司催工，各司其事。

遂兴建正屋三楹于旧址，坐北朝南。翌年春，两傍复建衬屋各二楹，以为炉灶之需，又建台门、筑围墙。寒经三署，至三十五年春，大功遂告成矣！

旋以吾族宗谱久年失修，桂笙公在日，志存续修，未果。以热心宗祠者，继以修谱之任。复推勺安、尚员共负其责，时仅月余，谱事告竣。

爰将各房出钱、出力、出木材、出米者，刊诸谱牒，藉资纪念。俾后世子孙体念创业维艰，守成不易，使吾族宗祠永垂不朽，则幸甚！

是为引。

（三五）嵩浦李氏

大宗祠记

嵩浦李氏自华全公始迁，迄今三百余年，传二十余世，子孙千亿，未有总祠。或曰："潭田派出华全公，共为一祖。当日祠堂建于潭田，家庵建于嵩浦。后有睨墙之隙，潭田分奉祠堂，嵩浦分奉家庵。"此大谬也。夫吾祖宋代历世簪缨，至今书香绵远。祠堂祀祖，家庵供佛。同为子姓，安得分之。盖建立总祠，一为报本追远，一为合族联宗。嵩浦自奉外神陈惠王赵元帅，挨村轮年演戏，就家供养。每逢新正二日，一族之内，上及耋年，下及悼岁，凡若大若小，老老幼幼无不会集一处，旗锣戈戟，鼓吹喧嚣，纷纭周道，济济然环嵩浦而迎送之。此吾嵩浦所谓合族联宗也。且于敬神之余，盛宴戏子，定以初三、初四、初五三夜三席。此吾嵩浦所谓合族联宗敬神及人喜神欢也。自有此风，祖庙可以不立，祭祀可以不修，相习为常，莫以为怪。间有痛切谏止者，则曰："积祖以来，旧例莫减此。"真所谓胡说不堪以告人者。譬若有父母继拜他人，敬父而及继父可也，事父而同继父不可也。况于父落落，继父隆隆，且因继父而厚及继父之仆。纵使继父势力富厚，有以庇我，犹不免为有识者耻笑，况万万为情理之所必无。吾族不立家庙而供外神，不修祭祀而宴优人，其惑乃类乎！乾隆乙未，余告族长，孟充公、文昌公即于是年神寿演戏毕，会集族众十二柱首士魁公、士吉公、孟坤公、季叔文君、文迪、文淳、文海、文昭、文斌、昆兄廷辅、季元、季茂、昆季、崇魁、季凤、廷扬、季松、廷卿、崇斗等立据择地建祠，立簿议捐科料。积数年始置基于三亩地，林姓其北角稍缺，文昌公即捐田凑成。由是鸠工起造，至辛丑冬竖柱，癸卯冬换梁。栋宇庭堂，巍然轩然，楹雕桷刻，墙垣比密。盖已翼翼然有恤闳宫矣。从前数百年陋俗一旦更新，后来千万世孝思于是得展。诚盛举也。自乙未至今，十余年间，总理经营，供给匠作，往来杯酌，纳有济无，孟充公为特苦，而文昌公暨弟文海相继仙游，其子崇魁复能勉力继志，而十二柱首伯叔昆季咸能踊跃襄事，其心其力均不可忘。余是以记之，以为后来继起者告。

时

乾隆四十九年岁次甲辰十一月冬至日

裔孙拔尤撰

（三六）楼下郑氏

祠堂记

余按文公六礼，家必有庙，庙必有主，所以崇礼祀而慎追远报本之诚也。故冬至祭始祖，季秋祭先祖，自天子至于庶人，庙祭不同，随分致祭。生成之报，无贵贱也。吾祖博士若齐公自唐中叶天宝乱离，谪官于台，至今千余岁矣。台人感公衣冠礼乐化俗之美，酬功报德，以祠祀之。国子学录任公棱、兴府伴读范公渊、行人秦公文皆因其集为之序，以纪其功德之隆、惠泽之深，而表章之以垂传于后世。况为之后嗣者，敢忘所自？矧今祖庙倾圮，遗址空存，将欲议举兴作，奋于矛盾之心，卒莫之为，而继述之志未尝不拳拳于怀。至隆庆三年壬寅冬，族长感慨，议以彭村祖冢之旁与孙孟远葬父，谕出建祠，工食银五十两以成先人付托之志。至万历年，鸠集族中耆硕，各主其事，协赞而成。堂宇翚飞，寝门墙庑，翼翼深闭，足为楼神之所以见。孝子慈孙用心之不浅矣。夫成立之难，众所共知。后之子孙务宜时加修葺，不致圮坏。则登嘉之余，而子姓兄弟、群昭群穆咸在而不失其伦矣。故记煊今谬任隐括，读西泉翁此记，感澈于心，敢吟一律于左，诗曰："吾第先人起孝思，拓开疆土建神祠。宫墙绰约芝兰秀，俎豆馨香礼义齐。香火半龛惟我主，匾扬三锡是官题。洋洋庙貌浑如在，崇报何人不泪垂。"祠堂既成，本府张公辉给匾云"觉世先资"，宁海颜公章给匾云"贤臣遗裔"，本县煎公衡匾云"始振人文"，本省学院检讨王公琰给匾云"斯文在兹"。

《大明一统志》云，祝穆《方舆胜览·同台州府名宦门》曰郑虔以司户谪至赤城。《旧志》云，唐高宗朝来济以宰相贬台州，玄宗朝郑虔以广文馆博士谪台州司户。是台在唐犹贬谪之所，则风俗之末美故可知矣。

祭酒谢铎撰

（三七）后泾陈氏

碑记

昔者先王以礼治天下，立为宗法，使嫡承大宗，庶承小宗。所以隆有爵者之祀，而庶人不以简略为憾者，凡以上下有分，而民志定故也。自汉以下，经世之意非古，而家法扫然无存。盖有祖为公卿，而子孙为庶民者。亦有祖为庶民，而子孙为公卿者。此所谓五庙之制乌可常也哉！文公先生以义礼爰立祠堂之制，上下得以通行。由是孝子仁人之心得有所托。而今古崇本善俗之意，犹有存者。陈氏自宋咸宁受节镇台，遂家于城白云山下，四传至敷文阁直学士讳良翰、谥献肃公，及子兵部侍郎公讳广寿，而族益大且蕃。其时子孙已立大宗祠于山之麓，又立小宗祠于延峰之原，所以祀其先世之礼固隆且详矣。至元至顺间，献肃公六世孙载采自府城赘居新亭花街李氏，子讳公董，孙讳福童，自花街迁居大岙。盖至是而献肃公之孙散处者众，其势难纠合。今同祀于献肃公之祠，福童伯聆，惕然有感，与其侄信及霞谋祠堂于正寝之东，奉献肃为始祖，而以公董、福童配焉。置祀田，俾子孙易为共礼。造祭器，戒子孙以弗假弗鬻。其礼则以每岁冬至率子孙承祀其中。余因是而思，献肃公在台已有乡贤祠，今其子孙之祀则又奕叶分派崇奉若此，较之他胄氏之遥，或有替于今而祀事缺然者，又或子孙盛于今而徒知致饬居室不知立祠以崇报者，将不益见献肃流光远而其子孙礼义之守为可羡耶！逊志子曰："宗法废而天下无善俗。"其所伤感于后世，固已远矣。余犹幸祠堂之制在，而献肃子孙追孝之诚与崇古之意足以为吾乡劝也。于是乎乐为之记。

赐进士第中顺大夫江西按察副使提学金贲亨撰

赐进士第大中大夫福建左参政龙山居士子直书

赐进士第通议大夫刑部右侍郎都察院黄岩黄□篆额

（三八）长沙周氏

塘头宗祠记

长沙周氏自宋开极公始迁，历今数几六百年，传世近二十，尚未有总祠。迄国朝乾隆间，始建庙于本村龙山之麓，俾祖考得所凭依，子姓于焉瞻仰，洵美事也。我塘头一派则自康熙间倭寇骚扰，伯江公率其子叔文、叔良二公窜避至此，后遂家焉。其地与长沙相距六七十里。每岁冬祭，其强壮者不惮往返之修阻，衰弱者每以道里多艰而疲于行。爰是父老辈会集五房人等共议，谓："我塘头自徙居至今已越数世，生齿日繁，相安既久，转徙维艰。即别建一祠，或为小宗，或为大宗，虽异派而实同源也。"而叔良公派下以祀产既分，不欲复合，议未允。堂兄朗轩独奋然创议曰："事诚在所宜行与必行者，须决意行之。筑室道旁，胡能有定？况我叔文公祀业所积，无忧不给乎？"即于是日择地起造，鸠工庀材。创始于道光癸卯，越一岁而告厥成功。虽规制不甚宏敞，而正室五楹，庭堂开朗，两厢六庑，结构精密，栋宇墙垣无不完好。盖已翼翼然闷宫有恤矣。由是千百世祭祀无不修，亿万年孝思得以展，子孙式序，九族亲睦。胥于是乎在，不亦甚盛举哉！此一役也，成其谋者堂叔学英、学恭、学球、学清、学池诸公，董其事者堂兄弟德兴、德雷、堂侄凤苞、江清辈。其他伯叔昆季咸能踊跃襄事，其心其力俱不可忘也。余是以记之，以为后来继起者告。

时

道光二十六年岁次丙午中秋前六日

元孙德正敬撰

（三九）汾川李氏

宗祠记

昔先王制礼，宗庙为先。故上自天子以迄公卿大夫，皆得以立庙祀先，所以重本原也。自三代而降，祀典久废。非命士之家，止祭考妣而不得祀高曾。惟宋大儒程朱二夫子始通其议，创为宗祠，追祀四代。而始祖之祭，伊川虽私行之，紫阳犹疑为僭。迨明肃宗十有五年，大礼议成，夏贵溪以伊川之事为言疏，准其奏，颁赐天下臣民俱可立庙以祀其始祖。庶几天下畅然行之，得遂其报本追始之情。不曰庙而曰祠者何？有大宗焉，有小宗焉，大宗推自出之祖，小宗起近世之宗，远而尊之，近而亲之之义也。李氏指树为姓，溯厥玄元，作庙奕奕。有唐高祖于穆清庙，厥后播迁异地,或曰家庙,或称祠堂。句虽不一,尊亲之义无不同。汾川有祠,谁为之祖?惠公也。惠公始迁即建斯祠与否,亦无可考。后世海氛告急,屡遭兵燹。至康熙间传二十三世号振雅公,一字立涯,见义勇为,作此宗祠。子在斯名父,孙在谁无祖。子子孙孙,勿替引之。分昭穆,好乡党,莫如齿。岁时伏腊,烹羊炮羔,礼高年,崇杖履,老吾老也。群英毕至,少长咸集,说诗书,敦礼乐,尊有德也。祖孙有序,齿德皆尊,可观于乡,而知王道之易易也。其立祠之功,诚大矣哉!后诸宗人生于斯,长于斯,聚一族于斯,如水藉源远,木资土厚,固本深源,是在乎祠。爰作礼仪,洗爵奠,勿敢陨越。置有祭田,勿荒厥绪。世世子孙,尚其念此哉!谨记。

李氏宗祠碑文

万物本乎天,人本乎祖。水源木本之思,谁则无之?吾族派分有唐卫国公裔下。迨五世孙惠公为明州刺史,因访友过章安镇,道经大汾,乃曰此地可发祥,遂解绶居焉。传至廿三世孙振雅诸公,创始督造宗祠。冬至设祭祀田与承值者挨输。凡长子、长孙、主祭者与绅衿冬颁胙肉,越时既久,祭品价增,需用不敷。每年轮值,富者易动,而贫者则有移山填海之难。此中有遗憾焉。于是裔下首事俊福、公立、万祥、公彩、元占、季茂、元德、士华向各户捐田储租充费。灵位入祠,又增寒食、中元二祀,不疏不数。凡牲牷之博硕庶馐,而食之丰洁,酒醴之馨香,无不犁然具备焉。祭毕,除寒食、中元不颁胙,冬祭颁胙视前加增。后创新例,年六十以上至百龄以及科甲捐职等,其另胙各有等差。夫人皆知子孙之敬祖宗,不知祖宗尤爱子孙。子孙有一人不沾祖宗之泽,祖宗在天之灵必不快。今吾族祀典既立,分肉又均,上治下治,尽善尽美。语有之,"莫为之前,虽美勿彰",其振雅诸公之谓欤?"莫为之后,虽盛勿传",其捐户诸公之谓欤?是役也,可以不朽。特恐流传日久,渐忘其本来,无以昭示来许也。鸠工砻石于此,文以纪其中兴之功,使书而垂诸永远云。至加胙若干,田亩多寡开列于后。

时

大清嘉庆二十年岁次乙亥桂月之吉　厥中书

贡生朱松龄撰

(四〇)涌泉冯氏

重修祠堂记　后明堂醒园公

始迁祖宋观察使忠翊公传五世而启五府君为立祠以祀焉。后经兵燹,祠宇荡然。荐享之礼,各修于家。迨九世祖德二十府君率众复为创置,在景泰之癸酉年也。自此迄今凡二百年,其间修葺匪一。要惟今圮坏为更甚,上无完瓦,下无完砖,榱楹挠折,板槛破颓。过者靡不恻然,谓当修葺。特无主持之人耳。丁亥冬,喆与若木、桃源二宗叔赴祠商其事。鸣鼓以闻,集族中衿冠者硕暨少年能事者百数。云计丁为费者有之,云课亩为费者有之,云册宗支为费者有之。众议纷纷,犹豫不决。抵午

335

咸以另议而退。惟首事三人愤然不乐，辄相与盟，谓必图终其事。喆归啜茗危坐，徐思所以主维之法。乃将祠下孙子殷富者析为上中下三等出资，上者倍中，中者倍下，其仅足衣食者不与焉。抑择任事者二十四人，殷实者司财，才干者司料，公直者为督率，聪辨者掌簿书，老成方正者居总理之长。喆私揣，果如是，庶几有成。明日携所撰册就若木、桃源二宗叔请正。咸鼓掌大悦，谓足称良法，但于名次中少加参酌而润色焉。既而索毛楮书之，于长至日粘于祠堂左壁。时观听者无虑数百，无一人挠其说，亦无一人忤于心。所谓事公则悦，有由然矣。越数日，会同诸执事者告庙举行。幸各向化乐从。间有悭吝无知者以家法治之。不逾旬日，将盈百金于焉。卜吉经始乃在丁亥十二月之戊辰也。当其时，司财者较出量入，惟公是图；司料者登山涉水，不惮汗劳；督率者晨炊夕走，罔或自懈；簿书者出纳征偦，纤毫必记；总理者巡诸人之公私，察凡事之迟速，褒能让非，无一不当。凡两阅月，事可告成，而首事复为议云："旧规，长至祠祭预将竹木搭棚于两阶为家众叙立之处。此不惟劳于事，抑且陋于观。盍建泊暑为两全计。"考之《家礼》："两阶下随地广狭以屋覆之，令可容家众叙立。"泊暑之议遂决。为架楹亦三，复匝月而讫功。于是堂宇阶阰以暨泊暑俱焕然聿新，较之往昔，尤为壮丽，岂非一时之盛业哉！落成之日乃在戊子三月己卯也。总计所费百金有奇，计工一千有奇。谨记以为后之鉴云。

<h2 style="text-align:center">重修小宗祠记　老大分大位</h2>

古者大夫士或三庙或二庙，各有限制，亦称庙而不称祠。自秦坏周制，其后搢绅家图所以报本追远者沿革不一。至朱子定为宗祠之制，其宗法则有大宗小宗，由来尚矣。我涌泉冯氏肇自南宋始迁祖观察使公，当五世时已立祠堂祀为大宗，及我八世祖南墅公克缵先德，修仁行义，省郡邑志咸表见之。厥后遂昌。至玄孙百有五十人。再越一世，合计通籍者六人，举孝廉者三人，乡贡三人，列庠序者二十七人，以齿德应诏受冠带者十有四人，国宾三人，而运使公魁乡荐，晋秩中大夫。譬诸植木，本根既固，又从而加培之，其发荣滋盛理固然也。乃推本所自，立为小宗。初公之孙讷庵公曾建奉先祠堂于大宗祠之东北，爰即其址而创辟之，以九世今四房先派祖配席列左右，咸南面，时祭一如大宗祠仪，称备物焉。此在有明隆庆间也。至我朝顺治丁酉，不幸火于海寇。嗣是烽燧频惊，徭役滋重，而孝享莫伸，岁时设奠于家者逾二十载。叔父少司寇公为运使公之曾孙，于康熙辛酉归里，乙丑乃重新之，捐增祀田若干亩以赡祀事，袝运使公配于东席，西面。及司寇公薨，宗人重其功，既葬亦袝之配于西席，东面。其嗣冬官松岩公复益以祀田。祭之日，牲牷肥腯，庶馐丰洁，与祭者跄跄跻跻，执事有恪，庶几克尽敬宗之道矣。泊康熙辛卯春，画栋丹楹，焕焉如故。而白蚁穴其中，曾莫之觉，忽致颓毁。属在祠下靡弗恻惕。以修举不容舒缓，舜平、亦山两弟遂力肩其任，更邀文忠弟为司出纳，孟本、叔修五弟襄赞，乃敛祠中所贮出息于人者以资工料，收祀田租以充供给，诹吉兴作，至明年春而告成。于是亦山弟请于予曰："斯役也，鉴前此倾圮之故，选材木，遴匠氏，

倍加慎焉。可称坚致无他虞矣。第修除黝垩，所当时举，不可无以示训。且始建碑刻亦湮，数传而后，欲推求立祠本末，将茫焉无所考稽，何可无以记之？"予曰："诺。"乃为之记。

重建大宗祠记　大位

今环宇升平，海外宾服。圣天子加惠元元，留心吏治，自邑令以上莫不亲为简阅而面示谟训，黝陟祇严，赏罚明允，以故内外臣工咸得其人。苞苴不行，徭役尽革，百姓安堵而理义兴，奠祖敬宗之意油然以生矣。吾族始迁祖宋观察使忠翊公、二世祖两机宜公积德累行，佑启后人，为百世不祧之祖。按祠堂碑记，八世祖南墅公因旧祠湮于兵燹，别为购基，未及创建而殁。其子纯素公率宗良而终先志焉，盖在有明景泰间，迄今三百余年矣。前此，固时加修葺，历岁既久，虽良木美材亦多剥蚀。亦山、仁生两族彦诣余言曰："大宗祠非徒修理，必当重建，须先生归而主持。"余曰："此非尔二君之肩其任不可。余固归第，聊为倡率而已。"亦山、仁生慨焉任事，更辅以景生而文忠司出纳，乃议捐资。则准祭首八房输工按丁，供匠按灶，于是人皆踊跃趋事。经始于雍正三年之十月，至五年二月落成。榱桷楹檐一如旧制，雕甍画栋且加美焉。余于是不禁欣然念祖德之宏深，而更肃然思皇恩之浩荡也。夫以一族几千百人，贤愚不一，贫富不齐，何以资？则拮据以输工，则欢欣以赴而无一拂逆抵牾于其间。此固木本水源，人宜报答，然非圣化涵濡，亦安能人人咸知怀此心乎？不宁惟是，设如我生之初，征赋无法，里役重烦，家富而田多者且先奔窜于外郡。又如甲寅乙卯间，海氛骚扰，日无宁居。当此之时，虽有尊祖敬宗之心，欲修除建造以妥先灵，其可得乎？余所以不惮深切著明以溯及之，欲人知沐圣泽于无既也。是役也，赖首事四人视公事如己事，而亦山、仁生尤善为筹划。计所费仅一百二十余金。视初时所料，估殆未及半。后之人凡有公举，其亦可知所效法矣。

西岑敬七公祠堂记　大位

宗祠之建，所以追远报本，使人咸得展其孝思，而亦以维系合族使相亲睦，不至涣焉无所统纪。此考亭朱子为人心世道计，至深远也。而大宗小宗按宗法，大宗一统小宗，四别子为祖，以嫡承嫡，百代不改，是曰大宗。大宗之诸子皆为小宗，五世则迁。今世俗所称惟以始祖为大宗，后之有功德而子孙宗之。立祠者均称小宗而已。吾冯氏本北直河间间县人，自宋观察使忠翊公以王事卒于台，其子两机宜公遂家涌泉。此忠翊公为冯氏之大宗，当五世时，已立祠以祀。其后支分派别，立为小宗，而建祠者固不一矣。而八世族祖敬七公迁居西岑，其子长厚德公、仲廷洌公、季内镒公世德相承，克蕃厥后，其祀为小宗也，亦沿俗。而推本所自始，则亦未尝不宜也。而祠堂缺焉未建。长房孙官冕暨其侄永池慨焉兴思，以公蓄十余载乃率二房、三房诸宗良酌量捐资，共为建祠，且出本房公田以为之基。属在祠下靡弗欢欣从事，不数月而落成，盖在康熙又壬寅岁也。但祠成则祭必备物，备物则不可无田。爰议祠下贤孝捐常稔田若干亩，祔其祖父一人配席。一时遂得古圭田之数而倍之。

由是春禴秋尝，牲牢酒醴，粢盛庶馐，靡不丰备。其于追远报本之道庶几克殚矣乎！虽然犹有进，盖祀先本于诚敬，而祭时之诚敬又必本于平日之雍和。今试以宿昔相抵牾之人使之共事，虽欲泯乖争之迹而矫语和好，其胸中必有介介不能忘者，况初未尝矫勉者乎？则其诚敬必不能至，可知矣。诗之美文王也，称其在庙之肃肃必先之以在宫之雍雍。则属在祠下当思今日为无服为远房，推而上之，固同一本，蔼然共相亲睦，不屑计较于彼我之间。斯于先儒定议立祠之意诚有得焉，而无复遗憾矣。夫族人和，则内衅不起，内衅不起，则外辱不生，终身可无祸患。是睦族之道即保家之道也。可不勉乎哉！如位者于敬七公为族孙，乃营材才，酌捐资，议祀田，定祭首，始之终之不敢告劳者，良由忠翊公视之亦同出一本而已。故记建祠始末，更推考亭朱子之意以告之。欲吾族人知同出一本，永相亲睦而殚厥诚敬，则子子孙孙，弗替引之矣。

西分小宗联辉堂碑记 瑶田

人有非常之德，天必报以非常之福，生而荣，禄死庙食，且使后世多贤孝子孙兴废举坠，绵其福祀，永远无极。今于我冯氏八世祖西轩公祠堂落成，益叹天人之际福德之报，如影响相附应，无或爽者矣。西轩公与南墅公皆七世祖，凝辉公肖子南墅公孝义事载《通志》，西轩公为难弟孝友仁慈，和而有礼，皆世所称厚德人也。南墅公有孙讷庵公及弟疏斋公皆布衣士，慷慨好义，恪恭孝道，创建小宗祠，以南墅公为不祧之祖。西轩公有孙可山公以进士仕至刑部员外郎，其弟师松公以进士仕，终宿松令，俱为一代名宦，乃推功德之所自，为西轩公建棣萼联辉之堂以祀其神。盖可山公未第时，其父存诚公梦诗一联云："棣萼联辉沾雨露，郊原停翠溢恩波。"后兄弟并登进士，一时荣之。朝友为制联辉集，黎状元淳、谢侍郎铎各有题咏，莆田周轸为之叙。可山公即以此名祠，为祖父光。吁！可谓盛矣。自是我冯氏始迁祖忠翊公大宗祠下有两小宗祠，东分南墅公，西分则西轩公，而西分更宏远矣。至嘉靖间，西为风雨坍坏。迨我国朝顺治丁酉，东亦燬于海寇。于是两小宗祠俱鞠为茂草。至康熙辛酉，东分祠下孙蒿庵公致政归里，重建南墅公祠，捐祀田以赡祀事。规制巨丽，与大宗祠埒。而西分之祠残砖剩砾，沉没于荒园衰草中几二百年，而嫡派云仍无有过而问者，岂明德之报有尽耶？抑上天之眷梦梦耶？余每低徊，留之不能去。至乾隆十一年，族太祖玉衡公，可山公之裔孙，慨然捐己资贮公产，与诸公重建西轩公祠于旧址，配以存诚公及可山、师松二公之位，而棣萼之辉依然如旧，可与蒿庵公所建争隆比盛矣。然而事有难易先后，未可同年语也。夫蒿庵公以名进士自永昌府李历守澄江楚雄，兼摄大理云南诸郡及临沅道藩臬，出则大中丞，入则少司寇，功成名遂，致仕荣归。区区建一祠宇，又何难哉？而玉衡公以山林之质，中家之产，勤俭经营，为祖宗复数百年荒废之庙祀，开辟重新，事岂易？使非孝思郁积于中，义烈激发于外，而乌能若此哉？吾于是始叹南墅、西轩两祖之德之深远也。两小宗祠初皆在十世，斯时讷斋公为其难，可山公为其易。其重建也，皆在十七世。斯时，嵩庵公为其易，玉衡公为其难。冥冥中天实相之，使生孝子慈孙平分难易先后，绵福祀于无疆也。孰谓德不获报？天道难知也。今玉衡公为其难，以勤孝道，如讷斋公当日。则西轩列祖之灵必于公乎？是鉴，安知棣尊联辉之瑞不复兆于公之孙枝乎？因复颜其祠曰"联辉堂"。爰纪其事，勒诸贞珉，俾子子孙孙景仰祖德，知所以修德求福者如祖考焉耳。

新建心墙二房生二十九小宗祠记　翁汝梅字雪耕邑庠生

尝读《礼经》有曰："尊祖故敬宗，敬宗故睦族。"未尝不三致意焉。盖人之有宗祖，尤木之有本，水之有源也。然欲尊之敬之，不可不讲明祀事。讲祀事，必自宗庙始。《释名》所谓宗者，尊也；庙者，谓祖先形貌所在也。夏世室，殷重屋，周明堂，名虽不同，其义一也。今之祠非即古之庙乎？自世衰俗敝，礼教沦亡，人皆背义忘本，媚神徼福，往往于生我一本之亲未尝进一豆，奉一爵以展其孝思之忱，而独于怪诞之神、淫昏之鬼隆其礼以求之，恬不知耻，何其谬也。世之崇列祀典，有奉聪明正直之神者，究其所以，大都崇德报功，为后人则效，非所以求福田利益也。以云求福利，固莫如祖先。盖祖先之于孙子，谁不欲福利之？而求福利者反不出于此而出于彼，去亲而即疏，舍近而图远，滔滔天下，举目皆然。求其能尊敬之道，以为报本之图者，盖夏夏乎其难之。若冯君耀庭可谓能知所本者矣。日者，乃谋诸宗人而告之曰："吾族大宗有祠，小宗有祠。吾与若祖月楼公积德累仁，孙子蕃衍，不可无专祠祀之。"佥曰："可。君其图之。"先是，君乃祖倡提本祖山木得钱数千串，传乃父至君积铢累寸，权子母，羡余点滴归公置产。数千金内拨数百金为建祠费。相厥荷花塘之北构室四楹，环以墙壁，经始于光绪辛卯春正月某甲子，落成于壬辰夏六月某甲子。祠既成，奉月楼公以下梅坡、养我、禹镶、石公诸公若干人，左昭右穆，次序秩然。厘订祀典，灿然明备，致祭有定期，备物有定数，垂为例，期与宗人共遵守之。余于是嘉君之谊，而叹世之能知本者何其少而逐末者又何其多也。遂书之以为乡人劝焉。

（四一）百岩周氏

祠堂记

盖闻先祖所出之源，根纪幽远，亦不必尽说也。但始迁百岩，分居平桥，式廓丕基克昌，厥后孙子绵延，其族大发，咸叨祖力之庇荫矣。而自知慨曰："昔先祖遗下徒有家谱而无家庙。其何地以妥先人之灵？何时以报先人之德乎？"于是叔立强、文云、立超、堂任学连、学满、学梅、学宗、学恭、学春、学朝、学埙、学风、学祥、学熙、学传等众同议，买就基地，土坐溪头园并岸边。于嘉庆丁卯年建成家庙，正寝五间，戏台一座，四围杂木一并在内，庶几有志而竟就。设神位于中庭，则春祀秋尝嘱后嗣之兴隆焉。

　　时

嘉庆乙亥年仲春之吉

续祠堂记

孔子云："春秋修其祖庙，陈其宗器，设其裳衣，荐其时食。"又云："宗庙之礼，所以序昭穆也。"由是观之，宗祠之不可不立也。我祖自迁居百岩以来，分为平桥、沙田、麻车、下新屋四派，向无宗祠。迨二十五世祖平桥、沙田派下立强、文云、立超三公同侄学连、学满、学梅、学宗、学恭、学春、学朝、学埙、学风、学祥、学熙、学传诸公置有基地一所，创成祠宇五间，戏台一座，土坐本村溪头园井岸边地方。于是宗祠始立。然此祠实与麻车、下新屋两派无与也。自建造至今，历百有余载。中间修葺无人，凡房屋墙垣亦已半就废圮。予尝侧目伤心，有志未逮者久之。是岁春，重修家乘，适与宗人谋及此举。得知麻车、下新屋两派其宗祠仍未建立，并基地尚未购成。遂不禁恻然于其祖宗之无所凭依也。且我祖迁居之始，虽则分为四派，实则同出一支，亦何忍彼此异祠，致使后世子孙昭穆无所序乎？于是遍告平桥、沙田派下，将此祠地与麻车、下新屋两派承分。幸诸伯叔兄弟各具仁孝，概蒙许诺。遂会合族议明，自后重行建造，即将四派族众同力合构，俾得祖宗共祀一祠。凡遇岁时伏腊，所有祭祀资费等项亦尽充合族公用。此固祖宗所厚望也，即予心亦为之深慰焉。特恐世代久远，或孙曾礽初未知此意，彼此不无争执之言，故志数言以垂示云。

光绪三十有一年岁次乙巳仲春月

平桥派下三十世孙贤屏谨识

祠堂的胚胎记

盖闻先人造坟墓以安白骨，建家庙而妥神灵，由来旧矣。我百岩周氏家庙首次建于清嘉庆丁卯十二年（见《祠堂记》），后因中间修葺无人，庙房尽圮，仅遗断砌残垣于荒草中。叹自是我祖宗神灵而日处于风霜雨露中者数十年。我二伯父梓材心独忧之，旋于光绪乙巳三十一年独任重修宗谱，并助七十五元作为建造家庙之基金。于是族中闻风乐助者或四元或十余元不等（其中要算叔父德材最多，助二十五元），共计凑有三百元左右。先购置田产，经八年之积储，乃于民国元年壬子择吉鸠工庀材，就该基地上仍建造正厅五楹，不二月而焕然落成。中楹除设考妣神主外，并许与平桥、沙田二房建造舞台。自此以后，每遇岁时伏腊，得能蒸荐时食。庶几孝子贤孙时可祈福于将来，而我列祖列妣得能无馁于泉下也。噫！若非我二伯父发起于前，同时族人继成于后者，焉有今日之祠宇哉！愿后世鉴前人创始之艰难，宜加时时之修葺，庶斯祠之不朽也。

时

民国二十七年岁次戊寅

浙江省立湘湖乡村高级师范部肄业曾任国民政府中央实业部农验所报告员

340 平桥三十一世裔孙孔文写于中日战声中

（四二）　芙蓉黄氏

祠堂记

万物本乎天，人本乎祖。故君子将营宫室，必先立宗庙以妥先灵，四时荐享以报水源木本之恩也。芙蓉黄氏宗祠，先人卜吉于田洋园界，当上下之中，自白岩发脉，蜿蜒起伏，蟠结于斯，左带蟠溪之水，右襟长峙之山，龟蛇卫护，狮象镇门。天挺其秀，乃造物不言之妙境；地效其灵，实两间荟萃之名区。筑室五间，极宏敞华丽。乾隆三十一年间，龙风摧坏，基址空存。首事等目击心伤，即鸠工修造祠宇三楹，两厢庑屋各二，而藻绘润色突过前绪。数年来，时和年丰，人安物阜，科甲蝉联，人文蔚起。诗曰："子子孙孙，勿替引之。"其斯之谓欤！

重建大宗祠记

盖闻求木之长者，必固其根本；欲流之远者，必浚其泉源。人之有祖，犹木之有根，流之有源也。我芙蓉始祖讳伴公世居蒲田，为永丰县令，缘唐末干戈蜂起，自闽至浙，徙于台之磻溪而卜筑焉。既揭属以成安处，即荐享以昭祀典。议于田洋园处建立祠宇，世守蒸尝。公自崖其诚，非欲以此食报也。而显名者连镳而起，乐业者让畔而耕，后嗣绵延，宗支繁衍，台之东可称盛族焉。然其时不过矮屋数楹用妥先人之灵爽。迨至宪名公及名章公等业有同心，情殷报本，仍于田洋园处谨复旧址，重新庙貌。幸百丈塘首柱诸公季高、季雍、季尚、象川、德镇、名彩、名韶、名法等有水木之思，乐捐祀田二十余亩以作享献之仪。是日栋宇巍峨，宜与芙峰而并秀；堂阶赫奕，定向芝岭而长存矣。奈道光壬午六月间，忽被大风摧折，庙即为墟。有心者莫不悲悯。惟世冕公昼夜焦思，冀图恢复，备一己之肴馔，集九房之弟昆，分设章程，按造丁册。柱事既立，即令庠生焜墀、监生赞弼等总摄其事。复商及各房长缵岐、世昇、世函、家渠、家咸、家满、家周、永梅、希奎、懋辉、如山、乾懋诸公协力同心，共襄斯举。且以田洋园之处地逼磻溪，水环左右，异日不无冲击之患，乃肃诚众志，虔卜于神，迁于下徐洋之东，文笔之峰拱于前，桃江之水环于后，洵此间一胜地也。爰诹吉于道光丁亥年起，至壬辰年始竣。所费钱文先按丁朋充，后复于族之殷富者照亩议捐。拓址恢规，较增旧制，藉诸公之力居多。续有好义者乐捐田地，俱奉神主一座，未始非报本之诚心也。是役也，堂基永固，我祖得所凭依；宗祐常新，孙子无惭孝敬。墀窃喜盛业之有成，而叹木本水源之泽长也。是为记。

时
道光二十四年岁次甲辰花月下瀚吉旦
二十七世裔孙邑庠生焜墀顿首拜撰

（四三）北涧王氏

祠堂记

自汉以来，天子不能备七庙之制，公卿大夫不克世其爵禄，缙绅等庶民之祭于寝。即有孝子慈孙思以揭虔妥灵，其制不备，其情未尽。自《家礼》有祠堂之制，而凡子若孙之怀仁孝者，其情始伸。

北涧王氏先世为台右族。太师讳之望公，以名臣显，而杜渎为筮仕发祥地，后遂家焉。当是时，必有庙以妥先灵。而刑部郎中庆赐公显于明中叶，有坊墓碑石彰彰可考。其庙貌之巍峨壮丽，识者当慨然有余生已晚之想也。中经多故，仕宦式微，而庙圮，故址亦不可考已。今天子道光记元之初，岁在壬午，太学复初，耆德蔚今。及诸公思惟追报，聚族众谋合同，乃度地于所居之南，离孔道数十步，北向幽阴之议也。既除既治，孔曼且硕，有植其庭，有觉其楹，合曰："壮哉！"自经始至落成阅四春秋，厥惟艰哉！董子曰："穷乡多曲学。"滨海之地，礼乐稍凌夷。中才之士语以媚神佞佛则跃然兴，语以敬宗尊祖则嗒然丧。王氏诸公独知所当务，一倡群和，焕然更新。此能上推之以尊所当尊，将必以旁推之以亲所当亲，敦庞纯固于是乎始。岂第庙貌之壮观已哉！

道光十有九年、岁次己亥（一八三九）葭月

丹崖吴国琛顿首拜撰

祠堂碑记

朝廷记功而勒石，乡党志事而树碑，皆以永垂不泯也。

北涧王氏始祖之望公，为大宋名臣，莅治于斯，立家于斯。其时必有祠以妥先灵，乃荒远难稽，盖无碑而至于磨灭。明庆赐公为刑部郎中，宗支繁衍，斯于为盛。固遭倭乱，户口散而祠亦圮焉。

国朝道光，岁在壬午，耆德道贵、嘉林、太学寿南同定达、天冕、金标、定梅、用金、如通、成宗诸公伤灵爽之无凭，为子孙之大愧，聚族而谋，众皆肯之，虽分派在东洋者无不并举。于是富则多捐，贫则充数，□之汇之。阅四岁而木工告成。一旦睹轮奂之盛，不亦快哉！诸公恐乐从之名又埋也，爰进台而诏之曰，某则多苦心者也，某则多捐助者也，尔其依吾言而书之于石。毋忽。

道光二十八年桂月

裔孙用台顿首拜撰谨书

（四四）西溪王氏

西溪王氏宗祠记

古者，君子行礼以叙宗族。族之所叙则礼从生焉，故建宗立祠为先。浦下，吾同宗也，称西溪旧族。其里踞高原，近山水，茂林修竹，池塘庐舍，有古名胜之概。

予每岁行礼，一过其家，辄东西眺视不能去。元末经方国珍踞台之乱，康熙甲寅又遭山贼兵燹，世家大族率相顾沦落。向时所谓太傅之泽尚不能庇及五亩，况其他乎？顾宗事亦稍旷焉。乾隆戊子之岁，族有兴爵、兴族者系思俨公嫡派廿三世孙也，慨然以敦叙睦族为己任，族大以礼，礼合以序，于是创建宗祠于聚族而居之中。楼高堂广，垣墉四缭，门以外界长塘焉。楼中设列祖位，楼下兼谈社神位。岁时祭祀歌台备焉，庖湢之所亦备焉。稽累岁而工竣，可谓劳矣。余过其地，集族人而询之曰："户繁业薄，何所藉而斯堂克成？"族人曰："无田本不可祭。惟南有山，高深幽远，祖所遗也。宗祠之建，非此不成。"余不禁喟然叹曰："祖业固不可弃，孙谋尤在尽善。如斯举也，为可继也。"诗曰："子子孙孙，勿替引之。"是余所厚望欤。是为记。

钦赐国监司业加三级在籍食俸

恩定香山九老百有十五岁裔孙世芳拜撰

时

龙飞乾隆岁次癸巳孟春之吉

（四五）北涧罗氏

重建祠堂引

昔圣人作《易》，于萃于涣，皆系以假有庙之辞。盖以萃聚人心而收其涣散一本之归，莫有要于庙祀者。故古者天子至于官师，皆得立庙以祀其先。天子以萃天下之人心，诸侯以萃一国之人心，大夫以下则萃一家一族之人心也。自封建废而世禄族居无常制，私家之庙议卒未定。宋儒始杀庙制以为影堂，既而又以祀影为非礼而更为祠堂。故其祀止于四代，世固已罕行之，又况能推原所自出之祖哉！杜溇罗氏宗祠旧在溥公石坊之侧，自兵燹后仅留故址。至乾隆甲辰，宗兄铁峰先生捐其旧而新之，经营相土，重建祠于妙觉庵之南，祀事略备。今年春，余与修宗谱，先生述建祠告成之岁月及祀产之地告余曰："先世自西楼公墓葬小芝西凤之原，置祀田二十八亩于小芝乡，每年轮收祭扫。第祀业微而需用甚大，无以增之，恐牺牲衣服有不成不备之憾。今欲聿追来孝，预设义例，凡孝子慈孙尊其祖父以神主入庙者捐钱十四千，或贫而无后亦欲以神主附祖庙者捐半之。俾产日以增而祀可永奠也。"余曰："此政如《易》不？谓涣以萃之者也。人当世数久远，族属分散，情与服而俱尽，涣散而不可约束。一旦萃之以有庙，萃之以隆祀，萃之以亲亲，人不以居异而疏情，不以服尽而迁，数千百人皆晓然出于一家一人之身也。此举岂容缓哉！"兹因先生之示，勉为书此。

时

嘉庆十九年岁次甲戌

宗弟素园撰

（四六）小芝何氏

重修大宗祠记

古天子至官师皆有庙。庙者，貌也，所以仿佛先人之形容也。士庶合族设祠，谓之宗祠。工致祷祀，祝以孝告，嘏以慈告，其义一也。伏维我祖自元代来迁，浸炽浸昌，历今已六百余年矣。元明以前，宗祠之有无，史缺佐证。至三十世华火公、三十一世君奇公，始顾土建祠于芝川之麓。自此禋祀得所，举族为忻然。乾隆间，宗祠曾由南溟、轶凡、梅圃诸公建议重修。同治间，定景公等复治补葺。谱虽不述，然其劳绩称道人口，至今不衰。谟少时见祠宇日就倾圮，心窃忧之。民国十六年，谟弟式琛以旧宇不堪瞻依，创议就原址重建新厦。一族闻之，皆交口称誉，愿供驱策。鸠工则一呼百诺，畚锸云集；庀材则古木乔松，乐输不吝。而林松、掌金、泮文、经德、玉坤、灿洪、继鹤诸公尤赞襄不遗余力。不一年而堂庑落成，规范宏大，垫款甚巨。乃式琛忽罹病殁，工程坐是停辍者已十余年。族辈中都责谟继成其事。惟是时适当国难，经费支绌。仰屋思维，以吾族宗谱修纂已四十年，惟有藉修谱机会以所得丁钱移作完成宗祠之用，而谟自尽义务，不支薪给。爰集族众会议，悉皆赞成，并得学进、昌读、昌苏、少云、玉池、灿洪、成学诸公之协助，或监工，或募材。学进、昌读二公更劳心力，始末不渝。而宗祠卒于民国三十四年冬竣工告成。谟以年时朽暮，重负修辑宗谱及堂构宗祠、重建吉水堂之任。中间冒寒暑，废寝食，愍愍焉惟恐不逮。今幸次第完成，积厚流光，中心之喜悦可知也。抑有进者，民国以来，国家谋普及教育，乡镇都利用祠宇为校舍。吾族教育落后，文盲充斥，果能借宗祠设学校，使幼子童孙相与弦诵于芝山吉水之间，进与欧美科学争一日之短长，则宗祠之立，岂徒奉牲告帛，妥侑先灵而已哉！按此重建，凡两度鸠工，历时之久。然合族上下一心，敦睦之谊，昭若日星。恐日久无闻，故为之记云。

民国三十五年丙戌冬月吉旦　三十八世裔孙谟谨志

大宗祠记

凡人举一事，本乎情所不能自已者，先王勿御。自汉以后，庶人之祭上及高祖。自晋及唐，愈上追之，自始祖以及群祖合而祭之于祠。即士大夫家亦去夫二与三之制，立一庙以从俗。族之有祠，由来旧矣。我祖自璜渡来迁，忠厚开基，历世显祖亦各宗其家法，以昌厥后，奕叶相丞，簪缨勿绝。先人之流泽孔长也。宋元以前，祠宇之有无，祀典之修废，旧谱不载，无可考焉。至三十世华火公、三十一世君奇公乃纠族会议建祠于芝麓之墅，环以吉水，拱以四峰。每逢一阳之节，宗子与诸绅士相与罗拜其下，奉牲告币，设席肆筵，以定万世明禋之典，以伸一族报本之情。周且备也。越百余年，至我朝龙飞间，栋宇颓圮，墙垣崩塌。南溟、轶凡、梅圃诸先生慨然以水源木本为念，而力主建修之议。叔琳、叔耀、仲才、仲立、仲贵、定焕、定俊、定章诸公相与同心协力，赞襄其间。鸠工庀材，涂丹沃粉，而庙貌焕然一新，祀事永垂勿替。夫亦本乎情之不能自已以尽其分之所当然焉耳。嗟乎！夫祖祠之建，族谊攸关。岁时将事，俾一姓之幼子童孙瞻拜以敬祖宗，则将推其敬祖宗之意，而于族无乎不敬。妥侑以爱祖宗，则将推其爱祖宗之情，而于族无不爱。爱敬之心油然生，亲睦之风蔚然起矣。则斯祠所关，岂浅鲜哉！后之子孙尚克念列祖诒谋之远，先贤缔造之艰，嗣而葺之。由十世以至千百世相与继丞于勿坏也，则得矣。（乾隆旧谱）

（四七）山门王氏

祠堂碑记

山门乡者，吾始祖肇基公斩棘披荆以发祥宗人之所也。其地面水枕山，左环右抱，虽不甚宽敞，而地脉凝聚，若天造然。迄今十一世，蕃育百余家，耕桑世业，诗礼家风。我族姓食畴饮德，休息太平，虽曰帝力，独非宗功乎？于是择于年　月　日　时，鸠工庀材，建祠堂族居之东桥畔，盖以报祖德也。其制正庙三间，深丈有四，方广如之，东西列两楹以为子孙习礼之所。春秋崇祀，尽物尽诚。凡我耆稚醉饱餕余，得共勉为仁人孝子之行，不藉此堂也乎？夫一脉之亲杀，而为族儿与涂人无异。而苟自吾父吾祖而上溯之，则犹木之无别本，水之无别源也。彼不知孝弟睦姻任恤之道者，其能登斯堂而不惕然深省欤！诸父兄曰："善。"请书之。书之者何？联同姓所以敦一本也。

十一世孙光裕撰

重建山门王氏宗祠记

剥复废兴，天运之常也。然非尽人事以应运，则亦剥而不复，废而不兴耳。山门王氏所居之地，负山带水，地势优胜。自宋肇基公始迁于此而发祥焉。后至十一世光裕公于村东桥北建造宗祠，庙貌宽敞，规模宏壮。考诸家乘，如或见之。厥后，渐就倾圮，仅存遗址。古樟、捣臼罗置其间，甚至基地多被侵占，湮没失稽。至二十七世宗祐公等于道光十九年间复就义庵旧址改建祠宇，制度悉仿前式。则庶几由剥而复，由废而兴之一转机乎！无如祠宇草创灵座未设，迁延时日，改为佛堂，每年酬神演戏之用，而宗祠遂失其真相矣。噫！岂剥者真不能复，废者真不能兴？越至佐精君，承先君见臣公未逮之志，以七十数之旧款不二十年积至千金，遂毅然自奋，曰："人不可以忘祖，祖不可以无祠。宗祠者，祖宗之灵爽所凭依，即孙子之贤愚所关系。故宗祠不可不建，而又不可不择地而建。"爰商同族诸君，相度地势，于第十三世祖南渠公佳城之下村东桥北仍得故址而扩充之。卖者购之，助者奖之。所有捣臼移植佛堂右厢，大费经营，平基定穴，乘子龙气，拟坐艮兼丑迎辰，库水以大门兼申。创正庙五楹，高丈九尺有六，深三丈有四。中祀历代祖考，左祀无后伯叔，右祀节孝贞烈祖妣。左右外两楹一藏宗器，一备休憩。复添左翼为庖人烹饪之所，添右翼为延师设校之区。四围墙垣广计亩余，其设施位置可谓周且妥矣。

345

由是鸠工择吉，定于丙辰年庚子月甲申日戊辰时竖造上梁。据佐精君云，参考天星列宿，必有雨以应。吉时值久晴，迨架梁后果然甘霖大沛。与佐精君之言正相吻合。想天道有知，鉴佐精君之苦衷，故留此吉日以为建设宗祠之用。语曰："有志事竟成"。佐精继志述事，报本崇德，克尽人事，以应天运。故知剥无不复，废无不兴。今幸祠宇落成，略举其事实以记之。

　　时

　　中华民国六年岁次丙辰十一月冬节

　　清廪贡生浙江巡按使秘书邑人杨镇毅敬撰并书

后 记

当落下书稿的最后一个句点时，长久紧绷的神经终于得以放松。回想两年的写作历程，感慨良多。对临海传统宗祠的研究是从 2012 年 4 月的田野调查正式开始的。在临海市博物馆文物普查资料的基础上，我跑遍了现在尚存传统宗祠的村落，记录每一座宗祠的细节，探访宗祠的故事，寻找宗祠相应的宗谱资料。从山村到海滨，清新美丽的自然风景，淳朴善良的乡村百姓伴随着田野调查的始终。当然，艰辛也是不可避免的。印象深刻的是 2012 年底，为了了解临海宗祠祭祀的情形，在湿冷的冬至傍晚打车去杜桥镇下八年村的项氏宗祠，一直待到天明才在困乏寒冷中赶回上班。不过，所有的艰辛都是值得的。田野调查让我更接近这片土地，了解生活在这里的人们真实的生活状态，感受历史与现实之间千丝万缕的联系。

书稿写作的过程也是苦乐参半。记忆中最苦的事情莫过于初期对宗谱资料的整理。一套宗谱少则几册，多则几十册。因为时间、条件的限制，调查时只能匆匆拍摄部分宗谱资料。当坐下来整理时，发现想通过阅读大量的照片资料进行深入研究是不可能的。首先是宗谱本身的准确阅读存在困难。1949 年后编写的宗谱存在的错讹情况较多，而一些手写本字迹的辨识也成问题。其次是阅读形式带来的障碍。电脑阅读难以进行大量零散资料的比对分析。于是，我只能采取最笨的方法，把关键的资料一点点手打成电子版，再打印出来进行反复阅读分析。久坐电脑前，经常是腰酸背痛，双眼酸涩。写作中最快乐的事情莫过于经过反复咀嚼资料，冥思苦思，研究中的疑问一点点散去迷雾，渐渐清晰明朗，这时心里便生起兴奋喜悦，感觉似乎触摸到了鲜活真实的历史。正是这喜悦化解了过程中的种种辛苦，支持我不断前行。

一路走来，众多师长朋友给了我难忘的扶持相助。没有他们，就不会有本书的完成。在这里我向他们献上深深的谢意。

感谢临海市博物馆、临海市文广新局为本书的写作和出版提供了大力支持，感谢徐三见馆长一直以来对我的学术研究给予热情的支持和指导。

感谢我的博士生导师南京师范大学社会发展学院汤惠生先生。先生在我就学期间给予的学术训练是我能够完成课题研究的基础。在本书的写作过程中，先生提出了高屋建瓴的指导意见，并对我的研究给予肯定和鼓励，增加了我的写作信心。

感谢临海古建公司黄大树先生。对于建筑学，我完全是门外汉。在刚开始研究临海传统宗祠时，我尚弄不明白古代木构建筑各部分的名称。除了一点点啃读建筑学的入门书籍外，直观的体验对我理解木构建筑各部分的作用和特征至关重要。黄大树先生为我提供了参观古建工地的机会，并为我解说了很多具体的木构建筑问题，加深了我对临海宗祠建筑的认识。

感谢广东惠州学院建筑与土木工程系赖瑛女士。在研究初始，我对临海宗祠建筑梁架概念及特征的把握是混乱的，甚至错误的。赖瑛女士以她的专业知识及多年宗祠研究经验为我答疑解惑，成为我研究中未曾谋面的良师益友。

此外，南京师范大学社会发展学院慈鸿飞先生在有关宗祠产业的管理经营方面为我解答疑问；临海市文保所彭连生先生为本书提供了珍贵的宗祠建筑及楹联资料，使本书的资料得以丰富和完善；好友梁丽君女士给本书框架以有益的修改建议；褚学政先生为本书绘制了线图。在此谨致以诚挚的谢意！

写作过程中，我通过不断的修改使书稿尽可能完善。但限于研究水平与专业背景，对临海传统宗祠的研究必然存在诸多的不足，乃至错误，期待专家学者给予批评指正。

滕雪慧癸巳年岁末于临海